明通鑑

第六册

明世宗嘉靖三十四年起
明神宗萬曆三十年止

卷六十一至
卷七十二

中華書局

明通鑑卷六十一

紀六十一 起旃蒙單閼（乙卯），盡著雍敦牂（戊午），凡四年。

江西永寧知縣當塗夏燮編輯

世宗肅皇帝

嘉靖三十四年（乙卯、一五五五）

1 春，正月，丁酉朔，不御殿。

2 倭自柘林奪舟犯乍浦、海寧，攻崇德縣，陷之，又轉掠塘棲、橫塘等處。復攻德清縣，殺把總梁鶚，指揮周奎、孫魯，百户陸陵、周應辰，理問陶一貫等。巡按御史胡宗憲以聞。

時張經所調狼兵及保靖兵俱未至，持重不發，杭城數十里流血成川。經駐嘉興，李天寵守杭州，倭攻之不克。【考異】據胡宗憲原奏，倭陷崇德，攻德清，在正月之朔。實録書之三月，據奏至之月日也。明史本紀據失事月日，今據之。

3 甲子，振華亭、上海、嘉定、崇明四縣被兵災者，並蠲蘇、松二府去年稅糧。

4 是月，以倭警，命南京左軍都督豐潤伯曹松專督孝陵衛軍，防護陵寢，南京都督僉事萬表（克）〔充〕總兵官，提督漕運，鎮守淮安。

5 以南京兵部尚書周延爲左都御史。

6 二月，丙戌，遣工部右侍郎趙文華祭告海神兼區處防倭事。

先是文華疏陳備倭七事：「一祭海神，請遣官望祭于江陰、常熟；次令有司掩骼輕徭；次增募水軍；次蘇、松、常鎮民田一夫過百畝者，重科其賦，且預徵官田稅三年；次募富人輸財力自效，事寧論功；次遣重臣督師；次招通番舊黨，並海鹽徒，易以忠義之名，令偵伺賊情，因以爲間。」兵部議「行其五，惟增田賦、遣重臣二事不可行」，上切責，尚書聶豹等坐免。禮部議覆，「請遣官祀神，如文華言。」

上以問輔臣嚴嵩，嵩言：「賊擾蘇、松二載，調兵未見實效，奏報或多失實。宜如部覆遣大臣往祭，並宣布朝廷德意，即令察視賊情。請以文華任之。」乃有是命。

7 壬辰，以淮、徐災傷重大，詔折徵漕糧十分之三，每石徵銀六錢。

8 是月，諳達分道寇宣府、龍門、赤城等處，尋寇薊鎮馬蘭峪。參將趙傾葵率衆禦之，敗績，與指揮褚文明、李湘、周官，千户黄世勳、段啓元，百户孫世爵等俱死之。總兵周益昌馳援，分扼諸隘口，寇聞大兵至，始引去。【考異】明史本紀，寇薊鎮在是月，實録奏報在三月，今仍據原奏月日。其趙傾葵以下之死事者，俱據實録增。

9 三月，甲寅，蘇松兵備副使任環邀擊倭于南沙，敗之。

10 是月，召總督薊遼、保定都御史楊博入爲兵部尚書，以巡撫大同王忬代博。忬以秋防事竣進兵部右侍郎，至是遷左。

11 張經請調狼、土兵，至是田州瓦氏兵先至，諸將欲速戰，經不可。已，東蘭兵繼至，經以瓦氏兵隸總兵俞大猷，以東蘭、那地、南丹兵隸游擊鄒繼芳，以歸順及思恩、東莞兵隸參將湯克寬，分屯金山衛、閔港、乍浦，犄賊三面，以待永順、保靖兵之集。未幾，趙文華至，經遂以不時進兵得罪。【考異】諸書多系之五月，蓋因王江涇之捷類記耳。明史張經傳書狼、土兵至于是年三月，今據之，爲張經被逮張本。

12 夏，四月，辛未，工部侍郎趙文華至松江，祭海神。

時狼兵甫至，人心稍安，總兵俞大猷遣將會瓦氏兵邀擊賊于金山衛，頗有斬獲。文華遂趣經進兵，且厚犒狼兵，激之進剿，至漕涇，遇倭數百人，與戰不利，頭目鍾富、黄維等十四人俱死焉。于是賊知狼兵不足畏，益縱掠沿海等處。

13 乙亥，倭犯江北淮、揚諸府，揚州同知朱裒擊敗之沙河。未幾，復大至，薄城東門，裒督兵奮擊，兵潰，死焉。賊由通州、海門登岸，流劫狼山、利河等鎮及通、泰鹽場。

14 戊子，諳達寇宣府，參將李光啓等禦之于青邊口堡，敗績。光啓被執至墩下，寇索金帛取贖，光啓大駡，寇劚殺之。指揮黄添祥、尚真、蔡隆，千户郝廉、賈璽、尚志，百户郭勛、王永，同時遇害。

事聞，逮參將張問政等六人，把總百户孟雲漢等七人，下按臣論罪，總督許論等奪俸。追贈光啓都督僉事，立祠死所，添祥等八人俱祔祀。【考異】明史本紀系之是月戊子，實録系之五月，據奏報月日也。原奏稱「四月」，與本紀合，今據之。

15 倭自三丈浦分掠常熟、江陰。

初，常熟知縣王鈇，修城練民兵禦倭，倭至輒爲所敗。至是參政任環，檄鈇與指揮孔焘分統官民兵三千破其寨，斬首百五十有奇，焚賊艘二十七。其至江陰者，游擊白泫邀擊，亦敗之，斬首三十七級，賊遂東遁。

16 五月，甲午朔，總督張經大破倭賊于王江涇。

時柘林倭糾新倭四千餘人突犯嘉興，經遣參將盧鏜督狼、土等兵水陸擊之。會保靖、永順兵俱至，保靖宣慰使彭藎臣遇賊于石塘灣，敗之。賊將北走平望，副總兵俞大猷會永順宣慰使彭翼南兵邀擊，又敗之。賊奔回王江涇，永順兵攻其前，保靖兵躡其後，參將湯克寬引舟師由中路蹴之，賊遂大敗，斬首一千九百餘級，焚溺死者稱是。餘衆奔柘林，縱火焚其巢，賊遂駕殘舟出海遁。

自軍興以來，戰功稱第一，而趙文華劾經之疏已先至矣。

17 戊戌，川沙窪倭賊流劫崑山石浦等鎮，僉事董邦政、游擊周藩引兵追擊，遇伏驚潰，藩被創死之。

18 乙巳，倭率舟三十餘艘，約千餘人，自海洋突犯蘇州，登岸肆劫，復有新倭千餘，合犯蘇州之陸涇壩。南京都督周于德引兵赴援，一戰而敗，鎮撫孫憲臣被殺。

賊遂分其衆爲二，一北掠滸墅關，一南掠吴縣横塘等鎮，延蔓常熟、江陰、無錫之境，出入太湖，莫能禦者。

19 己酉，逮總督張經及參將湯克寬。

初，趙文華視師，恃嚴嵩黨庇，所至輒頤指大吏，廣納文武賄賂。時經方議徵兵大舉，自以位在文華上，心輕之。巡按御史胡宗憲，亦與經議軍事不協，文華乃與之比而傾經。

屢趣經進兵，經欲待永順、保靖兵至以取萬全。文華再三言，經守便宜不聽，且慮文華輕淺洩師期，竟不以告。文華怒，密疏劾「經養寇失機」，方拜疏而永保兵已至，即有石塘灣之捷。

比大敗倭賊于王江涇，文華欲攘其功，謂己與宗憲督師所致。上以問嚴嵩，嵩對如文華指，且言「狼兵初至，經不許戰，蘇、松人咸怨經。」上怒，即下詔逮經，並及克寬。尋改應天巡撫周珫爲兵部侍郎，代經總督。

20 癸丑，張經捷奏至，兵科給事中李用敬、閻望雲等言：「王師大捷，倭奪氣，宜乘勢擣柘林、川沙窪之巢以殲醜類，不宜臨陣易帥。」上大怒曰：「經欺誕不忠，聞文華劾方一戰。用敬等黨奸，不可貸。」乃命錦衣衛執用敬等，各廷杖五十，黜爲民。

已而上疑之，以問嚴嵩，嵩言：「徐階、李本，江浙人，皆言經養寇不戰。文華、宗憲合謀進剿，經冒以爲功。」因極言二人忠。上深入其言，遣使賜文華、宗憲銀幣。然狼兵素服經威名，經去而狼、土兵復爲民害，東南事愈不可爲矣。

21 乙卯，任環、俞大猷率永順土官彭翼南，敗蘇州之賊于陸涇壩，斬首二百七十有奇，焚賊舟三十餘艘。

22 丁巳，倭寇常熟，知縣王鈇率兵乘城禦之，不克。會邑人錢泮字鳴聲者，以江西參政里居，忿倭爇其父柩，乃集鄉官耆長助鈇，移舟泊三里橋，敗之，追及于上倉港。倭掩擊之隘中，鈇陷淖，瞋目大呼，腹中刃死，泮被數鎗，殺三賊而死，耆長數人皆力鬥死。

事聞，詔贈鈇太僕少卿，泮光禄卿，有司立祠祀之。【考異】王鈇死事見明史忠義傳。傳于陣亡地方未詳，今據實録增入「三里橋、上倉港」等語。又傳特書云「三十四年五月」，今日分據實録。

23 是月，陞浙江按察使曹邦輔以右僉都御史巡撫應天，提督軍務。

24 六月，庚午，倭犯浙東，自上虞爵谿所登岸，犯會稽之高埠，奪民樓房踞之。知府劉錫、千户徐子懿等分兵圍守，賊縛木筏渡河，遂潰圍出，家居御史錢鯨遇害于蠏浦。賊遂流劫杭州，而西歷於潛、西興、昌化等處。

25 丙子，倭踞江陰之蔡涇壩，分衆犯塘頭，知縣錢錞提狼兵禦于九里山。薄暮，雷雨大作，伏四起，狼兵悉奔，錞戰死。

事聞，贈錞光禄少卿，立祠祀之。

26 庚辰，任環、俞大猷復敗倭于馬蹟山，斬首九十三級。

27 壬午，罷總督南直隸、浙閩等處、都御史周珫，巡撫浙江都御史李天寵。

先是趙文華劾天寵嗜酒廢事，遂薦宗憲。而珫任總督，爲文華所制不得展，坐奪俸，至是與天寵並黜爲民。珫在官僅三十四日耳。尋改南京户部侍郎楊宜代珫，而宗憲遂代天寵。未幾，御史葉恩以北新關之敗劾天寵，而宗憲亦言其縱寇，遂逮天寵下獄。

28 是月，山西礦賊宋愛等爲亂，流劫直隸定州，越阜平、曲陽、行唐等縣。官兵追剿，敗績，陣亡百户屈伸等十七人。詔兩省鎮、巡官亟剿平之。

29 秋，七月，乙巳，倭陷南陵。

先是高埠之賊自杭州西掠者，沿途傷亡，至嚴州淳安縣，僅六十餘人，以浙兵逼急，遂踰山突入歙縣，流劫績溪。至旌德，典史蔡堯率民兵千餘禦之，不克，賊焚掠南門外。過涇縣，知縣邱時庸引兵追擊于埠塘，敗績。

賊遂趨南陵，官民守分界山，聞風奔竄，賊至，陷縣城，縱掠城内外。是時建陽指揮廖印，當塗縣丞郭耿郊，蕪湖縣丞陳一道，太平府知事郭章，各率兵赴援，與賊遇于縣東門，印等引弓射之，賊悉手接其矢反射，衆皆驚潰。惟一道所率多江湖驍健，乃麾衆獨進，力戰不克，遂被殺。一道子陳子義横身捍賊刃以蔽其父，亦死焉。【考異】陳一道之死，諸書皆不載，惟從信録有「殺蕪湖縣丞」一語，亦不著姓名，今據實録增。又與一道同請賜卹者有把總朱頂鶴，其陣亡地方月日無考，並附識之。

30 丙辰，倭犯南京。

先是倭自南陵流劫蕪湖，渡河入北岸肆掠。各商民義勇登岸，擊以瓦礫，又燒石灰罐擲而下，賊多傷者，遂趨太平府，城中人斷河橋以守。賊遂引而東，犯江寧鎮，指揮朱襄率衆迎拒，不克。襄力戰，身被數鎗墮馬死，官兵死者三百餘人。

賊遂直趨南京。其酋皆黃衣紅蓋，率衆犯大安德門及夾岡，不克，乃趨秣陵關而去。

31 丁巳，總督張經逮繫至京，詔下法司議罪。經上疏自理，言「臣任總督半載，前後斬首五千有餘，乞賜原宥。」不省，遂與總兵湯克寬俱論死，繫獄。

32 八月，壬辰，巡撫應天僉都御史曹邦輔，殲倭寇于滸墅關。

先是倭自南京出者，由溧水流劫溧陽、宜興，聞官兵自太湖出，遂越武進，抵無錫，駐惠山，一晝夜奔百八十餘里，遂抵滸墅關。是時柘林倭遁入海，遭風，壞三舟，餘賊三百有奇，登岸至松江之陶宅鎮，據之。

邦輔慮二賊合爲患也，乃親督副使王崇古，會集各部兵扼其東路，四面蹴之。會僉事董邦政、把總婁宇督兵守陶宅，邦輔計陶宅賊據險且衆，未可遽進，乃檄邦政、宇合剿滸墅之賊，敗之，斬首十九級。賊始懼，欲潛走太湖，爲官軍所遏，追及于楊林橋，殲焉。是役也，賊不過六七十人，而經行數千里，殺戮戰傷者幾四千人，歷八十餘日乃滅。趙文華欲攘其功，而邦輔捷奏已先上，文華銜之。【考異】據明史日本傳，邦輔及董邦政等合剿滸墅關之賊，而據曹邦輔傳，似是剿陶宅之賊；然以上下文義繹之，實滸墅也。明史本紀，「是年八月，邦輔敗倭于滸墅」，下文九月乃書「趙文華、胡宗憲等擊倭于陶宅，敗績。」據此，則八月所剿非陶宅之賊明矣。今據本紀，參日本傳書之。

33 九月，乙未，趙文華進剿陶宅倭，敗績。

文華恥不預瀝墅功，又意陶宅乃柘林餘孽，乘邦輔之勝可取也，乃大集浙、直二省之兵，與胡宗憲、曹邦輔夾攻之。

文華、宗憲以浙兵營于松江之磚橋，約邦輔以直兵會，各分三道，東西並進。賊悉精銳衝浙兵，諸營皆潰，失亡軍士一千餘人。邦輔率直兵進剿，亦遇伏而敗，死者二百餘人。是役也，浙兵指揮邵昇、姚弘，直隸領兵千户劉勳，俱沒于陣，自是賊勢益張。

34 乙巳，免鳳、淮、揚三府及徐、滁二州被災秋糧。

35 丙午，諳達寇大同、宣府。

36 戊申，倭以三舟泊台州海洋之螺門，備倭指揮王沛等引舟師邀擊，敗之，賊棄舟登山走。會參將盧鏜以大兵至，入山搜剿，禽真倭八十四人，斬首三十餘級，三舟之倭殲焉。

37 庚戌，免山東濟南、東昌、青州等處蝗災秋糧。

38 甲寅，杭嘉湖兵備副使劉燾，督兵五千餘，分三道攻陶宅倭巢，不克。倭以二百餘人迎敵，諸軍望見，皆潰而走，燾僅以身免。

39 戊午，諳達復自宣化龍門入寇，遂犯懷來、保安，關南戒嚴。【考異】明史本紀，「是月戊午，犯懷來」，不言保安。史稿書「辛酉犯保安」，不言懷來。證之實録，犯保安、懷來，同系之戊午下，今從之。

40 辛酉，寇自保安出，至東嶺，參將馬芳，率家丁、通事千餘人夜襲其營，寇大驚，乃西奔張家口出境。

41 是月，户科給事中楊允繩上禦倭三策：曰制，曰謀，曰法。又言：「今日之患，不專在外攘而重于内修。近者督撫命令不行于有司，非官不尊，權不重也。督撫蒞任，例賂權要，名曰『謝禮』；有所奏請，佐以苞苴，名曰『候禮』。及俸滿營遷；避難求去，犯罪欲彌縫；失事希庇覆；輸賄載道，爲數不貲。督撫取之有司，有司取之小民；有司德色以事上，督撫靦顔以接下；上下相蒙，風俗莫振。不肖吏又乾没其間，指一科十；孑遺待盡之民，必將挺而爲盜，其隱憂不止海島間也。」語頗指斥趙文華等。未幾，允繩竟得罪。【考異】見明史楊允繩本傳。傳特書云「三十四年九月」，爲允繩下獄張本。

42 諳達之犯宣、大也，復分寇山西。參將丁碧，提孤軍數百，遇于馬家窊，奮刀大呼，突入陷陣，矢貫頭顱而死。

至是，巡按以聞，詔贈碧都督同知，立祠祀之。

寇自春入秋，數犯宣、薊，連失三大將。謂趙傾葵、李光啓及丁碧也。上憤甚，再下賞格，購諳達首者賜萬金，爵伯；獲邱富、周原者三百金，授三品武階。

富、原，即白蓮教蕭芹之黨未獲者，因在敵招集亡命，居豐州，築城自衛。搆宮殿，墾水田，號曰「板升」。——板升，華言屋也。趙全亦黨中人，教敵習攻戰事，敵益愛重之。每入寇，必置酒舍所問計，以此勢益張，邊塞無寧日。【考異】丁碧死見明史韃靼傳。實録言「寇入大同、宣府，分犯山西」，疑即丙午之役也，今據書之。

43 冬，十月，丙子，減免山西各府被災税糧。

44 巡撫應天曹邦輔方報滸墅關之捷，不數日而陶宅敗問至。于是趙文華奏劾「邦輔及僉事董邦政，不能協力進兵，顧乃避難擊易，致師後期。」兵部議：「二寇多寡雖殊，然以流劫者之慓悍，濟以屯聚者之繁衆，若使合而爲一，益復滋蔓難圖。今蘇州之賊既滅，陶宅之勢自孤。宜令邦輔、邦政亟圖進兵，俟陶宅寇平，徐議功罪可也。」乃宥邦輔，逮邦政，敕總督楊宜按問。

45 丁丑，曹邦輔親督水陸兵攻倭于周浦，敗績。

先是陶宅倭見我兵四集，夜走周浦，屯永定寺中，而柘林放洋之賊，復以九舟至，巢于川沙窪。邦輔分五哨攻之，四哨俱潰，惟中哨以邦輔阻水而陣得免。

46 庚寅，殺前任總督南直、浙閩等省都御史張經，巡撫浙江都御史李天寵，並及兵部員外郎楊繼盛。

嚴嵩既庇趙文華而搆經等，遂坐大辟。繼盛時繫獄三載，上初無意殺之也。已，有爲繼盛營救于嵩者，其黨胡植、鄢懋卿怵之曰：「公不觀養虎者邪？留之將自貽患。」嵩頷之。至是嵩揣上意必殺經、天寵，比秋審，因附繼盛名並奏，得旨，俱決于市。

初，繼盛繫獄，每當朝審，觀者塞衢，見繼盛囊三木，輒憤嘆曰：「奈何不以囊嵩！」言者或至泣下。及繼盛臨刑，賦詩曰：「浩氣還太虛，丹心照千古。平生未報恩，留作忠魂補。」天下涕泣傳誦之。

繼盛當刑，其妻張氏上書言：「臣夫某，誤聞市井之言，尚狃書生之見，遂發狂論。聖明不即加戮，俾從吏議，兩經奏讞，俱荷寬恩；今忽闌入張經疏尾，奉旨處決。仰惟聖德，昆蟲草木，皆欲得所，何惜一迴宸顧，下垂覆盆！儻蒙未減，不勝大幸，若以罪重必不可赦，願即斬臣妾首以代夫誅。夫雖遠禦魑魅，必能爲疆埸效死以報君父。」疏上，嵩格之。

是歲，論決當刑者凡百有餘人，詔決九人，而經、天寵預焉，並及繼盛。由是天下惡嵩父子及文華益甚。

47 是月，倭賊二百人自浙江樂清縣登岸，流劫寧、紹、台三府。【考異】明史本紀，「十月辛卯，倭掠寧波、台州，犯會稽」，即日本傳所稱「歷五十餘日，連犯三府」者是也。其所犯黃巖、仙居、奉化、餘姚、上虞、會稽等縣，據胡宗憲奏報，皆在十一月中。而日本傳所謂「殲之于嵊縣」者，據原奏在十二月十四日。今分書之，爲下文連犯三府張本。

48 十一月，壬辰朔，日有食之。

49 乙未，倭二百餘人犯福建莆田縣及鎮東衛，千户戴洪、高懷、張鸞等俱戰死。

50 戊午，倭五十餘人犯温州之平陽縣，殺指揮祁嵩、平陽所百户劉愍。又倭八十餘人犯舟山，進屯謝浦，參將盧鏜遣兵禦之，不克，指揮閔溶死之。【考異】閔溶之死，見明史盧鏜本傳。餘俱據實録增。

51 庚申，冬至，祀天于圜丘，朱希忠攝行。

52 倭復犯福建之興化平海衛，正千户邱珍、白仁，副千户楊一茂死之。已，復犯福清海口，泉州衛指揮僉事董乾震【考異】「董」一作「童」。直入其壘，殺十餘賊，亦遇害。事聞，詔各立祠祀之。

53 是月，巡撫應天曹邦輔言：「川沙窪之賊集至四十餘艘，而繼至者未已，恐與陶宅之倭合而爲一。請治副總兵俞大猷擁兵觀望罪，革職使戴罪立功。」從之。是時，趙文華以陶宅後期，請罷邦輔，上亦從之。給事中孫濬言：「邦輔督大猷進剿陶宅在九月十一日，浙兵以次日至，則後期之罪不在直兵。矧蘇、松士民僉稱邦輔實心任事，何況留都流劫之倭，一旦殄滅，功績顯然。而(以)〔文〕華遽請罷黜，臣不知其何心！」兵科給事中夏栻亦言之。上乃申飭文華，「秉公視師以圖大效」，而滸墅之捷，賞竟不行。

54 是月，樂清登岸之倭，流劫至黄巖、仙居、奉化、餘姚、上虞諸縣，官兵後至者多陷賊伏中，慈谿主簿畢清，鄉兵監生謝志望，生員胡夢龍，儒士金應暘，紹興知事何常明，皆中伏死之。

賊由上虞渡曹娥江，犯會稽，典史吴成器引兵遮擊之，禽斬三十餘人。【考異】此所犯地方及死事之畢清等，皆見實録，蓋胡宗憲原奏也。原奏系之十一月，今從之。

55 閏月，癸亥，周浦之賊被官兵圍攻日急，乘夜東北奔，統領川兵游擊曹克新邀擊之，斬首百三十級，遂與川沙窪之賊合。四川、山東諸兵日夕伺擊之，乃焚巢載舟出海。

己巳，副總兵俞大猷，兵備副使王崇古，合兵入洋，追及之于老鸛嘴，焚其巨艦八，餘賊奔上海、浦東。【考異】事見明史俞大猷傳。據實録載原奏，稱「周浦之倭，于閏十一月初二日突圍出。」是月壬戌朔，癸亥初二日也。大猷破之老鸛嘴，實録書之己巳，今分記之。

56 庚午，胡宗憲進攻平陽之賊，遣守備劉隆禦之于三港，官兵敗績，隆及千户劉綱、百户張剛、張澄俱死之。

57 癸酉，川兵游擊曹克新擊倭于嘉定之高橋，鏖戰自辰及未，酉陽兵先潰，諸軍遂敗。越二日，克新復督蜀中土、漢兵分三哨進，右哨酉陽兵復潰，我兵亂；賊乘之，殺大渡河千户李燦、成都衛百户鄭彦昇，川兵傷亡及溺死者十之四，諸軍奪氣。

先是總督楊宜，以狼兵徒剽掠不可用，請募江、浙義勇，山東箭手，益以江、浙、福建、湖廣漕卒，河南毛兵。比客兵大集，宜不能馭，川兵與山東兵私鬥，幾殺參將，而酉陽兵潰于高橋，奪舟徑歸蘇州，趙文華犒慰諭留之，不敢詰也。

58 丁丑，免順天、保定、河間、大名四府被災税糧。

59 十二月，甲午，振陝西饑。

60 開四川、山東銀礦。

初，上以進礦砂金銀，議開採助大工，至是復以軍需匱乏，諭閣部議廣開採。户部尚書方鈍等，「請令四川、山東、河南撫、按，嚴督所屬加意搜訪，以稱天地降祥之意」，遂有是命。

61 壬寅，山西、陝西、河南同時地震，聲如雷，雞犬鳴吠，陝西渭南、華州、朝邑、三原及山西蒲州諸處尤甚。或地裂泉涌，中有魚物，或城郭庭舍陷入地中，或平地突成山阜。河、渭溢，華、岳、終南山鳴，河清數日，官吏軍民死者八十三萬有奇。

禮部類奏以聞，詔内外臣工同加修省。

62 甲辰，官軍合攻樂清之賊于嵊縣，殲之。

是役也，賊不滿二百，深入三府，歷五十餘日始平。

63 乙巳，趙文華疏請還朝，許之。

文華視師數月，怙寵恣睢，百司震慴；公私財賄，填集其門；因而牽制兵機，顛倒功罪。雖徵兵半天下，而倭勢益熾，官軍屢敗，文華率諉過于督撫。及磚橋之挫，始知賊未易平，欲委責去。會川兵破賊于周浦，俞大猷破賊于海洋，文華遂言「水陸成功，江南清晏」，故有是請。

然是時倭尚泊浦東，而川沙舊巢及嘉定、高橋，分黨盤踞侵犯，殆無虛日，及文華去而敗報復踵至矣。

64 下户科給事中楊允繩于獄。

允繩巡視光禄，光禄丞胡膏僞增物直，允繩與同事御史張巽言劾之，下法司按驗。膏窘，言「玄典隆重，所用品物，不敢徒取充數。允繩憎臣簡別太精，斥言『齋醮之用，取其可耳，何必精擇！』其欺謗玄修如此。」上大怒，遂並膏下法司擬罪。刑部尚書何鰲，當「允繩儀仗内訴事不實律論絞，應援免發戍邊衛；膏妄費受贓，黜爲民。」詔允繩依律絞，仍命與巽言杖于廷；巽言及膏俱降調外任。【考異】見明史本傳。傳言「刑部論律絞」。證之實録，有「援免發戍邊衞」語，上怒允繩甚，故依律絞。膏之爲民，上特輕其罪，與巽言同降調外任，可以知當日喜怒之任情矣。

65 是月，倭賊屯于松江新場，參政任環與都司李經等率永順、保靖兵攻之，中伏，保靖土舍彭翅、永順頭目田菑、豐年等俱死之。【考異】事見明史任環傳。永、保陣亡頭目，傳中但書彭翅，餘二人及月分，皆據胡宗憲奏報增入。

66 諳達犯神木堡，參將楊璘率兵迎擊，遇寇于胡家埠，璘挺身陷陣，中流矢死。事聞，贈都督同知。時璘兄弟及姪皆從戰中創，詔並録之。【考異】神木之役，見明年五月奏報中。原奏稱「三十四年十二月」，今據增。

三十五年（丙辰、一五五六）

1 春，正月，辛酉朔，不御殿。

2 壬戌，福建倭流入浙江界，留守官王倫督容美土司田九霄等扼之于曹娥江，不得渡，還走。官民追及之于三江民舍及黄家山等處，殲之。

3 庚辰夜，彗星見于進賢星旁，長尺許，西南指，漸長至三尺餘，掃太微垣，東北行入紫微垣，犯天牀，至四月始滅。

4 壬午，官軍擊新場倭于松江之四橋，敗績，參將尚允紹等死之，亡卒四百餘人。【考異】據實録，松江新場之敗，御史周如斗請恤奏中，自尚允紹外，有指揮李田、鮑東萊，千户郭勛、崔彦章、李尚節、李鼎，百户趙武、陳清等八人，並職于此。

5 是月，兵部尚書楊博以憂去，召總督宣大許論代之。

6 二月，壬辰，以山西、河南同日地震，詔九卿科道陳時政得失，並遣官祭告境内山川河洛之神，收瘞死者爲厲壇祭之。

7 停徵南直隸華亭、上海、嘉定兵災税糧。

8 甲午，以地震，發銀四萬兩振山西平陽府、陝西延安府諸屬縣，並蠲免秋糧。

9 己亥，總督南直隸、浙閩軍務楊宜罷。

宜徵調各兵，久無功。會上年十二月新場之敗，御史邵惟中劾「宜觀望畏怯，所督西陽、永保兵再戰再北，請治其罪。」會趙文華還朝，因言「寇初起，苦無兵；今徵兵四集，所苦督撫非人，不能調度。請罷宜，以胡宗憲代。」嚴嵩復言之于上，上然之，乃罷宜。

宜在事僅踰半歲，以諂事文華，故得禍稍輕。

尋授胡宗憲爲兵部侍郎兼僉都御史，總督沿海軍務。

10 戊午，罷吏部尚書李默，尋下之獄。

初，趙文華奏請還朝，因言「餘寇無幾」。及敗報踵至，上疑之，以問嚴嵩，嵩力爲營解，上意終不釋。默與嵩數爲異同，文華自江南至，默尤輕之。會楊宜罷，嵩、文華請以宗憲代，默獨推用兵部侍郎王誥，二人者尤恚甚。

及是文華謀所以自解者，稔上喜告訐，乃摘默部試選人策有「漢武、唐憲宗晚節爲任用匪人所敗」等語，指爲謗訕。又言：「臣前劾張經，默以同鄉思報復；及臣再論曹邦輔，則嗾夏栻、孫濬媒孽臣及宗憲而黨護邦輔。今地方之事，由于督撫非人，默乃不用宗憲而推王誥，懷私挾憤，豈奉公憂國之大臣所爲！」

疏入。上大怒，下禮部三法司議，不稱旨，切責尚書王用賓等，皆奪俸，而下默鎮撫司拷訊。刑部尚書何鰲，遂坐默比子罵父律絞，上怒不已，詔加等處斬，錮之獄。尋復逮邦輔至京師，謫戍邊。默竟瘐死獄中。

11 是月，以李默罷，命大學士李本暫管部事。

12 三月，癸亥，大學士李本，以管吏部掌考察，因言：「大臣者，小臣之倡。大臣不職，則小臣靡然從之，故去不肖者，必先自大臣始。」上嘉其忠，命分別去留。于是考察尚書、侍郎、九卿及巡撫、都御史等十五人，尋考察科、道等官三十八人，希嚴嵩指也。

時嚴世蕃貪婪不法，政以賄成；而趙文華一出江南，公私匱竭，刑賞倒置；皆士論所不容。嵩欲誅耡異己以懾衆志，乃嗾本爲之。而本亦借以行其私，雖茸闒不稱職者亦有其人，而凡不附嚴氏及文華所不悦者，一切屏斥無遺，故公論爲之不平云。

13 丁丑，賜諸大綬等進士及第、出身有差。

14 癸未，改工部侍郎吴鵬爲吏部尚書，陞工部侍郎趙文華爲本部尚書。時鵬改吏部，廷推文華代鵬，上悦曰：「文華賚誠祭海，受命視師，宜有以酬之，如此推任，差爲得人。」即日仍加太子太保，賞訐發功也。

15 是月，福建倭流劫古田，殺備倭指揮劉玠，副千户王月。事聞，詔贈恤玠等，立祠祀之。

16 陞湖廣按察使張景賢爲僉都御史，巡撫應天，廣西參政阮鶚爲僉都御史，巡撫浙江，皆兼提督軍務。

17 夏，四月，丙申，振陝西災，災重者免夏税，以地震也。

18 己亥，倭舟二十餘艘，自浙洋登岸，攻慈谿，陷之，殺鄉官副使王鎔、知府錢渙等，大掠而去，軍民死者數百人。

19 甲辰，有續至倭寇三千餘人，犯鎮江、瓜洲、儀真等處，流劫至圌山入港，遂犯無爲州。同知齊恩率舟師迎戰，敗之，斬首百餘級。

恩長子尚文，次子嵩，叔仲實，弟寶桀，姪愼、寅、友良、大卿，孫童俱在行〔間〕。嵩年十八，驍勇善射，獨前追賊至安港，恩率尚文等從之。會伏發被圍，恩等及其家丁錢鳳等二十一人力戰，皆死之，惟嵩、愼、寅三人得脱。

賊乘勝至金山，殺鎮江千户沈宗玉、王世臣于江中，百户戚繼爵戰没。事聞，贈恩光禄丞，録一子，並厚恤其家，建祠祀之。餘皆贈卹如例。【考異】事見明史忠義傳。恩戰死月日見本紀，今據實録，並其一家及家丁姓名增入。又戚繼爵戰没，同見請卹奏中。

20 丙午，倭復攻慈谿，入之。

倭之犯慈谿也，慈谿人杜槐爲省祭官，倜儻任俠，寇至，縣僉其父文明爲部長，令團結鄉勇，槐傷父老，請身任之，數敗倭。副使劉起安委槐守餘姚、慈谿、定海，遇倭于定海之白沙，一日戰十三合，斬三十餘人，馘一酋，身被數鎗，墜馬死。文明擊倭于鳴鶴場，斬酋一人，倭驚遁，稱爲「杜將軍」。無何，追至奉化楓樹嶺，戰没。事聞，詔父子並贈卹，建祠祀之。【考異】見明史忠義傳。其請卹在是年十月，見實録，今入之倭寇慈谿等縣下。

21 辛亥，倭寇萬餘，趨浙江皂林等處，將攻杭州，游擊將軍宗禮率兵九百人，禦之于崇德三里橋，三戰俱捷，斬首三百餘級，賊首徐海等皆辟易，稱爲「神兵」。會橋陷，軍潰亂，禮與鎮撫侯槐、何衡，義官霍貫道，俱力戰死之。賊乘勝攻桐鄉，不克。

是役也，禮所部皆死士，以寡敵衆，時以爲血戰第一功。自是海等亦病創奪氣，未幾遂就撫。

22 是月，倭寇温州，同知黄釧死之。

釧自去年擊走倭賊，知必將復來，日夜爲備，至是果大至。釧出城逆擊，分軍爲三，釧將中軍，其二軍帥皆紈袴子；及與倭遇，倭遣衆分掩二軍，而以鋭卒當中軍。釧發勁弩巨礮，戰良久，倭方不支。突二軍望敵而潰，倭合兵擊釧，釧腹背受敵，遂被執。脅之降，不屈，責以金贖，釧笑且罵曰：「爾不知黄大夫不愛錢邪！」賊怒，裸而臠割之。子購尸不獲，具衣冠葬。

事聞，贈浙江參議，有司建祠祀之。

是時倭犯兩浙，官軍死事者，有海寧衛指揮徐行健，松門衛指揮程禄，百户方存仁，經巡按、御史趙孔昭彙奏，得旨，贈卹如例。【考異】倭寇温州，明史本紀不載。黄釧死事見忠義傳，書云「三十四年，釧擊走倭，知必將復來，備之。又三年，果大至」云云。考釧之死，明書、從信録皆系之三十五年四月，而實録所載趙孔昭請贈卹黄釧等在七月，則釧之死在是年之四月爲得其實。傳中以爲「又三年」者，疑「年」字爲「月」字，傳寫致誤也。今據明史及從信録月分。

23 初，倭屢犯浙東州縣，胡宗憲時巡按浙江，與趙文華定招撫計，乃令客蔣洲、陳可願往諭日本國王，遇汪直養子滶于五島，邀使見直。

直初誘倭入犯，倭大獲利，各島由此日至；既而多殺傷，有全島無一歸者，死者家怨直。直乃與滶及葉碧川、王清溪、謝和等據五島自保，島人呼爲「老船主」。

宗憲與直同鄉里，欲招致之。時直母妻皆繫金華獄，宗憲命釋之，資給甚厚。洲等諭以宗憲指，直心動；又知母妻無恙，大喜曰：「俞大猷絶我歸路，故至此。若貸罪許市，吾亦欲歸耳。但日本國王已死，各島不相攝，須次第諭之。惟薩摩、大隅二島已先入寇，不及止。誠許之通貢互市，願殺賊自效。」薩摩、大隅者，徐海所引以犯皂林、慈谿等處者也，時方蹂躪浙之東西。直乃留洲傳諭國王，而遣滶等護可願歸。

至是宗憲以聞，兵部言：「直等本編民，既稱效順，即當釋兵；乃絶不言及，第求開市通貢，隱若屬國，叵測，未可遽許。宜令督臣振揚國威，嚴加防禦，移檄直等，俾剿除舟山諸賊巢以自明。果海疆廓清，自有恩賚。」從之。

時兩浙皆被倭，而慈谿焚殺獨慘，餘姚次之。浙西柘林、乍浦、烏鎮、皂林間，皆爲賊巢，前後至者二萬餘人。上命宗憲亟圖方略，或剿或撫，便宜行之。

24 改禮部尚書王用賓爲南京吏部尚書，以禮部侍郎吴山陞代。改南京吏部尚書鄭曉爲右都御史，協理京營戎政。

25 五月，乙丑，復遣工部尚書趙文華提督浙、直軍務。

先是倭警遝至，部議再遣大臣督師；已，命兵部侍郎沈良才，良才陛辭，陳使宜三事，悉從之。

會上諭輔臣嚴嵩，以東南事詢之文華，嵩乃乘間言「文華自請行」，且言「江南人矯首望文華」，上信之，乃止良才而改命文華，立賜敕遣之。

26 丙寅，免山西去年秋糧，以地震也。

27 戊辰，以江南、北被倭患，令各督撫官發銀糴米。仍縣示勸借賞格：軍民輸銀百兩或米百石以上者，敕旌其門，以下者令有司量加奬諭，以充軍餉。從户部請也。

28 丁丑，倭解桐鄉圍，以徐海之聽撫也。

先是海及陳東、麻葉等連兵攻桐鄉急，巡撫阮鶚在圍城中。宗憲謀赴援，既，自計曰：「與鶚俱陷，無益也。」遂還杭州，遣指揮夏正等持汪澂書要海降，海驚曰：「老船主亦降乎！」謂直也。然海時方受創于崇德，意頗動，因曰：「兵三路進，不由我一人。」正曰：「陳東已他有約，所慮獨公耳。」海遂疑東。而東偵知海營有宗憲使者，大驚，由是有隙。正乘間説海降，海遣使來謝，索財物，宗憲如其請予之。于是海歸我俘二百人，解桐鄉圍；東留攻一日亦去，復屯乍浦。

29 壬午，太白晝見。

30 丁亥，遣左通政王槐採礦銀于玉旺峪。

先是有詔採礦砂金，會薊州玉旺峪進紫礦砂一百五十斤，尋下開採之令。禮部議遣司官一員往，既行，上念天地之寶不可不重，乃命追還原遣官，而以槐同錦衣衛官及內使二人行。

31 是月，冀州、高邑、新河、栢鄉、隆平、廣平等處一日三震，聲如雷。

32 六月，己丑，户部主事張芹進山東寶山諸礦金二百十七兩，礦銀二百兩有奇。上以爲少，命「從實開取，嚴禁官民隱匿侵盜者。其未取之所，仍令奏聞。」尋又遣主事沈應乾赴河南。自是礦使四出爲民患。

33 丙申，總兵俞大猷敗倭于黄浦。

時蘇、松之倭謀自黄浦出海，大猷督水兵追之，斬首三百餘級。

34 丁酉，浙江倭寇仙居縣，陷之。乘勝趨台州，副總兵盧鏜邀擊于彭溪鎮，斬首二百餘級。

35 辛丑，諳達犯宣府，以三萬騎至，游擊張紘率軍千餘迎戰，一軍盡没，脱歸者僅十六人，紘及中軍官陳磘、千把總繆策、陳鎮、張瑞等俱没于陣。【考異】張紘死，見明史本紀及韃靼傳。餘皆據實録增。

36 是月，倭犯丹陽吕城，守備王介擊却之。

37 秋，七月，戊午，總督浙直胡宗憲奏：「賊首毛海峰，自陳可願歸後，嘗一敗倭寇于舟山，再敗之于瀝表，又遣其黨説諭各島，相率效順，乞加重賞。」——毛海峰，即汪激也。部議謂：「兵法用間用餌，或招或撫，要在隨宜濟變，不從中制。」乃如宗憲請，賜海峰等銀幣有差。【考異】據明史胡宗憲傳，言「蔣洲等奉使諭日本國王，遇汪直養子激于五島，其後遣激送可願還。宗憲厚遇激，令立功，激遂破倭于舟山，再破之瀝表」。與日本傳所載大略相同。惟日本傳則言「汪直養子毛海峰」，蓋毛海峰即王激，故日本傳後書「汪直遣王激入見宗憲」下，書云，「激即毛海峰，汪直養子也。」證之實録，先書毛海峰，後則俱書王激，其爲一人明矣。汪激諸書俱作「王」，蓋汪直本姓王也，見後汪直伏誅條下。

38 辛巳，官軍破倭于乍浦。

先是徐海許降，宗憲復使人語海曰：「若已内附，而吴淞江方有賊，何不擊之以立功？且掠其舸爲緩急計。」海以爲然，逆擊之朱涇，斬三十餘級。宗憲令俞大猷潛焚海舟，海心怖，以其弟洪來質，獻所戴飛魚冠、堅甲、名劍及他玩好。

宗憲因厚遇洪，諭海縛陳東、麻葉，許以世爵，海果縛葉以獻。宗憲解其縛，令以書致東圖海，而陰泄其書于海，海怒；海妾受宗憲賂，亦説海。于是海復以計縛東來獻，率其衆五百人去乍浦別營。梁莊官軍遂焚乍浦巢，斬首三百餘級，焚溺死者稱是。餘賊遁入海，指揮鄧城追及之，沈其舟，殲焉。

39 八月，壬寅，上以古用芝草入藥，詢之尚書吴山等，皆云「久食輕身，而服食之法，未有傳者。」乃詔有司採于元岳、龍虎、三茅、齊雲及五岳，仍訪之民間。會宛平縣民張巨佑得芝五本，獻之，上悦，賚以銀幣。自是臣民獻芝者踵至。

40 辛亥，胡宗憲破海賊徐海等于梁莊。

初，海既縛陳東等，退屯梁莊聽撫，宗憲與之約。海先期猝至，留甲士平湖城外，率酋長百餘胄而入。趙文華懼，欲勿許，宗憲强許之。

海自擇沈莊屯其衆。沈莊者，東西各一，以河爲塹。宗憲居海東莊，而以西莊處陳東黨，令東致書其黨曰：「督撫檄海夕禽若屬矣！」東黨懼，乘夜攻海，海挾兩妾走間道，中稍。明日，官軍圍之急，海投水死。

會盧鏜亦破大隅島賊，禽其島主辛五郎至，遂俘海弟洪及陳東、麻葉、五郎並海首獻京師。海餘黨奔舟山，宗憲遣俞大猷以冬月雪夜焚其柵，殲焉。兩浙倭漸平。【考異】據實録所記梁莊之役，言海雖就撫，索船索賞，進退未決。其部衆被圍急，時出虜掠。官兵四面俱集，文華欲乘勢剿之，執海衆虜掠爲詞以責海。海知有變，乃阻深塹自守，爲迎戰備。信好既絶，我師遂薄賊營。會大風縱火，諸軍鼓譟從之。海等窮迫，闔户投火中死」云云。按此據文華報捷之奏，而海之授首，乃胡宗憲設計擒其黨，始令徐海執陳東等以獻，至是復令東黨攻海，皆間也。明史宗憲傳所記爲得其實，今據之。

41 九月，戊午，免山東旱災逋賦，又免南直隸江北諸州縣被寇者稅糧。

己未，免湖廣被災秋糧。

42 壬戌，諳達犯遼東平川、錦川等堡，參將羅九皋敗績，亡屯堡軍民數百人，指揮劉洪臣、千户黄相、李承宗、百户管振等死之。

43 乙丑，徽王載埨有罪，廢爲庶人。

初，載埨父厚爝，善方士陶仲文，仲文奏其忠敬奉道，上喜，封爲真人，予金印。及載埨嗣，益以奉道取媚，命綰其父真人印。

有南陽人梁高輔者，自言能導引服食，載埨用其術和藥，使高輔因仲文以進。高輔被上寵，不復親載埨，載埨銜之。已而高輔爲上取藥，求載埨舊所蓄者，載埨不予而予仲文。高輔大恨，乘間言載埨過失，上疑之，奪真人印。仲文知釁已成，不敢言。

會有民耿安，告載埨奪其女，下有司按治，因發其諸不法事，乃廢之，錮之高牆。載掄自縊死，妻妾皆從之。

44 免南畿應天、池州等府被災及蘇、松、常、鎮四府被寇秋糧。

45 辛未，免順天府被災州縣秋糧。

46 壬午，以倭寇平，祭告郊廟社稷。

47 是月，免江西被災稅糧。

48 冬，十月，丙戌朔，日有食之。

49 丁亥，諳達犯大同紅門堡，總兵孫朝等擊却之。尋犯城子村，參將張桓死之。

50 癸卯，太白晝見，凡四日。

51 是月，免浙江被寇、福建被災稅糧。

52 倭由温州海洋犯福寧州，百户黄弘、生員陳坡死之。

53 十一月，丁巳，陝西山丹衛地一日三震，聲如雷，關城多壞。

54 戊午，北寇率衆十餘萬騎，深入遼東、廣寧等處，總兵官殷尚質率游擊閻懋官等禦之，衆寡不敵，尚質、懋官俱力戰死。詔贈尚質少保，賜謚，懋〔官〕贈都督同知，並立祠祀之。【考異】明史本紀書「打來孫犯廣寧」，證之韃靼傳，即土蠻也。三編譯改土默特，質實云「小王子之後，嘉靖初徙幕東方」，惟打來孫無譯，今但以北寇書之。

55 乙丑，冬至，祀天于圜丘，朱希忠攝行。

56 庚午，以倭寇平論功，進趙文華少保，胡宗憲右都御史，餘皆陞賞有差。召文華還。

57 丁丑，巡撫廣東談愷等討廣東峒賊，平之。

初，廣東新寧、新會、新興、恩平之間，多高山叢菁，一時亡命者竄入諸猺中。久之，衆至萬餘人，推陳以明爲主，號「承天霸王」，流劫至高要、陽江等處，官兵討之數敗。是春，愷等徵諸路土兵進剿，斬其驍將僞將軍伍廷章等，乘勝入賊巢，禽斬以明及僞指揮白德元等。官軍分道攻各峒寨，悉平之，前後禽斬五百五十人，餘脅從聽撫者二千五百餘人。

58 辛巳，北寇復分犯一片石、三道關等處，總兵歐陽安擊却之。

59 十二月，乙未，趙文華以海寇平，上疏歸功輔臣，辭免陞廕，優詔答之，不允。

60 丁未，海賊陳東等伏誅，告于太廟。

61 北寇復犯陝西環、慶等處，都督僉事袁正等擊却之。【考異】據明史韃靼傳，似即十月寇大同之譆達也，而本紀連上文寇廣寧之打來孫書之，實録亦不具。今亦但書北寇云云。

62 是月，刑部尚書何鰲致仕，起前服闋尚書歐陽必進代之。

三十六年（丁巳、一五五七）

1 春，正月，乙卯朔，不御殿。

2 丁卯，改巡撫浙江阮鶚于福建，其浙江巡撫命總督胡宗憲兼理，從趙文華之請也。鶚自桐鄉解圍，遂東渡錢唐禦他賊，亦以附文華故得不劾。福建沿海之地，向歸浙江巡撫兼轄，至是文華請特設之，遂以命鶚。【考異】據明史職官志，福建設巡撫始于是年。其福、興、泉、漳沿海之地，向歸浙江巡撫兼轄，志以爲嘉靖二十六年，即朱紈任是職也。三十五年，以閩、浙道遠，設提督軍務兼巡福興、漳泉、福寧海道都御史。明年，改設巡撫，統轄福建全省。今據書之。

3 二月，諳達犯大同邊，殺守備唐天禄、把總汪淵。旋南犯威遠，復分掠天城，攻毁沙溝等村堡三十二所。【考異】明史本紀系犯大同于二月。其唐天禄、汪淵之死別據韃靼傳書之。

4 三月，有諳達別部婁巴圖爾，舊作老把都兒。擁衆數萬入犯永平、遷安等處，副總兵蔣承勳力戰，死之。越二日，引去。

詔切責王忬，降右侍郎。贈承勛都督同知，立祠祀之。【考異】明史本紀系之三月癸丑。按癸丑爲二月二十九日，三月甲寅朔，是月有癸未，無癸丑也。又證之實録，四月秦報中稱「寇以三月二十九日入境」。疑原奏「三」字係「二」字之誤，而史又誤以二月二十九日之癸丑歧入之三月中。今但書月，不書日。

5 濟農復分犯大同中、西二路，指揮楊汲、百户李朝等死之。寇復分犯延綏、榆林，副總兵陳鳳率次子守義迎擊，不克。鳳死，守義被創。事聞，贈鳳都督，立祠榆林祀之；並陞守義爲都指揮僉事。【考異】以上皆三月入犯事，實録于四月奏報中書之。惟楊汲等之死，本紀不載，今據實録增入。○三編質實云：「濟農，舊作吉能，即前濟農子。蓋濟農係蒙古王號，故父子並襲其稱。舊分作吉能、吉囊，音譯歧誤，今改正。」

6 山東沂州雨雹，大者如盂，小者如雞卵，平地厚尺許，徑八十里，傷人畜無算。

7 夏，四月，甲午，倭犯如皋，登岸焚劫，官兵追擊，敗之于白滿鎮。「滿」一作「蒲」。是時浙江自徐海、陳東等授首後，諸寇略平。而倭之在江北者，犯常、鎮，燒漕艘，官吏不能禦，至是勢復熾。

8 丙申，奉天、華蓋、謹身三殿災。是日申刻，雷雨大作。戌刻，火光驟起，初由奉天殿延燒至華蓋、謹身二殿及文、武二樓，奉天、左順、右順並午門，午門左、右廊盡燬。越日乃熄。

9 庚子，倭流劫海門縣，凡二千餘人，登岸肆掠。

10 壬寅，以殿災，詔告天下，引咎罪己，並敕群臣修省。齋五日，止諸司封事，停刑。

11 倭攻通州，不克，遂分二路西行，復犯如皋及泰興。是日，復有倭舟七自金沙登岸。

12 五月，癸丑，倭轉掠揚、徐二州，遂入山東界，官兵禦之，多敗，百户劉魁、許勇、邵宗智、王介等死之。

13 癸亥，遣工部侍郎劉伯躍兼僉都御史，採木于四川、湖廣。舊制，川、湖采木各遣一員，至是嚴嵩議，「遣大臣一人專駐荆州適中之地，以時巡歷，並貴州三省會同撫、按官采辦。」從之。

14 己巳，揚州倭犯天長縣，都司沃田、把總邱君寵禦之，不克，皆死焉，亡卒一百七十餘人。賊遂掠盱眙，攻泗州，不克，遂入高郵、寶應。丙子，犯淮安。

15 六月，壬午，諳達犯宣府馬尾梁，參將祁勉率二百人禦之，寇敗。追至李家梁中伏，與坐營官姚登崇、守備戴昇皆力戰死，亡其卒過半。御史路楷以聞，詔奪總兵李賢等俸。

16 乙酉，淮揚兵備副使于德昌督水陸兵擊倭于安東縣，參將劉顯直前衝賊，斬其渠。諸軍鼓譟競進，水陸夾擊，斬首百餘級。賊多焚溺死者，餘衆乃駕舟遯入海，泊于廟灣。

17 甲午，罷陝西礦。

18 秋，七月，庚午，詔順天府採辦珍珠四十萬顆有奇，廣東九十萬顆有奇。【考異】明史本紀系採珠廣東于是月庚午。明史稿言「順天、廣東採辦珍珠一百三十萬顆」，證之實録是也，今據書之。

19 丙子，福建撫臣進龍涎香十六兩，廣東撫臣進十九兩有奇。

20 八月，辛丑，趙文華罷。

初，文華掌工部時，上于西苑造新閣，久不成。一日登高，見西長安街有高甍，問誰宅，左右以文華新宅對。又一人言：「工部大木，半爲文華作宅，何暇營新閣！」上益慍。

會三殿災，上權視事于端門，亟欲建正朝門樓，文華猝不能辦，上不懌；且聞文華視師江浙黷貨要功狀，思逐之，重違嚴嵩意，以問嵩，嵩乃言「文華觸暑南征，疾尚未愈，請添註侍郎一員協理。」上以「大工方興，不宜稱疾自便。」嵩尋令文華上章引疾，上手批令回籍休養。制下，舉朝稱賀，嵩獨不怡者累日。

21 甲辰，浙直總督胡宗憲奏稱「前遣諭日本之生員蔣洲還」。

初，汪直送陳可願還，留洲偏諭各島。洲至豐後被留，令僧人往山口等島傳諭禁戢。于是山口都督源義長具咨送還被掠人口，而咨乃用國王印。豐後太守源義鎮遣僧德陽等具方物奉表謝罪，請頒勘合，修貢送洲還。前楊宜所遣鄭舜功出海哨探者，行至豐後島，島主亦遣僧清授附舟來謝罪，言「前後侵犯，皆中國奸商潛引諸島夷衆，義鎮等實不知。」

於是宗憲疏陳其事，言「洲奉使二年，止歷豐後、山口二島，或有貢物而無印信勘合，或有印信而無國王名稱，皆違朝典。然彼既以貢來，又送還被掠人口，實有畏罪乞恩意。宜禮遣其使，令傳諭義鎮、義長轉諭日本王，禽獻倡亂諸渠及中國奸宄，方許通貢。」詔可。

22 是月，寇犯義州、太平等堡，千户鄭堂、百户崔孝忠、原任指揮姚良任等，俱力戰死之。【考異】明史本紀不具，史稿系之是月。證之實録，原奏稱「八月」，無日，今從之。

23 改歐陽必進工部尚書，代趙文華也。踰月，以侍郎賈應春陞任刑部尚書。

24 九月，辛亥，革趙文華職爲民。

文華既罷，上意猶未平，而言官皆懼嚴嵩，無敢攻發之者。上怒無所洩，會文華子錦衣千户懌思，以齋祀停封章日上疏請假送父回籍，上大怒曰：「文華以吉修限内引疾，欺褻已甚，而其子又復疏擾，不敬莫大焉！」因並發文華視師黷貨殺無辜狀，黜爲民，懌思發邊衛充軍。

又以禮科失糾，令對狀。乃杖給事中謝江等于端門外，俱斥爲民。

初，文華未第時，在國學，嚴嵩爲祭酒，才之。後仕于朝，而嵩日貴幸，遂相與結爲父子。嵩念己過惡多，得私人在通政，劾疏至可預爲計，故以文華任之。

文華欲自結於上，進百花仙酒，詭曰：「臣師嵩服之而壽。」上飲，甘之，手敕問嵩，嵩驚曰：「文華安得爲此！」乃宛轉奏曰：「臣生平不近藥餌。犬馬之壽，誠不知何以然。」

嵩恨文華不先白己，召至直所詈責之。文華跪泣，久不敢起，徐階、李本見之，爲解，乃令去。嵩休沐歸，九卿進謁，嵩猶怒文華，令從吏扶出之。文華大窘，厚賂嵩妻，嵩妻教文華伺嵩歸，匿于別室，酒酣，嵩妻爲之解，文華即出拜，嵩乃待之如初。

既，以倭患上書，嵩復薦之視師浙直。復以總督江浙軍務，獲徐海，俘陳東，日益寵貴，志日驕，事中貴及世蕃漸不如初，諸人憾之。至是被譴，卧舟中，故病蠱，一夕手捫其腹，腹裂臟腑出，遂死。

[25]癸丑，禮部彙進瑞芝，凡千本有奇。

[26]癸亥，殺前錦衣衛經歷沈鍊，宣大總督楊順、巡按路楷等，承嚴嵩指搆之也。

初，鍊謫保安，未有館舍，賈人某詢知其得罪故，空家舍授之；里長老亦日致薪米，遣子弟就學，鍊語以忠義大節，皆大喜。塞外人素戇直，又稔知嚴嵩惡，爭詈嵩以快鍊。且縛草爲人，象李林甫、秦檜及嵩，醉則聚子弟攢射之，或踔騎居庸關口，南向戟手詈嵩，慟哭而歸。語稍稍聞京師，嵩大恨。

順、楷皆黨嵩，受嵩子世蕃屬，且許以厚報，于是相與日夜謀中鍊。會蔚州獲妖人閻浩，詞所連甚衆，順喜，謂楷曰：「是足以報嚴公子矣！」竄鍊名其中，誣浩等師事鍊，聽其指揮，具獄上，嵩父子大喜。

下兵部擬罪。尚書許論，前總督宣大，常殺良民冒功，鍊貽書譙讓，論銜之，至是覆如順等奏。詔斬之宣府市，戍子襄極邊。

予順一子錦衣千户，楷待銓五品卿寺。順訝其賞薄，曰：「嚴公意豈未慊乎？」復取鍊子衮、褒杖殺之，更移檄逮襄。襄至，掠訊方急，會順、楷以邊事逮，乃免。

後嵩敗，世蕃坐誅，臨刑時，鍊所教保安子弟在太學者，以一帛署鍊姓名官爵于其上，持入市，覩世蕃斷首訖，大呼曰：「沈公可瞑目矣！」因慟哭而去。

隆慶初，詔褒言事者，贈鍊光禄少卿，任一子。襄乃上書言順、楷殺人媚奸狀，給事中魏時亮、陳瓚亦相繼論之，始下順、楷吏，論死。天啓初，追謚忠愍。

27 甲子，免山西被災税糧。

28 戊辰，有彗星見于天市垣列肆星旁，東北指，至十月二十日始滅。

29 是月，諳達子錫林阿，舊作辛愛。擁數萬騎犯大同右衛及應、朔二州，攻毁七十餘堡。

先是錫林阿有妾曰托斯齊，舊作桃松寨。通于部目，懼罪，叩大同塞求降，守者納之，總督楊順以爲奇功，致之京師。錫林阿恥失其妾，索之急，遂入寇。【考異】托斯齊之降，實録系之十一月，而明史本紀，是月入寇者即錫林阿，蓋是時錫林阿寇大同左、右衛凡三月，實録一據奏報，一牽連入寇本末並書之。其實托斯齊之請降，又當在夏、秋間也。惟實録于九月奏報中但書虜，不書錫林阿，今據明史及三編。

30 以倭寇，免南直隸寶應、清河、天長、盱眙、安東五縣稅糧，並令傷重者振恤之。

31 冬，十月，丁酉，免畿內被災秋糧。

32 十一月，庚戌，免山東被災稅糧，並振之。

33 乙卯，總督浙直胡宗憲，以計誘海賊汪直，誅之。

初，蔣洲等既還，直乃集山口、豐後二島主源義長、源義鎮等備方物入貢，遂遣夷目善妙等四十餘人隨直來，于十月泊舟山之岑港。浙人聞直以倭舟至，大驚，巡按御史王本固亦言不便。聞于朝，朝臣謂「宗憲且釀東南禍，令陳兵嚴備之。」直乃遣汪滶即毛海峰詣宗憲曰：「我等奉詔來，將息兵安境，宜遣使者遠迎，宴犒交至。今盛陳軍容，禁舟楫往來，公得毋紿我耶？」宗憲解諭至再，直不信，復令滶以書招之。直因要一貴官爲質，宗憲立遣指揮夏正偕滶往。

宗憲嘗預爲赦直疏，引滶入卧内陰窺之，滶還，以語直，直疑稍解，乃偕其黨葉宗滿、王清溪等入謁。宗憲慰藉之甚至，令至杭見本固，本固遂下直等獄。

宗憲疏「請曲貸直死，俾戍海上，繫番夷心」，本固争之强，而外議且疑宗憲納賊賂，宗憲懼，易詞以聞。直論死，宗滿等戍邊。

滶等聞，大恨，遂支解夏正，柵舟山、阻岑港而守，于是賊復流入閩、廣界。【考異】事見明史胡宗憲及日本傳。實録所載，互有詳略，惟王滶即毛海峰，實録不著。倭變紀略又以爲汪直養子毛烈，疑毛烈即海峰，亦即王滶也。至汪直就禽，據紀略載胡宗憲原奏，稱「王直即汪五峰，直隸徽州府歙縣民氏。」是直一人，汪、王雜稱，故其養子亦然。而實録又有毛滶之稱，其與毛海峰爲一人明甚。諸書皆不見，惟明史兩書之，並著之日本傳中，今從之。

34 辛未，冬至，祀天于圜丘，朱希忠攝行。

35 丁丑，錫林阿縱掠大同，圍右衛數匝，楊順懼，乃詭言「敵欲以叛人趙全、邱富等來易其妾托斯齊」，兵部許論以爲便。順乃遣托斯齊夜逸出塞，紿之西走，陰告錫林阿，錫林阿執而戮之。于是敵狎知順無能，圍右衛益急。

36 十二月，庚辰朔，太白晝見。

37 癸未，免浙江被災稅糧。

38 戊戌，以冬寒，暫停保定及山東、山西採礦，召主事張芹等還。

時一歲先後所入各礦金銀不過數萬兩，而礦使之爲民患者日甚，久之盜且起。

39 是月，胡宗憲奏平嘉、湖賊。

先是有妖人馬祖師者，流寓湖州之烏鎮，以幻術惑衆。其黨毛岑、計中、江升、高仙、許達等，更相煽誘，愚民脅從者衆，約以九月起兵攻嘉興。會有泄其謀者，官司掩捕，禽岑、中等數人。馬乃樹青白幟，縱掠民間，參政劉燾督兵擊之，賊潰，走南潯。官兵追擊之于松林，殲之，而馬祖師者卒逸去。

40 初，遣主事王健等採取龍涎香于閩、廣，久之無所得。至是健言：「宜于海舶入灣之時，酌定抽分事宜，凡有龍涎投進者，方許交商貨買，則價不費而香易獲，不必專官守取。」部議以爲便，「請取回奉差各官，責廣東撫、按官設法收取，並酌定海舶抽分事宜」，從之。自是分道購龍涎者前後凡十餘年。久乃稍稍得之。

三十七年（戊午、一五五八）

1 春，正月，庚戌朔，不御殿。

2 癸亥，罷河南採礦，召主事沈應乾等還。

3 是月，錫林阿圍大同，並分兵犯宣、薊，西鄙震動。總督楊順告急，言「自去冬以來，城門（書）〔晝〕閉，樵汲不通，危在旦夕。」上聞之大駭，命郎中謝穀巡視，並發太倉銀十萬兩振之。

4 是月，倭犯潮州，千户魏岳等死之。【考異】此據實録四十五年請卹原奏增入，蓋是年正月事。

5 二月，丙申，錦衣衛匠餘陳岳，援大工開納事例，輸銀二千三百兩乞陞，兵部議「授署都指揮僉事，月支俸一石，子孫承襲一代。」

都給事中湯日新等言：「錦衣，古虎賁、金吾之職也，入司扈衛，出掌緝捕。國家非特恩不授，非異功不襲，而以一匠餘絲粟之貲得之，且支俸承襲，毋乃已濫乎？夫朝廷雖急財，而名器則不可不重。若倖門一開，胥徒市儈，争相慕效，求拾級而升，則禁衛幾爲〔龍〕〔壟〕斷之場，豪傑妨其進取之路。以此權錐刀得失，果孰輕而孰重也？」上是其言，詔停倖襲，而奪兵部司官俸三月。

6 是月，大同右衛告警。〔上深以爲憂，詔諸司亟發兵措餉。時〕賦入太倉者僅七萬，帑儲大較不及十萬，户部尚書方鈍等憂懼不知所出，乃乘間具陳帑藏空虚狀，因條上便宜七事。上復命廷臣各條理財之策以聞。

7 三月，丙辰，刑科給事中吴時來言：「近者大同右衛之急，帑藏空虚，至廑聖懷，捐工資銀兩以濟然眉。而總督宣大侍郎楊順，自蒞鎮以來，所請帑銀無慮三十餘萬。乃該鎮兵食日見空虚，寇勢披猖，城堡盡破，順未能出一奇，發一矢以效尺寸。托斯齊，即桃松寨。虜中一逋逃淫婦耳，順既失策納之，自誇威德，矜示朝廷。比黠酋喝脅來索，不能拒絶，而駕言易我妖叛，取而予之。失體損威，甘受敵侮，凡在臣民，無不搤腕嘆憤。而巡按御史路楷，受其賂金七千，祕不以聞，安在其爲朝廷耳目臣也！去冬寇入應州，屠堡七十，男婦死者以三千計，楷之疏報具在。及奉旨勘覆，則爲之諉其責于鎮、巡、府、道、州、縣，而以其所殺邊民侈爲順功，于是諸臣被劾，而順反叨世蔭。兵部尚書許論，雷同附和，漫無主持。此三臣者，一受捍禦之任，一司糾詰之責，一綜帷幄之籌，而黨庇一轍，何以紓陛下宵旰之憂？乞亟黜此三人，别選忠誠有爲者代之，庶幾邊患有瘳耳。」疏入，上以問嚴嵩，嵩不能救，乃遣錦衣官校逮繫順、楷至京師。其宣大總督，令兵部侍郎江東暫理。

于是斥論爲民，又改户部尚書方鈍于南京。尋起楊博爲兵部尚書，改刑部尚書賈應春于户部，以右都御史鄭曉代之，兼署兵部事。

8 戊午，振遼東饑。

9 甲子，逮福建巡撫阮鶚。

初，鶚提學浙江，會倭薄杭州，鄉民避難入城者，有司拒不許，鶚手劍開門納之，全活甚衆。後以附趙文華、胡宗憲，得超擢右僉都御史。初巡撫浙江，不主撫，自桐鄉被圍，懼甚。洎改福建，倭犯福州，賂以羅綺金花及庫銀數萬，又遺巨艦六艘，俾載以走，不能措一籌。而斂括民財動千萬計，帷帟盤盂，率以錦綺、金銀爲之。

于是御史宋儀望等交章論劾。及逮至京，仍以賂嚴嵩得薄其罪，黜爲民。

10 辛未，錫林阿由滴水崖南犯永寧川，宣、薊告急。兼管兵部尚書鄭曉，「請以三大營聽征，官軍營造工役者，悉令回營操練以備戰守。」從之。

11 是月，命兵部尚書楊博視師宣大。

12 逮兵部侍郎吳嘉會下獄。

嘉會諂事嚴嵩，三蔭三遷。巡撫薊州，所築邊牆，侵冒官帑，旋築旋圮，致寇乘之而入。至是御史萬民英巡視薊鎮還，劾之，遂就逮。尋黜爲民。

13 初，上以邊報告急，財用缺乏爲憂，以問嚴嵩，嵩言：「今帑藏雖虛，然天下之財，有可變通足國者。若革裁冗費，追逋折解，咄啐間即可得數百萬，顧司計之臣束手無策，不能措畫耳。請下令廷臣，有可以生財者條議以聞。」

于是吏部尚書吳鵬等，給事中趙鏘等，御史李承平等，各應詔陳理財事宜。戶部覆行者二十九事，率瑣屑非國體，而請追宿逋，增賦額，遂大爲民困。

惟兵科給事中劉體乾上疏，略曰：「蘇軾有言，『豐財之道，惟在去其害財者。』今之害最大者有二，冗吏、冗費是也。歷代官制，漢七千五百員，唐萬八千員，宋極冗至三萬四千員。本朝自成化五年，武職已逾八萬，合文職蓋十萬餘。今邊功陞授，勳貴傳請，曹局添設，大臣恩廕，加以廠衛、監局、勇士、匠人之屬，歲增月益，不可悉舉，多一官則多一官之費。請嚴敕諸曹，清革冗濫，減俸將不貲。又聞光禄庫金，自嘉靖改元至十五年，積至八十萬。自二十一年以後，供億日增，餘藏頓盡。進御果蔬，初無定額，止視内監片紙，如數供御，乾没狼籍，輒轉鬻市人。其他諸曹，侵盜尤多。宜著爲令典，歲終使科、道臣會計之，以清冗費。二冗既革，國計自裕，舍是而督逋增賦，是揚湯止沸也。」于是部議「請汰各監局人匠」，從之。

14 給事中吴時來復上疏劾嚴嵩曰：「頃陛下震怒，逮治僨事邊臣，人心莫不稱快。臣謂邊臣朘軍實，餽執政，罪也；執政受其餽，朋奸罔上，獨得無罪哉？

嵩輔政二十年，文武遷除，悉出其手。潛令子世蕃出入禁所，批答章奏，世蕃因招權示威，頤指公卿，奴視將帥，筐篚苞苴，輻輳山積，猶無饜足。用所親萬寀爲文選郎，方祥爲職方郎，每行一事，推一官，必先稟命世蕃而後奏請。陛下但知議出部臣，豈知皆嵩父子私意也！如趙文華、王汝孝、張經、蔡克廉以及楊順、吴嘉會輩，或祈免死，或祈遷官，皆剥民膏以營私利，侵官帑以實權門。陛下已洞見其一二，言官袁洪、萬民英之等亦嘗屢及之，顧多旁指微諷，無直攻嵩父子者。

臣竊謂除惡務本，今邊事不振由于軍困，軍困由官邪，官邪由執政之好貨。若不亟去嵩父子，陛下雖宵旰憂勞，邊事終不可爲也。」

同日，刑部主事張翀、董傳策亦交章劾嵩。翀疏曰：「自嵩輔政，文武將吏，率由賄進。邊臣不論功次，但金多而賂厚者即被超遷。修邊築堡，不覈其實，甚至覆軍者得蔭子，濫殺者得轉官。公肆詆欺，交相販鬻，遂使祖宗二百年防邊之計爲之盡壞。户部歲發邊餉，本以贍軍，自嵩輔政，朝出度支之門，暮入人臣之府，輸邊者四，餽嵩者六。臣每過長安街，見嵩門下無非邊鎮使人，未見其父，先饋其子；未見其子，先饋家人。嚴年之富，已踰數十萬，嵩家可知。私藏充溢，半屬軍儲，邊卒凍餒，不保朝夕，遂使祖宗二百年豢養之軍爲之耗弱。

邊防既隳，邊儲既虚，使人才足供陛下用，猶不足憂也。自嵩輔政，藐蔑名器，私營囊橐。世蕃以狙獪資，倚父虎狼之勢，招權罔利，以名器爲騙局。致一時無恥之徒，絡繹奔走，靡然從風，有如病狂，于是祖宗二百年培養之人才爲之頽靡矣。嵩父子以傾危箝天下之口使不敢言，而其惡日以恣。陛下誠賜斥譴以快衆憤，則緣邊將士，不戰而氣自倍，百司庶府，不令而政自新矣。」

傳策疏曰：「嵩稔惡誤國，陛下豈不洞燭其奸！特以輔政故優容之。而嵩恬不知戒，居位一日，天下受一日之害，臣竊痛之！」因歷數其壞邊防，鬻官爵，蠹國用，黨罪人，騷驛傳，壞人才六大罪，言「臣待罪刑曹，宜詰奸慝。陛下誠不惜嚴氏以謝天下，則臣亦何惜一死以謝權奸！」

疏上，時大學士徐階雅與嵩異，而翀及時來皆階門生，傳策則階邑子，時來先又官松江，于是嵩疑階主使，密奏：「三人同日搆陷，必有人主之。且時來方奉使琉球，憚涉海濤，藉端自脱。」上入其言，立下時來等三人詔獄，嚴鞫主謀者。三人瀕死不承，第言「此高廟神靈教臣等爲此言耳。」鎮撫司乃以三人相爲主使具獄，詔俱發烟瘴衛所遠戍。

嵩尋上疏乞罷，上雖慰留之，然自是亦稍厭嵩矣。【考異】據從信録，吴時來奏中言「張經行五千金及聖斷不貸而詭爲賻卹，王汝孝以二千而倖得遣戍，蔡克廉以三千而即轉寺卿」，據此，則所謂「或祈免死」者，指張經、王汝孝也，所謂「詭稱賻卹」者，謂經死後還其賄也。按經非行賄之人，其五千者，或求免死，或其家人代爲營救，故時來奏中分别言之，非斥經爲嵩黨也。今據明史本傳，而著其行賄之本末。

15 是春，新倭大至，犯浙江台、温等府，台州之太平縣數被攻圍，百户陳椿、太平典史葉宗皆死之。【考異】太平死事之百户、典史姓名，皆據實録增。

16 夏，四月，辛巳，有新倭自浙江台、温等府入福建之福州、興化、泉州，皆登岸焚掠而去。【考異】此皆據奏報月日。而阮鶚以三月被劾，其時即有「倭犯福州」之語。蓋倭之犯浙，自浙至閩，皆在是年之春，史彙書之。至汪直餘黨，據明史日本傳，由岑港移之柯梅，造新舟出海，是年十一月始犯福建。故四月之寇，實録以「新倭」書之，是也。

17 癸未，復振遼東饑。

先是大饑，發太倉銀五萬兩振之，至是復以邊警，再增一萬。尋又以巡按御史周斯盛之奏，復發二萬兩，命御史吉澄督振事。【考異】明史本紀，「四月癸未，振遼東饑。」證之實録及三編，則三四兩月凡再振，前後發太倉銀八萬兩，今分書之。

18 丙戌，兵部尚書楊博，塗中奉詔，即趨大同，上喜，賜之銀幣，令亟解大同右衛之圍。

19 丁亥，總督浙直胡宗憲得白鹿于舟山，獻之。

是年之春，新倭大至，【考異】此據明史胡宗憲傳。證之阮鶚之被劾，皆在春間，是新倭之寇不始于四月也。嚴旨責宗憲。宗憲懼得罪，上疏陳戰功，謂「賊可指日滅」，所司論其欺誕，上怒，盡奪諸將俞大猷等職，責宗憲，令尅期平賊。

而趙文華已死，宗憲失内援，見寇患未已，思自媚于上，遂有是獻。上果大悅，行告廟禮，厚賚宗憲銀幣。

20 壬辰，寇解大同右衛圍去。

寇圍大同凡六閱月，守將王德戰没，【考異】明史本紀不見，此據楊博傳補。又考明史忠義傳，有王德者，乃擊倭寇陣亡，疑别是一人。右衛城中烽火斷絶。輔臣嚴嵩與尚書許論，議欲棄右衛，不許，詔諸臣發兵措餉，而以侍郎江東代楊順。

會參將尚表以餽餉入圍城，悉力捍禦，粟盡，食牛馬，徹屋爲薪，士卒始無變志。表時出兵突戰，獲諳達孫及壻與其部將各一人。于是東及巡撫楊選、總兵張承動等各嚴兵先後進，寇偵知城中守益堅，乃引去。

是役也，前後動發太倉銀以數十萬計，皆爲守者侵尅，饋遺當路，至于勢不可支，則請棄地以資敵。若非亟逮楊順、路楷，易以江東、楊博之等，則右衛岌岌矣。

21 丙申，倭攻福清縣，破之，執知縣葉宗文，劫庫獄，殺虜男婦千餘，焚官民廨舍。時舉人陳見，率家僮禦賊不克，與訓導鄔中涵被執，同罵賊而死。

22 丁酉，兵部尚書楊博以右衛解圍聞，賜江東及總兵張承動、陞任副總兵尚表等銀幣，召東還。

又以御史欒尚約之奏，復發太倉銀二萬兩，屯糧銀二萬兩，分振被寇者。

博復上善後便宜十事以飭秋防。

其一，修築邊牆，謂「大同邊牆傾圮，城堡破壞，雖有士馬，不能遏南犯之路，今宜以此爲第一要務。次則塞銀釵、驛馬等嶺，以絕寇窺紫荆、倒馬之路；備居庸南山一道以絕寇窺陵寢畿甸之路；修陽方、神池諸牆塹以絕寇入山西之路。」

一申明職守，言「邇者御史樂尚約之奏，謂『户部之餉已發，而軍無見食，則罪巡撫；兵部之符已遣，而兵無成效，則罪總兵；持日太久，略無寸功，則罪總督。』此至論也。臣謂諸邊獲功，不惟巡按、御史毋得預，雖本兵亦何預焉！蓋御史勘功罪，本兵擬賞罰，若使預有其功，則必有張大掩飾之者矣。故敘功宜專以臨戰者爲主，督撫止于賞賚，本兵巡按無所預。」上是其言，報可。

23 五月，甲寅，倭攻惠安，知縣林咸率兵乘城禦之，五日不克，引去。咸乘勝追賊于縣境之鴨山，中伏，死之。

事聞，贈泉州同知，賜建祠祀，並贈卹同時死事之巡檢汪詔等。【考異】據實録，詔與咸同時請卹，其陣亡地方不可考。

24 甲戌，福建倭結艘自海口出港，參將尹鳳督武舉楊承業等引舟師擊之，衝沈賊舟七，斬首六十八級，生禽七人。餘舟敗遁，鳳等追至東洋，斬首百餘級而還。

25 六月，丁丑，侍郎江東至京師。

上欲召尚書楊博，以問嚴嵩，嵩言：「博修築墩堡，宜令按日蕆工。博才足有爲，且以本兵臨之，則令行而事易集。茲且令江東署部事。俟秋防既畢，徐議其宜。」上以爲然，乃不召博。

26 癸未，免大同被寇税糧。

27 初，江西一省派行淮鹽三十九萬引，後南安、贛州、吉安三府改行廣鹽，惟南昌等府仍行淮鹽二十七萬引。既而私販盛行，袁州、臨江、瑞州三府私食廣鹽，撫州、建昌、廣信三府私食閩鹽，于是淮鹽僅行十六萬引，國計大絀。

巡撫馬森疏陳其弊，「請于峽江縣建橋設關，禁遏廣、閩私販之路。仍盡復淮鹽舊額，增至四十七萬引，收其歲課，平其時估，足以通商裕國」，報可。

28 丙戌，浙西倭分犯樂清、永嘉等縣，指揮劉茂、朱廷鑰，千、百户周賓、季爵、劉源、秦杭等禦之于白塘港，敗績，皆死之。

永嘉致仕僉事王德，偕族父沛督義兵擊倭，倭宵遁。俄一舟突來犯，沛及族弟崇堯、崇修殲焉。亡何，復至，大掠，德憤怒，勒所部追襲至龍灣，軍敗，手射殺數人，罵賊死。然倭自是不敢越德鄉侵郡城矣。

事聞。賜贈蔭，立祠曰「愍忠」。沛等皆祔祀。【考異】實録有王崇大者，或别一人，或「大」字誤也，今據明史忠義傳書之。

29 辛卯，盜殺安慶守備黃佐于江中。

巡按御史董鯤以聞，且言「江防汗漫，守臣相率推諉，請以池州及安慶守備並聽九江兵備道節制」，從之。

30 丙申，倭分犯福建興、漳、泉諸府，攻福清、南安二縣，陷之。

31 是月，鄭曉解署兵部事，還刑部。

32 秋，七月，癸丑，兵部尚書楊博請敕薊鎮入衛兵聽宣大調遣。時王忬總督薊遼，言「古北諸口無險可守，獨恃入衛卒護陵、京，奈何聽調發！」

初，上用嚴嵩議，令忬選補額兵，操練戰守，不得專恃他鎮援兵。至是以忬不聽調發，怒曰：「曩令薊鎮練兵，今一卒不練，遇防秋輒調他鎮兵。」

下兵部詳議，部臣言「薊鎮額兵多缺，宜察補」，乃遣兵部郎中唐順之往薊鎮覈實以聞。

33 初，上以南北軍事棘，從給事中徐浦議，令九卿、科、道及在外督撫各舉將材，于是原任侍郎郭宗臯、都御史曹邦輔以及祭酒鄒守益、修撰羅洪先之等，皆在舉中。御史羅廷唯，謂「中有清修苦節之士，非可廁之縱横戎馬之場」，蓋指守益等也。上乃切責吏部吴鵬等。已而所薦諸臣亦皆不用。

34 閏月，癸未，楊順、路楷被逮下獄，下三法司擬罪。

初，輔臣嚴嵩父子，深德順、楷之殺沈鍊。當二人初逮，右衛勢方危急，嵩見上怒甚，欲緩其獄，乃言「楷受金當勘」，而令其黨給事中鄭茂往。至是茂還，事事爲順辨，復言「楷受金無左證」。法司乃更與輕比，順免死戍邊，楷降雜職用，由是朝論皆謂出嚴嵩父子指。而主刑部者爲鄭曉，阮鶚及順、楷之獄，曉不能執，時以爲失出云。

35 癸巳，胡宗憲再獲白鹿于齊雲山，獻之。

上以一歲中天降二瑞，遣朱希忠等告謝元極寶殿及太廟，廷臣上表稱賀。陞宗憲俸一級。

36 八月，己未，濟農以三萬騎犯永昌、涼州，圍甘州，十四日始遁。

37 壬戌，以宣、大有秋，詔發太倉銀十五萬兩，遣御史一人會同管糧郎中及時糴買米豆，分貯宣、大各要地倉場備用。

38 己巳，寇犯宣府，赤城把總馮尚才戰死，游擊董一奎擊却之。

39 九月，庚寅，郎中唐順之閱視薊州還，言「薊鎮兩關額兵九萬有奇，見卒僅五萬七千，又皆羸老。總督王忬、總兵官歐陽安、巡撫馬珮及諸將袁正等，俱宜按治。」乃降忬俸二級。

初，忬以才器見重，所請無不從，及爲總督，邊將數以敗聞，漸失上眷。嚴嵩故不悅忬，會以議練兵事，上問嵩：「邊兵入衛，舊制乎？」嵩曰：「祖宗時無調邊兵入內地者，惟正德中劉六之亂，始調許泰、郤永領邊兵討賊。庚戌之變，仇鸞選邊兵十八支護陵、京，未用以守薊鎮，至何棟始借二支防守。忬始盡調邊兵守要害，去歲又徵全遼士馬入關，致寇乘虛入犯，遼左一空。若年復一年，調發不已，豈惟糜餉，更有他憂。」由是忬遂得罪。【考異】事見明史王忬本傳。證之實録，唐順之之還在九月，爲明年忬死張本。

40 是月，唐順之條上薊鎮兵食九事，其爲補兵言者凡六，爲築牆工食及邊糧言者凡三。又言：「陛下于貢馬常賜之外，歲發銀三萬爲撫三衛之費。然北寇信使皆在三衛，連年入寇，皆三衛爲之鄉導也。中國之于夷狄，譬之大家之鄰盜，不慮其强而慮其近；近則我之防備易疎，而彼之抵隙易入。宜令督撫諸臣深慮熟計，捐財帛以結其心，振兵威以奪其氣，用計間以攜其交。縱不能以夷攻夷，亦可使必爲我耳目，不爲寇導。」詔下所司議行之。

41 陞工部侍郎雷禮爲添注工部尚書，督三殿大工。

42 冬，十月，癸丑，禮部類奏四方所進瑞芝一千八百六十四本，詔更求徑尺以上者。

43 己未，命郎中唐順之視師浙江，與胡宗憲協謀剿倭。

先是浙江岑港之倭巢于柯梅，造新舟出海。宗憲利其去，不之追，賊遂揚帆而南入閩界，勢將與新倭合，宗憲屢討之，不能克。于是南京御史李瑚，以私誘汪直啓釁爲宗憲罪，宗憲奏辨。上曰：「宗憲設計誘賊，人所皆知，小人嫉功。會以彼奏上玄瑞，遂有言朕以此寬假者，其勿問。」

44 戊辰，錫林阿之衆復大舉寇遼陽、清河等堡，總兵官楊照率守備申有爵等分道出擊之，斬首數百級。【考異】明史本紀不載，韃靼傳以爲土蠻。據實録稱「東、西虜」，則仍是錫林阿、婁巴圖爾之衆也。下文始云「北虜土蠻犯界嶺口」，傳蓋牽連書之，今據實録。

45 壬申，北寇土默特即土蠻。擁十萬騎薄界嶺口，副總兵馬芳禦之。寇不克進，乃分騎潛犯黑谷墩，把總馬時雍死之。明日，寇復還奔界嶺，芳及總兵官歐陽安等力戰，却之。賞王忬等銀幣。【考異】據從信録亦别書北虜土番，即土蠻也。惟「黑谷」作「里荅」，「雍」作「維」，今據實録。

46 十一月，丙子，冬至，祀天于圜丘，朱希忠攝行。

47 甲申，陝西邊外番夷犯莊西等處，百户常棟等與戰，死之。

48 丙戌，浙江柯梅倭出海，總督俞大猷自沈家門引舟師横擊之，沈其米艘，稍有斬獲，賊遂揚帆南去。自是倭患盡移于福建，並湖廣間亦紛紛以倭警聞矣。

49 丙申，免湖廣被災税糧。

50 上以是冬無雪，親禱于洪應雷殿。丁酉，雪，廷臣表賀。

51 十二月，巡撫遼東、都御史路可由連疏告饑，乞大破常格以保重鎮。詔復發太倉庫銀三萬兩，並山東折布折糧銀共九萬餘兩給之。給事中魏元吉等復條陳救荒四策，得旨允行。

明通鑑卷六十二

江西永寧知縣當塗夏燮編輯

紀六十二起屠維協洽（己未），盡玄默掩茂（壬戌），凡四年。

世宗肅皇帝

嘉靖三十八年（己未、一五五九）

1 春，正月，癸酉朔，不御殿。

2 壬午，巡按直隸御史尚維持言：「吴淞、柘林、川沙、陽舍、孟河五處，爲蘇、松、常、鎮要害。請以蘇松參將移駐金山，督守柘林、青村、南匯、川沙諸處，常鎮參將移駐陽舍，督守圌山、孟河二地，而浙直總兵專駐吴淞調遣。」兵部覆議從之。

維持又言：「吴淞舊有守禦所，而四城未有專官，宜各設千户所一員及注選倉大使一員以司糧餉。」部議，「四城設守禦所，必須改調官軍，抽補軍士，坐派月糧，計畫允當，方可議行。請下撫、按官議之。」報可。

3 甲午,嚴嵩以八十,詔「苑直出入乘肩輿,支伯爵禄。」嵩疏辭前兼支二俸,許之。兵部「請如靖遠伯王驥例,歲支禄米一千二百石。」

4 是月,胡宗憲以「倭患未弭,請募山東民兵三千分駐蘇、松、常、鎮防守」,部議從之。

5 寇犯甘肅山丹衛,千户謝天賚、指揮王卿、劉繼忠、百户黄堂等死之。

6 二月,庚午,錫林阿、嫛巴圖爾等嫛巴圖爾即老把都兒,譯見前。擁衆數萬謀大舉,初屯會州,聲言東下,薊遼總督王忬不能察,遽引兵而東,號令數易。寇乘間入潘家口,渡灤河而西。

7 三月,己卯,掠遷安、薊州、玉田,駐内地五日,京師大震。詔「巡按、巡關御史勘寇所從入及諸臣失事狀」,于是御史王漸、方輅等交章劾忬,言「寇屯集會州,垂涎薊鎮,爲日已久。屢詔督撫增兵應援,而忬等倉皇失策,以致敵深入内地,荼毒生靈,飽騰而去。」上怒,褫總兵歐陽安等職。下按臣逮問,忬坐奪俸。【考異】明史本紀書「把都兒」,韃靼傳並書「錫林阿」,三編同。實録統系之三月。原奏稱「錫林阿與嫛巴圖爾謀犯會州」,蓋東西二寇並舉也。今依三編並書之。

8 庚寅,賜丁士美等進士及第、出身有差。

9 癸巳，倭犯浙東之象山，海道副使譚綸敗之于馬岡，斬首七十七級。

10 甲午，逮總兵官俞大猷至京師。

初，柯梅倭之出海，胡宗憲實陰縱之。大猷在浙，前後殺倭四五千，賊幾盡，而官軍圍之一年，宗憲不督諸將邀擊。及倭出舟山，駕帆南泛，泊于福建之浯嶼，閩人謂宗憲實嫁禍焉。于是御史李瑚劾宗憲三大罪。瑚與大猷皆閩人，宗憲疑大猷洩之，乃委罪大猷縱賊以自解，遂有是逮。陞協守浙直副總兵盧鏜代之。

11 戊戌，以旱，親禱雨于雷殿。辛丑，雨，百官皆表賀。

12 是月，倭犯崇明，泊舟于三沙，登岸肆劫。

13 夏，四月，壬寅，復有倭舟數百艘轉掠江北。

14 丙午，福建浯嶼之倭，自去冬出掠同安、惠安、南安諸縣，遂攻福寧州，經旬不克，至是移攻福安縣，破之。時廣東亦有流倭往來詔安、漳浦間，于是福、漳、泉諸州縣無不被倭者。

15 丁未，江北倭自南沙登岸，犯通州，副總兵鄧城敗績，指揮張谷死之。

16 辛亥，總兵盧鏜敗崇明之倭于三沙。

17 甲寅，福建倭攻福州，不克，遂圍之。

18 庚申，巡撫鳳陽都御史李遂討江北倭，大敗之。

先是犯通州之倭退駐白滿鎮，海道副使劉景韶與戰于如皋，大敗之。會復有數百艘寇海門，遂語諸將曰：「賊趨如皋，其衆必合。合則侵犯之路有三：由泰州逼天長、鳳、泗，陵寢驚矣；由黄橋逼瓜、儀以搖南都，運道梗矣；若從富安沿海，東至廟灣，則絶地也。」乃命景韶及游擊邱陞扼如皋，而身馳泰州當其衝。

時賊知如皋有備，將犯泰州，遂亟檄景韶、陞遏賊，連戰于丁堰、海安、通州，皆捷。賊沿海東掠，遂喜曰：「賊無能爲矣。」令景韶、陞尾之，而致賊于廟灣，復慮賊突淮安，乃夜半馳入城。賊尋至，遂督參將曹克新等禦之于姚家蕩。會通政唐順之、副總兵劉顯皆以兵來援，賊大敗，以餘衆退保廟灣。凡前後斬首四百七十餘級，焚死者二百七十餘人。

【考異】據實録所記，言劉景韶所破，乃通州白滿鎮之倭，而廟灣之倭又一隊也。據明史李遂傳，則通州、海門兩處之倭，並致之于廟灣而大敗之。實録所載，皆據臨時奏報，不詳其所從入與所從出之路，今據李遂本傳書之。

19 丙寅，副使劉景韶敗倭于印莊。

賊之保廟灣也，其餘衆復有遁入印莊者。景韶乘勝追擊于新洲及新河口，賊敗，遁入民家，我兵以火攻之，凡前後斬首三百餘級，餘悉焚死，無一人得脱者。惟廟灣之賊據險固守不出，官兵水陸環其四面攻之。

20 五月，壬申，浯嶼之倭結劇賊洪澤珍等，棲泊海山，水陸分擾。巡撫福建王詢率兵擊敗之，以捷聞。時胡宗憲及巡按御史周斯盛亦以浙東之捷馳報。

兵部覆言：「自倭患以來，廷議增設總督、總兵等官，其于選將、練兵、徵調、轉餉諸凡經略，詳且盡矣，而未收全效。如舟山之賊，剿逐殆盡，將謂無遺孽矣，而春汛一臨，群然四集，新舊之倭，無慮數萬，豈盡皆島夷哉？實沿海頑民互相搆結，或盤踞近地，或潛泊海洋。方其熾亂，則謂之來；及其少熄，遂謂之去；乘其稍挫，便謂之捷；及其他往，因謂之安，如此不已，恐徵調日煩，催科日擾，將致生他變。請敕宗憲等仰思重寄，共矢遠猷，嚴督水陸官兵刻期掃蕩，毋徒紓目前之急，必潛消意外之虞可也。」上深然之。

21 戊寅，福建倭圍福州且一月，不克，乃解圍去。倭屯浯嶼且經年，至是出洋。而毛海峰者，復移衆聚南澳，建屋而居。

22 辛巳，巡按御史方輅復劾「總督薊遼王忬調度無方，失策者三，可罪者四」，詔錦衣官校逮忬及中軍游擊張倫至京師。

23 壬午，倭陷福建之永福縣。

24 己丑，三沙倭連艘出海，官兵邀擊，斬首百餘級，賜胡宗憲、唐順之銀幣。

25 甲午，副使劉景韶破廟灣倭，平之。

倭被圍日久，官兵亦困乏，巡撫李遂集水陸攻之，百計挑戰，終不出。景韶乃督卒填濠塹，夷樹木，又令水兵載葦焚其舟。賊爭救舟，乃撤其所營西街牆屋，賊移營東街，致死拒我，殺傷相當。

景韶約以二十四日水陸夾擊，是夜雨，倭遁入舟，我兵追奔至蝦子港，頗有斬獲，餘倭無幾，不復能戰，乘風開洋而去。于是江北倭盡平。

26 是月，總督薊遼右都御史王忬至京師，下鎮撫拷訊。刑部論忬戍邊，上手批曰：「諸將皆斬，主軍者顧得附輕典邪？改論斬。」

初，嚴嵩屢搆忬，而忬子世貞，復用口語積失歡于世蕃，嚴氏客又數以世貞家瑣事搆于嵩父子。楊繼盛下吏受杖，世貞時在刑曹，進湯藥；其妻訟夫冤，復爲代草；既死，經紀其喪。于是嵩父子益銜之，至是以灤河之敗，遂得行其計。方輅之劾忬，乃嵩黨鄢懋卿以嵩意屬草授之也。

忬既繫獄待決，世貞解官奔赴，與弟進士世懋日蒲伏嵩門，涕泣求貸，嵩陰持忬獄，而時爲謾語以寬之。兩人又日囚服跽道旁，遮諸貴人輿，搏顙乞救，諸貴人畏嵩，不敢言。明年，忬竟死西市。【考異】此據明史忬傳，參世貞傳書之。而野史所記，謂「嚴世蕃嘗求古畫于忬，忬有臨幅類真者以獻。有往來世貞家者，密以告，世蕃乃益恨」云云，意即傳中所謂「嚴氏客以瑣事搆于嵩」者是也。明史、三編皆删其語，今附識于此。

27 六月，乙巳，錫林阿犯大同弘賜、鎮川等堡，轉掠宣府東、西二城，駐内地浹旬，會久雨，乃引去。【考異】實録系之七月。原奏稱「六月五日，至十七日出邊」，乙巳即六月初五日也。又云「十七日出邊」，與韃靼傳合，今從之。

28 是月，户部尚書賈應春以疾請致仕，許之，改南京户部尚書馬坤代焉。

29 秋，七月，庚午，始令倉場侍郎每兩月具報太倉出納之數以聞，從巡視給事中之議也。

30 癸酉，太白晝見。

31 辛巳，南京地震。

32 戊子，詔發通倉米一萬石，太倉銀二萬兩，分振薊州、遵化、豐潤、玉田等州縣之被寇者。

33 先是巡按浙江御史王本固，復會南京御史李瑚劾胡宗憲岑港養寇、温、台失事、掩敗飾功狀，詔下查盤科、道官羅嘉賓、龐尚鵬等從實覈報。

至是嘉賓等奏覆三十六年以後禦倭功罪，而獨劾「宗憲爲奸邪巨蠹欺君誤國之尤者。」因稱：「柯梅之倭自焚舟廠，全浙所共知也，乃稱官兵攻剿以飾其玩寇之愆；温、台被創，生靈荼毒，人心所共傷也，乃稱斬獲數多以掩其殃民之罪。擁勁兵以自衛，惡聞警報之宵傳；罪將領以文奸，專冀本兵之內召。廉恥掃地，沈湎喪心。捧觴拜舞于軍前，而伏地讙呼，讚趙文華爲島夷之帝；攜妓酣歌于堂上，而迎春宴客，視總督府爲雜劇之場。萬金投款權門，而醉發狂言，畢露其彌縫之巧；千里追回章疏，而旋更情節，不顧其欺罔之私。賄贖因仍，征輸繁急。夷情漏洩，致啓『軍門倭主』之謡；邊餉侵漁，遂有『總督銀山』之號。招藝流而豢養，盈庭皆狗鼠之雄；假贊畫爲利謀，入幕悉衣冠之盜。此一臣者，宜置之重辟，以彰天討之公，用洩人心之憤者也。」

疏入，上以宗憲有功，卒不問。

34 是月，崇明三沙之倭突犯江北，由海門縣七星港登岸，流劫金沙、西亭等處，將犯揚州。海道副使劉景韶，督參將邱陞等併力禦之，戰于鄧家莊，斬首六十九級。賊敗，走仲家園，我兵縱火急攻，斬首二百八十餘級。陞輕騎追賊，賊覘無後繼，盡鋭來衝，陞馬蹶，遂遇害。

陞，山西驍將，是年江北之捷，率陞爲前鋒，屬以屢勝輕敵致敗。胡宗憲奏其「身經百戰，屢立奇功，臨難奮勇，不惜捐軀。若概從陣亡之科，實有未盡之論。請厚加贈恤以慰忠魂。」詔贈陞都督同知，世襲指揮僉事，立祠死所，春秋祀之。

35 倭自閩流入温州，出掠平陽、泰順等處。泰順生員林田，督義師擊賊，不克，死之。

36 八月，己未，江北倭自鄧莊之敗，沿海覓舟不得，我兵追之急。會雨，賊奔入劉家莊，官軍四面圍之。

時胡宗憲遣江南副總兵劉顯以鋭卒千餘赴援，巡撫李遂乃檄顯盡護江北軍，悉聽節制。顯刻期進兵，率所部先登，各營繼進，自辰至酉，賊巢始破。追至白駒場，前後斬首六百有奇，賊遂殄。

而遂謂賊由三沙來，爲顯及盧鏜罪，坐停俸。其後應天巡撫翁大立薦顯驍勇，請久任，詔可之。

37 甲子，振遼東饑。

時巡撫侯汝亮言：「遼左濱海，水陸險阻。往時雖罹災害，或止數城，或僅數月，未有全鎮被災，三歲不登，如今日者。臣春初被命入境，見其巷無炊烟，野多暴骨，蕭條慘楚。問之，則云去年凶饉，斗米至銀八錢，母棄生兒，父食死子，父老相傳，咸謂百年來未有之災。於時布種入土，遺民盼盼，方望有秋；乃夏秋之交，淫雨田蟲交作。今西成在候，斗米猶至七錢，冬春不知作何狀矣。乞大出内帑金錢以拯阽危。」

疏入，詔户部「即發太倉銀六萬兩，差御史一員亟往召糴，設法輸運，務濟百姓之急。歲終仍給發牛具銀五萬兩，以備來春布種。」

38 是月，諳達犯土木，游擊董國忠等死之。

39 九月，己巳，以通政使唐順之爲僉都御史，巡撫鳳陽。時李遂遷南京兵部侍郎，以順之代之。

初，順之視師浙直，力言「禦倭上策，當截之海外；若使登陸，則内地咸受禍。」乃躬泛海，自江陰抵蛟門大洋，一晝夜行六七百里，從者咸驚嘔，順之意氣自如。倭泊崇明三沙，督舟師邀之海外，斬馘一百二十，沈其舟十三。擢太僕少卿，宗憲言順之權輕，乃加右通政。

順之擊賊于廟灣，不能克，復回援三沙，盛暑居海舟兩月，得疾。及受遂之代，趣渡江，則賊已爲遂等所滅，條上海防善後事宜。踰年，力疾巡視海洋，還至通州而卒。

順之博通載籍，善爲古文。生平苦節自勵，又聞良知之説于王陽明弟子王畿，頗多所自得。惟晚以趙文華薦，驟躋通顯，聞望由此漸損云。

40 乙亥，免河南被災税糧。

41 是月，諳達復犯宣府，洗馬林詔，總督楊博，嚴備關南。

42 冬，十月，戊戌，免順天、河間、保定、永平等府及大同鎮被災税糧。

43 甲辰，免南畿蘇、松等府被災税糧，仍行有司振之。

44 丙午，免浙江杭、嘉、湖及金華等府被災税糧。

45 是月，總督浙直胡宗憲，請「定列死事諸臣爲三等：有功而又能死事者爲一等；雖無功而能忠于所事者次之；勤無可録而事適不幸者又次之；其或失機僨事，雖身故仍須追奪官蔭。」部議從之。

46 召兵部尚書楊博還，管部事。

時嚴嵩雅不善博，秋防屢竣，不召，至是廷臣復以爲請。鄭曉言：「博在薊遼則薊遼安，在兵部則九邊俱安」，遂召之。

47 十一月，辛巳，冬至，祀天于圜丘，朱希忠攝行。

48 初，蘇州自倭寇興，招集武勇以爲義兵，市中惡少起應之，後遂群聚剽劫，有「打行」「紮火」諸囤名，武斷坊廂間。巡撫應天翁大立至，稍稍禁戢之，諸惡少咸懼，乃于是月大立攜孥至蘇，相與歃血，以白巾抹額，各持長刀巨斧，攻吴縣、長洲及蘇州衛，劫獄囚，鼓譟攻都察院，劈門入，大立率妻子踰牆逃出。諸惡〔少〕乃縱火焚公廨，及大立所奉敕諭符驗旗牌，一時俱毁。復引衆欲劫府治。知府王道行督兵敗却之。諸惡〔少〕乃衝葑門，斬關而出，逃入太湖。官司遣兵分路搜捕，獲首從周二等二十餘人。事聞，詔「大立尅期殄滅以靖地方，府縣以下，俱付按臣逮問。」

先是山西以寇患，亦募壯勇三千，設分守太原參將一人領之。高鵬時任參將，馭下頗嚴，遂有惡黨李廷甫、趙鸞等，以是年四月二十四日夜，聚衆執鵬，殺之，因焚太原府陽曲縣公廨，劫獄中都指揮畢文，欲奉以作亂。文不從，遂殺文，大掠城中，聞官兵漸集，始由西門逸去。指揮鄭印，勒兵追捕，僅獲鸞、廷甫，下獄。其衆皆逃入北寇所居板升中，

「板升」語見三十四年。大爲邊患。

時守臣姑以一二塞責，餘俱不能問也。

49 十二月，以冬深無雪，上親禱于内殿。辛丑，雪，廷臣表賀。

50 乙巳，贈故蘇松參政任環光禄卿，敕有司建祠蘇州祀之。環志在平倭，衣服皆自識其姓名，誓必死。倭猝犯蘇，諸城皆閉，鄉民被寇者不得入，繞城號泣。環按劍開門納之，全活以數萬計，蘇人德之。後以母喪守制，遂不起。至是因給事中徐師曾之請，特贈官秩祀以報其功。

51 乙丑，詔行海運，轉粟入遼東。

初，弘治間，金龍口決，有議復海運者，朝議弗是。嘉靖二十年，總河王以旂以河道

梗阻，言「海運雖難行，然中間平度州東南有南北新河一道，元時建閘，直達安東南北，悉由内洋而行，路捷無險，所當講求。」上以海道迂遠，却其議。

至是遼東巡撫侯汝諒，以遼東大饑，議開山東之登萊、直隸之天津二海道，轉粟入遼陽。因勘上天津入遼之路，自海口至右屯河、通堡，不及二百里。其中曹泊店、月沱、桑沱、姜女墳、桃花島，皆可灣泊。請「動支該鎮振濟銀五千兩，造船二百艘，約每舟可容粟一百五十石。委官督發至天津通河等處。」户部議覆，從之，「其登萊海道，仍俟徐議勘行。」

52 是冬，寇犯遼陽，遊擊賈冕死之。

53 是歲，致仕翰林院待詔文徵明卒。

徵明幼不慧，稍長，穎異挺發。學文于吴寬，學書于李應楨，學畫于沈周，皆父友也。又與祝允明、唐寅、徐禎卿輩相切劘，名日益著。其爲人和而介，巡撫俞諫欲遺之金，指所衣藍衫謂曰：「敝至此邪？」徵明佯不喻，曰：「遭雨敝耳。」諫竟不敢言遺金事。寧王宸濠慕其名，貽書幣聘之，辭病不赴。

正德末，巡撫李充嗣薦之，會徵明亦以歲貢生詣吏部試，奏授翰林院待詔。上踐阼，預修武宗實録，侍經筵，歲時頒賜與諸詞臣齒。而是時專尚科目，徵明意不自得，連歲乞歸。

先是徵明父林知温州府，識張璁諸生中，璁既得勢，諷徵明附之，辭不就。楊一清召入輔政，徵明見獨後，一清亟謂曰：「子不知乃翁與我友邪？」徵明正色曰：「先君棄不肖三十餘年，苟以一字及者弗敢忘，實不知相公與先君友也。」一清有慚色。尋與璁謀，欲徙徵明官，徵明乞歸益力，乃獲致仕。

四方乞詩文書畫者，按踵于道，而富貴人不易得片楮，尤不肯與王府及中人，曰：「此法所禁也。」周、徽諸王以寶玩爲贈，不啓封而還之。外國使者道吴門，望里肅拜，以不獲見爲恨。文筆偏天下。門下士贋作者頗多，徵明亦不禁。

至是卒，年九十。【考異】徵明事不見實録。其卒也，明史文苑傳中特書于嘉靖三十八年，今據之。

三十九年（庚申、一五六〇）

1 春，正月，丁卯朔，不御殿。

2 丙戌，諳達犯宣府，副總兵馬芳擊却之。

3 庚寅，太白晝見三日。

4 辛卯，盗百餘人夜入揚州之泰興縣，劫庫殺人，守臣以聞。

時江南禦倭，所募水兵，多游手少年烏合之衆，及事寧散遣，無所歸，流落江湖間，遂相聚爲盗云。

5 二月，癸卯，更定浙東守巡官信地。以台金嚴爲一道，文官則以分巡寧紹僉事改爲台州分巡，兼管三府兵備，武官則添設參將一員，以寧紹爲一道，其原設寧紹台兵備副使及參將，俱令止領寧、紹二府；以温處衢爲一道，其原設温處兵備副使，令兼領衢州。從總督胡宗憲議也。

6 甲辰，論禽海賊汪直功，兵部尚書楊博等會廷臣議，言：「自直等煽亂，朝廷不惜萬金封爵之賞，令天下討賊，而宗憲卒以計禽之，功實非常，賞宜從重。」詔加宗憲太子太保、左都御史。其餘如原任總兵俞大猷，許除罪録用；副總兵盧鏜、參將戚繼光及蔣洲、陳可願等，各陞賞有差。

繼光初備倭山東，改僉浙江都司，充參將，分部寧、紹、台三郡。從俞大猷圍岑港倭，久不克，坐免官戴罪辦賊。已而倭遁，他倭復焚掠台州，給事中羅嘉賓等劾繼光無功，且通番，方按問。旋以論平汪直功復官，改守台、金、嚴三郡。

繼光至浙，見衛、所軍不習戰，而義烏、金華俗稱慓悍，請召募三千人，教以擊刺法，長短兵迭用，由是繼光一軍特精。又以南方多藪澤，不利馳逐，乃因地形制陣法，審步伐便利。一切戰艦、火器、兵械，精求而更置之。由是「戚家軍」名聞天下。

7 丁巳，南京振武營軍變。

振武營者，南京尚書張鏊募健兒以禦倭寇者也，素驕悍。舊制，南軍有妻者月糧米一石，無者減其四，春秋二仲，米石折銀五錢。馬坤掌南户部，奏減折色之一；而督儲侍郎黄懋官又奏革募補者妻糧，諸軍大怨。代坤者蔡克廉，方病，諸軍以歲饑，求復折色故額于懋官，懋官不可，給餉又復踰期。諸軍大怒，遂以都肆日殺懋官，裸尸於市。守備太監何綬等，遣吏持黄紙許給賞萬金，卒輒碎之；許犒十萬金，乃稍定。侍郎李遂，託病閉閤，給免死券以慰安之，而密捕首惡二十五人繫獄。

事聞，追褫懋官官，止誅叛卒三人；而三人已前死，兵自此益驕。【考異】南京兵亂，諸書系之三月，據奏報也。本紀書于二月丁巳，證之實録，即倡亂之本日，原奏稱「以二月都肆日鼓譟殺懋官」者是也。今據之。

8 下前中允郭希顔于獄。

希顔以失職家居，鬱鬱不樂。時二王並處京師，上久不建儲，外議紛紛，謂嚴嵩有窺異易次意。希顔乃上安儲疏，中有「建帝立儲」語，上怒曰：「立子爲儲，帝誰可建者？」命禮部會科道官集議。

于是禮科給事中藍璧等擬以妖言律論斬，詔所在巡、按官捕希顔就地處決，仍傳首四方梟示。

希顏初倡立四親廟議，爲公論所詘，及既罷，猶爭之至再，上輒優容之。至是欲以危言動上，遂得禍，論者以爲陰譖云。【考異】希顏上安儲疏，見從信録，而昭代典則全載其疏文，據實録也。疏凡千餘言，語多荒謬，不足録。至實録謂「希顏密遣人揭帖京師，言嚴嵩謀害裕王，已乃上疏」云云。此似嵩搆之，遂入爰書中，今刪去，第據昭代典則書之。明史但載希顏請立四親廟爲廷議所絀，而于建言諸臣，不及希顏一字。實録謂其「因廢棄思建奇功，論者謂祖宗神靈陰藉其口而降之罰，而後世乃追議卹録，濫矣。」此爲定讞。今悉據實録中語書之。

9 戊午，順天、永平二府饑，發通倉米二萬五千石振之。

10 倭寇六千餘人，流劫廣東之潮州。廷議以「閩、廣二省並鄰南海，其寇粵也，率以閩人爲鄉導。請敕福建撫臣會剿。」從之。

11 三月，丙子，以副都御史鄢懋卿總理兩淮、兩浙、長蘆、河東鹽政。舊制，分遣主事督理鹽課，無一人總理四運司者。至是上以「鹽法久弛，須力加整頓」，戶部「請如先年耿九疇、王瓊等例，遣重臣一人理之。」乃以懋卿總治其事，蓋嚴嵩薦之也。

懋卿至，驟增鹽課至一百餘萬，所至驛騷。【考異】明史奸臣傳，「兩淮餘鹽，歲徵銀六十萬兩，及懋卿增至一百萬。懋卿去，巡鹽御史徐爌極言其害，乃復六十萬之舊額」云云。據此，則兩淮鹽舊額六十萬，懋卿驟增四十餘萬，故三編目中據而言之。然此但指兩淮所增，而明史食貨志言「又搜括四司殘鹽，共得數幾二百萬」，是除舊額外，所增一百餘萬矣。今參食貨志及奸臣傳書之。

12 戊寅，南京御史林潤，奏劾國子監祭酒沈坤居鄉橫暴狀。初，坤以南祭酒守制家居，會倭犯江北，坤居淮安新城，募民保守，遠近争依之。坤以軍法勒其衆，有犯令者，榜笞不少貸，遂不能無怨恨。有給事中胡應嘉宗族與諸生中一二人，素與坤有隙，因播謡言，搆之于潤，遂被逮。下獄拷訊，無左驗，坤竟死獄中。

13 癸未，大同總兵劉漢敗北寇于灰河。時寇聚衆喜峰口外，窺犯薊鎮，漢乘虚襲破其巢，寇自是稍徙其幕云。【考異】明史本紀，「劉漢襲破兀慎于灰河。」兀慎蓋亦諳達之别部也，三編概以諳達書之。今但書北寇，而兀慎之譯無考。

14 丁亥，寇復以五萬餘騎攻陷遼東廣寧中前所，殺守所千、百户武守爵、黄廷勛，掠二百餘人。戊子，犯一片石等關。【考異】明史本紀作「打來孫」。

15 是月，南京科、道官劉行素、趙時春等，言「諸軍激變，始于馬坤之議減折色。」詔罷坤，黜爲民，以兵部侍郎江東陞任户部尚書代之。

16 巡撫遼東侯汝諒復請開登萊海道，詔「弛海禁，令山東遼海居民各自具舟，赴官告給文引，往來貿易，不得取税。仍令所司譏察非常，以扼島夷内入之路。」

17 夏，四月，罷刑部尚書鄭曉，令閒住。初，曉任吏部，歷考功郎中。會夏言罷相，上惡言官不糾劾，詔考察去留。時大學士嚴嵩，欲因以去其所不悦者，而曉去喬佑等十三人，多嵩所厚，嵩銜之。後以争趙文華調考功及嵩子世蕃遷尚寶丞，益忤嵩，遂以事貶和州同知。稍遷太僕丞，歷南京太常卿，召拜刑部侍郎，歷兵部、吏部右都御史，擢至刑部尚書。嵩勢益熾，曉雖不善嵩，而其時大獄所置輕重典，皆出嵩意，曉遂不能執持。

故事，在京軍民訟，俱投牒通政司，送法司問勘，諸司有應鞫者，亦專送法司，無自決遣者。後諸司不復遵守，獄訟紛拏，曉奏請循故事，報許。于是刑部間捕囚畿府，而巡按、御史鄭存仁，謂「訟當自下而上」，檄州縣，「凡法司有追取，毋輒發。」曉聞，遂率侍郎趙大祐、傅頤守故事争之，存仁亦據律執奏。章俱下都察院，會刑科平議。議未上，曉疏辨，嵩遂激上怒，切責曉，落職，兩侍郎亦貶二秩。

曉通經術，習國家典故，時望蔚然。爲權貴所扼，不能行其志，然亦卒不能争也。隆慶初，始追贈，謚端簡。

[18] 改户部尚書江東于南京，以户部倉場侍郎高燿陞任代之。

[19] 五月，甲戌，四川東川阿堂作亂。

初，東川土官知府禄慶死，子位幼，妻安氏攝府事。有營長阿得革，頗擅權，謀奪其官，因先求烝安氏，不得，乃縱火焚府治，走武定州，爲土官所殺。

得革子堂，奔水西，賄結烏撒土官安泰，入東川，囚安氏，奪其印。貴州宣慰安萬銓，故與禄氏姻連，乃起兵攻阿堂所居寨，破之。堂妻阿聚，攜幼子奔霑益州土官安九鼎，萬銓脅九鼎取阿聚及幼子殺之，堂以是怨九鼎，時相攻擊。

堂兵侵羅雄州境，九鼎及禄位與羅雄土官者濬等各上書訟堂罪，詔下雲貴、四川撫、按官會勘。堂聽勘于車洪江，具服罪，願獻所劫府印并霑益、羅雄人口牲畜及侵地，乞貸死。

時位及弟僎已前歿，官府因訊禄氏所當襲者，堂以己幼子詭名禄哲以報，據府印如故，復與九鼎治兵相攻。

九鼎訴之雲南巡撫游居敬，謂「堂怙亂，請致討」，且自詭「當率所部爲前鋒，必禽堂以獻。」居敬信之，遂上疏言「堂稔惡不悛，請專意進剿，爲地方除害。」下兵部議，「請行川、貴撫、按會勘具奏。如必不可赦，然後討之」，報可。

20 乙亥，總督浙直胡宗憲上疏，「請得節制三省巡撫及操江都御史，如三邊故事」，從之。尋晉宗憲兵部尚書。

21 壬午，山西三關饑，詔發太倉銀八萬兩，以七萬給軍餉，一萬振饑民。

22 壬辰，盜入廣東博羅縣，殺知縣舒顓。

23 癸巳，復閒住南京國子監祭酒鄒守益原官，致仕。

初，守益以九廟災上書忤旨，遂落職，至是以其子刑部主事鄒善之請復之。守益天資純粹，出王守仁之門。守仁嘗曰：「有若無，實若虛，犯而不校，謙之近之矣。」里居日事講學，四方從游者踵至。學者稱東廓先生。

24 是月，以兵部侍郎閔煦爲刑部尚書，代鄭曉也。復起原任兵部尚書王邦瑞協理京營戎政。

邦瑞坐罷十年，會京營乏人，上曰：「非邦瑞不可。」乃起故官。

25 六月，壬寅，給事中羅嘉賓等，查覈倭寇以來督、撫諸臣侵盜軍需之數，因劾「故尚書趙文華以十萬四千計，總督都御史周琉二萬七千，胡宗憲三萬三千，原任福建巡撫阮鶚五萬八千。【考異】明史胡宗憲傳，言「阮鶚所侵盜軍餉浮于宗憲」，即指此也。其他或以萬計，或以數千計，至有攘取軍餉，公行賄賂者，並宜逮問追贓。」上以宗憲功多，不問。

尋宗憲奏辯，言：「臣爲國除賊，用間用餌，非小惠不成大謀。」上以爲然，更慰諭之。

26 秋，七月，乙丑朔，巴圖爾即老把都爾，譯見前。擁衆犯薊西，游擊胡鎮擊却之。

27 庚午，大同總兵劉漢，復襲北寇于豐州，搗其巢。

豐州者，邱富、趙全等所築板升以自衛者也。事見三十四年。時諳達等西掠，留所部千餘人于豐州，全、富皆居板升主其謀。漢欲乘隙取之，謀于巡撫李文進及原任總兵官俞大猷，乃遣參將王孟夏等率鋭卒三千，緣夜疾馳，昧爽抵豐州，鼓譟奮擊，禽斬一百五十餘人，焚板升略盡。惟富已隨寇帳他徙，全亦遁免。

捷聞，亟命兵部議賞功之典。

初，大猷被逮，錦衣都督陸炳與之善，密以己資投嚴世蕃，解其獄。會論平汪直功，許録用，炳勸之立功塞上。文進素習其才，與籌軍事，至是以功復其世職。

[28]是月，南京糧儲都御史章渙言：「中原之患，妖民盜賊二者而已。南倭北虜之患有形，而中原之患無形。夫無形之患，不可以有形治也；要在破散奸謀，調護元氣，有萬全無失之策，而後可以保萬年無失之基。」因條上八事。

其六選良吏，謂「中牟之化行，則潁川之盜息。良吏者，聖明所與共治天下者也。欲清中原，必先清吏治。」

七處宗藩，謂「中原事故，何預于宗藩？然王府者，省城之主；省城者，四方之綱。今河南諸宗，餓莩已甚，若使處之得所，則子孫千億，皆爲皇家藩屏，何憂群盜！」

八議黃河，謂「黃河衝決，其勢必興大工，大工興則聚衆必至數萬而中原危矣。故經略中原者當以黃河爲急，論黃河者當以運道省城爲急，論運道省城者當爲謹始慮終之謀，而毋爲目前倖免之計。」疏入，下所司。

是時南北寇警，徵斂繁急，貪吏肆行，水潦荐至，民不堪命，往往聚而爲盜。初，河南人謌傳倭至鳳、泗，又言開封没于黄河，于是歸德之睢州，彰德之林縣，盜賊初起，皆以謌言，久而無驗，仍復解散。（焕）〔涣〕先巡撫河南，目擊其事，既而緝捕無端倪，心益憂之。至是得代，乃上疏請經略中原。言雖不敢盡，而不數十年，中原群盜四起，卒如其言。【考異】章（焕）〔涣〕此疏，諸書不載，今據實録增入。明以流寇亡天下，（焕）〔涣〕其先幾之預見者，並爲後文下獄張本。

29 八月，戊戌，胡宗憲復獻芝草五，白龜二，上悦，名曰「玉龜仙芝」。禮部請謝玄告廟，許之。賚宗憲銀幣加等，並賜金鶴衣一襲。

宗憲性喜賓客，招致東南才學士，如山陰徐渭、歸安茅坤及歙之余寅、鄞之沈明臣，同入幕府，用是名日起。其獻白鹿也，渭爲之草表，上稱善，宗憲以是益重渭。渭知兵，好奇計，宗憲禽徐海，誘汪直，皆預謀焉。後宗憲敗，渭佯狂自廢卒。

30 己亥，福建叛兵三百餘人，自沙縣、將樂攻泰寧縣，破之，守備王址、百户戴權皆戰死。賊遂流入江西界，官兵擊之，遁去。

先是閩中以倭亂召募廣兵，後以犒賞不饜所欲，遂有是變。

31 是月，以南京工部尚書潘恩爲刑部尚書。

32 九月，庚午，諳達自大同衛入山西，犯朔州川。屯數日，以三百餘騎夜襲廣武，攻牆，不克，遂循代州轉掠五臺、崞縣，出寧武關北遁。

33 壬辰，免湖廣被災稅糧。

34 是月，濟農部落復寇陝西米脂等縣，官軍擊却之。

先是寇犯山西，甫解嚴而陝西報警。上以問尚書楊博，博以爲「此河西之寇自延綏入犯，已行守臣專督延安兵防本鎮，又行陝西總督郭乾調花馬池及固原兵赴援，計此時已出關久矣。」是時，上憂邊甚，博每先事預防，故上尤倚重之。【考異】據楊博原奏，「北寇在九邊，以河爲界。河以西爲延綏、寧夏，每秋入寇者，乃吉囊部落。河以東爲山西、宣大，每秋入犯者，乃俺荅黄台吉部落」云云。蓋博所指者，吉囊之衆，故以爲河西，今據之。

35 冬，十月，癸巳，免陝西被災稅糧。

36 乙未，逮雲南巡撫游居敬至京師。

先是東川之亂，行川、貴撫、按會勘。而居敬不俟命，遽調土、漢兵五萬餘進剿。雲南承平久，一旦兵動，費用不貲，賦斂百出，諸軍衛及有司、土官舍等乘之爲姦利，遠近騷動。

巡按王大任言：「逆堂奪印謀官，法所必誅。第彼猶借朝廷之印以約土蠻，冒祿氏之宗以圖世職。而四川之差税辦納以時，雲、貴之鄰壤未見侵越，此其非叛明矣。其與九鼎治兵相攻，彼此俱屬有罪。居敬乃信一偏之詭辭，違會勘之明旨，輕動大衆，恐生意外患。且外議藉藉，謂居敬入九鼎重賄，欲爲雪怨，及受各土官賂，攘盜帑積，皆有實蹟。請亟罷居敬，暫停征剿爲便。」乃命逮居敬。

時堂聞大兵至東川，逃深箐，諸將分兵于新舊諸城窮搜不獲，地方民、夷，大遭屠掠。

37 壬寅，諭輔臣嚴嵩等，以「景王府成，當遵祖宗制，令之國。」于是吏部請設王府官僚，工部請遣官經理德安府第，俱報可。

初，莊敬太子薨，廷臣言裕王（次）〔次〕當立，上以前太子不永，遲之。晚，信方士語，二王皆不得見，時並居外邸，居處衣服無別。景王年少，左右懷窺覬，語漸聞中外，頗有異論。至是忽夜半中旨渙頒，京師士民無不躍躍稱慶。【考異】景王之國在明年。實録系之是月，蓋傳諭閣臣之月日也，今據書之。

38 戊申，免畿内被災税糧，仍以臨清、德州、天津三倉米一萬石振之。

39 十一月，甲子，逮總督南京糧儲都御史章渙至京師。

初，南京兵變，吏部請改督儲憲職，遂以命渙。渙自淮安督漕運過淮，遷延數月，仍假道過家。于是南京給事中馬負圖等言：「國家近以留都兵變，百姓驚疑。而渙不畏簡書，逗留半歲，未有視事之日，請賜罷斥，以儆怠曠。」

疏入，上以渙所奏經略中原，語近欺謗，特命逮之，下三法司擬罪。于是刑部尚書潘恩，坐衝突儀仗妄行奏訴律論遣戍。渙竟死于戍所。

40 丙戌，冬至，祀天于圜丘，朱希忠攝行。

41 是月，真人陶仲文、錦衣都督陸炳俱死。

仲文以方術事上，被恩寵，不次遷擢，前後幾二十年，竟以考終。死後贈謚賻賵，恩禮有加，自來方士所未有也。

炳與嚴嵩比，嵩父子盡攬六曹事，炳無所不關説，文武大吏争走其門，歲入不貲。然亦頗周旋善類，時數起大獄，炳多所保全，未嘗搆陷一人，以故朝士多稱之者。

隆慶改元，始奉遺詔奪仲文官，削炳籍。

42 十二月，丁酉，祈雪。

43 己亥，以京師嚴寒，貧民多凍餓死者，詔發倉米萬石爲糜振之。又命五城瘞暴骸。

44 是月，土蠻犯遼東海州東勝堡，指揮李元勳死之。

45 是歲，福建之倭流劫各州縣，加以奸民乘間迭起，遂有大埔之窖賊，南灣之水賊，尤溪之山賊，龍岩之礦賊，南靖、永定等處之流賊，無不蠭起，而窖賊張璉等最强。

福建巡撫劉燾，應接不暇，惟椎牛饗賊，擁衆自衛而已。報功既多不實，而所募廣兵，復扣給行糧，以致兵與盜合，所過無不殘破者。

官兵每戰輒敗，惟報效把總沈講率水兵遇賊于馬溪，俘斬數百人，力盡死之。至是胡宗憲以聞，僅奪燾俸，仍令戴罪剿賊。

四十年（辛酉、一五六一）

1 春，正月，壬戌朔，不御殿。

2 丙寅，濟農部落自河西踏（水）〔冰〕渡河，寇掠山西五花營，守備王世臣、千户李虎戰死。【考異】明史及實録但書「寇」。據去年楊博奏，河西之寇，皆濟農部落也，今據書之。

3 戊子，振順天、永平、保定、河間四府饑，從巡按御史鄭存仁之請也。

4 是月，御史潘季馴巡按廣東，倡行均平里甲之議。其法，先計州縣之衝僻，以爲用度之繁簡，令民各隨丁力輸銀于官。每遇供應過客及一切公費，官爲發銀，使吏胥老人承買。其里長止于在官勾攝公務，甲首則悉放歸農。廣人便之。

季馴自以報代在邇，恐後至者不能守，乃上疏言：「嶺南去京師絶遠，近日牧民者視爲利藪，屠剥萬狀。小民怨咨，不能上達，則相聚爲盜。昔蘇洵有言：『遠方之民，雖使盜跖爲之郡守，檮杌爲之縣令，郡縣之民群嘲而聚罵者雖百千萬輩，朝廷不知也。故其民常多怨而易動。』今廣東之民，既怨而動矣，若非奉明旨丁寧，雖有周公之法，誰與守之？」户部「請以其言行之通省，如法遵守，年終籍記用銀數目以聞」，報可。

5 二月，辛卯朔，日有食之。

是日，陰雲不見，欽天監以爲與不食同。已而禮部尚書吴山以救護禮畢報，上大怒。山引罪，上謂山守禮無罪，而責禮科對狀。于是給事中李東華等劾山，請與同罪，上乃責山賣直沽名，停東華俸。嚴嵩言罪在部臣，乃貰東華等，命姑識山罪。

6 振山東濟南等六府饑，發臨、德二倉米三萬石、徐州倉米二萬石給之。

7 丁未，景王載圳之國于德安。

8 己酉，大風揚塵蔽天，晝晦。諭閣臣曰：「今日之風，占者以爲兵火，似不可以常視。其傳諭尚書楊博，内戢奸凶，外嚴邊備。」

9 是月，以故趙王厚煜自縊死，歸罪于彰德知府傅汝礪、通判田時雨，逮至京師。

初，趙有宗人輔國將軍祐椋等，數犯法，與有司爲難，厚煜頗庇之，而祐椋卒得罪，其後有司益務以事裁抑諸宗。洛川王翊鏴奴，與時雨之隸争瓜而毆，時雨捕王奴，厚煜求解不得，竟論奴充軍。未幾，宗室數十人索禄米，有司不予，時雨復以宗室毆官白于汝礪，汝礪因盡捕各府人。厚煜由是忿恚，竟自縊死。——時三十九年十月也。至是厚煜子成皋王載埦疏聞于朝，下法司按問。汝礪坐戍邊，時雨論死，械河南市斬之。

先是厚煜暴卒，外議洶洶，有侵及成皋王及王妃張氏者，載埦大懼，乃奏「府縣威逼王致死」，法司論罪如律。時以爲冤獄云。【考異】據實録所載，言「數日前，有見王咄咄自語，若有所恨者，殆爲妃與成皋王。然其事祕，外間莫知也。」明史諸王傳所載，第據爰書，而實録所記，似當時已有傳聞，故以爲冤。蓋争禄事本微淺，又出宗室人等，于王無預，不應恚忿輕生，此似得之。今前段據明史本傳，後段參實録書之。

10 三月，壬戌，命户部發米一萬二千石，振京師饑民。

11 癸亥，廣東惠潮山賊作亂。賊首黄啓薦等擁衆數千，流劫海豐、碣石、歸善等縣，攻破甲子門巡檢司，殺百户魏祚。詔「撫、按官督兵撲剿，其脅從人等，隨宜招撫」。

12 乙亥，罷吏部尚書吴鵬、禮部尚書吴山。

初，山與嚴嵩鄉里，嵩子世蕃欲與爲婚姻，不可，遂與嵩父子有隙，上欲用山内閣，嵩陰沮之。會因日食救護，吏科梁夢龍等見上怒山甚，欲劾之，而山直諒有時望。鵬在吏部，凡百官進退，一聽命于世蕃，中外人心，無不鄙薄憤恨。于是以山與鵬並劾之。詔鵬致仕，山冠帶閒住。時皆惜山而甚快鵬之去云。【考異】明史山傳，言「三十九年之冬，帝忽諭禮部具景王之藩儀。嵩知帝激于郭希顔疏，欲覘人心，諷山留王。山曰：『中外望此久矣。』立具儀以奏，王竟之藩。司禮監黃錦竊語山曰：『公他日得爲編氓幸矣。王之藩，非帝意也。』」按實録，景王之國，乃夜半出自中旨，非迫于廷臣之請。而是時嚴嵩方欲擠山，豈肯勸之留王，使以希指得上眷者。傳中云云，疑出野史臆度之詞，今不取。吴山係高安人，與十二年河南巡撫吴山獻白鹿姓名同，彼乃吴縣人。

13 丙子，太白晝見，踰月方没，凡二十四日。

14 是月，改歐陽必進爲吏部尚書。

必進前任工部尚書，是年二月，以周延卒，改左都御史代之，至是又遷吏部。改刑部尚書潘恩爲左都御史。又特旨陞吏部侍郎袁煒爲禮部尚書。

初，嚴嵩以日食不見，趣禮部急上賀，煒亦以爲言。尚書吴山仰首視天曰：「日方虧，將誰欺邪！」至是山既罷，遂以煒代之。尋命入直西苑，恭撰玄修。

15 夏，四月，壬辰，京師疫。上以所發米粥藥餌，有司給散非法，切責之。又以流民來京數多，發京倉米四千石，内庫制錢三百萬，給貧民歸費，仍視道里遠近以爲多寡之差。

16 癸巳，大風，雨黄土，晝晦。上以旱暵風霾，敕群臣修省三日，仍行順天府禱雨。

17 丁未，振山西饑。

18 是月，以吏部侍郎馮天馭爲刑部尚書，代潘恩也。

初，吴山罷，天馭及袁煒以署印題請特旨陞煒，而以天馭暫攝部事。至是煒任禮部，乃陞天馭于刑部。

[19] 五月，乙亥，大學士李本以母喪去，嚴嵩爲其母楊氏請賜祭葬，仍遣官馳驛護歸。

[20] 丁丑，御史唐繼禄以旱霾上修省十事：「一撫綏流民；二捍禦邊境；三禁戢驕縱；四經理租賦；五痛抑侈靡；六調停催科；七權宜振卹；八裁革納級；九量免入覲；十黜罰奸庸。」

其黜罰奸庸一事，「欲令京堂官俱自陳，其餘聽部院考察去留」，疏入，報可。丁是内閣嚴嵩、徐階各上疏自陳求罷，優詔慰留。

[21] 是月，東川叛夷阿堂伏誅。

初，堂聞大兵至東川，逃匿深箐，時出寇掠。至是營長者阿易謀于堂之心腹母勒、阿濟等，掩殺堂于戛來矣石之地，其子阿哲就禽，——哲時年八歲。

事雖定而府印不知所在，于是安萬銓取東川府經歷印畀禄位妻寧著署之，以照磨印畀羅雄土官者濬；而以寧著女妻者濬子，仍留水西兵三千于東川，爲寧著防衛。水西與東川鄰，萬銓本水西土官，故議者謂其有陰據東川之志。

巡按王大任以誅阿堂聞，因言：「東川地方殘傷，該府三印悉爲土官部置，請通敕川貴總督及鎮、巡官按究各土官私擅標署之罪，并訪禄氏支派之宜立與所以處阿哲者。」部覆報可。

22 閏月，戊戌，嚴嵩妻歐陽氏卒。上以嵩夫婦並八十，不多有，命禮部議厚卹。世蕃當護喪歸，嵩以年老，請留侍京邸，許之，令嵩孫鵠歸治葬事。嵩雖警敏，能先意揣上指，然上所下手詔，語多不可曉，惟世蕃一覽了然，答語無不中。嵩既耄昏，且旦夕直西内，諸司白事，輒曰「以白東樓。」——東樓，世蕃别號也。至是乃有是請。

23 丙辰，流賊犯江西泰和縣，清軍副使汪一中、分巡僉事王應時督官軍禦之于鸛朝鎮。應時部署未定，賊五路掩至，我軍驚走，一中及指揮王應鵬、千户陳策、唐鼎等俱被殺。應時爲賊所執，數日贖還。

24 是月，四川容山土舍張問、韓甸等糾合川、貴生苗等作亂，侵及湖廣境。貴州總兵石邦憲督諸軍討之，斬獲百餘人，乘勝入其巢。會暮，大雨，迷失道，守備葉勳、百户魏國相等中伏死之。

25 六月，壬申，山西太原、大同等府，陝西榆林、寧夏、固原等處，各地震有聲。寧、固尤甚，城垣墩臺房屋皆圮，壓死軍民無算。蘭州莊浪天鼓鳴。【考異】明史五行志作「壬午」，「午」字蓋「申」字之誤也，今據實録改。

26 乙亥，發太倉銀十五萬兩，差憲臣一員赴宣、大二鎮收糴，以備來歲客兵餉需。復發大同主兵銀三萬兩，宣府、遼東各二萬兩，山西、延綏、寧夏、固原、甘肅、薊州、密雲各一萬兩，山西客兵銀二萬兩，延綏、薊州、密雲、昌平、易州客兵銀各一萬兩，令管糧官收糴以實邊儲。

27 是月，總督薊遼、保定尚書許論罷。

論奏「密雲、昌平二鎮防秋，須餉銀三十餘萬。」給事中鄭茂，言「論奏請過多，請察其侵冒弊」，乃詔論回籍聽勘。未幾，給事中鄧棟往覈，具得虛冒狀，奪官閒住。

論與故大學士讚，皆故吏部尚書許進之子，兄弟並列顯要。值嚴嵩柄政，讚在內閣無可否，以年老落職歸。論主兵部，將帥黜陟，兵機進止，一聽世蕃指揮，聲望由此曰損云。

28 給事中梁夢龍等，以李本憂去，請簡閣臣，疏薦五六人。上不悅，曰：「此窺測沮間耳。」奪夢龍俸半年，餘二月、一月有差。

29 刑部尚書馮天馭罷，令閒住，以給事中侯廷柱劾其庸鄙故也。踰月，以南京尚書蔡雲程代之。

30 秋，七月，己丑朔，日食。

欽天監奏：「是日日食一分五秒，例免救護。」禮部尚書袁煒乃阿上意，言：「陛下父事天，兄事日，是以太陽晶明，氛祲銷鑠。食止一分，與不食同。臣等不勝欣忭。」疏入，上大喜。未幾，遂入閣。

31 己亥，發太倉銀二萬兩振遼東。又以江南水患饑荒，詔留蘇、松、常、鎮四府開納事例銀並滸墅、北新兩關船料銀備振。

32 巡按江西、福建御史段顧言，以鸛朝之敗，因言：「贛州一府，爲江西全省門户，自龍南、安遠相繼激變，而撫臣漫不省聞，以致今日寇石城，明日寇瑞金，又明日寇南安，寇建昌，而吉、撫諸郡紛紛多事矣。先是南康之戰，典史王允相死之；贛縣攸鎮之戰，百户程寵死之；今泰和之戰，又有副使、指揮諸臣同時戰没。事見上。此皆由門户失防，故寇得深入，當坐南贛巡撫，而江西撫臣及福建撫臣亦宜分別議處。請假江西撫臣以提督軍務職銜，給以旗牌，使得號令其下，仍責三省撫臣戮力平賊。」

詔「嚴議諸臣失事罪。命浙直總督胡宗憲兼節制江西，發兵應援，江西巡撫暫加兼理軍務。並贈卹汪一中、王應鵬等，賜祭葬，立祠。」

33 壬寅，江西賊攻玉山縣，縱火屠掠，空其城而去。尋攻永豐縣，陷之。【考異】江西有兩永豐。此屬廣信府，即今之廣豐縣。

34 庚戌，諳達犯宣府，副總兵馬芳禦却之。

35 是月，福建巡按、御史李廷龍言：「山賊四起，與福、興、漳、泉殘倭，聲勢相倚，自建寧以北，福寧以南，無處不爲盜藪。加以江西之賊流入閩界，乞敕江西、福建及兩廣三省撫臣會剿。」從之。

36 八月，壬戌，南京御史林潤，劾「總理鹽法鄢懋卿貪冒五罪：一需索屬官餽遺巨萬；二受狀取富民財；三宴會日費千金；四虐殺平民；五加派揚州鹽商，幾至激變。」懋卿疏辨，仍令照舊供職。

懋卿倚嚴嵩勢，所至市權納賄，氣焰熏灼。其按部，常與妻偕行，製五綵輿，令十二女子舁之，道路傾駭。

時淳安知縣海瑞，供帳簡薄，託言「貧邑不能容軒車」；慈谿知縣霍與瑕，亦清鯁不屈；懋卿嗾巡鹽御史袁淳劾之，俱削籍。——與瑕，故尚書韜子也。【考異】海瑞、霍與瑕爲袁淳所劾，俱削籍，此據三編書之。證之明史本傳，則言瑞時已擢嘉興通判，坐謫興國州判官，無削籍事，附識其異于此。

37 辛未，太白晝見。

38 壬申，上以秋防邊務爲憂，令輔臣嚴嵩等詢尚書楊博以守禦之宜。

博言：「今之九邊，以薊鎮爲重。近入窺大同鎮川堡者，皆諳達之別部，而其酋諳達、鴻台吉、舊「鴻」作「黄」。巴圖爾之衆皆潛形不露，竊恐其謀窺薊鎮。」乃上便宜六事，大略以「大同、宣府爲關南之緊要，宜令兩鎮不分彼此，相機策應。所需主客兵餉，毋使缺乏，但使虜馬不能入關，即爲首功。」上是其言，諭户部，「于年例外加發餉金四萬兩以備緩急。」

39 九月，戊子，廣東三饒山賊張璉等襲福建南靖縣城，入之，燔燒縣學、倉庫。

40 癸巳，廣寧把總吴鹿，千户郎松，以二百兵防護解餉經歷王鑰、魯亨至海州新臺，遇寇，劫所齎修邊銀八百兩，殺鑰及亨，鹿、松亦戰没。巡撫吉澄以聞，詔逮問守堡指揮佟承祚等。

41 庚子，諳達犯居庸關，參將胡鎮禦却之。

42 辛丑，廣東山賊自江西流入福建界，攻崇安縣，陷之，轉掠至浙江，犯龍泉縣。

43 蘇、松、常、鎮、杭、嘉、湖七府大水，平地水深數尺，詔撫臣破例振之，並免本年秋糧。

44 甲辰，以陝西固原、寧夏地震，命發太倉銀八千兩及留本省例銀三千兩振之。

45 壬子，免畿内被災税糧。

46 冬，十月，丁卯，閩、廣流賊自邵武轉掠江西之鉛山、貴溪等處，總督胡宗憲檄參將戚繼光自浙江引兵赴援，敗賊于上坊，禽斬六百人。賊奔建寧，還，攻陷宜黄縣，爲南贛兵所敗，始遁。

47 癸未，禮部彙奏「四方進芝共七百六十九本，其五色盈尺者尚不多得，請申諭明年加意取採」，從之。

48 是月，海寇破福建寧德縣，參將王夢麒、知縣李堯卿死之。

49 十一月，壬辰，冬至，祀天于圜丘，朱希忠攝行。

50 甲午，加禮部尚書袁煒太子太保，改户部尚書兼武英殿大學士，入内閣（典）〔預〕機務。

煒本以青詞得上眷，故入直西苑後，不數月即有是命。

51 庚子，吏部尚書歐陽必進致仕，以會推禮部尚書不稱旨也。

先是上命禮部尚書、掌詹事府事郭朴回部管事，至是必進罷，遂改朴爲吏部尚書，加太子少保。

52 庚戌，濟農部以二萬餘騎拆牆入犯寧夏，進逼固原，數日始引去。【考異】實録但書「虜」，茲據明史本紀，即河西寇也，今從之。

53 辛亥，永壽宮災。

宮在西苑，成祖舊宮也。上自二十一年宮婢之變，即徙居此。是夜火作，禁衛不及救，乘輿服御及先世寶物盡燬。上乃暫御玉熙宮。【考異】明史本紀及諸書皆稱「萬壽宮災」。

證之明史輿服志，成祖所建，本名永壽，蓋世宗以災改建，始易名萬壽也。三編作永壽，目云，「徐階請以三殿大工餘木趣治永壽宮，百日工就，徙居之。命曰萬壽宮。」今據三編書之。

54 十二月，丙辰朔，以永壽宮災，遣英國公張溶等祭告郊廟社稷。

先是禮臣請詔告天下百官修省。上曰：「此非正朝，乃朕奉玄修所居。招災致異，朕之尤也。」令已之。

55 丁巳，工部尚書雷禮言：「玉熙宮殿湫隘，且地曠近水，非可久御，請及時營繕永壽宮。」

先是公卿大臣欲請上還大內，嚴嵩復以徙居南城爲言，上皆不懌；大學士徐階，因請以三殿大工之餘材趣治永壽宮，故工部希指奏之。

三編發明曰：嘉靖不御大內，公卿大臣皆知其非是，意欲請而不敢言，適當所居永壽火災之後，正可藉詞請歸大內，此嚴嵩與徐階同爲職所當言之事也。乃嵩既以徙居南城爲對，已爲希合不居大內之指；階復以三殿大工餘材趣治，尤屬巧于逢迎。蓋是時嵩已爲階所中，故事事欲與相反，以自表其才識，即爲争權邀寵之圖，于此已見一端矣。史謂「階雖任智數，要爲不失其正」，此概論其生平耳。若以此一事觀之，豈惟智數是尚，又寧得謂不詭于正哉！

56 丙寅，巴圖爾犯遼東，陷蓋州，指揮楊世武等死之。

57 庚午，免湖廣、承天等府被災税糧。

58 辛未，贈江西副使汪一中妻程氏爲淑人，命有司建坊立祠祀之。初，一中陣亡，程氏痛其夫死于非命，扶櫬至家，絶粒死。巡按御史以聞，故旌之。

59 壬申，以冬深無雪，上親禱于宫内，遣官祭告。

60 是月，以江西上坊之捷，賞胡宗憲、戚繼光等銀幣。

巡按、御史段顧言言：「江西用兵連勝，地方小安。但今巨寇尚未捕滅，其一即泰和殺汪副使之寇，一攻新淦、清江之寇，一陷崇仁之寇，而群盗聞風迭出于湖之東西者復不下數十輩，近山賊張璉等亦聞睥睨江西，蓄謀未發，不當以目前小勝，遂謂無事。況諸賊聲勢相倚，而三省心力不齊，互相推諉，以送賊出境爲得計，故大功不成。」上乃中飭督、撫諸臣嚴覈功罪。

兵部議贈邺陣亡檢校劉秉仁、典史林文等，從之。

四十一年（壬戌、一五六二）

1 春，正月，丙戌朔，不御殿。

2 壬辰，大風揚塵蔽空。

3 丙申，京師地震。

4 丙午，免江西被寇州縣稅糧，又免南直隸淮安府被災稅糧。

5 是月，以吏部侍郎嚴訥爲禮部尚書，以袁煒入閣，且改户部也。

6 初，寇犯大同，執守備劉晋臣去。至是晋臣亡歸，稱「去年十一月初十日，叛人邱富死于板升，其黨趙全、周元等焚而瘞其骨。」兵部因言：「逆賊天誅，實賴玄祐，請行告謝禮」，從之。

7 江西寇盜充斥，巡撫楊伊志爲巡按段顧言所劾，遂罷之，陞布政使胡松爲江西巡撫。至是松條陳軍政五事，又奏設南昌、南豐、萬安三營，皆報可。【考異】明史有兩胡松，一績溪人，以與仇鸞議邊事不合引疾歸；此胡松爲滁州人。俱見傳中。

8 二月，辛酉，詔罷親耕親蠶禮。

初，上于耕蠶二禮久不親行，然每歲禮官猶以故事請，因命户部官祭先農，女官祭先蠶。至是以爲虚文，並罷之，令所司勿復奏。

9 壬戌，福建同安倭夜襲破永寧衛城，脅指揮王國瑞、鍾墳、千户蔡朝陽降之。

10 己卯，提督兩廣侍郎張臬奏：「逆賊張璉等勢甚猖獗，延蔓三省，請調集狼兵十萬，與福建、江西會兵進剿」，從之。

璉本饒平縣之烏石村人，以毆死族人懼誅，亡命入窖賊鄭八、蕭雪峰黨。後八死，璉與雪峰分部其衆，而璉爲最强。知縣林叢槐，嘗親至其巢約降，給以冠帶。璉益驕甚，與雪峰合兵縱掠汀、漳、延、建及江西之寧都、瑞金等處，又攻陷南靖等城。其巢介三饒之間，四面皆山，有司未敢訟言剿之。璉雖叛，猶揚言聽撫以緩我師，至是臬等始議大征之。

11 是月，嚴嵩孫錦衣都指揮僉事鵠，獻玉兔一，靈芝六十四本，方士藍道行獻瑞龜，詔遣官獻太廟，群臣表賀。

12 三月，庚寅，貴州總兵官石邦憲奏平容山之亂，禽韓甸，誅之。

甸糾衆橫行湖、貴境，官司不能制，且二十餘年。至是始以捷聞，詔自邦憲以下，各給賞陞俸有差。

13 陝西寧夏地震，邊牆傾圮，詔發太倉銀二萬二千兩充修築及振濟之費。

14 辛卯，玉兔生子二，禮官請謝玄告廟，許之，廷臣俱上表稱賀。

15 壬寅，賜申時行等進士及第、出身有差。【考異】申時行初冒徐姓登第，故實録及明題名碑皆書徐時行，而明史時行傳絕不及其初姓，亦不敘其家世。傳言「長洲人」，而明人紀載，皆稱「申吴縣」，證之題名碑及明貢舉考，皆書「直隸吴縣人」，疑即初姓之籍貫也。明史列傳于改姓事皆不諱，故黄觀登一甲第一人，初從許姓，亦見傳中，而時行初從徐姓，傳竟軼之。然實録及題名碑固非野史之比也，今附識之。

16 己酉，新作西苑宮成，上即日移居之，命曰萬壽宮。初，大學士徐階請治永壽宮，可計月而就，上悦，復命階子尚寶丞璠兼工部主事董其役，十旬而功成。至是以階忠，進少師，兼支尚書俸，璠亦超擢太常少卿。自是嚴嵩乃日屈。【考異】此據明史徐階傳，三編目中本之。證之實録，命名萬壽宮在四十四年三月，則自改建後命名可證。今悉據傳書之。

17 是月，總督浙直胡宗憲，「請于南贛設副總兵官，以吉安守備屬之；于建昌、撫州設參將，以鉛山守備屬之。復設游擊于南昌省城，而以鄱陽守備改爲參將，令專練舟師，控制九江。」兵部議，從之。

18 增設甘州茶馬司，從巡撫都御史鮑承廕之請也。承廕議「于甘州適中之地設之，令招商茶易番馬，仍以四川保寧茶課全徵本色助之」，報可。

19 夏，四月，庚申，土默特即土蠻，譯見前。犯遼東，攻東關驛錦川營，破之。巡撫吉澄以聞，「請如往年大同故事，特遣重臣調發兵糧救援。」上詢之楊博，乃以兵部侍郎葛縉兼僉都御史往，督視軍情。

20 丙寅，以入夏少雨，大風揚塵，上親禱于禁中，遣官祭告壇廟。

21 癸酉，陝西鄠縣散官王金進靈芝、五色龜，上大悦，遣官告太廟，授金太醫院御醫。

22 甲戌，玉兔又生二子，復建謝典告廟如初。

23 五月，丁亥，命「南京都督僉事劉顯充總兵官，鎮守廣東、南贛，參將俞大猷副之。一應戰守事宜，悉聽二臣會同督撫協謀剿賊，仍令江西紀功御史段顧言兼覈廣東功罪以聞」，從兵部尚書楊博議也。

24 庚寅，土默特復犯遼東，副總兵黑春等禦之。春身自搏戰，殺數十人，諸軍從之，敵大敗，棄其輜重鎧甲而遁。

25 乙未，提督兩廣侍郎張臬奏廣東三饒賊平。

初，閩、廣討賊，積年不能平，乃移鎮筸參將俞大猷于南贛，會兵進剿。時胡宗憲兼制江西，知張璉遠出，檄大猷急擊之。大猷謂：「宜以潛師擣其巢，攻其必救，奈何以數萬衆從一夫浪走哉！」乃疾引萬五千人登柏嵩嶺。

嶺俯瞰賊巢，璉果還救。大猷連破之，斬首千二百有奇，賊懼不出。復用間誘璉出戰，從陣後禽之，并禽蕭雪峰。散其脅從者二萬，不戮一人。

是役也，廣人攘其功，而大猷不與之校，以是賞獨薄云。【考異】大猷平三饒賊功，實録不著，今據明史本傳書之。

26 壬寅，嚴嵩罷。下嵩子世蕃于獄。

初，世蕃留京邸，以居喪不得入直，嵩遇票擬，受詔多不能答，每遣人持問世蕃，值其方縱淫樂，不以時答。中使相繼趣嵩，嵩不得已自爲之，往往失指。所進青詞，又多假他人手，不能工，以此漸失上歡。會上以營萬壽（官）〔宫〕，方嚮次輔徐階，顧問多不及嵩，即及嵩，祠祀而已。

未幾，方士藍道行以扶卟得幸，故惡嵩，上問：「天下何以不治？」道行因詐爲卟語，具道嵩父子弄權狀。上問：「上仙何不殛之？」答曰：「留待皇帝自殛。」上心動，欲逐嵩。

御史鄒應龍方避雨内侍家，偵知之，因抗疏專劾世蕃。其略曰：「世蕃憑藉父勢，專利無厭，私擅爵賞，廣致賄遺。每一開選，則視官之高下而低昂其值；及遇陞遷，則視缺之美惡而上下其價；以致選法大壞，市道公行，群醜競趨，索價轉鉅。如刑部主事項治元，以萬二千金而轉吏部；舉人潘鴻業，以二千二百金而得知州；至于交通贓賄，爲之關節者，不下百十餘人。

而伊子錦衣衛嚴鵠、中書嚴鴻，家奴嚴年、中書羅龍文爲甚。即數人之中，嚴年尤爲黠狡，世蕃委以腹心，諸所鬻官賣爵自世蕃所者，年率十取其一，不才士夫競爲媚奉，呼曰『鶴山先生』，不敢名也。遇嵩生日，年輒獻萬金爲壽。嵩父子原籍江西袁州，乃廣置良田宅于南京、揚州等處，無慮數十所，而以惡僕嚴冬主之，抑勒侵奪，怙勢肆害，所在民怨入骨。

猶有異者，往歲世蕃遭母喪，陛下以嵩年老，特留侍養，令其子鵠代爲扶櫬南旋。世蕃名雖居憂，實喜得計，狎客曲宴，擁侍姬妾，屢舞高歌，日以繼夕。

至于鵠，本豚鼠無知，習聞贓穢，視祖母喪有同奇貨，騷擾道路，百計需索，其往返所經，諸司悉望風奉承，郡邑爲空。

今天下水旱頻仍，南北多警，民窮財盡，莫可措手者，正由世蕃父子貪婪無度，掊克日棘，政以賄成，官以賂授。凡四方小吏，莫不竭民脂膏，償己買官之費，如此則民安得不貧，國安得不竭，天人災警安得不迭至！臣請斬世蕃首以示爲人臣不忠不孝者戒。其父嵩，受國厚恩不思報，而溺愛惡子，弄權黷貨，亦宜亟令休退以清政本。

如臣言不實，乞斬臣首以謝嵩、世蕃。」

疏入，上猶降旨慰嵩，而以嵩溺愛世蕃，負眷倚，令致仕馳驛歸，有司歲給米百石。世蕃既下獄，嵩爲請罪求解，不聽。法司奏論「世蕃及其子錦衣鵠、鴻、客羅龍文戍遠邊；其疏内有名人等，悉逮送鎮撫司拷訊」，從之。特宥鴻爲民，使侍嵩，而錮其奴嚴年于獄。擢應龍通政司參議。

27 丙午，下方士藍道行于獄。

嚴嵩既得罪，上追思其贊玄功，意忽忽不樂。乃諭輔臣徐階等，欲遂傳位，退居西内專祈長生，階等極陳不可。上曰：「卿等不欲，必皆奉君命同輔玄修乃可。」又曰：「今嚴嵩已退，伊子已伏罪。敢有再言者，同鄒應龍俱斬。」嵩知上意已動，乃密賂上左右各千萬金，令發道行陰事，于是道行遂得罪。

應龍懼，不敢赴任，賴徐階調護，始視事。

28 己酉，免淮、揚二府被災税糧。

29 壬子，土默特復犯遼東，攻鳳皇城，不克，轉掠湯站堡。副總兵黑春引兵逆戰，敵佯敗走，春乘勝追擊，陷伏中。寇素稔春驍將，圍之數重，春與把總田耕等力戰三日夜，死之。

事聞，贈春都督同知，廕子世襲，並令有司立祠死所祀之。【考異】黑春敗寇及死，同在是月，俱見本紀。而韃靼傳誤記春死于是年冬，疑「冬」字衍文，今據本紀月日。

30 是月，刑部尚書蔡雲程致仕，以吏部侍郎張永明陞任代之。

31 六月，甲寅，總督宣大尚書江東上言：「禦寇之策，以保全邊堡爲第一，而邊堡之所以保全，其說有十：積穀，一也；徵還各營選調之卒，二也；選練本堡土兵共守，三也；增城濬池，四也；屯田耕牧，使有警足以相保相助，五也；造雙輪車以備戰守，六也；擇任將帥，和睦行陣，七也；信賞必罰，八也；厚恤間諜，九也；嚴禁邊軍通虜，十也。此十者，言之而可以行，行之而可以成，成之而可以久，無出于此。夫亡羊補牢，固爲已晚；方病蓄艾，尚猶可及；惟陛下寬其文法，使得稍效萬一。」

疏入，兵部議從之。

32 庚午，廣東捷聞。

兵部請「以賊首張璉、蕭雪峰械送京師，獻俘正罪」，上諭内閣曰：「獻俘一節，祖宗久不行，趙文華以假賊冒功，爲此欺飾耳。此等草賊，就地梟之，亦足以洩民憤。」自是遂罷獻俘。

33 是月，廣東道御史鄭洛，劾「大理寺卿萬寀，總理鹽政鄢懋卿，太常少卿萬虞龍，皆嚴嵩之黨，朋比奸贓有跡，請逮治。」詔「寀、懋卿皆閒住，降虞龍爲四川按察使僉事。」

34 秋，七月，癸巳，户部奉旨集廷臣議上理財之策，凡十四事，其要在于省兵食。上以近年邊餉侵冒多端，特敕「各撫、按官正己率屬，嚴革積弊。違者聽部臣及該科參治。」

35 戊戌，玉兔又各生子，癸卯，西苑産嘉禾一莖三穗者二，雙穗者三十一，皆循故事告廟表賀以爲常。

36 八月，丁巳，加户部尚書高燿太子少保。

初，上諭内閣：「自訪取龍涎香以來，二十餘年，所上未及數斤，輒以去冬燬于火，傳諭尚書高燿設法取用」，户部請遣官購于閩、廣。至是燿以上需之急，從禁中購得八兩，以萬壽建醮日獻之，大稱旨，命給價銀七百六十兩，遂有是命。

燿以賄嚴世蕃躐主户部，以貪賄聞。世蕃既敗，知不爲公論所容，乃要結以爲固位之計，時論鄙之。

三編發明曰：古來患得患失之夫，其于彙緣倖進，巧售計術，蓋無所不至，而必有左右近侍之人爲之導引而密示其機，乃得以施其伎倆。高燿之以龍涎進也，何由而知大内之無此？又何由而知索此之甚急？即使知慶節建醮在所必需，又何由而知宦寺中有密藏此者？物以類感，僉邪之聲氣，自有默默相通者。燿仍以其結世蕃之術結宦官，故遂以其躐司農之伎躐少保，而嘉靖適顛倒于其局中而懵然罔覺耳。

37 乙丑，詔重録永樂大典。

初，三殿災，文樓藏永樂大典，其帙甚鉅。上聞變，趣命左右登文樓出之，甲夜中傳諭三四，是書遂得不燬。至是欲重録其副，貯之他所以備不虞，乃諭内閣徐階等曰：「及此秋涼，可理也。」

于是禮部集儒士程道南等百餘人，就史館分録，選各色善楷書人。命禮部左侍郎高拱，右中允、管國子監司業事張居正，各解原務，入館校録。拱仍以侍郎兼翰林院學士，同左諭德兼侍講瞿景淳充總校官。居正以中允兼翰林院編修，同修撰林爊、丁士美、徐時行，編修吕旻、王希烈、張四維、陶大臨，檢討吴可行、馬自强充分校官。——爊，故南京尚書瀚之孫，徐時行，即是年登第申時行之初姓也。【考異】修永樂大典事，見十一卷永樂五年十一月。謹按四庫書提要言：「永樂大典書成，命復寫一部鋟諸梓，以永樂七年十月訖工，後以工費浩繁而罷。定都北京以後，移貯文樓中。（注：「即今之宏義閣。」）嘉靖四十一年，選禮部儒士程道南等一百人重録正副二本，命高拱、張居正校理。至隆慶初告成，仍歸原本于南京。（注云：「見詞林舊志。」）其正本貯文淵閣，副本别貯皇史宬。（注云：「見春明夢餘録。」）明祚既傾，南京原本與皇史宬副本並燬。今貯翰林院庫者，即文淵閣正本，僅殘闕二千四百二十二卷，顧炎武日知録以爲全部皆佚，蓋傳聞未確之説。書及目録共二萬二千九百三十七卷，與原序原表並合。明實録作二萬二千二百一十一卷，明史藝文志作二萬二千九百卷，亦字畫之誤也。」按嘉靖四十一年所録，據實録言：「帝命重録一部，貯之他所，以備不虞」，三編亦以爲「重録其副，貯之他所」，不聞並録正副二本。而提要以爲「歸之南京」者，似即正本，蓋仍在京師未歸。故劉若愚酌中志以爲「新舊二本不知藏于何處」，而春明夢餘録以爲「正本貯文淵閣，副本貯皇史宬」，皆正副二本之確證。至提要謂「今所存之翰林院庫」者，係文淵閣正本，而據全祖望校永樂大典記中，則以爲皇史宬本。傳聞異詞，並詳考證中。

38 九月，壬午朔，三殿成，遣官祭告郊廟。

初，三殿災，上以「殿名奉天，非題扁所宜用」，敕禮部議之。部臣會議，言「皇祖肇造之初，名曰奉天者，昭揭以示虔爾。然臨御之際，坐而視朝，亦似未安。」

于是重建奉天門成，更名曰大朝門。至是更名奉天殿曰皇極，華蓋殿曰中極，謹身殿曰建極，文樓曰文昭閣，武樓曰武成閣，左順門曰會極，右順門曰歸極，大朝門曰皇極，東角門曰弘政，西角門曰宣治。又改乾清宮右小閣曰道心，旁左門曰仁蕩，右門曰義平。

先是，部臣欲仍用「奉天」字，議以「天」字擡寫。上謂不雅，乃取尚書洪範語，並改大朝門曰皇極門。【考異】據明史輿服志，改奉天門爲大朝門在三十七年。證之實録，是年三殿成，定改奉天殿爲皇極殿，乃更易奉天門曰皇極門。明史輿服志不具，今據實録，並初改、再改書之。

39 甲申，百官表賀，頒詔天下。

40 乙未，太白晝見。

41 丁酉，御史顔鯨言：「本年自畿甸以至河之南、北，山之東、西，歲皆豐稔，宜敕各省廣儲糴本，增設便民倉。請免解贓罰銀兩及發内帑以爲糴穀之需。」部議從之。詔「發帑錢七百萬，糴穀運入京、通二倉，其在外贓罰銀兩，均以充糴穀入倉之用。」

42 戊戌，詔「工部侍郎劉伯躍、南京刑部侍郎何遷、南京通政胡汝霖、南京光祿少卿白啓常、原任湖廣巡撫張雨、廣西按察副使袁應樞、右春坊諭德唐汝楫、南京太常管祭酒事王材俱革職閒住」，坐嚴嵩父子黨也。

伯躍女適嵩之甥，應樞則嵩壻也。遷撫江右，厚斂以遺嵩父子。汝霖、雨貪肆，倚嵩庇之。啓常匿喪遷光祿，爲世蕃狎客，至以粉墨塗面博其歡笑。汝楫以父龍故媚嵩及第，嵩亦以兒子畜之，與材俱出入卧房，交通請託。至是嵩敗，以給事中趙灼、沈淳、陳瓚等交劾，同時罷去，士論快之。

43 己亥，給事中張鳴瑞，奏劾「已故三邊總督魏謙吉及原任福建巡撫王詢，皆以諂事嚴嵩父子進用」，詔追奪謙吉贈蔭，詢削籍。

44 丙午，户科給事中何煃條陳五事。其第一爲寬民力，謂：「近日有司惟事誅求，民不堪命。即以南直隸言之，軍民有加派養兵銀兩矣，工部有坐派料價矣。而軍門之外，復有操江之募兵，兵備道之壯丁，府州縣之鄉兵；料價之外，復有採木、顔料等費，預徵、勸借名目；而當事者又或（以）〔已〕停尚徵，或指一科十，俱宜嚴行裁革。仍以明年爲始，將民間額辦錢糧，定數派納。家給一信票，官民如票奉行，有别立名色者罪之。」

是時東南被倭，南畿、浙閩多額外提編，江南至四十萬。——「提編」者，加派之名也。法以銀力差排編十甲，如一甲不足，則提下甲補之。及倭患漸平，煃建議裁革加派，其後應天巡撫周如斗亦以爲言。部議從之，而提編之額卒不減。

45 是月，左都御史潘恩致仕，改刑部尚書張永明代之。

46 冬，十月，辛酉，副總兵俞大猷攻程鄉之賊，敗之。

初，江西盜熾，大猷會巡撫胡松等迭次進剿，稍稍平之，而廣東程鄉之劇賊梁寧、林朝義、徐東洲等，出没贛、吉二府。大猷以副總兵協守南贛、汀、漳、惠、潮諸郡，乃乘勝引兵夜襲寧巢，寧懼而遁；敗東洲于武平，禽之。朝義復約河源賊首黄積山謀大舉，官軍乘積山無備，捕斬之，朝義遁去。

47 壬戌，免南畿被災秋糧。

48 乙亥，免江西被災秋糧。

49 庚辰，廣東官兵追捕程鄉賊首林朝義，禽之。

朝義遁入巢，率其黨由間道攻程鄉城，知縣徐甫宰，以計遣主簿梁維棟説散其黨，因嚴兵待之。朝義敗走，官兵追至陰那山，並其弟朝敬俱就禽。于是潮寇悉平。

50 是月，御史林潤言：「今天下之事，極弊而大可慮者，莫如宗藩；然莫能定不易之策者，懼怫宗室之心而重違祖制也。今宗室繁衍，歲禄不繼。計天下財賦歲供京師糧四百萬石，而各處王府禄米凡八百五十三萬石，不啻倍之。夫天下無可增賦之理，而宗室蕃衍無休時，此豈不可爲寒心哉！顧時有所必變，勢有所必通，縱不能遽削于今日，亦當定制于方來。請令大臣、科、道集議于朝，頒諭諸王，示以勢窮弊極不得不通之意。令户部會計賦額，以十年爲率，大約兵荒蠲免存留幾何，王府禄米所得及諸費幾何，俾宗藩曉然于賦入有限，費出不經，然後徐議其宜，博采衆論，斷自宸衷，以定萬年可久之策。」

疏下禮部覆議，從之。

51 刑科給事中陳瓚陳二事：一「請修閩、廣、江右諸城以備寇盜。」一言「近日官吏，多以嶺南富饒，得肆漁獵，雖卑如縣尉，亦不惜重金求之，噬民膏血，無有已時，故有張璉嘯聚之禍。至如蘇、松諸郡糧長之設，始立空役而索其財，已代逋負而償其數。賦在坊長則有上官過客之費，在庫役則有宴饋衙吏之需，視富室如仇讎，以科取爲故事。即吴、粤二省而天下可知也。乞敕撫、按官嚴行究治。弭盜之策，無急于此。」疏下所司。

52 以南京户部尚書黄光昇爲刑部尚書，代張永明也。

53 十一月，乙酉，湖廣御史尹校，劾「掌詹事府吏部侍郎董份，前主戊午鄉試，私其妻父尚書吴鵬之子紹，置前列」，上以「前秋事至此方劾，非公也，命份視事如故。」

54 詔求方書。

上晚年求方術益急。時豐城縣方士熊顯，進法書六十六册，詔留覽，賜顯冠帶銀幣。乃命御史姜儆、王大任分行天下，訪求方士及符籙祕書。閲二年還朝，上所得法秘數千册，薦方士唐秩、劉文彬等數人。儆、大任俱擢侍講學士，秩等賜第京師。是時嚴嵩已罷，陶仲文、藍道行之等，或死或譴，而上亦倦勤，冀得天眷以祈長生，故有是命。

55 丁亥，南京給事中陸鳳儀，劾總督胡宗憲黨嚴嵩及奸欺貪淫十大罪，疏下吏部，請下巡按、御史勘報，上命錦衣衛械繫至京師。

于是浙直總督遂罷不補，以左副都御史趙炳然爲兵部侍郎，提督軍務，巡撫浙江。

56 己丑，免福建被寇各州縣税糧。

57 丁酉，冬至，祀天于圜丘，朱希忠攝行。

58 辛丑，北寇數萬騎犯寧夏，清水營副總兵王勳戰死。事聞，贈勳都督同知，賜蔭，立祠祀之。【考異】明史本紀言「吉能」，韃靼傳言「諳達」，三編言「錫林阿、巴圖爾等」。今據明史稿，但以北寇書之。

59 壬寅，巡鹽御史徐爌言：「兩淮餘鹽額徵六十萬兩，後開工本鹽，增至九十萬，總理鹽法鄢懋卿復增至百萬，每半年解銀五十萬，商人苦之。夫正鹽之外，又有餘鹽；餘鹽之外，又加工本；工本不足，乃有添單；添單不足，必加添引。懋卿趨利目前，不顧其後，是誤國亂政之尤者。方今災荒迭告，鹽場渰没，若欲取盈百萬，必至官追于商，商追于竈，逃亡日多，弦急欲絶，莫棘于此。請敕户部盡蠲增額，每年仍以六十萬徵解，俾可經久。」

部議亦以爲然，于是懋卿所增者悉罷之。

60 己酉，倭攻福建興化府，陷之。

初，倭自圍福州，蔓延于興化，奔突于漳州，閩中迄無寧日。是年，復大舉犯福建，先攻邵武，殺指揮齊天祥；轉掠羅源、連江等縣，殺游擊將軍倪禄。是時自温州來者，合連江諸倭攻陷壽寧、政和、寧德；自廣東南澳來者，合福清、長樂諸倭攻陷元鍾所，延及龍岩、松溪、大田、古田、莆田。

維時寧德已屢陷，距城十里有横嶼，四面皆水，路險隘，賊結營其中，官軍守之踰年不能克。其新至者營牛田，而酋長營興化，東南互爲聲援。參將戚繼光承胡宗憲檄，統浙江兵先擊横嶼之賊，克之，破其巢；乘勝至福清，擣敗牛田賊，亦覆其巢。餘賊走興化，急追之，夜四鼓，抵賊栅，連克六十營，斬首千數百級。旋師抵福清，遇倭自東營澳登陸，擊斬二百人。

時廣東總兵官劉顯自粵赴援，與繼光連破賊，賊幾盡。繼光還浙江，而新倭至者日益衆，遂圍攻興化城匝月。會顯遣卒八人齎書城中，衣刺「天兵」二字。賊殺而衣其衣，紿守將得入，夜斬關延賊，副使翁時器、參將畢高走免，通判奚世亮攝府事，遇害，焚掠一空。自倭躪東南，破州、縣、衛、所以百數，未有及府城者。興化故大郡，最繁富，至是遠近震動。

事聞，乃擢俞大猷爲福建總兵官，繼光副之。是時顯軍少，壁城下不敢擊，大猷亦不欲攻，需大軍合以困之。詔復起丁憂參政譚綸，以原官兼按察司僉事，與繼光統浙江兵會勦。【考異】倭陷興化本末，據明史俞、戚二人傳參書之。惟賊先攻邵武，殺齊天祥，掠連江，殺倪祿，見實録明年奏報中。蓋福建巡撫游震得原奏之文，今據增。

61 庚戌，免陝西被災秋糧。

62 是月，延綏總兵官趙岢，分部鋭卒，一由東路神木堡，一由西路定襄營，並出塞擊北寇于半坡山莜麥湖，斬首百十九級。

63 十二月，胡宗憲至京師。上曰：「宗憲非嵩黨。朕拔用八九年，人無言者；自累獻祥瑞，爲群邪所疾。且初議獲汪直予五等封，今若加罪，後誰爲我任事者？其釋令閒住。」

明通鑑卷六十三

紀六十三起昭陽大淵獻（癸亥），盡柔兆攝提格（丙寅），凡四年。

江西永寧知縣當塗**夏燮**編輯

世宗肅皇帝

嘉靖四十二年（癸亥、一五六三）

1 春，正月，庚辰朔，不御殿，百官行禮于皇極門。

2 癸巳，廣東倭寇犯潮、惠二府之黄崗、大澳等處，登岸肆掠。

3 乙未，河南道御史淩儒，疏薦「吉水羅洪先等有時望，請賜甄録」，上以儒市恩賣直，無故奏擾，命錦衣衛逮至午門，杖六十，黜爲民。

4 戊申，諳達犯宣府滴水崖，官兵敗績，遂南掠隆慶、永寧等處。原任總兵劉漢力戰却之，遂西行。攻張家堡，不克，會大雨，乃遁。出入凡七日。

5 二月，癸酉，諳達犯遼陽，副總兵楊照引兵擊敗之。復寇長安堡，照設伏繞出其前，斬首七十五級，獲馬五十四。

6 乙亥，福建興化倭結寨于峙頭，【考異】峙頭，實録「峙」作「埼」，今據明史地理志。其地在興化之東。與都指揮歐陽深相拒，久之不出。深偵其兵少，輕之，直前挑戰，伏發，深與晋江武生薛天中、泉州衛舍人周岳鎮俱死之，所部數百人皆戰没。賊乘勝陷平海衛，踞之。【考異】此據實録增。蓋陷平海衛在是月，明史因陷興化牽連記之。其薛大中、周岳鎮同時陣亡，見四十三年請卹奏中，並增入。

7 丙子，免湖廣被災税糧，仍敕有司振之。

8 丁丑，命提督兩廣都御史張臯總督廣、閩軍務。時巡按、御史李邦珍，劾「巡撫福建游震得，興化之敗，一籌莫展，宜簡命大臣有濟變才者，假以重權。」遂有是命。復擢參政譚綸兼僉都御史，巡撫福建。

9 三月，改禮部尚書嚴訥于吏部，時郭朴以憂去也。以吏部侍郎兼翰林院學士李春芳爲禮部尚書。

10 初，雲南武定府土官知府鳳詔死，無嗣，母瞿氏襲，請于朝，以流官印屬之。瞿氏老，舉鳳詔妻索林自代。比索林襲，遂失事姑禮，瞿氏大恚。乃收異姓兒繼祖入鳳氏宗，挾其甥壻貴州水西土舍安國亨、四川建昌土官鳳氏兵力，欲廢索林，以繼祖嗣，不克；乃具疏自稱爲索林囚禁，令繼祖詣闕告之。繼祖歸，詐稱受朝命襲職，驅目兵逼奪府印。索林抱印奔會城，撫、按官諭解之。索林歸武定，視事如故，而復聽繼祖留瞿氏所，于是婦姑嫌隙益甚。

索林謀誅繼祖，事洩，繼祖遂大發兵圍府，行劫和曲、禄勸等州縣，殺傷調至土官王心一等兵。索林復抱印走雲南，巡撫曹忭，下令收印，逮其左右鄭竑繫獄，令瞿氏暫理府事，貸繼祖，責其自新。巡按御史孫用，謂「繼祖發兵圍府，罪逆顯著，若置而不問，諸夷效尤，恐遐荒自此多事矣。」詔「守臣悉心議處，以靖地方。」

11 夏，四月，庚申，福建新倭自長樂登岸，流劫福清等處，總兵官劉顯、俞大猷合兵邀擊于遮浪，殲之。

時平海倭引舟出海，把總許朝光以輕舟抄之。賊敗，乃盡焚其舟，還屯平海衛。

12 丁卯，副總兵戚繼光統浙兵至，與劉顯、俞大猷合攻平海衛之賊。巡撫譚綸，令繼光將中軍，顯左，大猷右。繼光率中軍先登，左右軍繼之，遂大破倭，復興化，斬級二千二百，還被掠男婦三千餘人。

自倭起以來二十餘載，攻破城邑，殺傷官吏軍民，不可勝紀，轉漕增餉，海内騷然，至是始大創而去。浙、閩以次漸平。

13 己巳，太白晝見，凡四日。

14 五月，辛巳，給事中陳瓚疏陳黜遺奸、求遺賢二事，上以其襲淩儒故智，亦命逮至，廷杖六十，黜爲民。

15 六月，庚戌，巡按御史李邦珍上福建勦平舊倭功罪，言：「橫嶼之賊，于去年七月，總督胡宗憲檄參將戚繼光統浙兵七千餘人，令軍中人持稾一束，填河而進，遂大破賊巢，斬首二千六百餘級，遂乘勝勦福清、牛田之賊，追至興化。功最多，宜從重賞。宗憲雖去任，亦宜優録。」兵部議從之。

16 倭之陷興化也，自通判奚世亮外，知縣周尚友，縣丞葉德良、徐九經，訓導盧學顔，同時遇害。又齊天祥、倪禄之死，同時陣亡者，指揮張光祚，千户魯思亮、邵于藩、張珊。至是李邦珍以聞，皆請賜贈卹，從之。

17 秋，七月，甲申，上諭閣臣徐階等以今日外官貪肆虧國病民狀，階以示吏部尚書嚴訥。訥因言：「近日藩、臬有司，不能體皇上爲國爲民之心，或贓罰（紙）〔抵〕贖之隱匿，或折乾常例之濫收，或羨餘火耗之侵漁，或里甲夫馬之索取，或科派勸借之橫加，或壽儀節禮之概受，或廣市土産以結歡于勢要，或極腆供億以善事乎上官。淫刑以逞，飾詐以欺；潛賄以杜法，假公以濟私。有臣如此，國安得不虧，民安得不病！陛下洞見弊源，明祖宗法度，而命臣等以力行，敢不奉詔。惟是人不易知，知人不易。萬一有力者行其苞苴，有挾者憑于城社，有智者巧設機械，善于彌縫，如此則大奸反得漏網，而悃愊孤寒之輩乃輒及之。明有國典，幽有天道，不可欺也。仍乞陛下親降德音，申諭撫、按，實力奉行，從公劾奏，庶無負保國爲民至意。」

上是之，「下撫、按官如議行。其撫、按官劾奏有不當者，該部院即行參治。」

18 壬辰，巡撫福建都御史譚綸上四月平倭之捷，以戚繼光爲首功，顯、大猷次之。詔告謝郊廟，大行敘賚。繼光受上賞，進都督同知，世廕千户。

19 八月，乙亥，北寇諳達等聚衆遼東、廣寧塞外，陞任總兵官楊照督兵由鎮夷堡出塞，分道掩擊。照夜行失道，離塞六十里遇伏，中流矢死。游擊線補衮等馳至，力戰，斬首二百餘級。寇引去，乃奪照尸還。亡失官軍五十餘人。

20 九月，辛巳，復令崇文門宣課司商税收錢。

初，户部請于雲南即山鼓鑄，乃敕巡撫以鹽課銀三萬兩爲工本。越數年，巡撫王昺，巡按王諍，俱以費多人少請罷鑄，部臣復用主事范燧議，每錢七文當銀一分。于是宣課司收税及官俸仍用銀，而民間所蓄舊錢益壅滯不行，錢法遂壞。至是給事中孫枝，請罷前令而復收錢之舊，部議從之，乃有是命。

21 己丑，山東巡按御史黄襄請贈恤楊照死事，上以其奮勇捐軀，優贈少保、左都督，蔭一子指揮同知，世襲，仍賜謚、立祠，祭葬如例。

照起家偏校，以敢戰知名。撫士卒有恩，人咸樂爲之用。初以罪廢家居，屬嚴嵩柄政，凡邊將無不由債帥進者，照自分永棄。會世蕃敗，朝議以人望用之，由是感激，誓以死報。起廢數月間，三戰三捷，竟隕于陣。

22 是月，總督閩廣都御史張臬罷。

時和平賊李文彪作亂，臬以其地險，難用兵，倡議撫之。給事中陳懋觀劾其縱寇殃民，部議亦以臬非軍旅才，乃薦總理河道僉都御史吴桂芳代之。

又以「閩、廣道遠，不便兼轄，請罷總督，止以提督兼巡撫」，從之。

23 冬，十月，辛亥，擢戚繼光爲福建總兵官，鎮守全閩，徙俞大猷仍鎮南贛，從福建巡撫譚綸議也。

尋改南直隸狼山副總兵爲鎮守總兵官，兼轄江南、江北，以署都督僉事劉顯爲之，從浙江巡撫趙炳然議也。

24 癸丑，西域烏斯藏、闡化等王遣使入貢請封，禮官循故事遣番僧二十二人爲正副使，以序班朱廷對監之。至中途騷擾，不受廷對約束，廷對還，白其狀。禮官請「自後封番王，即以誥敕付使者齎還，或下守臣擇近邊僧人賚給。自此不遣京寺番僧，著爲令。」【考異】據明史西域傳，事在四十三年，今據實録改。

25 丁巳，吏科給事中趙灼等，奉旨糾劾貪肆藩、臬、山西參政耿隨朝等凡十餘人，詔逮問黜謫有差。

26 丁卯，錫林阿、巴圖爾入寇。

初，寇數犯遼東塞，薊遼總督楊選以三衛實導之，因囚縶三衛長托干，舊作通罕。令其諸子更迭爲質。——托干者，錫林阿妻父也。——冀以牽制北寇，于是錫林阿、三衛皆怨。至是錫林阿、巴圖爾等擁衆窺薊州，聲言犯遼陽。選率師東，本兵楊博檄止之，三往不從。博拊几曰：「敗矣！」方議徵兵入援，而寇已自牆子嶺、磨刀峪潰牆而入。

戊辰，大掠順義、三河，京師戒嚴。詔宣大總兵官馬芳、姜應熊、劉漢等調兵入援，以總督尚書江東統之。又敕文武大臣分守皇城、京城諸門，而令鎮遠侯顧寰集京營兵分布城内外。

時寇已抵通州。上嘆曰：「庚戌事又見矣！」亟命總兵官胡鎮、孫臏及游擊趙溱等赴通州迎敵，臏及溱皆力戰死。

寇駐內地凡八日。乙亥，大同總兵姜應熊禦之于密雲，敗之，斬首三十餘級。寇自三河漸引而北，京師稍解嚴。

會御史黃洋劾牆子嶺失事狀，上大怒，立命錦衣衛逮繫楊選及大同巡撫徐紳並牆子嶺提調指揮楊瀛等入京鞫治。

27 是月，熒惑自辛亥起胃宿，至甲戌，逆行抵婁宿之次。

28 十一月，丁丑，論退敵功，自總督江東、總兵胡鎮以下陞賞有差。

東自居庸入援，上獎諭，使督內外諸鎮兵馬。

會姜應熊擊寇退，寇復東躪順義、三河，飽掠去，東等壁順義不敢追。寇以精騎殿後北行，諸將悉望塵尾之，疾徐以敵爲節。會敵疲失道，衆亂，諸將無敢發一矢者，敵去，乃稍稍取零騎及失道之羸殘以報首功。上怏怏，諭楊博曰：「寇復飽颺，何以懲後！」是役也，上雖厚賞東、鎮等而本兵不及，由是始怒博。

29 壬午，以寇退，祭告郊廟。

30 甲申，以火星逆行，敕群臣修省五日。

31 兵科給事中邱橓條陳邊臣善後事宜，並劾楊選啓釁狀。上大怒曰：「橓等既有所見，曷不先言！」乃下橓錦衣獄，杖六十，黜爲民。

32 己亥，命瘞暴骸。

33 壬寅，冬至，祀天于圜丘，朱希忠攝行。

34 甲辰，楊選、徐紳等至京師，下錦衣衛拷訊，具服，命法司議罪。尚書黃光昇援引奸細入境泄軍情律論斬，詔即會官梟選于市，妻子流二千里，紳繫獄待決。

初，寇入内地，上方祠醮，尚書楊博不敢奏，謀之内閣徐階，檄馬芳等自宣府入援。會上見城東火光，知寇已逼，大驚，諭階議退敵計。而芳已先至，階請亟賞之，令專護京師。及寇退，上怒博不早聞，欲與選同論罪，階力爲救解，乃得免。

35 十二月，乙巳，工部尚書雷禮奏：「京師永定等七門，當添築甕城；東西便門接都城止丈餘，又垛口卑隘，壕池淺狹，悉宜崇甃深濬」，上諭禮亟行之。

36 己酉，禁止通海遼船。

初，遼東饑，暫許通登萊糴穀，已而遼商利之，私載貨物往來山東。守臣以海禁漸弛，恐有後患，疏請禁止海運，從之。

37 乙卯，以冬深雪少，上親祈于禁中，並敕群臣修省。

38 壬申，寇犯沙河，官軍敗之。【考異】明史本紀不具，史稿系之是月壬申。證之實録，劉燾奏報在明年二月。原奏稱「十二月二十八日」，即壬申也。寇係速卜亥，三編無譯。

四十三年（甲子、一五六四）

1 春，正月，乙亥朔，不御殿。

2 丁丑夜，大風。次日，又風。諭兵部尚書楊博謹邊防。

3 壬辰，土默特糾衆寇遼東一片石、黄土嶺等處，參將白文智守邊牆，寇攻不克。已而總兵胡鎮至，禦却之。【考異】明史本紀，「是月壬辰」，與實録合。史稿系之壬午，蓋「辰」字之誤也。

4 二月，乙巳，免順天三河等縣被寇稅糧。

5 己酉，伊王典楧有罪。

典楧者，太祖第十五子伊厲王之玄孫也。性貪而狡，多持官吏短長，不如指必搆之去，既去，復折辱之。御史行部過者，楧要笞之，縉紳往來，率紆途取他境；經郭外者，府中人輒追挽其車，詈其不朝，入朝者復辱以非禮。府牆壞，請更築，乃奪取民舍以廣其宮。郎中陳大壯，與邸鄰，索其居不與，使數十人從大壯卧起，奪其飲食，竟餓死。所爲宮，崇臺連城擬帝闕。有錦衣官校之陝者，經洛陽，典楧忽召官屬迎詔，鼓吹擁錦衣，人捧一黄卷入宮。衆請開讀，曰：「密詔也。」遂趣錦衣去。錦衣謂「王厚待之，不知所以。」其夜，大張樂至曙，府中皆呼千歲，詐謂「天子特親我也」。閉河南府城，大選民間子女七百餘人，留其姝麗者九十人，不中選者令以金贖。

都御史張永明等上言狀，再遣使往勘，革祿三之二，令壞所僭造宮城，歸民間女，執群小付有司。典楧不奉詔，部牒促之。布政使持牒入見，楧曰：「牒何爲者？可用障牖耳。」撫、按官以聞，詔禮部會三法司議，僉謂「典楧淫暴，無藩臣禮，宜禁錮高牆，削除世封」，從之。

6 丁巳，韓王府宗室一百四十餘人，越關至陝西會城索逋祿。是時宗室繁衍，歲祿增至十二萬五千有奇，歲給不及其半，節年積逋至六十餘萬。至是諸宗室擁衆環巡撫陳其學第，鼓譟詬詈，其學爲不啓門者數日。檄布政司先後搜括各項，給銀七萬八千兩有奇，諸宗室猶不肯去。其學與巡按、御史鮑承廕以狀聞，詔切責韓王融燧，廢宗室融燸等爲庶人。

7 戊午，福建興化倭餘黨，復糾新倭萬餘，圍攻仙遊縣三日，總兵官戚繼光擊敗之城下，又追敗之王倉坪，斬首數百級。餘黨復分據漳浦蔡丕嶺，繼光分五哨，身持短兵緣崖上，俘斬數百人，餘賊遂掠漁舟出海去。福建倭平。

8 是月，更定鎮守江南分守信地。以江南屬之劉顯，專駐吴淞江；江北屬之副總兵王應麟，專駐狼山；俱給關防。

9 閏月，丁丑，命吏部尚書嚴訥、禮部尚書李春芳、吏部侍郎董份皆兼翰林院學士，直西苑，如勳臣、輔臣例。

10 戊寅，免江西南昌、瑞州、九江三府被災稅糧。

11 己卯，寇犯遼東，指揮王維屏等禦却之。

12 丙申，福建汀、漳盜攻漳平，知縣魏文瑞死之。盜遂陷漳平，據其城。

13 三月，己未，廣東官軍擊潮州倭賊，破之。

初，歸善縣盜伍端、温七作亂，敗參將謝敕。未幾，俞大猷改鎮潮州，七被禽，與端首軍門，求殺倭自效，大猷乃與總兵吴繼爵受其降。會巡撫吴桂芳至，使爲前驅討倭，官軍繼之。圍倭于鄒塘，四面舉火，一日夜連克三巢，焚斬四百餘人。

上以廣東連年征剿無功，聞捷，大喜，賜桂芳、繼爵等銀幣。

14 辛酉，熱審法司繫囚，宥死罪矜疑者二十一人戍邊。

前給事中沈束，以請卹總兵周尚文得罪，長繫獄中，自司業趙貞吉以請寬束得罪，束下獄在二十八年，貞吉請宥束在二十九年，俱見前。自是無敢言者。束繫久，衣食屢絶，惟日讀周易爲疏解。後同邑沈鍊劾嵩，嵩疑與束同族爲報復，令獄吏械其手足，徐階勸，得免。

迨嵩去位，束在獄十六年矣。妻張氏上書言：「臣夫家有老親，年八十有九，衰病侵尋，朝不計夕。往臣因束無子，爲置妾潘氏，比至京師，束已繫獄。潘矢志不他適，乃相與寄居旅舍，紡績以供夫衣食，歲月積深，悽楚萬狀。欲歸奉舅，則夫之饘粥無資；欲留養夫，則舅又旦暮待盡；輾轉思維，進退無策。臣願代夫繫獄，令夫得送父終年，仍還赴繫，實陛下莫大之德也。」法司亦爲請，上終不許。

15 夏，四月，乙亥，免畿内被災税糧。

16 戊子，福建巡撫譚綸，以寇平請終喪，許之。

17 五月，壬寅朔，日有食之。

18 廣東進珠二千兩，少之，命户部别選大者。

19 甲寅，太白晝見。

20 乙卯，上夜坐庭中，獲一桃于御幄後，左右言自空中下，上喜曰：「天賜也！」詔修迎恩醮五日。明日，復獲一桃，是夜，白兔生二子，上益喜，謝玄告廟。未幾，白鹿亦生二子，廷臣表賀。上以奇祥三錫，天眷非常，手詔褒答。

是時嚴嵩既罷，藍道行亦被譴，宮中數見妖孼，上春秋高，恒邑邑不樂，中官因設詐以娱之。

21 丁巳，太白復晝見。

22 六月，辛未，南京吏科給事中楊銓等條奏考課四事：

一覈考注，言「有一人之身而舉刺互異，當視其所舉刺之人，舉者賢必非比周，刺者賢必非詿誤。因是以折衷衆論，參驗是非，則臧否可弗眩也。」

一嚴面詰，「大計時，堂例得面質賢否，然咨諏不詳，則虛詞易售。宜旁舉一二事以問，令不暇經思以對，則欺僞無所容而情實立見矣。」

一察庶官，「自府佐而下，考語含糊，率無甄別，概以俸深者爲年老，新任者爲稱職，非辨論官材之道也。宜加意綜覈，分别良庸，才者毋以久任而棄捐，不肖者毋以初任而姑息。」

一減黜額，「考察之典，期于黜退奸貪而已，不在數之多寡也。比者競爲刻核，所黜汰務倍于往者，非愛惜人才之意。宜稍從寬，惟其人不惟其數。」

時南京廣西道御史俞咨益等，亦請「辨人品以定去取，酌地方以敘殿最，黜墨吏以儆貪殘，申禁例以杜科擾。」下部議，以其言簡要，請從之。

23 辛卯，總兵俞大猷大破倭于惠州之海豐縣。

初，倭自福建流入廣東，會兩廣、南贛所調土、漢兵大集，乘其初至，敗之。倭悉奔崎沙、甲子諸澳，奪漁舟入海，舟多没于風，脱者二千餘人，還保海豐金錫都。大猷圍之兩月，賊食盡欲走，副將湯克寬設伏邀之，手斬其梟將三人。參將王詔等繼至，賊遂大潰，禽斬千二百餘人。

初，潮州大盜吴平，與倭相犄角，時諸峒自伍端、温七外，有藍松三、葉丹樓之輩皆附之，日掠惠、潮間。大猷既平海豐之倭，乃移師潮州，以次降松三、丹樓，遂使招降吴平，居之梅嶺。

24 秋，七月，丙午，南贛官軍討程鄉等處之賊，敗之。

時廣東大埔盜藍松山、余大春等，聚衆千百，流劫福建漳、延、興、泉諸府，爲官軍所敗，奔至永春，與山賊蘇阿普、范繼祖等連兵，出没漳平、龍巖等處，聲言聽撫以緩我師。至是南贛巡撫吴百朋知其詐，乃撤各道，罷兵納降，伺其懈，率官軍四面擊之，賊黨大潰。松山爲程鄉知縣顧若愚所禽，大春逃匿銀溪山，爲饒平知縣張孔修、縣丞章良辰所禽，繼祖勢窮，自縛請降，亦被執，惟蘇阿普逸去。

事聞，賞百朋等銀幣，令嚴捕蘇阿普以靖地方。

25 己未，順天府尹劉畿言：「提編之弊，踰于正額。臣閲本府所屬州縣夏秋兩税額，折銀不過十萬九千有奇，而額外加編乃至十一萬二千六百兩有奇。密邇輦轂之下，採辦加派之不常，添設勸借之無已，是以宛、大二縣，有全里逃亡無一丁者，有餘一二三户者。今當編均徭之期，宜令各州縣官先將境内丁田覈其原額而正其欺隱，差役究其因革而裁其冗濫。然後按丁糧之等第，爲賦役之重輕，務使差徭平一，不得額外濫編。」

疏入，部議「請下有司查覈以聞」。

26 八月，丙子，以萬壽節，加恩直贊諸臣，自内閣徐階、袁煒外，尚書嚴訥、李春芳，皆晋太子太保。

27 是月，天下臣民進仙桃瑞芝爲上建醮祝釐者甚衆，俱賞賚有差。

28 九月，辛酉，以兩廣兵荒，詔「留嘉靖四十年至四十二年原派蘇州軍餉銀共十八萬兩，留本省備用。」

29 是月，贈故秀州巡檢黄尚正。

初，嘉靖四十年六月，流賊犯龍泉，尚正引兵禦之，殺賊一人，奪馬一匹，追奔十里。爲賊所執，潛遣其養子黄進還，約官軍爲内應，不至。尚正密入賊帳，斬其渠三人，衆驚亂，縛尚正，支解之。進聞變，入營號哭，亦遇害。至是守臣以聞，並賜贈卹。

30 冬，十月，戊子，太白晝見，凡二十二日。

31 己丑，詔：「自今兩京鄉試同考官，仍擇年力精壯文行俱優之教職充之。」

初，上用張璁議，各省主試多遣京官，而兩京房考亦各加科、部官一員。至是給事中辛自修、御史羅元禎等，交摘去年順天科場奸弊，語侵科、部。禮部議，「分考官就近選用，人得預擬，浮議獨多，請仍循舊例，選用各省教職」，從之。自是各省主考亦罷京官不遣。【考異】語見明史選舉志。據實録，言官所摘發，謂「冒籍，生員章禮等五人；關節，監生項元深等三人；元深乃禮部主事戚元佐之親。」又言「户部尚書高燿薦屬官主事陳洙爲考官，託其子高堂，得中式。而外簾通關節，爲宛平縣丞高燦，乃燿之親弟也。詔獨黜冒籍中式者，而燿及元深等俱不坐。」志皆不載，附識于此。

32 是月，北寇犯陜西，大掠板橋、響閘兒諸處。【考異】明史本紀不具。史稿系之是月，據實録明年二月奏報。原奏稱十月、十二月皆入寇，蓋一寇陜西，一寇山西也。明史載諳達犯山西于十二月，史稿言十二月兩犯山西，今分書之。深入五百餘里，虜掠二十餘日始退。

33 十一月，辛丑，南京御史林潤，劾嚴世蕃及其黨羅龍文諸不軌狀。

初，世蕃戍雷州，未至而歸。嵩既罷，歸至南昌，值萬壽節，使道士藍田玉爲上建醮鐵柱宫。田玉善召鶴，嵩取其符録並己祈鶴文上之；因乞移世蕃近地以便就養，上不許，而世蕃遽返。龍文一詣戍所，即逃還徽州，數往來江西，與世蕃計事。世蕃大治園亭，勢焰不少衰，其監工奴見袁州推官郭諫臣，不爲起。

會潤按視江防，因與諫臣謀，馳疏盡發其罪，言：「臣巡視上江，備訪江洋群盜悉竄入逃軍羅龍文、嚴世蕃家。龍文卜築深山，乘軒衣蟒，陰有不臣之心。而世蕃日夜與龍文誹謗時政，搖惑人心，近假名治第，招集勇士至四千餘人，道路洶洶，咸謂變且不測。乞早正典刑以絶禍本。」

上得疏大怒，即詔潤逮捕至京師，下法司治罪。

34 丁未，冬至，祀天于圜丘，朱希忠攝行。

35 乙卯，以錢法日壞，私鑄盛行，詔「内外諸司嚴加訪治。寶源局所鑄制錢，各色匠役人等侵減工料，以致輕小濫惡，不堪行使，令部臣訪送法司從重治罪。」

于是工部悉發作工、爐頭及監鑄官凡二十餘人，執送刑部，拷訊歷年侵盜及冒破工食之數，並監造副使段相等受賄故縱狀，黜革有差。尋裁革寶源局副使一員，吏一名。

36 十二月，壬申，給事中張岳陳時宜六事：「一議禄糧以安宗室；二辨誠僞以端士習；三公輿論以蓄真材；四遏姦宄以作士氣；五覈部差以肅官守；六止開納以議兵餉。」

時楊博在本兵，岳所言多譏切博，且言：「今各部吏治稍清，惟兵部不思振刷，各司條例，雜亂無章，胥吏朋奸，搏噬武弁，其咎必有所歸。」疏入，博奏辨，且請罷黜，上慰留之。

已而給事中曹棟因論科場事，末言：「大臣體國，言官論事，當如和羹相濟，不嫌異同。言官之無忌，益見大臣之有容；大臣之休休，乃有言官之諤諤。今小臣盡忠言事，而大臣爲之悻悻不平，恐非盛世所宜有。」語蓋侵博也。

37 丁丑，上以户部所進金色不純，疑傾銷鋪户及裝匣者有奸，下詔窮治。尚書高燿皇恐謝罪，因請更進足色以贖前誤，上意稍解。

38 庚辰，上親祈雪于洪應壇。

39 甲申，給事中王霆，劾「應天巡撫周如斗科取罰贖及縱弟受屬官賄」，事下吏部，覆言：「如斗昔按蘇松，名稱藉甚。今偶罹訾議，非其志節殊也。蓋昔當躅賦之時，今有督糧之責，安靜則頌聲易興，嚴急則怨讟交作，所處之勢使然耳。況科罰交賄，皆風聞無實證，不當議罷斥。」乃令如斗視事如故。

40 江西安遠知縣王化，禽廣賊梁國相等于石子嶺；廣東饒平知縣管惟乾，禽程鄉賊黨邱萬里等于九峻山。

國相本程鄉劇賊梁寧之子，寧敗見四十一年十月。寧敗，國相請降，至是復叛，與其黨葛鼎榮等分犯江、閩二省。化先期未發，寄妻子于會昌縣，身自率鄉兵擊之。賊連敗，乃縱反間于會昌城中，言「化已戰没」，其妻計氏自刎。賊退，撫臣並上其事，詔旌其門曰「貞烈」，建祠祀之。

41 丁酉，南韶山賊馬五作亂，流劫乳源、江灣等處，守備賀鐸、指揮蔡允元督兵迎戰，敗績，爲所執，罵賊不屈而死。巡撫吴桂芳以聞，詔贈卹，立祠祀之。

42 是月，北寇復犯山西，游擊梁平、守備祁謀死之。【考異】明史本紀，諳達犯山西在是月。據實録，梁平、祁謀死事奏報在明年三月。原奏稱「山西虜初以十月入寇，再以十二月中入寇」，與史稿兩寇山西合。今但以北寇書之。

四十四年（乙丑、一五六五）

1 春，正月，己亥朔，不御殿。

2 丁未，景王載圳薨，無子，國除。王薨後，大學士徐階奏奪景府所占陂田數萬頃還之民，楚人大悦。

3 辛亥，上不豫，百官奉表起居。二月，丙子，有瘳。

4 丁丑，復湖廣衡州、江西吉安仍行廣鹽。

初，湖廣、江西全省俱行淮鹽，後因兩廣用兵，都御史葉盛等，建議設立鹽廠，廣西則于梧州許行湖廣衡、永二府，廣東則于潮州許行江西南、贛二府，嗣復增袁、吉、臨三府。未幾，袁、臨旋罷，惟南贛、吉、衡、永五府行廣鹽久之。及鄢懋卿始議改衡州，御史朱炳如復議改吉安俱行淮鹽，民以爲不便。至是總督兩廣吴桂芳，南贛巡撫吴百朋，皆謂「國課頓減，無以充餉，請各行廣鹽如故」，户部覆議，從之。

5 庚辰，禮部集廷臣議處王府事宜凡六十七條，上之，詔爲書頒行，賜名宗藩條例。

初，御史林潤，疏言宗藩積弊，請亟議善處之策，得旨允行。會周府南陵王睦楧條陳七事：「一立宗學以崇德教；一設選科以省禄費；一嚴保勘以杜冒濫；一革冗職以除素餐；一戒奔競以息貪饕；一准拜掃以廣孝思；一立憂制以省禄費。」禮部請「並下其疏于各王府，令雜議以上，聽部臣會官定擬請裁。」至是議定，俱入條例行之。

6 三月，戊申，吏部尚書嚴訥，因考察言：「非常之士，朝廷不宜以常品待之。故國初有以典史而推都御史如馮堅，以直廳而歷布政司如王興宗，請略仿此意，于雜流冗職中超擢一二以裨盛治。」從之。

已而陞廣東同知王化爲廣東按察司僉事，鳳陽同知江東爲陝西按察司僉事，嚴州通判邵元善爲四川按察司僉事。其他經歷、縣丞之等，多不次超擢，均由舉貢、吏員以治行卓異得之，皆特例也。

7 丁巳，賜范應期等進士及第、出身有差。

8 己未，袁煒以疾篤請致仕，令馳驛歸，道卒。

煒以青詞得上眷，中外獻瑞，輒極詞頌美，以故上急枋用之。煒貴倨鮮腆，故出徐階門，及入閣，輒盛氣淩階。館閣士出其門下者，斥辱尤不堪，人咸畏而惡之。

9 辛酉，嚴世蕃、羅龍文逮至京師，伏誅。

初，上命林潤捕械世蕃，會世蕃子紹庭官錦衣衛，聞之，亟報世蕃，使詣戍所。方二日，潤已馳至，世蕃猝不及赴，乃械以行。龍文亦捕得于梧州。

既至，潤因復上書數嵩及世蕃罪，略曰：「世蕃罪惡，積非一日。任彭孔爲主謀，羅龍文爲羽翼，惡子嚴鵠、嚴珍爲爪牙。占會城廒倉，吞宗藩府第，奪平民房舍；又改鼇祝之宮以爲家祠，鑿穿城之池以象西海。直欄横檻，峻宇雕牆，巍然朝堂之規模也。袁城之中，列爲五府：南府居鵠，西府居鴻，東府居紹慶，中府居紹庠，而嵩與世（著）〔蕃〕則居相府，招四方之亡命，爲護衛之壯丁，森然分封之儀度也。總天下之貨寶盡入其家，世蕃已踰天府，諸子各冠東南；雖豪僕嚴年、謀客彭孔，家資亦稱億萬。民窮盜起，職此之由。甚者畜養廝徒，招納叛卒數十百人，明稱官、舍，出没江、廣，劫掠士民。其家人壽二、銀一等，陰養刺客，昏夜殺人，奪人子女金錢，半歲之間，事發者二十有七。而且包藏禍心，陰結典楧，在朝則爲寧賢，居鄉則爲宸濠。以一人之身而總群奸之惡，雖赤其族，猶有餘辜。嚴嵩不顧子未赴伍，朦朧請移近衛，既奉明旨，居然藏匿，以國法爲不足遵，以公議爲不足恤。世蕃稔惡，有司受詞數千，盡送父嵩，嵩閲其詞而處分之，尚可諉于不知乎？既知之，又縱之，又曲庇之，此臣謂嵩不能無罪也。」疏入，上怒，詔下法司訊狀。

先是潤與郭諫臣發世蕃罪，並及冤殺楊繼盛、沈鍊狀。世蕃聞之，抵掌曰：「任他燎原火，自有倒海水！」已而聚黨竊議，謂「『賄』字自不可掩，然非上所深惡。惟聚衆通倭之説，得諷言官使削去，而故填楊、沈下獄爲詞，則上必激而怒，上怒，乃可脱也。」謀既定，乃令其黨揚言之。

刑部尚書黄光昇等亦以爲然，如其言，具稿詣徐階議之。階固已豫知，姑問：「稿安在？」吏出懷中以進，閲畢，曰：「法家斷案良佳。」延入内，屏左右語曰：「諸君子謂嚴公子當死乎？生乎？」曰：「死不足贖。」曰：「然則此案將殺之乎？生之乎？」口：「用楊、沈，正欲抵死。」徐階曰：「別自有説。楊、沈事誠犯天下公惡，然楊以計中上所諱取特旨，沈暗入招中取泛旨，上豈肯自引爲過！一入覽，疑法司借嚴氏歸過于上，必震怒；在事者皆不免，嚴公子騎款段出都門矣。」衆愕然，請更議。曰：「稍遲，事且洩，從中敗事者必多，事且變。今當以原疏爲主，而闡發聚衆本謀。」乃出一稿于袖中，獨案「羅龍文與汪直交通，賄世蕃求官，世蕃用日者言，以南昌會地有王氣，取以治第，制擬王者；又結宗人典楧，陰伺非常，多聚亡命，南通倭，北通虜，共相響應。」即呼寫本吏入，扃户令疾書，用印封識。

而世蕃不知也，竊自喜計行，謂龍文曰：「諸人欲以爾我償楊、沈命，奈何？」龍文不應，執其手耳語曰：「且暢飲，不十日，釋縲絏善歸。上因此念吾父，別有恩命未可知。雖然，先取徐階首，當無今日，吾父養惡，故至此。今且歸，用前計未晚。誰謂阿儂智者！」龍文喜，問故，曰：「第俟之。」

已而階改疏上，上覽疏，命法司鞫訊具實以聞。階因速具疏，言「事已勘實，具有顯證，請亟正典刑。」上從之，命斬世蕃、龍文于市。

二人聞，相抱哭。家人請寫遺書謝其父，不能成一字。都人聞之大快，各相約持酒至西市看行刑。

籍其家，黃金可三萬餘兩，白金三百餘萬兩，他珍寶服玩所值又數百萬。嵩及諸孫皆爲民。後二年，嵩老病，寄食墓舍以死。【考異】嚴世蕃伏誅之本末，悉具明史嵩傳，三編亦據書之。實録所載，則不涉徐階一字，但言「獄詞奏上，上曰：『此逆情非常。爾等皆不研究，只以林潤疏説一過，何以示天下後世！』于是刑部黃光昇等勘實其交通倭奴，潛謀叛，遂請亟正典刑」云云。此可以見徐階之作用矣。原奏及奉旨本末，俱具光昇所撰昭代典則中，附識于後。○「御史林潤，奉旨先獲羅龍文，繼獲嚴世蕃，並將世蕃陰受伊藩典楧賂金十餘萬兩，計殺倒贓樂工三十餘人，及窩藏强盜、陰養刺客諸不法狀奏聞，俱下刑部。會都察院、大理寺、錦衣衛依法從公究問來説，『該尚書黃光昇，會同都察院左都御史張永明、大理寺卿張守直、掌錦衣衛事左都督朱希孝，參看得嚴世蕃素性兇殘，忍心悖逆。敢昧天地神明，不畏朝廷法度。自其括賄于九邊，則自督撫、總、副以至參、游，歲有問候、買命之餽，皆科剋于軍士，而邊計因以久壞。自其網利于各省，則自撫、按、三司以至衛、府、州、縣，歲有賀謝、免禍之獻，皆誅求于軍民，而民財由以久竭。狼貪而不顧國家，雖叛賊如汪直亦納其賂，異志如典楧亦贖其貨，寧畏知情故縱之律？虎據而竊弄威福，至擅擬某人選某官，價自九百以至二百，某人陞某官，禮自三千以至一千，奚恤專擅選官之條？罪積多端，惡長不悛。乃敢與羅龍文因謫戍而怨恨，妄非上而不知罪己；肆狂悖以詛詈，輒毁君而益著逆節。又朋姦于彭孔，忍爲外國富貴之謀；復陰通于牛信，敢爲賣貨交虜之計。一則聚數千于私家，而妖術刺客之兼有，明犯有將之誅；一則聚數百以自衛，而江洋寇盜之潛結，實藏不軌之圖。嚴世蕃、羅龍文，俱比依罵父者律，嚴世蕃仍量追贓銀貳百萬兩，羅龍文貳拾萬兩，爲户部助邊之用。查得大明律内開，『凡犯罪被極刑之家，同居親屬人等，並不得入充内侍。』今嚴世蕃犯該悖逆處斬，則其子皆屬逆流，合行吏、兵二部，通將嚴世蕃諸男見在兩京文武職官者，盡行查革爲民，發回原籍，不許在官潛住爲奸。嚴嵩原係内閣輔臣，未奉明旨參究，理合恭聽聖斷。」奏奉聖旨：「這逆情，你每既會問的確，嚴世蕃、羅龍文即便會官決了。盜用官銀財貨家産，著各該巡按御史嚴拘的親兒男，盡數追没入官送部，不許親識人等侵匿受寄，違者即便拿問。嚴嵩畏子欺君，大負恩眷，并伊孫見任文武職官的，都削籍爲民，有司拘管當差。餘黨逆邪，盡行逐治，毋致遺患。其餘俱依擬行。」

明史鄒應龍等傳贊曰：世宗非庸懦主也；嚴嵩相二十餘年，貪（惡貫盈）〔饕盈貫〕，言者踵至，斥逐罪死，甘之如飴，而不能得君心之一悟。唐德宗言「人謂盧杞奸邪，朕殊不覺」，各賢其臣，若蹈一轍，可勝嘆哉！

世蕃之誅，發于鄒應龍，成于林潤。二人之忠非過于楊繼盛，其言之切直非過于沈鍊、徐學詩等，而大憝由之授首。蓋惡積滅身，而鄒、林之彈擊適會其時歟！

10 是月，土默特犯遼東，參將線補衮禦却之。追至黄土臺，寇大至，圍之數重，補衮與游擊楊維藩，轉戰自辰至申，維藩力屈而死。補衮手殺數人，面中二矢，鏃出腦後，猶突圍還營，數日身死。事聞，補衮、維藩俱贈都督僉事，賜蔭，立祠祀之。

11 夏，四月，庚辰，吏部尚書嚴訥、禮部尚書李春芳，並兼武英殿大學士，預機務。袁煒去，徐階數請增閣臣，故有是命。

上眷侍直諸臣厚，凡遷除皆出特旨。春芳自學士至入閣凡六遷，未嘗一由廷推云。

12 壬午，諳達犯肅州，總兵官劉承業等禦之于沙窩，敗之。明日，復大至。官兵迎戰，斬首八十六級。

13 己丑，梅嶺降賊吴平叛。

平爲俞大猷招降，使居梅嶺，殺賊自效。久之，平私造戰船數百，聚衆萬餘，築三城守之，行劫惠、潮，遂及福建詔安、漳浦等處。福建總兵戚繼光督兵襲之，平移其輜重入舟，率衆遁入海保、南澳。詔「督、撫等官協力會剿，毋再以招安爲名，養寇貽患。」

14 甲午，倭犯福寧。

先是倭出入浙江温、台等境，官軍擊敗之。至是復由台山海洋入閩，攻福寧，總兵戚繼光督參將李超等，合水陸兵擊之，斬首二百餘級。乘勝追永寧賊，斬馘三百有奇。

15 是月，以吏部侍郎董份爲禮部尚書，並起復前吏部尚書郭朴。朴未至，仍命嚴訥管部事。

16 五月，甲辰，寇犯鎮武堡。辛酉，復入延綏黄甫川，攻堡四日，不克而去。

寇初至，以數騎漢服叩關，詐稱爲大同鎮奉差至者。關城啓，敵騎奄至，把總高尚鈞中流矢死。【考異】明史本紀不具。史稿一入寇于鎮武，一入寇于延綏，皆與實録月日合。惟實録載鎮武之役誤入楊維藩，而維藩之死乃在三月。遼東之役，實録所載原奏甚明，而誤入之五月，以致前後矛盾。今據原奏及明史本紀分書之，其高尚鈞之死，仍據實録增入。

17 方士胡大順、藍田玉等伏誅。

大順，故陶仲文徒也，以術敗斥去，希復進用。而田玉亦藍道行之徒，往來京師，通于内侍趙楹。至是以詔求方書，大順乃僞造萬壽金書一帙，使其黨何廷玉齎至京師，因田玉介楹以獻，言「是帙係呂祖以卟授者。」上問：「扶卟人何在？」田玉等遂詐傳僞旨，徵大順至京，更名胡以寧。及至，有發其前事者。上以問輔臣徐階，階力陳其矯誣狀。尋下刑部拷訊，皆伏法。

18 六月，甲戌，有芝生于睿宗原廟前殿之東柱，上大悅，告廟受賀，遂建玉芝宮。

19 是月，禮部尚書董份罷，給事中歐陽一敬劾之也。份故黨于嚴氏，世蕃下獄，有傳其賄份爲之營解。至是一敬劾其「縱令家僕攬商網利」，詔黜爲民。【考異】份受世蕃金二萬兩，見昭代典則，實録不載。然份罷爲民，則以黨嵩故，借賄事發之也，今據增。

踰月，以吏部侍郎掌詹事府事高拱爲禮部尚書。

20 秋，七月，癸卯，河決沛縣。

初，曹縣新集屢淤，新集地接梁靖口，歷夏邑丁家道口、馬牧集、韓家道口、司家道口至蕭縣薊門，出小浮橋，此賈魯河故道也。自河患亟，别開支河以殺水勢，而本河漸澀，遂決，趨東北段家口，析而爲六，俱由運河至徐、洪；又分一支由碭山堅城集下郭貫樓，析而爲五，亦由小浮橋會徐、洪；而新集至小浮橋故道二百五十餘里，遂淤不可復矣。

自後河忽東忽西，靡有定向，水得分瀉者數年不至壅潰，然分多勢弱，淺者僅二尺。至是沛縣河決，自飛雲橋東注昭陽湖，于是上下二百餘里運道俱淤，全河逆流。自沙河至徐州以北至曹縣棠林集而下，北分二支：南流者遶沛縣戚山楊家集入秦溝至徐；北流者遶豐縣華山東北，由三教堂出飛雲橋，又分而爲十三支，或橫絶，或逆流入漕河，至湖陵城口，散漫湖坡，達于徐州，浩渺無際，而河變極矣。

踰月，改南京刑部尚書朱衡爲工部尚書兼副都御史，總理河漕。

21 八月，丁丑，巡按江西御史成守節，上籍没嚴世蕃江西家産金銀玉玩田産之數，並受寄、借貸諸奸黨，如原任大理寺卿萬寀、副使袁應樞、通判張澤、經歷熊亥、同知趙濂等，詔「俱行巡按御史追贓究治。」所籍嵩等家財銀兩，詔「悉送太倉，以一半濟邊餉，一半充内庫取用。」

22 廣寇吴平等駕船四百餘艘，出入南澳、浯嶼間，謀再犯閩，把總朱璣、協總王豪引兵擊之海中。賊掩至，圍官軍數重，璣、豪俱戰没，平遁去。

23 壬午，諭禮部曰：「朕所常御褥及案上有藥丸各一，蓋天賜也。其舉謝典，遣告諸神。」禮官請並告太廟，從之。是日，上親奏謝于太極殿，遣官分告壇廟。

24 是月，諳達子鴻台吉，率輕騎自宣府洗馬林突入，散掠内地，把總姜汝棟以鋭卒二百伏暗莊堡，猝遇台吉，搏之。台吉墮馬，爲所部奪去，受傷，越日始蘇。

25 九月，戊戌，寇犯延綏鎮静堡，中路參將魯聰率指揮權世爵、千户李朝嵩等禦之，俱戰没。寇乃縱騎圍總兵郭江、趙岢，凡四日，會副總兵李印、參將謝朝恩等率各路兵赴援，寇乃解圍去。

26 庚申，罷工本鹽。

自工本例開，增收鹽課至三十五萬引，户部以國用方絀，藉以抵年例，不能罷也。至是巡鹽御史朱炳如言：「工本鹽不罷，不惟無益邊餉，而商竈兩困，並往時正鹽常例一切失之。蓋逋欠日多，有名無實也。」下户部議，「請自明年爲始，將工木鹽三十五萬引悉數停罷。」

27 冬，十月，乙丑，以瑞鹿奏謝元極寶殿，告于太廟，廷臣表賀。

先是交城王表栢奏進白鹿，言得之平陽府藐姑射山仙洞之側，並撰頌以獻，詔賜白金百兩，大紅金綵衮龍服三襲。

初，交城王卒，無子，絶封，表栢以孽宗，賄嚴嵩得襲爵。至是宗藩條例頒行，查革冒襲者，表栢知不免，乃以是希寵保爵云。

28 丙子，免應天高淳等縣被災税糧。

29 丙戌，逮閒住都御史胡宗憲至京師。

初，宗憲既罷，上思其功。會萬壽節，宗憲獻祕術十四，上大悦，將復用。及羅龍文誅，御史汪汝正籍其家，得宗憲手書，乃被劾時自擬旨授龍文以達世蕃者，遂有是逮。宗憲至，自陳平倭功，徒以獻瑞爲言官所嫉，且訐汝正受贓事。上終憐之，並下汝正獄。宗憲竟瘐死獄中，汝正得釋，而宗憲通書事亦罷勿勘。萬曆初，始追復宗憲官，謚襄懋。

30 十一月，己亥，以大理少卿潘季馴爲僉都御史，總理河道。

31 癸卯，大學士嚴訥致仕。

訥直西苑，所撰青詞皆稱旨，既入閣，以起郭朴未至，仍掌吏部。是時上齋居西苑，侍臣直廬，皆在苑中。訥晨出視部事，暮宿直廬，小心謹畏，遂成疾，久不愈。至是乞歸，始許之。踰年，宮車晏駕，訥遂不復出，家居二十年卒。

32 乙巳，巡按山西御史張檟言：「往者嚴嵩父子，奸惡相濟，陛下納言官鄒應龍議，悉置之法，復顯擢應龍以旌其直。而先年首發大奸諸臣如吳時來、趙錦、張翀、王宗茂輩，不蒙録用，是曲突者不賞也。」疏入，上大怒，立逮至，杖六十，斥爲民。應龍益不自安。

33 戊申，奉安獻皇帝神主于玉芝宮。

34 癸丑，冬至，祀天于圜丘，朱希忠攝行。

35 十二月，壬申，熒惑逆行入井，踰二舍，再旬乃復。

36 丙子，以冬旱，禱雪于洪應殿。

37 丁丑，以火星逆行，下詔修省。

四十五年（丙寅、一五六六）

1 春，正月，癸亥朔，不御殿。

2 福建福、興、泉三府同日地震。

3 己亥，太白晝見。

4 戊申，大風揚塵，命謹防兵、火。

5 戊午，四川官軍討妖賊蔡伯貫等，禽之。

伯貫，大足縣人，以白蓮教誑衆，黨日益盛，遂爲亂，僞號大唐。旬月之間，連破七州縣，然烏合無紀律，遇官兵輒敗，諸首惡多被禽戮。伯貫懼，還大足舊巢，官軍破巢，禽之，降其衆七百餘人。伯貫舉事凡三十六日而滅。

初，妖人李福達之獄，桂萼、張璁等反之，舉朝不直萼等，而以寅、福達姓名錯互，亦有疑之者。至是伯貫就禽，自言學妖術于山西李同，所司檄山西捕同下獄。同供爲「李午之孫，大禮之子，世習白蓮教，假稱唐裔，惑衆倡亂」，與大獄録姓名無異，同竟伏誅。

會新君踐阼，御史龐尚鵬言：「據李同之獄，福達罪益彰。而當時流毒縉紳至四十餘人，衣冠之禍，可謂慘烈。郭勛世受國恩，乃黨巨盜，陷朝紳。職樞要者承其頤指，鍛鍊周内，萬一陰蓄異謀，人人聽命，禍可勝言哉！乞追奪勛等官爵，優卹馬録諸人以作忠良之氣。」由是福達獄始明。【考異】此據明史馬録傳。三編亦書之于嘉靖六年目中,今據實録月日。

6 庚申,奪惠、潮總兵俞大猷職。

初,吴平出入南澳,大猷將水兵,戚繼光將陸軍,大破之,平僅以身免,奔據饒平鳳皇山。繼光留南澳,大猷部將湯克寬、李超等躡賊役,連戰不利,平遂掠民舟出海。閩廣巡按交章論大猷,乃褫職,命繼光以福建總兵兼管惠、潮二府討賊事。

7 二月,癸亥,户部主事海瑞,見上久不視朝,專意齋醮,督撫大吏争上符瑞,廷臣表賀,無敢言者,乃獨上疏論之。

略曰:「陛下即位初年,天資英斷,政令一新,天下欣然望治。乃未久而妄念牽之,謂遐舉可得,一意修真,竭民脂膏,濫興土木。二十餘年不視朝,法紀弛矣;數年推廣捐納事例,名器濫矣。二王不相見,人以爲薄于父子;以猜嫌誹謗戮辱臣下,人以爲薄于君臣;樂西苑而不返,人以爲薄于夫婦。吏貪官横,民不聊生,水旱無時,盜賊滋熾。陛下試思今日天下爲何如乎?

古者人君有過,賴臣工匡弼;今乃修齋建醮,相率進香,仙桃天藥,同辭表賀。建宫築室,則將作竭力經營;購香市寶,則度支差求四出。陛下誤舉之而諸臣誤順之,無一人肯爲陛下正言者,諛之甚也。

且陛下之誤多矣，其大端在于齋醮。齋醮，所以求長生也；自古聖賢垂訓，修身立命，曰順受其正矣，未聞有所謂長生之說。陛下受術于陶仲文，以師稱之，仲文則既死矣。彼不長生，而陛下何獨求之？至于仙桃天藥，怪妄尤甚。昔宋真宗得天書于乾祐山，孫奭曰：『天何言哉，豈有書也！』桃必採而後得，藥必製而後成，今無故獲此二物，是有足而行耶？曰天賜者，有手執而付之耶？此左右奸人造爲妄誕以欺陛下，〔而陛下〕誤信之以爲實然，過矣。

陛下又將謂懸刑賞以督責臣下，則分理有人，天下無不可治，而修真爲無害已乎？太甲曰：『有言逆于汝心，必求諸道；有言遜于汝志，必求諸非道。』用人而必欲其唯言莫違，此陛下之計左也。即觀嚴嵩，有一不順陛下者乎？昔爲同心，今爲戮首矣。梁材守道守官，陛下以爲逆者也，歷任有聲，官户部者至今首稱之。然諸臣寧爲嵩之順，不爲材之逆，得非有以窺陛下之微而潛爲趨避乎？即陛下亦何利于是！

陛下誠知齋醮無益，一旦翻然悔悟，日御正朝，與宰相侍從講求天下利害，洗數十年之積誤，使諸臣亦得自洗數十年阿君之恥，天下何憂不治，萬事何憂不理！此在陛下一振作間而已。釋此不爲而切切于輕舉度世，敝精勞神以求之于繫風捕影茫然不可知之域，臣見勞苦終身而無成也。」

上得疏，大怒，抵之地，顧左右曰：「趣執之，無使得遁！」宦官黄錦在側，曰：「此人素有癡名。聞其上疏時，自知觸忤當死，市一棺，訣妻子，待罪于朝，僮僕亦奔散無留者，是不遁也。」上默然。少頃，復取讀之，爲感動太息，留中者數月。嘗曰：「此人可方比干，第朕非紂耳。」

會上有疾，煩懣不樂，召徐階議内禪，因曰：「海瑞言俱是。朕今病久，安能視事！」又曰：「朕不自謹惜，致此疾困。使朕能出御便殿，豈受此人詬詈耶！」遂逮瑞下詔獄，究主使者，尋移刑部論死。獄上，階力救，奏遂留中。

8 庚午，應天巡撫周如斗言：「徽州府歙、休、婺三縣，與浙之淳安、開化、遂安，江西之德興、樂平、萬年接壤，群盜出没，不便逐捕。請于三縣適中之地創建城堡，以本府巡捕同知專駐其地，並將徽州一府改隸浙江金、衢分巡道，仍聽節制于應天撫、按官。」詔部議行之。

9 甲戌，史館諸臣纂修承天大志成，上之。

辛巳，上諭輔臣徐階曰：「朕病久未復，兹就大志成，一南視承天，拜皇考陵，取藥服氣。此原受生之地，必奏功。途用卧輦，至秋還京。」階力諫，乃止。

10 甲申，遣工科給事中何起鳴往勘河道。

初，上命朱衡總理河漕，衡馳詣決口，舊河已成陸，而故都御史盛應期所開新河，事見嘉靖七年。自南陽以南，東至夏村，又東南至留城，故址尚在。其地高，河決至昭陽湖止，不能復東，可以通運。乃定議開新河，築堤呂孟湖以防潰決。河道御史潘季馴，獨以爲「新河土淺泉涌，勞費不貲；不如濬留城故道」，議與衡不合。

而衡持益堅，引鮎魚、薛沙諸水入新渠馬家橋堤，以遏飛雲橋決口。身自督工，劾罷曹濮副使柴淶，重繩吏卒不用命者，浮議遂起。至是給事中鄭欽劾「衡虐民倖功」，遂命起鳴勘實以聞。

11 是月，浙江開化、江西德興礦賊作亂，流劫徽、寧等處，遂入婺源縣，焚燒縣治，大掠而去。

給事中嚴從簡，「請加浙江巡撫劉畿總督浙直軍務」，部議「暫設總督節制三省，俟事平罷之。」乃命畿仍以浙江巡撫總督浙、直、江西三省軍務。

12 廣東山賊李亞元等聚衆劫掠河源、和平等縣，勢甚猖獗。總督吳桂芳，南贛巡撫吳百朋，調集官兵十萬，分爲五哨。時俞大猷方奪職閒住，桂芳請留剿粵賊，令統五哨兵分道進。大猷先以計攜賊黨，散脅從者，而親督兵擣賊巢，生禽亞元，俘斬一萬四百，奪還男婦八萬餘人。捷聞，復大猷職。【考異】明史本紀，「是月，俞大猷討廣東山賊，大破之。」證之大猷本傳，即李亞元等也。實録系之八月，蓋兵部論功月日也。原奏亦稱「二月平李亞元等」，與明史傳合，今據之。

13 三月，癸巳，諳達突以千餘騎犯宣府龍門等處，總兵官馬芳等擊却之。

14 己未，以吏部尚書郭朴兼武英殿大學士，禮部尚書高拱兼文淵閣大學士，並入閣預機務。

朴、拱皆由徐階薦，而朴以供奉青詞，與袁煒、嚴訥、李春芳入直西苑，時稱「青詞宰相」云。

15 是月，給事中何起鳴勘河工自沛還，上言：「舊河之難復有五：黄河全徙，必殺上流。新集、龐家屯、趙家圈，皆上流也，以不貲之財投于河流已棄之故道，勢必不能，一也；自留城至沛，莽爲巨浸，無所施工，二也；横亘數十里，褰裳無路，十萬之衆，何所棲身？三也；挑濬則淖陷，築岸則無土，且南塞則北奔，四也；夏秋淫潦，難保不淤，五也。新河開鑿費省，且可絶後來潰决之患，宜用衡言開新河，而兼採季馴言不全棄舊河。」

疏入，部議從之。

而潘季馴持復故道之議，廷臣亦多以爲然。由是朱衡與季馴有隙。

16 夏，四月，壬戌朔，日有食之。

17 閩廣官兵追擊海寇吴平，大敗之。

初，平出海，爲官軍所敗，將奔安南，巡撫吴桂芳檄安南萬寧宣撫司發兵會勦，遣參將湯克寬、都司傅應嘉等，以舟師夾擊賊于萬橋山下。會暮，大風，我軍用火攻，焚平所乘舟，平軍大潰，赴水死者無算。閩廣奏報，或稱平已遠遁，或稱平已溺水死，然自是不復犯閩廣矣。

18 丙戌，諳達犯遼東，由西興、西平二堡入寇，備禦指揮苟麒、把總張禄禦之，至高橋，中伏死。【考異】死事之苟麒、張禄，不見明史紀傳，今據實録增。

19 是月，以吏部侍郎高儀爲禮部尚書，以高拱入閣代之也。南京兵部尚書胡松爲吏部尚書，代郭朴也。

20 五月，壬辰，寇復自遼東西平出邊，轉掠河東鹽場，清河守備郎得功扼之張能峪口，擊却之。

21 六月，癸酉，河決沛縣，壞馬家橋新築東西二堤。

初，朱衡決計開新河，時廷臣以潘季馴言，「請勘新集、郭貫樓諸上源地。」衡極言「故道必不可復，惟當開廣秦溝，使下流通行，修築南岸長堤以防奔潰，可以甦魚、沛昏墊之民。」詔便宜行之。

衡乃開魚臺、南陽抵沛縣、留城百四十餘里，而濬舊河自留城以下抵境山、茶城五十餘里，由此與黃河會。又築馬家橋堤，東西三萬五千二百八十丈，石堤三十里，遏河之出飛雲橋者，趨秦溝以入洪。

至是工未成而河復決，敗馬家橋堤。言者交章論衡，詔「衡及季馴再勘，及此水盛之時，循視上流，務圖上策，以拯災黎。」

22 丙子，以久旱，親禱雨于凝道雷軒。越三日戊寅，雨，廷臣上表稱賀。

23 秋，七月，乙未，錫林阿犯萬全右衛。

報至，上命亟檄宣大、薊遼各鎮調兵應援，並令大同伏兵于天城、陽和間，伺至擊之。諭輔臣曰：「盛夏炎暑，非時入犯，必難得志，但秋深當慎防耳。」已而總督趙炳然果以捷聞。

是役也，總兵官馬芳赴援西路，遇寇于馬蓮堡，堡圮，衆請塞之，不可；請登臺，亦不可。開堡四門，偃旗鼓，寂若無人；比暮，野燒燭天，囂呼達旦，芳高卧，日中不起。敵騎窺者相屬，莫測所爲。明日，芳蹶然起，乘城指示衆曰：「彼軍多反顧，且走。」勒兵追擊，大破之。【考異】明史本紀書「諳達」，馬芳傳書「辛愛」，蓋辛愛即諳達子也。錫林阿，即辛愛，譯見前。

24 丙辰，錫林阿復由延綏平山墩入寇，直抵延安關外，固原總兵郭江等禦之，堅壁不戰。陝西巡撫陳其學，度寇已深入，遣都司馮時泰出邊擣其巢，皆陷没。寇駐内地，大掠數日而去。

25 八月，己卯，南贛巡撫吴百朋，請大舉剿江、廣二省之賊。略言：「廣東自河平縣岑岡賊首李文彪，與江西龍南縣高沙保賊首謝允樟、下歷賊首賴清規，自三十五、六年間結黨搆亂，號爲三巢，流劫郡邑。彼時以倭患方棘，閩廣多故，不暇及也。

今文彪已死，其子珍，與謝、賴二賊聲勢相倚，衆且數萬，迥非張璉、林朝曦輩崛起之新賊可比。見今廣東之和平、龍川、興寧，江西之龍南、信豐、安遠，業已蠶食過半，一應錢糧詞訟，有司不敢詰問者，積有年所矣。及今不亟行驅除，將來之患，有不可勝言者。但今四省之師，夾攻鵰剿，兵非三十萬、銀非百萬兩不可。查三巢之中，如高沙謝允樟等，則已質其妻子；岑岡李珍、江月照等，勢亦較弱；惟下歷賊首賴清規，糾六縣之賊黨，負嵎逆命，僭號稱王，四方群盜，悉倚以爲藪。今議用兵，必先自下歷始。

乞陛下專付臣以討賊之任，所有南贛府縣庫銀兩，容臣便宜貸用，或令江西布政司源源協濟，以充軍賞之需。臣當移駐信豐，部署將士，專委嶺北守巡蔡文、李佑、同知李多祚等監督，刻期分道直擣其巢。强寇既舉，則弱者自服，岑岡、高沙以次可平矣。」疏入，下兵部議，「百朋志在討賊，不煩調兵。方略已定，本部難于遥制，即令督蔡文、李佑等相機圖之。所需軍餉，仍行江西撫、按從宜區處。」

26 九月，庚戌，給事中王元春，以新河未通，劾奏「朱衡倖功欲速，宜賜罷黜。」

先是衡開新河凡上下一百九十餘里，工垂成，未通者僅十餘里。會黄河暴漲，堤岸有衝決者，于是朝議紛紛，謂新河必不可成。元春及御史王襄交章請罷衡，而前奉勘之給事中何起鳴初主新河議者，至是亦自變其説。方下部覆，而衡已竣工，河道御史潘季馴亦入告。自是漕艘由境山入，通行至南陽，因令衡視事如故。【考異】按朱衡開新河，潘季馴復故道，明(中)〔史〕兩是之，蓋新河之利在目前，故道之利在永久也。若是時開新河者，衡主其事，季馴不得不列銜具奏，而季馴尋以憂去。若實録所載，謂「季馴亦已中變其説」，似非也。今第參明史河渠志及列傳中語節書之。

27 是月，以俞大猷爲廣西總兵官。

時給事中歐陽一敬言：「兩廣舊各巡撫一員，後因提督開府蒼梧而巡撫遂罷；今地方多事，請復設巡撫于廣東。其廣西總兵官，原以流官都督爲之，後改用勳臣，與提督同駐梧州，重爲地方繁擾；今宜召恭順侯吴繼爵還京，仍選用流官，移鎮廣西會城。」部議，

「請暫設廣東巡撫，而以大猷鎮廣西代繼爵」，從之。尋給大猷平蠻將軍印。

28 冬，十月，辛酉，謫萬寀、袁應樞戍邊，下鄢懋卿于巡按御史逮問。

時籍没嚴嵩家産不及二百萬，詔旨嚴急。官司乃指寀等寄頓侵匿，遂皆得罪。

29 乙丑，復設鎮守廣東總兵官，以原任惠潮參將署都指揮僉事湯克寬爲之。

時歐陽一敬請兩廣各置鎮守大帥，乃並設總兵官而罷勳臣。【考異】據明史俞大猷傳，言「命大猷充廣西總兵官而以劉顯鎮廣東，兩廣並置帥，自大猷及顯始也。」按顯是時自狼山移鎮鎮江，被劾革任候勘，以巡撫劉畿薦，命充爲事官，鎮守如故。又證之顯傳，顯以四十一年鎮廣東，未赴，且彼時亦非額設。據實録，是年十月，復設廣東鎮守總兵官，以湯克寬爲之，然則兩廣並置帥，實始于大猷、克寬，明史蓋誤以顯前事當之，今據實録更正。

30 丁卯，諳達犯固原，總兵官郭江率千總李大本等禦之，遇寇于暗門，兵敗，俱死焉。【考異】郭江死事，見明史本紀。李大本，據實録增。

31 癸酉，復犯偏頭關，殺守備左保，官軍死者甚衆。【考異】犯偏頭關亦見本紀。左保死事，據實録書之。

32 丙子，淮、徐饑，詔巡鹽御史以修河銀一萬二千兩振之。

33 辛巳，釋前給事中沈束于獄。

束長繫在獄，上日令獄卒奏其語言食息，謂之「監帖」，或無所得，雖諧語亦以聞。一日，鵲噪于東前，東謾曰：「豈有喜及罪人邪？」卒以奏，上心動。會户部司務何以尚疏救主事海瑞，上大怒，杖之，錮詔獄，而釋東，發爲民。

東還家，父已前卒，東枕塊飲水，佯狂自廢。甫兩月，穆宗嗣位，起故官，不赴。喪除，召爲都給事中。旋擢南京右通政，復引疾辭，布衣蔬食，終老于家。

東繫獄十八年，比出，潘氏猶處子也，潘氏事見四十三年。然東竟無子。【考異】事見明史沈東本傳。證之實録，釋東及廷杖何以尚，同系于是月辛巳，故列傳牽連記之。以尚得罪，據實録，言其疏「謬悠疎誕無可采者，又自敘奉命購買龍涎香以供上用，今已得四十兩」云云，是又欲詭道市合，爲求銜計，上洞燭其奸，故重譴之如此。此殆非仇口語，今附識之。

34 壬午，浙江道御史王時舉，劾刑部尚書黄光昇，言：「内官李永，以訴事犯乘輿，本無死比，乃擬真犯；奸人王相，私閹良民者三，本無生法，乃擬矜疑；若非聖明獨斷，則永爲含冤之鬼而相爲出柙之虎矣。宜敕致仕，以爲法司故出入人罪者戒。」疏入，上以其輕出大言，詔編氓口外，光昇置不問。

35 是月，吏部尚書胡松卒，改兵部尚書楊博代之，命兵部尚書協理戎政趙炳然回部管事。左都御史張永明以疾乞休，改南京禮部尚書王廷代之。

36 武定之獄，事見四十二年。雲南撫、按官請討繼祖，繼祖即冒入鳳氏宗作亂者，事亦見前。

不克。尋築武定新城，至是成，巡撫吕光洵釋鄭竑回府復業。竑下獄，亦見四十二年。——竑，即前爲索林謀殺繼祖者也。繼祖偵其回府，執而殺之，糾衆攻新城。臨安通判胡文顯，督百户李鰲、土舍王德隆往援，至雞溪子隘，遇伏，鰲及德隆俱死。僉事張澤督尋甸兵二千餘馳救，亦敗，澤及千户劉裕被執。鎮、巡官促諸道兵並進，逼繼祖東山寨，圍之。繼祖懼，攜澤及索林走照姑，已，復殺澤。官軍追之急，由直勒渡過江趨四川，依東川婦家阿科等。

巡按劉思問以狀聞，敕雲南、四川會兵討賊。

37 閏月，己丑，巡按陝西御史方新上疏，略曰：「黄河與北狄之患，自古有之。乃今豐、沛間陸地爲渠，而興都有陵寢之憂，鳳陽有冰雹之厄，河南有饑饉之災，堯之洚水不烈于此矣。諸邊將惰卒驕，寇至輒巽懦觀望，而寧武有軍士之變，南贛有土兵之叛，徽州諸府有礦徒竊發之虞，舜之三苗不棘于此矣。夫洚水、三苗不足爲累者，以堯、舜兢業于上，而禹、皋諸臣分憂于下也。今司論納者日獻禎祥，而疆埸之臣惟冒首功，隱喪敗，爲國分憂者誰也？斥罰之法，今不得不嚴，而陛下亦宜隨事自責，痛加修省，然後災變可息而外患可弭也。」疏入，上怒其狂瀆，斥爲民。——新，青陽人。

38 庚子，詔「廣東新設巡撫，駐惠州府城，有警移駐長樂縣，調度惠、潮二府兵食。」

先是上用歐陽一敬言，設廣東巡撫，以江西布政司參政李佑爲之，復有是命。又以四川巡撫譚綸總督兩廣軍務，兼巡撫廣西。

39 甲辰，諳達復犯大同，參將崔世榮禦之，遇寇于樊皮嶺，衆寡不敵，世榮及其子大朝、大賓俱死之。

40 初，浙江礦賊既破婺源，流劫江西玉山縣，還掠遂安，與西安新賊東西相應，勢張甚。總督劉畿移駐衢州，遣都指揮陳大成、大器等分道追剿，復檄守備盧相爲援。于是相、大器破西安賊于柴家村，大成敗遂安賊于章村。餘黨奔遁，我兵乘勝追擊，殲之。

至是捷聞，陰畿一子，賜銀幣，大成等各陞一級。

41 十一月，戊午，冬至，祀天于圜丘，朱希忠攝行。

42 己未，上不豫。

初，上遣御史王大任等求方書、方士，大任遂于陝西、湖廣諸省招致方外之士王金等，自稱能合丹藥。上方修玄西苑，謂長生可得，不死之藥可致也。金獻所合丹，上服之，輒病躁。

時方士至者日衆，上知其妄，無殊錫。金等乃思所以動上者，復僞造諸品仙方，與所製金石藥同進。其方詭祕，藥性燥烈，上御之，火稍稍作，以是病久不愈。

43 乙亥，吏科給事中胡應嘉，論劾大學士高拱。

時上在西苑，閣臣直廬皆在苑中。拱未有（于）〔子〕，移家近直廬，時竊出。一日，上不豫，誤傳非常，拱遽移具出。拱初侍裕王邸，徐階引之輔政，然階獨柄國，拱心不平，頗負氣忤之。應嘉，階鄉人也，以曾劾拱姻親自危，且瞷階方與拱隙，遂以拱不守直廬、驟移器具二者爲不忠，上時方病，弗省也。拱疑應嘉受階指，大憾之。

44 是月，河道御史潘季馴以憂去，吏部以「朱衡開新河有成效，請即以河道事令衡兼之，待其還轉之日，仍復設河道都御史」，報可。

45 十二月，庚子，上大漸，自西苑還乾清宮。是日，帝崩。

遺詔言：「奉宗廟四十五年，享國最久，累朝未有，一念惓惓，惟敬天勤民是務。祇緣多病，過求長生，遂致奸人誑惑，補過無由。自即位至今建言得罪諸臣，存者召用，没者卹録。方士付法司論罪。一切齋醮工作及政令不便者，悉罷之。」皆大學士徐階草也。

明史贊曰：世宗御極之初，力除一切弊政，天下翕然稱治。顧迭議大禮，輿論沸騰，倖臣假托，尋興大獄。夫天性至情，君親大義，追尊立廟，禮亦宜之。然升祔太廟而躋于武宗之上，不已過乎！若其時紛紜多故，將疲于邊，賊訌于內，而崇尚道教，享祠弗經，營建繁興，府藏告匱，百餘年富庶治平之業，因以漸替。雖剪剔權奸，威柄在御，要亦中材之主也矣。

46 壬子，裕王即位。以明年爲隆慶元年。大赦天下。免明年天下田租之半及嘉靖四十三年以前逋賦。其他悉奉遺詔行之。

47 癸丑，釋户部主事海瑞于獄。

先是瑞在獄，未聞大行狀。提牢主事先知之，以瑞且見用，設酒饌款之，瑞自疑當赴西市，恣飲噉不顧。主事因附耳語：「宫車晏駕，先生行出大用矣。」瑞曰：「信然乎？」即大慟，盡嘔出所飲食，暈絶于地，終夜哭不絶聲。及是既釋，復故官，尋遷大理寺丞。

48 逮方士王金等，詔「遵遺詔勘擬情罪。所有妄進藥物致損聖躬之王金、陶倣、申世文、劉文彬、高守中、陶世恩等，皆著錦衣衛械送法司，從重究問。」——世恩即仲文子也。

時承行郎中問擬金等照庸醫故用藥殺人罪斬，尚書黄光昇，謂：「春秋許止不嘗藥，猶書弑君；況此等方士，妄進藥物，致損聖躬，若但坐以尋常斬罪，何以上慰皇上痛傷皇考之心，下雪臣民君父之讎之憤哉！弑君無律，殺父有條，宜比子弑父律，坐以極刑。」奏上，奉旨，「監候處決。」

49 吏部查奏：「先朝建言得罪諸臣，如樊深、邱橓、楊思忠、尹相、魏良弼、李用敬、陳瓚、吴時來、周怡、沈束、顧存仁、趙軏、張選、袁世榮、何惟柏、趙錦、張登高、黄正色、方新、張櫃、淩儒、申仲、王時舉、馮恩、徐學詩、周冕、張翀、董傳策、劉世龍、唐樞、毋德純、周希旦等，凡三十二人，宜遵遺詔録用。」報可。【考異】刑部定諸方士罪及吏部請召建言得罪諸臣，俱據昭代典則書之。惟原奏書三十三人，其姓名則三十二人。而據從信録、通紀諸書，又脱去周希旦一人。今據典則者，以黄光昇時在部中，爲得其實云。

50 大學士徐階之草遺詔也，一時朝野聞之，皆號痛感激，此之楊廷和所擬登極詔書，爲先帝始終盛事。而同列高拱、郭朴，以階不與共謀，不悦。朴曰：「徐公謗先帝，可斬也！」兩人遂與階有隙。【考異】事見明史徐階傳，爲明年拱等修隙張本。

三編發明曰：大臣秉與國事，當虚己和衷，惟求其是，所謂「功不必自己出，名不必自己成」，乃爲得之。此猶言其無事時也，若當草寫遺詔于哀痛呼搶之餘，商家國根本之務，此何時也，而可以嫌疑生分別者耶？觀徐階所草詔，猶能切中當時弊政。爲高拱、郭朴者，自當贊助其成，何至以己未與之故，而遂生忌嫉，造謗媒孽，竟欲各分門户，甚至數年後拱專國政，一切盡反階之所爲。而啓其釁者，實惟郭朴一言，朴安得無罪哉！

明通鑑卷六十四

江西永寧知縣當塗夏燮編輯

紀六十四 起彊圉單閼（丁卯），盡屠維大荒落（己巳），凡三年。

穆宗契天隆道淵懿寬仁顯文光武純德弘孝莊皇帝

隆慶元年（丁卯、一五六七）

1 春，正月，丁巳朔，以大喪，罷正旦朝賀。

2 丙寅，罷睿宗明堂配享。

時禮部奉詔會議郊社諸典禮及袝葬、袝享諸制。尚書高儀言：「先帝肇祀明堂，奉睿宗配，原以昭嚴父配天之孝。今陛下踐阼，則睿宗已爲皇祖，若仍配享，非周人宗祀文王之義。請罷大享禮。」詔從其請。尋改元極寶殿仍舊名曰欽安殿。【考異】罷大享，明史本紀系之丙寅，史稿系之癸亥，一據議上之日，一據詔下之日也。三編所書，蓋參明史禮志及高儀傳，今從之。

是時儀在禮部，多所更定，謂「天地分祀不必改，惟既祭先農，不當復祈穀西苑；睿宗既祔廟，則明堂及玉芝宮之專祀宜廢；準以一帝一后之制，當以孝潔皇后祔，而別祀孝烈于他所。」疏入，皆報可。

3 戊辰，復鄭王厚烷爵。

初，王以上四箴、連珠忤先帝旨，遂爲孟津王見濍子祐橏所搆，廢爲庶人，錮之高牆，事見嘉靖二十九年。時皆冤之。至是上念王無罪，始令復爵之藩。

王自少至老，布衣蔬食。世子載堉，篤學有至性，痛父非罪繫，築土舍宮門外，席稾獨處者十九年，洎王還邸始入宮。

4 乙亥，上大行皇帝尊謚曰肅皇帝，廟號世宗。

5 丁丑，追贈母康妃爲孝恪皇太后。【考異】明史本紀，是年正月上尊謚、廟號，無日，惟追贈母康妃杜氏系之丁丑。按明書綸渙志，以正月十九日上大行皇帝謚號，二十一日追贈康妃孝恪皇太后，今據書之。

6 是月，詔贈卹建言已故諸臣。

吏部「請分爲三等：戮死者，應復職、贈蔭、諭祭，若楊繼盛、郭希顏、沈鍊、楊允繩四人；廷杖死者，應復職、贈廕，若楊最、王思、薛宇鎧、何光裕、裴紹宗、張原、浦鋐、曾翀、葉經、周天佐、伍瑜、臧應奎、殷承敘十三人；繫獄戍邊及斥死牖下者，應復職、贈官，若唐胄、李璋、豐熙、楊慎、楊名、王元正、羅洪先、徐文華、張翀、張侃、劉濟、劉琦、馬録、程啓充、盧瓊、陳讓、桑喬、包節、王宗茂、余翔、方一枝、劉魁、余寬、黄待顯、陶滋、相世芳、王與齡、章綸，凡二十八人。至尚書熊浹諫止卟仙，御史楊爵彈擊權倖，雖罪止罷黜，然其忠義風節，當與杖死者一體卹録。」詔悉從之。【考異】贈卹分三等及四人、十三人、二十八人，皆見諸書。惟明書但記某人等，而昭代典則及從信録悉書其姓名。從信録于十三人中漏去殷承敘，今據典則補。又典則所載二十八人，僅記唐胄以下九人而止，從信録則二十八人姓名悉具焉，又補入熊浹、楊爵二人，今據增。

論曰：自來新君踐阼，一切更新之政及起用先朝建言得罪諸臣，以逮死者追卹之典，皆于登極詔中行之。當武宗大漸，謂「前事皆由朕誤」，第出自中涓之口，本非實録。而其時新君在藩，太后當國，楊文忠請罷威武團營，革京城内外皇店，放遣豹房番僧、教坊司樂人，及釋諸司繫囚，還四方所獻婦，停不急工役之等，皆奉遺詔及太后懿旨行之，然未嘗明見之遺詔中也。徐文貞草世宗遺詔，始創爲此格，自蠲田租、逋賦常例外，餘皆悉入遺詔，以先帝憑几之末命命之。如此，則足以彰世宗悔過之誠，而免穆宗改父之議，朝野之號慟感激，有以也。而郭朴乃指以爲謗先帝之罪人，于是新鄭當國，請報罷録用、贈卹諸臣，而末減方士王金等之罪，豈非修隙而故爲浮言之動以搖國是哉！則謂高拱、郭朴爲先帝、新主兩世之罪人可也。

7 上改元之初，以初七日傳示免朝，十五日復示。給事中魏時亮言：「陛下初政甫及一旬，免朝至再，得非獻諛者以先帝爲詞乎？先帝初年，日御經筵，親賢納諫，二十載無倦。晚歲雖云不朝，而明于親輔臣，剛于制近習，斷于去奸邪，故群小畏法，庶政不紊。奈何以初政而遽怠乎！」疏入，留中。

8 增設江浙巡漕御史，從户科給事中何起鳴議也。

是時漕運失期，舊制，江北糧米當十二月以内過淮，遠者不過次年之三月，時有遲至次年六七月者；山東糧米當四月運完，遠者不過七月，時有遲至十一月者。至是起鳴「請于南直隸、浙江杭、嘉、湖增設御史一員，令專理漕運。其濟寧以南河道舊屬兩淮巡鹽御史帶管者，亦並委之，監兑時則巡歷淮安以南，水盛時則巡歷徐州以北，庶河道、漕運可兼攝而並舉。」從之。【考異】明史紀、傳不載。三編據實録增入，今從之。

9 户部尚書高燿被劾罷，起致仕南京尚書葛守禮代之。

守禮自吏部侍郎改南尚書，會閣臣李本署吏部事，希嚴嵩指考察廷臣，署守禮下考，勒致仕。世宗素知守禮賢，一日，問：「守禮安在？」左右謬以老病對，帝爲嘆息久之，至是始起用。

10 二月，戊子，祭大社、大稷。

11 乙未，册妃陳氏爲皇后。后，通州人。

初，上在裕邸，納元妃李氏，嘉靖三十七年四月薨。其年九月，后預選，入爲繼妃，至是册立之。並追謚李妃曰孝懿皇后。

12 以吏部侍郎陳以勤爲禮部尚書兼文淵閣大學士，禮部侍郎張居正爲吏部左侍郎兼東閣大學士，預機務。

以勤、居正，皆裕邸舊臣。上踐阼，以勤條上謹始十事：曰「定志，保位，畏天，法祖，愛民，崇儉，攬權，用人，接下，聽言」，其言攬權、聽言尤切，詔嘉其忠懇。至是與居正並參大政。

時徐階居首輔，而高拱、郭朴以草遺詔不預，有隙，又見階獨與居正計，拱心彌不平；然拱與居正，故相善也。閣臣自階及李春芳，皆折節下士，居正最後入，獨引相體，倨見六卿，無所延納，間出一語輒中肯。人以是嚴憚之，重于他相。

13 乙巳，罷睿宗玉芝宫專享。

14 是月，北寇犯廣寧，總兵官王治道擊却之。

15 三月，壬申，葬肅皇帝于永陵，孝潔、孝恪兩皇后並祔焉。

16 壬午，册妃李氏爲貴妃。【考異】李氏即神宗之母，明史后妃傳三月封，明書系之是月壬午，蓋據實録也，今從之。穆宗在藩邸，先生二子皆殤，神宗爲李妃所出。書此爲明年立太子張本。

17 乙酉，土默特寇遼東，指揮王承德戰没。

18 是月，吏科給事中王治，上疏陳四事：「一定宗廟之禮以隆聖孝。獻皇雖貴爲天子父，未嘗南面臨天下，雖親爲武宗叔，然嘗北面事武宗，今乃與祖宗諸帝並列，設位于武宗右，揆諸古典，終爲未協。臣以爲獻皇祔太廟，不免遞遷；若專祀世廟，則億世不改。乞敕廷臣博議，務求至當。一謹燕居之禮以澄化源。人主深居禁掖，左右便佞，窺伺百出，或以燕飲聲樂，或以遊戲騎射。近則損敝精神，疾病所由生；久則妨累政事，危亂所由起。比者人言藉藉，謂陛下燕閒舉動，有非諒闇所宜者，臣竊爲陛下慮之。」其二「請勤朝講，親輔弼。」疏入，報聞。【考異】通紀系之三月，從信録系之四月，證之明史本傳在是年，三編彙記于嘉靖十七年睿宗祔廟目中。今年月並據通紀。

19 夏，四月，丙戌朔，享太廟。

時以大行几筵未撤，禮部議「遵正德元年例，先一日，上常服祭告几筵，祇請諸廟享祀。」自是時享、祫祭在大祥内者皆如之，著爲定制。【考異】明史本紀之例，改元初享太廟則書，其他有事亦書之。史稿系之正月丁巳。按世宗以去年十二月十四日崩，孟春時享在二十七日之内，故遣官攝之。明史及禮志皆書時享親行始于四月，今從之。

20 丙午，禁四方毋得獻珍禽奇獸。

21 丁未，御經筵。

時内閣徐階等言：「自古帝王，莫不以講學爲首務。兹山陵事畢，祔廟禮成，經筵日講，正惟其時，請特舉行。」從之。【考異】四月丙戌朔，丁未乃是月二十二日。蓋御經筵，每旬用二日舊制也。徐階所請，三編據實録增，今從之。

22 是月，兵部尚書趙炳然以疾乞休，以南兵部尚書郭乾代之。刑部尚書黄光昇致仕，以南吏部尚書毛愷代之。

23 重録永樂大典書成，晋高拱、張居正等官。

24 正月，己未，黄河決口工成。

初，朱衡開新河有成效，世宗命兼理河道，終其事。至是河成，西去舊河三十里。舊河自留城以北經穀亭而至南陽，新河亦自留城而北經夏鎮而至南陽，與舊河合，謂之夏鎮河。論功，加衡太子少保。

25 辛酉，夏至，祀地于北郊。

26 甲子，諳達犯大同。

自邱富之死，趙全在敵中益用事，尊諳達爲帝。治宮殿，期日上棟，忽大風，棟墜傷數人，諳達懼，不敢復居。會兵部侍郎譚綸鎮薊遼，善治兵，全乃説諳達，無輕犯薊，大同兵弱，亭障稀，可以逞。」自此山西數被寇矣。

27 丙寅，上幸舊邸，即日還宮。

28 丁丑，高拱罷。

先是正月考察，吏部尚書楊博主之，黜給事中鄭欽、御史胡維新，而山西人無下考者。吏科給事中胡應嘉，劾「博挾私憤，庇鄉里」，且論救欽等。拱因修舊隙，謂「應嘉實佐察，自相牴牾」，將重罪之。方下閣臣議，郭朴奮然曰：「應嘉無人臣禮，當編氓。」徐階從旁睨拱方盛怒，重違其意，遂擬旨斥爲民。

于是言路謂拱以私怨逐應嘉，相與大譁。而兵科給事中歐陽一敬，詆「拱奸險無異蔡京」，且言：「應嘉前疏，臣實預聞，黜應嘉不若黜臣。」會給事中辛自修、御史陳聯芳疏爭，階乃調應嘉建寧推官，拱益不平。

踰月，御史齊康劾階，言官以康受拱指，群集闕下，詈而唾之。一敬首劾康，康亦劾一敬，然康竟坐黜。于是言路論拱者無虚日。至是拱不自安，乞罷歸。

拱之奏辯也，階擬旨慰留，而不甚譴言者，以是二人嫌益深。

29 六月，甲申，詔修世宗實録，以内閣徐階等五人爲總裁官，禮部尚書高儀副之。【考異】明書系修實録于三月，從信録系之四月，典彙系之五月。按是時總裁閣臣五人，係徐階、李春芳、郭朴、陳以勤、張居正，無高拱名，是在拱罷後命也。又按，六年張居正請修兩朝實録，奏稱「穆宗實録以隆慶元年六月初一日開館纂修，至今未成」云云，是修世宗實録在六月之證，今據之。

30 諳達犯朔州，參將麻錦禦却之。

31 戊戌，京師霪雨傷稼。

兵部郎中鄧洪震言：「入夏以來，淫雨彌月；又京師去冬地震，今春風霾大作，白日無光；近大同又報雨雹傷物，地震有聲。陛下臨御甫半年，災異疊見。傳聞後宮游幸無時，嬪御相隨，後車充斥；左右近習濫賜予；政令屢易，前後背馳；邪正混淆，用舍猶豫。萬一奸宄潛生，寇戎軼犯，其何以待之？」上納其言，詔素服修省，避殿，御皇極門視事。

32 是月，新河復決。

時山東、河南皆大水，山水驟溢，決新河，壞漕艘數百。給事中吴時來言：「新河受東兗以南費、嶧、鄒、滕之水，以一堤捍群流，豈能不潰？宜分之以殺其勢。」于是朱衡請「開支河四，洩其水入赤山湖」，從之。

33 户部尚書葛守禮乞養母歸。

時内閣高拱與徐階不相能，舉朝皆右階而攻拱，守禮不可，遂求罷。

守禮在户部，值畿輔、山東流移日衆，守禮言：「有司變法亂常，起科太重，徵派不均。且河南、北，山東、西土地磽确，正供尚不能給，復重之徭役；工匠及富商大賈，皆以無田免役，而農夫獨受其困，此所謂舛也。乞正田賦之規，罷科差之法。又，國初徵糧，户部定倉庫名目及石數價值，通行所司分派，小民隨倉上納，完欠之數，暸然可稽。近乃定爲『一條鞭法』，計畝徵銀，不論倉口，不問石數，吏書夤緣爲奸，增減灑派，弊端百出。至于收斛，乃又變爲『一串鈴法』，一條鞭、一串鈴法，皆見後卷。謂之『夥收分解』。于是收者不解，解者不收；收者獲積餘之貲，解者任賠補之累。夫錢穀必分數明而後稽覈審，今混而爲一，是爲那移者地也。願敕所司酌復舊規。」詔從之，而不能革。

守禮又以「户部專理財賦，必周知天下倉庫盈虚，然後可節縮調劑。請遣御史分行天下，稽覈文册，並承敕以行。」詔如其議，遣御史譚啓、馬明謨、張問明等以往。

尋授南京户部尚書馬森代守禮爲户部尚書。

34 秋，七月，丙辰，免應天加徵織造銀。

35 辛巳，遣使招撫山東、河南被災流民，給復五年；其糧長、稱收、火耗、夫馬、折乾、廩給、扣送諸弊，一切釐革，從刑科給事中王之垣請也。【考異】之垣所請，三編據實録增，今從之。

36 八月，癸未朔，上幸太學，釋奠于先師孔子。禮畢，御彝倫堂，宣諭祭酒、司業及諸生等，仍賜衍聖公孔尚賢及三氏子孫並祭酒、司業等宴于禮部。是時朝鮮貢使乞留京師觀禮，許之。

37 是月，刑部郎中王世貞與弟世懋，伏闕爲父忬訟冤，言爲嚴嵩父子所害，大學士徐階左右之，詔復忬官。

38 給事中吴時來言：「兩廣總督譚綸，總兵俞大猷、戚繼光，宜使專練邊兵，以省諸鎮徵調。」兵部覆，言「大猷才宜于南，嘗試于北不效，且老矣。」乃召綸、繼光至京師。

39 給事中周怡起故官，未至，擢太常少卿，陳新政五事，語多刺中貴。時近侍方導上宴遊，由是忤旨，出爲登萊兵備僉事。給事中岑用賓爲怡訟，不納。

40 九月，乙卯，諳達寇大同。癸亥，復率衆數萬，分三道自朔州老營、偏頭關諸處長驅入山西。邊將不能禦，遂攻岢嵐及汾州，破石州，殺知州王亮采，屠其民。復大掠孝義、介休、平遥、文水、交城、太谷、隰州間，男婦死者數萬。

41 壬申，三衛復勾土默特同時入寇薊鎮，殺參將吴昂。昌黎、撫寧、樂亭、盧龍，皆被蹂躪，游騎至于灤河。而宣府亦報鴻台吉擁兵窺陵後南山。詔總兵官李世忠東禦土默特，劉漢西防鴻台吉，而令總督侍郎王之誥還駐懷來，巡撫都御史曹亭駐兵通州，參將陳良佐護昌平陵寢。

42 甲戌，郭朴罷。

時高拱既去，言路劾拱者並及朴。于是朴不自安，亦求去，上固留之。而御史龐尚鵬、淩儒等攻不止，朴三疏乞歸，始許之。家居二十餘年卒。

43 免襄陽、鄖陽被災秋糧。

44 乙亥，李世忠東援永平，與敵遇于撫寧縣南，斬首五十級。京師戒嚴，詔「五城御史詰察非常，漕糧集河下者，令巡倉御史督護入城。」敕群臣條議京城防守事宜。

時諳達尚在山西，而土默特之寇薊鎮者，三日始引去，出義院口。會大霧，迷失道，墮崖中，人馬枕藉死者甚衆，諸將乃趨割其首而還。

45 冬，十月，丙戌，寇退，京師解嚴。

46 丙申，逮山西巡撫王維洛、總兵官申維岳、薊鎮巡撫耿隨卿、總兵官李世忠等下獄。石州之役，維洛駐代州不出，維岳亦畏不敢前，隨卿以殺平民充首功，世忠坐援永平不力。尋論死、謫戍有差。

47 甲辰，寧夏總兵官雷龍，靈州參將何其昌，出塞擊河套寇，敗之。

初，濟農子據河套，爲西陲諸部長；別部併圖，舊作賓兔。駐牧大、小松山，南擾河湟；至是龍等掩其不意而襲之。

是時上方進寧夏巡撫王崇古兵部侍郎，總督陝西、延寧、甘肅軍務。崇古奏給四鎮旗牌，撫臣得用軍法督戰，又指畫地圖，分授諸大將，故龍等數有功。【考異】三編系命王崇古總督三邊于十月。而是時崇古巡撫寧夏，數出兵擣巢，龍等之功，即崇古所指授也，今類記之。

48 是月，兵部尚書郭乾，以寇故爲給事中王治、歐陽一敬等所劾，遂坐罷，召總督三邊右都御史霍冀代之。

49 上命廷臣議邊防。

吏部尚書楊博陳薊、昌、宣、大戰守方略，言：「今日狂寇分道憑陵，東窺薊鎮則九重震驚，西犯偏關則三晉騷動。各邊地勢既殊，戰守互異。薊州、昌平、保定三鎮，有牆可恃，但乘高據險，匹馬不入，即爲上策；宣、大、遼東、山西四鎮，無牆可守，難保不入，但堅壁清野，使彼無所獲，即爲中策；至薊、昌宜聽督臣修補邊垣，分兵戰守；宣府山南東路，咫尺昌平，宜統重兵護南山以衛陵寢；雁門、寧武、偏頭，均山西之門户，雁、寧外倚大同，而偏頭西連延綏，邊長八百餘里，獨當寇衝，宜令居中相機戰守。」疏入，上悉從之。

50 詔停日講，給事中魏時亮言，「天未沍寒，不宜遽輟。」時亮又「請以薛瑄、陳獻章、王守仁從祀孔廟」，章下所司。

51 十一月，癸亥，冬至，祀天于南郊。

52 是月，吏部請再卹先朝建言得罪諸臣員外郎申良，給事中張逵、常泰，清紀郎周鈇。上初不許，言官王治、龐尚鵬力爭，乃詔贈卹如例。惟光禄少卿馬從謙，以中官所撓，竟不行。從謙不予卹典事，見嘉靖三十一年。

53 十二月，詔廷臣博訪邊才。

54 是冬，無雪。

55 是歲，廣東海賊曾一本等作亂。

二年（戊辰、一五六八）

1 春，正月，辛亥朔，是日元旦，大風揚沙走石，白晝晦冥，自畿輔抵江浙皆如之。

2 癸丑，寇犯靖虜城。

3 甲寅，太白晝見。

4 壬戌，革正一真人封號，以張國祥爲上清觀提點。

5 己卯，吏科給事中石星言：「天下之治，不日進則日退；人君之心，不日强則日偷。臣竊見陛下入春以來，爲鼇山之樂，縱長夜之飲，極聲色之娱；朝講久廢，章奏遏抑。一二内臣，威福自恣，肆無忌憚，天下將不可救。」因條上六事：曰「養聖躬，講聖學，勤視朝，速俞允，廣聽納，察讒譖。」疏入，上怒，以爲惡言訕上，命廷杖六十，黜爲民。

時中官滕祥者，以造作奇巧得幸。會監杖，星大詬之，祥怒，予重杖，星絶復甦。其妻鄭，誤聞星斃杖下，遽觸柱死，聞者哀之。【考異】星受杖事據三編。而從信録、二申録所載，言「上御五鳳樓，潛察杖者，中官戒闍吏毋納給事從人。部郎穆文熙，星友也，恐星以杖斃，乃先以義白緹帥，而身自掖蔽星，中官共詈之。文熙且詈且掖以出，得不死。」按野史所記異詞，附識于此。

6 二月，庚寅，户部尚書馬森等，給事中王治、御史王友賢等，各奏薦邊才見任大理寺卿鄒應龍等四十五人，聽用僉都御史王輪等十八人，凡六十三人。吏部上其議，因言：「五方之氣雖篤于因材，百中之能難拘于器使。如往者輔臣楊一清，以南人用之陝西，尚書王驥，以北人用之雲南，俱有聲績。宜勿論南北資格，斟酌推用，務俾各當其才。」上然其言。

7 丁酉，寇犯柴溝堡，新莊守備韓尚忠戰死。

8 己亥，耕藉田。以禮部言，增上、中、下三等農夫各十人于耆老之後，如弘治中例。

9 丁未，車駕詣天壽山謁陵。庚戌，祭長陵、永陵。即日還京師。免所過稅糧十之三。

10 三月，甲寅，陝西慶陽、西安、漢中、寧夏，山西蒲州、安邑，湖廣鄖陽及河南十五州縣同日地震。

11 丁巳，總兵官孫吴等出塞襲寇，破之。

時王崇古鎮西邊，總兵李成梁守遼東，數以兵邀擊于塞外。敵知有備，入寇稍稀。

12 辛酉，立子翊鈞爲皇太子。——李貴妃出也，時方六歲。詔赦天下。

13 乙丑，詔廣西總兵官俞大猷討廣東賊。

初，曾一本者，吴平之黨，降而復叛，執澄海知縣；官兵擊之不利，守備李茂才中礮死。事聞，乃命大猷兼督廣東兵協討。

14 戊辰，賜羅萬化等進士及第、出身有差。

15 丙子，幸南海子。

先是左右有言南海子之勝者，上將往幸，都給事中王治率同官諫，內閣徐階、尚書楊博等並阻止，皆不聽。至則荒莽沮洳，上甚悔之。

16 戊寅，京師地震。是日，永平府樂亭縣、遼東寧遠衛、遵化、順義等縣及山東登州府同日地震。寧遠城崩。禮部尚書高儀等請詔百官修省，從之。

17 夏，四月，癸未，河南懷慶、南陽、汝寧及陝西寧夏同日地震。乙酉，陝西鳳翔、平涼、西安、慶陽地震，壞城傷人。

時屯田御史周弘祖言：「近四方地震，土裂成渠，旂杆數火，天鼓再鳴，隕星旋風，天雨黑豆，此皆陰盛之徵也。陛下嗣位二年，未嘗接見大臣，咨訪治道。邊患孔棘，備禦無方，事涉内廷，輒見撓阻。皇莊則親取子粒，太和則權取香錢，織造之使累遣，糾劾之疏留中；内臣爵賞，謝詞温旨，遠出六卿之上，尤祖宗朝所絕無者。」疏入，不報。【考異】事見明史本傳，書于是年之春。通紀系之五月。按明史五行志，天雨黑豆在四月，而各處地震奏報皆在三、四兩月間，弘祖上書，當在是年之夏，今類書于地震月中。

18 五月，庚戌，永寧州山崩。

19 是月，總督薊遼、保定軍務譚綸，「請調薊鎮、真定、大名、井陘及督撫標兵三萬，分爲三營，令總兵參遊分將之，而授戚繼光以總理練兵之職。」又言：「練兵非旦夕可期。今秋防已近，請速調浙兵三千以濟緩急。」部議從之，乃詔繼光以都督同知總理薊州、昌平、保定三鎮練兵事，自總兵以下悉聽節制。【考異】語見明史譚綸、戚繼光本傳。傳特書于是年之五月，今從之。

20 六月，庚辰，遣使録囚于兩畿。

21 己丑，廣東賊曾一本寇廣州，殺知縣劉師顔。【考異】明史稿系曾一本寇廣州于三月乙丑。證之明史本紀，三月乙丑，命俞大猷討廣東賊，六月己丑，始書一本寇廣州，典彙寇廣州在六月十一日。是月己卯朔，己丑正十一日也。明史所記，多據實録，今從之。

22 是月，兵科給事中魏時亮言：「今天下大患三：藩禄不給也，邊餉不支也，公私交困也。

宗藩有一時之計，有百世之計。亟立宗學，教之禮讓，禄萬石者歲捐五之一，二千石者十之一，千石者二十之一，以贍貧宗，立爲定制，此一時計也；各宗聚居一城，貧日益甚，宜令就近散處，給閒田使耕以代禄，奸生之孽，重行黜削，此百世計也。

邊餉莫要于屯鹽，近遴大臣龐尚鵬、鄒應龍、凌儒經理，事權雖重，顧往河東者兼理四川，往江北者兼理山東、河南，往江南者兼理浙、湖、雲、貴，重内地而輕塞下，非初旨也。且一人領數道，曠遠難周，請在内地者專責巡撫，令尚鵬等三人分任塞下屯事，久任責成，有功待以不次，則利興而邊儲自裕。

今天下府庫殫虚，百姓困瘁。而建議者欲罄天下庫藏輸内府以濟旦夕之用，脱州郡有變，何以待之？夫守令以養民爲職，要在勸農桑，清徭賦，重鄉約，嚴保甲，而簿書獄訟催科巧拙不與焉。

疏上，多議行。

其冬，復疏言：「天下可憂在民窮，能爲民紓憂者，知府而已，宜慎重其選。治行卓越，即擢京卿若巡撫，則人自激勸。督學者，天下名教所繫，當擇學行兼懋者，毋限以時。教行望峻，則召爲祭酒或入翰林以示風勵。」

下部議，卒不行。

23 秋，七月，己酉，廣東賊攻廣州，不克，遂犯廉州。

24 丙寅，大學士徐階致仕。

上自即位以來，階所持諍多宮禁事，行者十八九，中官側目。會階以諫上幸南海子不聽，遂乞休。而給事中張齊以私怨劾階，階固請歸，上意亦漸移，許之，賜敕馳驛。陛辭，賜白金鈔幣。舉朝皆疏留，報聞而已。

初，張齊奉命犒軍宣大，納鹽商金，因疏請卹邊商，革餘鹽，爲階所格。至是階被劾，上猶温旨留階，而切責齊，調外任；已而尚書楊博等疏劾齊，勒致仕；其後王廷、毛愷等，竟發齊受邊商銀，劾，戍之邊。時以爲朋黨修隙之漸云。【考異】事見明史徐階本傳，三編亦載齊修怨劾階于質實中。沈氏從信録謂「因論宰相之罪而坐以無據之贓，爲朋黨報復之漸」，今據書之。

25 八月，内閣張居正條上六事：「一省議論，二振紀綱，三重詔令，四覈名實，五固邦本，六飭武備。」上嘉其忠懇，下部院勘議以聞。

26 九月，甲寅，命副都御史龐尚鵬總理九邊屯鹽。

初，朝議興九邊屯鹽，命尚鵬與鄒應龍、唐繼禄分理，尚鵬轄兩淮、長蘆、山東三邊。已，召應龍等還，命尚鵬兼督之。

自嘉靖八年，稍復開中例，邊商中引，内商守支。末年，工本鹽行，内商有數年不得掣者，于是不樂買引而邊商困，因營求告掣河鹽。——「河鹽」者，不上廩囷，在河徑自超掣，易支而獲利捷。河鹽行，則守支存積者愈久而内商亦困，引價彌賤。于是奸人專以收買邊引爲事，名曰「囤户」，告掣河鹽，坐規厚利。時復議于正鹽外，附帶餘鹽以抵工本之數，囤户因得賤買餘鹽而貴售之，邊商與内商愈困矣。

至是尚鵬疏言：「邊商報中，内商守支，事本相須；但内商安坐，邊商遠輸，勞逸不均，故掣河鹽者，以惠邊商也。然河鹽既行，淮鹽必滯，内商無所得利，則邊商之引不售。今宜停掣河鹽，酌定邊商引價，邊商倉鈔已到，内商不得留難。蓋河鹽停則淮鹽暢行，引價定則開中自多，邊商、内商各得其願矣。」詔從之。

27 是月，工部尚書雷禮罷。

時太監滕祥得上寵，傳造採辦器物及修補壇廟樂器，糜費巨萬；工廠存留大木，任意斬截。禮自以力不能争，乞旱賜罷，上不罪祥，而聽禮致仕。召總理河漕、都御史朱衡代之。

28 冬，十月，戊寅，免南畿被災秋糧。

時江南、北皆亢旱，淮、徐間洪水泛溢，都御史龐尚鵬請煮粥以食饑民，又留起解銀及商税振之。

29 己亥，廢遼王憲㸅爲庶人。

遼簡王植，自永樂中改封荆州，七傳至憲㸅，莊王致格子也。憲㸅在嘉靖時，以奉道被寵，賜真人號。上改元，御史陳省劾其不法事，詔奪真人號及印。未幾，巡按御史郜光先，復劾其大罪十三，上命刑部侍郎洪朝選往勘。

初，副使施篤臣，憾憲㸅甚，朝選至湖廣，篤臣詐爲憲㸅書餽朝選，因劫持之。憲㸅建白纛曰「訟冤之纛」，篤臣驚曰：「王反矣！」使卒五百圍王宫。朝選還，但實其淫虐僭擬諸罪狀，不言王反。

大學士張居正家荆州，故與憲㸅有隙，以朝選不坐憲㸅反，銜之。後卒屬巡撫勞堪羅織朝選，死獄中。

30 甲辰，免畿内、河南被災秋糧。

31 十一月，壬子，宣府總兵官馬芳襲諳達于塞外，再敗之。

先是有爲諳達子錫林阿謀，「以五萬騎犯蔚州誘芳出，而以五萬騎襲宣府城，可得志。」芳豫伐木環城，寇至，不可上，遂解去。至是芳率參將劉譚等出獨石塞外二百里，襲其帳于長水海子。還至塞，追者及鞍子山，芳逆戰，又大敗之。

芳有膽智，諳敵情，所至先士卒。一歲數出師擣巢，或躬督戰，或遣裨將。家畜健兒，得其死力。嘗命三十人出塞四百里，多所斬獲，敵大震。芳乃率師至大松林，頓舊興和衛，登高四望，耀兵而還。

32 辛酉，免江西被災稅糧。

33 戊辰，冬至，祀天于南郊。

34 己巳，廣東賊曾一本，以海艘橫行閩、粵間，遂犯福建。

時俞大猷解廣州之圍，將赴廣西，總督劉燾奏請留，會閩師夾擊，詔合廣東總兵官郭成、福建總兵官李錫討之。

35 是月，杖内官監李芳。

芳以持正，侍上于藩邸，即位，信任之。已，奏革上林苑監，增設皂隸；減光禄歲增米鹽及工部物料，以是爲同類所嫉。而是時中官滕祥等，方爭飾奇技淫巧以悦上意，又導上爲長夜飲，芳切諫，上不悦。祥等因媒孽之，上大怒，勒令閒住。至是復令杖芳八十，下刑部監禁待決。

尚書毛愷等言：「芳罪狀未明，臣等莫知所坐。」上曰：「芳事朕無禮，其錮之。」自是祥等益横。而芳坐是繫獄，三年始得釋，仍罰充南京浄軍。

36 十二月，庚寅，奉世宗神主祔太廟。

37 丁酉，限勳戚莊田，從户部議也。

部臣言：「勳戚莊田多冒濫者，宜裁革。其勳臣傳至五世者，宜限以額，自田白頃至七十頃，宗支已絶及失爵者奪之。奸民影射者，徵其租入官。」時巡按直隸、御史劉世曾，查奏田頃數目，復下部會同屯田御史議定應減應留規則以聞，詔如所擬行之。

38 是月，山西静樂，有男子李良雨化爲婦人，巡按御史宋纁言：「此陽衰陰盛之象，宜進君子退小人，以挽氣運」，上嘉納之。

39 是冬，江西巡撫劉光濟請行「一條鞭法」。

初，嘉靖中葉，邊供費繁，帑藏匱竭，乃有「提編」、「加派」名目；而逋欠愈多，規避亦益巧，一時有司乃併爲一條行之。其法，總括一州縣夏税、秋糧、存留、起運之額，及均徭、里甲、土貢、雇募、加增之額，通十歲爲一條，總征而均支之，丁糧畢輸于官。一歲之役，官爲僉募，力差則計其工食之費，量爲增減；銀差則計其交納之費，加以贈耗。一切計畝徵銀，折辦于官，均其輕重，通其苦樂，立法較爲簡易。至是江西始請行之，仍下部詳議以聞。【考異】一條鞭法，據元年葛守禮奏中已及之。明史食貨志言「嘉靖間數行數止，至萬曆九年乃盡行之」，是其法久而後定也。江西請行，諸書皆系于是年之十月、十一月，今系之是冬之末。

40 詔購寶珠，户部尚書馬森執奏，給事中魏時亮、御史周弘祖、賀一桂等相繼力争，皆不聽。

御史詹仰庇疏言：「頃言官諫購寶珠，反蒙詰讓。昔仲虺戒成湯不邇聲色，不殖貨利；召公戒武王玩人喪德，玩物喪志；湯、武能受二臣之戒，絶去玩好，故聖德光千載。若侈心一生，不可復遏，恣情縱欲，財耗民窮。陛下玩好之端漸啓，弼違之諫惡聞，群小乘隙，百方誘惑，害有不勝言者。況寶石珠璣，多藏中貴家，求之愈急，邀直愈多，奈何以有用財耗之無用之物？今兩廣需餉，疏請再三，猶靳不予。何輕重倒置乎？」不報。

三年（己巳、一五六九）

1 春，正月，壬子，諳達犯弘賜堡，大同總兵官趙岢擊却之。

2 是月，改總理練兵都督戚繼光爲總兵官。

先是，繼光至鎮，疏言：「薊鎮兵〔雖〕多亦少之原有七，不練之失有六，雖練無益之弊有四。」又言：「兵形象水，水因地而制流，兵因地而制勝。薊之地有三：平原廣陌，内地百里以南之形也；半險半易，近邊之形也；山谷仄隘，林薄蓊翳，邊外之形也。寇入平原利車戰，在近邊利馬戰，在邊外利步戰，三者迭用，乃可制勝。今邊兵惟習馬耳，未嫻山戰、林戰、谷戰之道也，惟浙兵能之。願更予臣浙東殺手礮手各三千，益以西北馬步軍，專聽臣訓練。」

又言：「臣官爲創設，諸將視爲贅疣，安能展布！」下兵部議，「薊鎮既有總兵，又設總理，事權分，諸將多觀望，宜召還總兵郭琥，專任繼光。」從之，乃命繼光以總兵官鎮守薊州、永平、山海等處，而浙兵止弗調。【考異】據明史繼光本傳，繼光以去年五月總理薊鎮練兵事，其至鎮當在夏秋間，從信録記授繼光總兵于是年之正月者近之。惟請調浙兵，至此尚未行，今分書之。

3 二月，庚辰，免陝西被災秋糧。

4 戊子，罷中官閱視京營。

故事，京營兵每三年遣司禮太監一人閱視，至是及期，兵部以請，上曰：「今年朕將大閱，其罷遣，且著爲令。」

5 庚子，祭朝日壇。

6 是月，戶部尚書馬森罷。

森初涖部，會登極詔書蠲天下田租之半，太倉歲入不支，而京、通二倉積貯無幾，乃條上錢穀出入之數，勸上節儉。上責令措置，森奏：「祖宗舊制，河、淮以南，以四百萬供京師；河、淮以北，以八百萬供邊；一歲之入，足供一歲之用。後邊陲多事，支費漸繁，一變而有客兵之年例，再變而有主兵之年例。其初止三五十萬耳，後漸增至二百三十餘萬。屯田十虧七八，鹽法十折四五，民運十逋二三，悉以年例補之。在邊則士馬不多于昔，在太倉則輸入不益于前，而所費數倍。重以詔書蠲除，故今日告匱，視往歲有加。臣所區畫，算及錙銖，不過紓目前急，而于國之大體，民之元氣，未及深慮。願廣集衆思，令廷臣各陳所見。」疏入，報聞而已。

已，上命中官崔敏發戶部銀六萬市黃金，森持不可，且言：「故事，御札皆由內閣下，無司禮徑傳者。」事乃止。既，又以購寶珠，力爭不聽。至是，以母老乞終養，許之，賜馳驛歸，歸後遂屢薦不起。

森既去，改南京户部尚書劉體乾于北部代之。【考異】據明史七卿表及馬森、劉體乾本傳，森任户部在元年六月，罷在三年二月，體乾代之。體乾之罷在四年七月，而諸書所記，脱去馬森，且誤記體乾之罷于二年。蓋二人以取銀購珠寶得罪，大略相同，遂因之舛誤。明史年表具有月日，而傳中前後代罷分明，今悉據正史書之。

7 三月，甲子，太白晝見，凡二十二日。

8 戊辰，廣賊曾一本陷碣石衛，叛將周雲翔等殺參將耿宗先，遂亡入賊中，詔廣東總兵官郭成等渡海擊之。【考異】據明史本紀「裨將周雲翔殺參將耿宗先，叛附于賊。」郭成附傳同。三編云「裨將周雲翔、參將耿宗先，叛附于賊」，蓋「雲翔」下脱「殺」字也，今據明史。「先」，傳作「元」。

9 是月，上免喪，臨朝，未嘗發言。給事中吴時來上保泰九劄：「一致戒懼，二端遊幸，三戒嗜好，四發綸音，五習奏事，六嚴票旨，七慎傳奉，八弘虚受，九禁誣指。」其言戒嗜好，謂「聲色玩好，最易溺人，小人借之固寵，人主以之喪邦」。言嚴票旨，謂「宜專責之閣臣」。言慎傳奉，謂「宜禁内批之假借」。言禁誣指，則援「趙文華之殺李默，胡膏之殺楊允繩，杜泰之殺馬從謙，在今日尤不可測，宜痛懲之以安善良。」蓋指滕祥等也。疏入，報聞。

10 夏，四月，己丑，總兵官雷龍襲套寇于塞外，敗之。時濟農部率精騎西掠，留餘衆于套中，龍乘間擣其巢，斬首百餘級。【考異】明史本紀言

「河套部」，據典彙所載，即濟農也。濟農本居河西。

11 乙未，遣官録囚。

12 是月，遼陽副總兵李成梁，擊諳達別部于夾河山城，殲其卒百六十有奇，餘衆遠徙，遂空其地。成梁以功進秩一等。【考異】據明史李成梁本傳，言「張擺失等屯塞下」，蓋亦諳達之別部也。夾河山城，參通紀所記書之。

13 五月，庚戌，廣東總兵官郭成敗曾一本之衆于平山。

時賊踞平山大安峒，將寇海豐，成偕南贛諸軍夾擊之，斬首千三百餘級，生縶叛將周雲翔，斬以徇，獲被掠通判潘槐而下六百餘人。

14 甲寅，杖御史詹仰庇于廷。

先是正月，中官製烟火，延燒禁中廬舍，仰庇請按治，左右近習多切齒者。

上頗耽聲色，陳皇后微諫，上怒，出之別宮，外庭皆憂之，莫敢言。仰庇入朝，遇醫禁中出，詢之，知后寢疾危篤，即上疏言：「先帝慎擇賢淑，作配陛下，爲宗廟社稷内主，陛下宜遵先帝命，篤宮闈之好。近聞皇后移居別宮，已近一載，抑鬱成疾，陛下略不省視，萬一不諱，如聖德何！臣下莫不憂惶，徒以事涉宮禁，不敢頌言。臣謂人臣之義，知而不言當死，言而觸諱亦當死。臣今日固不惜死，願陛下采聽臣言，立復皇后中宮，時加慰問，臣雖死賢于生。」上手批答曰：「后無子多病，移居別宮，聊自適以冀却疾。爾何知内庭事，顧妄言！」仰庇自分得重譴，同列亦危之。及旨下，中外驚喜過望，仰庇益感奮。

亡何，巡視十庫，疏言：「内官監歲入租稅至多，而歲出不置籍。按京城内外園廛場地，隸本監者數十計，歲課皆屬官錢；而内臣假上供名，恣意漁獵，利填私家，過歸朝宁。乞備覈宜留宜革并出入多寡數，以杜奸欺。再照，人主奢儉，四方係以安危。陛下前取户部銀，用備緩急；今如本監所稱，則盡以創鰲山，修宫苑，製鞦韆，造龍鳳艦，治金櫃玉盆，群小因乾没，累聖德，虧國計。望陛下深省，有以玩好逢迎者，悉屏出罪之。」宦官益恨。

故事，諸司文移往還及牧民官出教用「照」字，言官上書無此體，宦官因指「再照人主」語爲大不敬。上怒，下詔曰：「仰庇小臣，敢照及天子！且狂肆，屢不悛。」遂廷杖百，除名，并罷科、道之巡視庫藏者。南京給事中駱問禮、御史余嘉詔等疏救，且言「巡視官不當罷」，不納。

仰庇爲御史僅八月，數進讜言，竟以獲罪。【考異】據明史馬森、周弘祖等傳，命購珠寶在二年之冬，正仰庇爲御史時也。傳言仰庇爲御史僅八月，昭代典則悉載其所上數疏，皆系之二年。其諫製烟火事在本年正月，見明史本傳中，而典彙又誤書于二年之正月。其實仰庇之任御史不過八月，則其所上諸疏皆在二年冬以後，且馬森之罷在今年二月，尤可證也。今參明史本傳年月，並本紀甲寅日書之。

15 閏六月，真定、保定及山東、浙江、江南俱大水。

16 是夏，大理丞海瑞以右僉都御史巡撫應天十府。瑞威望夙著，屬吏聞其至，墨者多自免去。有勢家朱丹其門，恐瑞見，即黝之。中人監織造者，爲減輿從。

17 以光録卿靳學顔巡撫山西。學顔應詔陳理財，凡萬餘言，而言選兵、鑄錢、積穀最切。其略曰：「宋初禁軍十萬，統天下諸路亦不過十萬，其後慶曆、治平間，增至百餘萬，然其時財用不詘。何者？宋雖增兵而天下無養兵費。我朝以民養兵，而新軍又一切仰太倉，舊餉不減，新餉日增，費一也；周豐鎬，漢西都，率有其名而無其實，我朝留都之設，建官置衛，坐食公帑，費二也；唐、宋宗親，或通名仕版，或散處民間，我朝分封列爵，不農不仕，吸民膏髓，費三也。

其尤耗天下之財者曰兵。有邊兵，有京兵，有留都兵，有腹内衛、所兵，此四者，坐食同而緩急則異。其目曰見伍，曰招募，曰徵調，曰清勾，曰充發。五者之中，見伍、招募，不可已也；清勾、充發，按册則可稽，責效則無實；徵調以資擺邊而虚彼實此，徒費齎送。山東義勇，諸省民壯，原非祖制，今乃供勾攝掃除之役。請徵其餉以實邊儲，而京兵之不可汰者，亦宜責以輪番戍守之法。京師去宣府、薊鎮纔數百里，京營九萬卒，歲以一萬戍二鎮，九年而一周，未爲苦也。夫京卒戍薊鎮，則延、固之費可省；戍宣府，則宣府、大同之氣自張；寇畏宣、大制其後，京卒當其前，則仰攻深入之事鮮矣。

臣又覩天下之民，皇皇以匱乏爲慮者，非布帛五穀不足也，銀不足耳。夫銀，寒不可衣，饑不可食，不過貿遷以通衣食之用，獨奈何用銀而廢錢？錢益廢，銀益獨行；獨行則藏益深而銀益貴，貨益賤，而折色之辦益難。豪右乘其賤收之，時其貴出之，銀積于豪右者愈厚，行于天下者愈少，更踰數十年，臣不知所底止矣。錢者，泉也，不可一日無。計者謂「錢法之難有二，利不讎本，民不願行」，此皆非也。夫朝廷以山海之産爲材，以億兆之力爲工，以賢士大夫爲役，何本之費？誠令民以銅炭贖罪，而匠役則取之營軍，一指麾間，錢偏天下矣。至不願行錢者，獨奸豪爾。請自今，事例、罰贖、徵稅、賜賚、宗祿、官俸、軍餉之屬，悉銀錢兼支，上以是徵，下以是輸，何患其不行哉！

臣又聞，中原者，邊鄙之根本也；百姓者，中原之根本也。民有終身無銀，而不能終歲無衣，終日無食。今有司夙夜不遑者，乃在銀而不在穀，臣竊慮之。

國家建都幽燕，北無郡國之衛，所恃爲腹心股肱者，河南、山東、江北及畿内八府之人心耳。其人率鷙悍而輕生，易動而難戢，游食而寡積者也，一不如意，則輕去其鄉，往往一夫作難，千人響應，前事已屢驗矣。弭之之計，不過曰恤農以繫其家，足食以繫其身，聚骨肉以繫其心。今試覈官廩之所藏，每府得數十萬，則司計者安枕可矣；得三萬焉，猶足塞轉徙者之望；設不滿萬，豈得無寒心？臣竊意不滿萬者多也。

臣近者疏請積穀，業蒙允行，第恐有司從事不力，無以塞明詔。敢即臣説申言之：其一曰官倉發官銀以糴也；一曰社倉收民穀以充也。官倉非甚豐歲不能舉，社倉雖中歲皆可行。唐義倉之開，每歲自王公以下皆有(人)〔入〕。宋則準民間正稅之數，取二十分之一以爲社。誠倣而推之，就(士)〔土〕俗，合人情，占歲候以通其變，計每歲二倉之入以驗其功，著爲令，而歲歲修之，時其豐歉而斂散之。在官倉者，民有大饑則以振；在民倉者，雖官有大役，亦不聽貸借；此藏富于民，即藏富于國也。

今言財用者，不憂穀之不足而憂銀之不足。夫銀實生亂，穀實弭亂；銀之不足而泉貨代之，五穀不足，則孰可以代者哉？故曰明君不寶金玉而寶五穀。伏惟聖明垂意。」

疏入，下所司議，卒不能盡行也。【考異】語見明史學顔本傳。諸書皆系之六月，今並列之是夏。

18 秋，七月，壬午，河決沛縣，自考城、虞城、曹、單、豐、沛抵徐州，俱罹其害。漕舟二千餘，皆阻邳州不得進。

總理河道都御史翁大立以聞，户部「請敕河道諸臣疏濬支渠以通茶城及秦溝濁河口之淤塞」，從之。

19 乙酉，詔天下有司修積穀備荒之政。

20 壬辰，遣使振沿河被災州縣，從河道都御史翁大立之請也。

先是河決，户部議，「請以淮揚商税及撫、按贓罰銀備振，發倉粟以卹貧民」，至是大立又請「漕艘後至者貯粟徐州倉，平價出糶」，詔許以三萬石賚民。

大立以下民昏墊、閭閻愁困之狀，上莫能周知，乃繪圖十二以獻，且言：「時事可憂，更不止此。東南財賦區，而江海泛溢，粒米不登京儲，可慮一也；邊關千里，悉遭洪水，墩堡傾頹，何恃以守？可慮二也；畿輔、山東、河南，霪雨既久，城郭不完，寇盜無備，可慮三也；江海間颶風鼓浪，舟艦戰卒，悉入波流，海防可慮，四也；淮、浙鹽場，鹹泥盡没，竈户流移，商賈不至，國課可慮，五也。乞陛下以五患、十二圖付公卿博議，速求拯濟之策。」

上留圖備覽，下其奏于所司。户部請「先發太倉銀三萬兩，選差司官往災重處亟行振濟」，從之。

21 八月，壬寅，祭夕月壇。

22 癸丑，廣東賊平。

初，詔俞大猷會閩、廣兵剿賊，時曾一本由海道犯福建，總兵官李錫出海禦之，與大猷遇賊于柘林澳，三戰皆捷。賊遁馬耳澳，復戰。會廣東總兵官郭成破平山之賊，率參將王詔等以師會，次萊蕪澳，分三哨進。一本駕大舟力戰，諸將連破之，燬其舟。詔生禽一本及其妻，斬首七百餘，死水火者萬計。

時廣盜蠭起，潮州諸屬邑賊巢以百數，郭明據林樟，胡一化據北山洋，陳一義據馬湖，前後剽劫二十載。成督諸軍擊殺明等，斬首千三百有奇，而一本最强。至是兩省協力平之，而錫功尤鉅云。

23 壬戌，以禮部尚書趙貞吉兼文淵閣大學士，預機務。

貞吉前佐户部，以忤嚴嵩罷。上改元，起禮部侍郎，掌詹事府，尋改充日講官。貞吉年踰六十，而議論侃直，進止有儀，上深注意焉，及是遂命入閣。貞吉奏言：「朝綱邊務，一切廢弛，臣欲捐軀任事，惟陛下主之。」上益大喜。

24 丁卯，振南畿、浙江、山東災。

時三省皆被水，户科給事中劉繼文，請發帑遣官分振，並發臨、德二倉粟米，又以禮科給事中黃才敏請，再發德州倉見積米二萬石以振災民。【考異】劉繼文、黃才敏之請，三編據實録增入，今從之。

25 九月，丙子，諳達犯大同，掠山陰、應州、懷仁、渾源等處。時總督陳其學以捷聞，爲御史燕如宦所發，兵部僅議貶秩；輔臣趙貞吉爭之，事竟已。

26 辛卯，大閲武于教場，上戎服登壇，分别將領及侯、伯、錦衣中射等第，賞罰有差。大閲久不行，至是以爲曠典，百官稱賀。【考異】辛卯係九月日分，明書誤入之八月，今據本紀。

27 是月，黃河既決，淮水復溢，自清河縣至通濟閘，抵淮安城西，淤三十餘里，決方、信二壩出海，平地水深丈餘。而山東沂、莒、郯城之水，又由沂河、直河溢出邳州，人民多溺死。河道都御史翁大立奔走經營，請大行振貸，從之。【考異】語見明史翁大立附傳中。證之明史五行志，乃九月事，皆據奏報月日也，今從之。

28 冬，十月，辛丑朔，彗星見天市垣，東北指，凡二十日而滅。

29 十一月，甲戌，祀天于南郊。

30 庚辰，京師地震有聲。詔百官修省三日。時山西亦震。

31 癸巳，雨木冰。

32 是月，禮部尚書高儀罷。儀掌禮部四年，遇事秉禮循法，甚稱職。引疾章六上，皆慰留。會御史傅寵以先帝時撰文叩壇事劾儀，儀四疏求去，乃加太子少保，馳傳歸。踰月，以禮部尚書掌詹事府事殷士儋代之。

33 十二月，己亥，命廠衛刺部院事。上以災異頻仍，由部院政事不平所致，令廠衛密訪以聞。于是尚書毛愷、侍郎萬士和等皆自劾求去，上慰留。給事中舒化等上言：「祖宗設廠衛，令捕盜緝奸，非以察百官也。制馭百官，乃天子之權；而奏核諸司，責在臺諫。今陛下委之廠衛，廠衛必託之番校，此輩貪殘，恐開羅織之門，不可不慎。」上不從。已而事竟寢。

34 庚申，召高拱復入閣。拱性强直自遂，頗快恩怨。及再入閣，盡反徐階所爲，凡先朝得罪諸臣，以遺詔録用、贈卹者，一切報罷。且言：「明倫大典頒示已久，今褒顯議禮諸臣，將使獻皇在廟之靈何以爲享？先帝在天之靈何以爲心？而陛下歲時入廟何以對越二聖？」上深然之。時歐陽一敬方擢太常少卿，聞拱再起柄政，懼，即日告歸，半道以憂死。胡應嘉屢遷參議，憂歸，聞拱再相，亦驚怖而卒。

35 乙丑，下尚寶寺丞鄭履淳于獄。

履淳，故尚書曉子也。疏言：「頃年以來，萬民失業，四方多故，天鳴地震，災害洊臻，正陛下宵旰憂勤時也。今最急莫如用賢，陛下御極三年，曾召問一大臣，面質一講官，賞納一諫士，以共畫思患豫防之策乎？高亢睽孤，乾坤否隔，忠言重折檻之罰，儒臣虚納牖之功；宮闈違脱珥之規，朝陛拂同舟之義；回奏蒙譴，補牘奚從！内批徑出，封還何自？紀綱因循，風俗玩愒；功罪罔核，文案徒繁；閹寺潛爲厲階，善士漸以短氣；言涉宮府，肆撓多端；梗在私門，堅持不破。萬衆惶惶，皆謂群小侮常，明良疏隔。自開闢以來，未有若是而永安者。伏願奮英斷以決大計，勿爲小故之所淆；弘濬哲以任君子，勿爲褻昵之所惑；移美色奇珍之玩而保瘡痍；分昭陽細務之勤而和庶政；拔用陸樹聲、石星之流，嘉納殷士儋、翁大立諸疏。經史講筵，日親無倦；臣民章奏，與所司面相可否。萬幾之裁理漸熟，人才之邪正自知。察變謹微，回天開泰，計無踰此。」

疏入，上大怒，杖之百，繫刑部獄數月。刑科給事中舒化等以爲言，乃釋爲民。

36 是月，吏部尚書楊博致仕。

初，博爲給事中胡應嘉所劾，連疏乞休，並慰留；後以諫幸南海子忤旨。未幾，御史詹仰庇以直言罷,博争之;屯鹽都御史龐尚鵬被論,博議留;皆不聽。至是遂引疾求罷。尚書劉體乾上章乞留,不報。博既罷,詔以大學士高拱兼掌吏部事。

37 是冬,免兩畿、山東、浙江、河南、湖廣被災稅糧。

38 初設廣西巡撫。

廣西舊以總督兼巡撫,至是以古田亂,朝議專設巡撫,乃擢江西按察使殷正茂以右僉都御史爲之。

初,弘治間,古田賊首韋朝威作亂,平之。事見弘治五年、六年。嘉靖間,其子銀豹與其從父朝猛復叛,遂踞古田,分其地爲上、下六里。銀豹出掠,脅下六里人行,而上六里不預焉。嘉靖末,提督吴桂芳遣典史廖元入上六里撫諭之,諸獞復業者二千人。銀豹勢孤,請降,未幾復猖獗,挾其五子據鳳皇、連水二寨,襲殺昭平知縣魏文端;更自永福入桂林,劫布政司庫,殺參政黎民衷,縋城去,官兵追,不及。臨桂、永福各縣兵群起捕之,得賊黨三十餘人于各山寨中,而首惡未獲。于是朝議大征之,乃有是命。

39 是歲,陝西賊起。

明通鑑卷六十五

江西永寧知縣當塗夏燮編輯

紀六十五起上章敦牂(庚午),盡元黓涒灘(壬申),凡三年。

穆宗莊皇帝

隆慶四年(庚午、一五七〇)

1 春,正月,己巳朔,日有食之。【考異】明史本紀作「乙巳朔」。「乙」字蓋「己」字之誤也。三編及史稿皆作「己巳」,今據改。免朝賀。

辛未,上避殿,詔修省三日。

癸未,復月食。

工科給事中陳吾德言:「歲首日月並食,天之大災,陛下宜屏斥一切玩好,應天以實。」疏入,報聞。

2 是月，倭入廣海衛城，大掠而去。

總督劉燾以戰却聞，給事中温純劾其欺罔。會召燾督京營，置不問。

3 改總督三邊都御史王崇古總督宣大、山西軍務。

崇古在陝七年，數建襲塞功。至是諜報諳達將大舉，乃有是命。

崇古禁邊卒闌出，而縱其素通寇者深入爲間，又撫降番、漢陷寇軍民及西番衛拉特等，一歲中降者踰二千人。【考異】據明史崇古本傳，以嘉靖四十三年總督三邊。傳言「在陝七年，以是年正月改督宣大、山西。」今據書之，爲巴噶奈濟歸降張本。

4 二月，己亥，大學士趙貞吉兼掌都察院事。

初，都御史王廷發給事中張齊取賄事，爲故輔臣徐階修隙。及高拱再相，悉反階所爲，廷慮其報復必及己，乃與刑部尚書毛愷先後乞休以避之。拱以内閣主吏部，貞吉負才好勝，不相下，言于首輔李春芳，亦兼掌院事，自是二人遂有隙。

廷、愷既罷踰年，給事中周芸、御史李純樸復訟齊事，謂「廷、愷阿徐階意，羅織不辜。」下法司議，斥廷爲民，愷奪職，皆高拱主之也。【考異】明史本紀不載。史稿系之是月己亥，正正月考察先後事也。明史七卿表，王廷、毛愷皆以二月致仕，趙貞吉之掌都察院及葛守禮之代毛愷，皆在二月。今據史稿日分，參列傳書之，爲下文貞吉罷相張本。

5 乙丑，更京營制。

時輔臣趙貞吉言：「舊制，內外衛兵分隸五府。永樂末年，因聚府兵北伐，旋師之後，遂結營團操，乃以三千、神機二營附之，因號爲三大營，其實皆五府之兵也。夫五府之兵，因調發而聚之爲營，既歸即當散還各府矣，所以久聚團操而不散者，以當時常有戎嚴征伐之事，故不暇耳。然猶以五軍名營，實未變五府之舊制也。沿至正統末年，變爲十團營矣，弘治間，又加爲十二團營矣，正德間，又增置東、西官廳矣。然舊營之制尚存老家軍之籍，則五營之號未泯，而五府之意猶存也。至嘉靖庚戌，嚴嵩建議于五府之外特設戎政府，括內外兵籍，鑄總督戎政之印而授之仇鸞，于是祖制大壞，而賊臣得肆覬覦之計；向使鸞遲于伏誅，則時事之危，未可測也。鸞誅而以鎮遠侯顧寰代之，寰惟知退讓自守以保勳名，而營制則日弱矣。

臣竊謂分府設將之制未易猝復，而分營統兵之法猶可遵行。蓋將才難得，以一人統十萬之衆，非韓、白不能；以十萬衆分委之數人，則稱職易耳。議將見操官軍分爲左、右、中、前、後五營，各擇一將以分統之，責令訓練，而以文臣巡覈之，加賞罰焉。收戎政府印歸之內府，有事則領敕掛印而命將于閫外，事完則繳敕納印而歸將于營中。是則太阿之柄獨持于上，而輦轂之下常有數萬精兵，可戰可守，隨所用而無不宜矣。」

疏入，詔下廷臣議。尚書霍冀，前與貞吉議不合，頗不然其言，廷臣亦多謂「强兵在擇將，不在變法。」冀等乃上議：「三大營宜如故。惟以一人爲總督，權太重，宜三營各設一大將，而罷總督，以文臣爲總理。」報可。

于是三大營各設總兵一，副將二，其參佐等官，互有增損，各均爲十人。而五軍營兵均配二營，以侯、伯充總兵官，復設文臣三人覈其事。【考異】更京營制，明史本紀二月乙丑。輯覽系之五月，後修三編據實録改入正月，蓋貞吉建議在前，下詔在後也。今仍據本紀系之二月，次于趙貞吉掌都察院之下。

6 是月，兵部尚書霍冀罷。

冀議營制，與趙貞吉不協。會給事中楊鎔劾冀貪庸宜罷。鎔爲貞吉鄉人，冀疑出貞吉意，乃各上疏辨，求去。上不直冀，責令閒住，而慰留貞吉。起故兵部尚書郭乾以代冀。又以毛愷罷，起葛守禮爲刑部尚書。

7 是春，應天巡撫海瑞請開白茆河。

先是瑞蒞吴，首請疏吴淞江下流淤地萬四千丈有奇，工未竣。至是復言：「三吴入海之道，南止吴淞，北止白茆。今吴淞方在挑疏，土人請開白茆，計濬五千餘丈，役夫百六十四萬餘。」又請「開吴淞東西二壩。」並從之。

瑞鋭意興革，民賴其利。而素疾大户兼并，力摧豪强不少貸，一時奸民乘機告訐，故家大姓時有被誣負屈者；又裁節郵傳冗費，士大夫出其境，率不得供頓，由是怨興。都給事中舒化，論「瑞迂滯不達政體，宜以南京清秩處之」，上猶優詔獎瑞。已而給事中戴鳳翔劾「瑞庇奸民，魚肉縉紳，沽名亂政」，遂改南京糧儲。

瑞撫吴甫半歲，小民聞去皆遮留，號泣載道，家繪像祀之。瑞尋履新任，復爲張居正所搆，遂謝病歸。【考異】事見明史瑞傳。瑞以去年六月巡撫應天，傳連書其請濬白茆事。證之河渠志，特書于七年之春，今從之。

8 夏，四月，戊戌，京師地震。

9 丙午，諳達寇大同、宣府，遂及山西，官軍拒却之。【考異】明史本紀「寇大同、宣府」，史稿「寇大同、宣府、山西」，明書則云「敵犯山西」。今據史稿並書之。

10 是月，陝西賊寇四川。

巡撫嚴清以聞，巡按御史王廷瞻劾清縱寇。輔臣趙貞吉言：「賊起鄖、陝，貽害川徼，不宜專責之四川。臣蜀人，深知清約己愛人，省事任怨。今蜀地歲荒民流，方倚清如父母，奈何棄之！」疏奏，不允，命清解官聽調。清遂不出，久之始起。

11 五月，癸酉，下給事中李己于獄。

先是上從中官崔敏言，命市珍寶，已在户科，執奏不從。已偕工科給事中陳吾德復上疏曰：「伏覩登極詔書，罷採辦，蠲加派，且云：『各監局以缺乏爲名，移文苛取，及所司阿附奉行者，言官即時論奏，治以重典。』海内聞之，歡若更生。比者左右近習，干請紛紜，買玉市珠，傳帖數下，人情皇駭，咸謂詔書不信，無所適從。邇時府庫久虛，民生困瘁，司度支者日夕憂危。陛下奈何以玩好故，費數十萬貲乎！敏等獻諂營私，罪不可宥，乞亟譴斥，以全詔書大信。」疏入，上震怒，杖已百，錮之獄中。斥吾德爲民。

12 六月，内閣高拱請重邊方有司之選。其略言：「邊方有司，實兼牧民禦虜之責，宜擇年力精壯才具超卓者除補，不宜付雜流及遷謫者。其課最以三年爲率，比内地加等陞遷或不次擢用，不職者降三級别用或罷斥治罪。」又「請增置兵部侍郎以儲總督之選，由侍郎而總督，由總督而本兵，中外更番，邊才自裕。」又以「兵者專門之學，非素習不可猝應，儲養本兵，當自兵部司屬始；宜慎選司屬，多得智謀才力曉暢軍旅者，久而任之，勿遷他曹，他日邊方兵備督撫之選皆于是取之。更各取邊地之人以備司屬，如銓司分省故事，則題覆情形，可無扞格，並重其賞罰以鼓勵之。」疏入，皆報可，著爲令。

拱練習政體，負經濟才。其在吏部，欲徧識人才，授諸司以籍，使署賢否，誌爵里姓氏，月要而歲會之，倉猝舉用，多得其人。其所經畫多類此。【考異】語見明史高拱本傳，諸書皆系之六月，今參書之。

13 秋，七月，己巳，禁章奏浮詞。

時高拱言：「比來章奏，鋪綴連牘，言多意晦，端緒難尋，反可竄匿事情，支詞假飾，非人臣奏對之體，請嚴加禁約。」從之。

14 戊子，大學士陳以勤致仕。

初，以勤入閣，徐階爲首輔，而高拱方嚮用，朝士各有所附，交相攻，以勤中立無所比。及拱再入，與趙貞吉相軋，張居正復中搆之。以勤與拱舊僚，貞吉其鄉人，而居正則所舉士也，度不能爲解，恐終不爲諸人所容，力引疾乞休。遂進兼太子太師吏部尚書，賜敕馳傳歸。歸六年卒，贈太保，謚文端。

15 乙未，免四川被災稅糧。

16 是月，户部尚書劉體乾罷。

初，詔取太倉銀三十萬兩，體乾言：「太倉銀所存三百七十萬耳，而九邊年例二百七十六萬有奇，在京軍糧商價百有餘萬，薊州、大同諸鎮例外奏乞不預焉。若復取以上供，經費安辦？」又言：「國計絀乏，大小臣工所共知。今所搜括，盡以供無益費。萬一變起倉猝，如國計何？」于是給事中李已、楊一魁、龍光，御史劉思問、蘇士潤、賀一桂、傅孟春交章乞如體乾言，閣臣李春芳等亦以爲言，乃命止進十萬兩。

體乾又奏：「太和山香稅，宜如泰山例，有司董之，毋屬内臣。」忤旨，奪俸半年。至是又乞減承運庫稅額二十萬，爲中官崔敏所格。承運庫又以白劄索部帑十萬，體乾執奏「白劄非體」，竟取之。是時内供已多，數下部取太倉銀，又趣市珍珠黄綠玉諸物，體乾數執争，積忤上意，竟奪官。給事中光懋、御史淩琯等交章請留，不聽。以户部侍郎張守直陞任代之。

17 八月，庚戌，諳達及子錫林阿大舉入寇，宣大告警。

時李春芳雖爲首輔，而政自高拱出。一時京師戒嚴，拱請命侍郎曹邦輔、王遴督師列陣以待，以都御史栗永祿守昌平，護陵寢，起劉燾于天津，守通州倉儲，命總督王崇古、譚綸主進剿機宜，戴才理糧餉，邊境得無事。

18 九月，癸酉，陝西大水，詔州縣發倉廩振濟，並蠲免稅糧。

19 甲戌，河決邳州。

時總督河道翁大立，内召爲工部侍郎，旋改兵部，受代者未至。而山東沙、薛、汶、泗諸水驟漲，決仲家淺諸處，黄河又暴至，茶城復淤。已而淮水亦大溢，自泰山廟至七里溝亦淤十餘里。乃起潘季馴以故官再理河道，未至，而河復決邳州，自睢寧白浪淺至宿遷小河口，淤百八十里，糧艘阻不進。

大立言「比來河患，不在山東、河南、豐、沛而專在徐、邳」，乃議開泇河口以避洪水之險。時部議主塞決口，而大立亦旋罷，事遂中寢。

20 壬午，免北畿及湖廣被災税糧。

21 癸未，諳達犯大同，副總兵錢棟死之。

戊子，錫林阿復犯錦州，總兵官王治道、參將郎得功以十餘騎入敵，死之，乃擢副總兵李成梁爲遼東總兵官。

是時諳達諸部數犯塞下，十年之間，殷尚質、楊照及治道三大將死焉。成梁乃大修戎備，甄拔將校，收召健兒以爲選鋒，軍聲始振。【考異】犯錦州，據明史韃靼傳係「鴻台吉」。李成梁傳作「錫林阿」，三編從之。是時諳達諸部皆在塞下，而錫林阿、鴻台吉皆諳達之子。奏報異文，故明史稿多以寇書之。

22 甲午，罷京營文武提督，仍置總理、協理二臣如舊制。

先是營制屢更，尋改三營總兵官皆爲提督，又設三文臣，亦稱提督，遂有文武六提督，遇事各持意見，旬月不決。給事中温純極言其弊，乃罷之，趙貞吉亦不能争也。

23 譚綸之總督薊鎮也，請與戚繼光專任其事，勿令巡按、巡關御史參預其間。未幾，巡撫劉應節果異議，而巡按御史劉翾、巡關御史孫代又劾綸自專。上用高拱言，悉以兵事委綸，而諭應節等毋撓。

綸乃分薊鎮爲十二路，路置一小將。總立三營，分爲東、中、西三路，以時訓練，互爲犄角，節制詳明。是秋，諸部入寇，獨薊鎮無警。舊調陝西、河南、真定兵防秋，至是悉罷。

24 冬，十月，癸卯，諳達孫巴噶奈濟舊作把漢那吉。求內附，許之。

巴噶奈濟者，諳達第三子替克貝台吉子也。舊作鐵背台吉。幼孤，育于諳達妻伊克哈屯所。舊「伊」作「一」。既長，娶必濟，舊作比吉。不相得，復自聘鄂爾多斯女，舊作襖兒都司。號三娘子，即諳達外孫女也。諳達見其美，奪之，巴噶奈濟恚，率屬十餘人來歸。大同巡撫方逢時告總督王崇古曰：「機不可失也。」率五百騎往受之。

崇古上言：「巴噶奈濟來歸，非擁衆内附者比，宜給官爵，豐館餼，飾輿馬，以示諳達。諳達急，則令縛送板升諸叛人，不聽，即脅誅巴噶奈濟牽沮之；又不然，因而撫納，如漢置屬國居烏桓故事，使招其故部徙近塞。諳達老且死，鴻台吉立，則令巴噶奈濟還，以衆與台吉抗，我按兵助之，此安邊之良策也。」

奏至，朝議紛然，高拱、張居正力主崇古議。丁未，詔授巴噶奈濟爲指揮使。

25 壬戌，詔考察給事中、御史。

先是御史葉夢熊因論受降，引宋郭藥師、張瑴事爲喻，遂忤旨。而自鄭履淳、詹仰庇、李已、陳吾德等數以言事得罪，上頗惡之，乃有是命。

時高拱掌吏部，趙貞吉掌都察院事，皆主考察。貞吉因上言：「陛下嚴諭考覈言官，並及陞任在籍者。應考近二百人，其中豈無懷忠報主謇諤敢言之士？今一以放肆奸邪罪之，竊恐所司奉行過當，忠邪不分，致塞言路，沮士氣，非國家福也。」上不從。

時拱考察多挾私憾，以貞吉得其情，憾甚。至是屆考察，拱欲去貞吉所厚者，貞吉亦持拱所厚以解，于是斥者二十七人，而拱所惡者咸預焉。拱意猶未慊，乃謀去貞吉以快其私，貞吉遂不安于其位云。

26 是月，改議方士王金等罪。

初，法司坐金等子弒父律，論死繫獄。及高拱再入閣，欲歸罪徐階，乃復上疏曰：「人君隕于非命，不得正終，其名至不美。先帝臨御四十五載，得歲六十有餘，末年抱病，經歲上賓，壽考令終，曾無暴遽。今乃謂爲王金等所害，誣以不得正終，天下後世視先帝爲何如主？乞下法司改議。」

于是刑部尚書葛守禮等言：「金妄進藥無事實，但習故陶仲文術，左道惑衆。應坐爲從律編戍。」給事中趙奮言：「法司爲天下平，昔則一主于入而不爲先帝地，今則一主于出而不恤後世議。罪有首而後有從，金等爲從，孰爲首？將以陶仲文爲首，則仲文死已久。爲法如此，陛下何賴哉！」疏入，報聞，由是金等竟從末減。

拱再出，專與階修隙，所論皆欲以中階，重其罪，賴上仁柔，弗之竟也。【考異】王金等之獄，法司論死在元年，改議遣戍則在四年，蓋高拱再入閣後也。通紀牽連並記于元年法司議下，然其言「刑部尚書葛守禮會多官鞫于午門外」，則是年守禮任刑尚後事也。守禮以二月起刑尚，十一月改左都御史，而十月當朝審之期。證之佞幸傳，特書王金等減死戍邊于四年之十月，今從之。

27 釋給事中李己于獄。

己以争珍寶事得罪繫獄，刑科給事中舒化等請釋己。刑部尚書葛守禮等，因言：「朝審重囚，情可矜疑者，咸得末減。己及内犯張恩等十人讞未定，不列朝審中，恐瘐死犴狴，有累深仁。」上乃釋己，而恩等繫如故。法司以恩等有内援，欲借以脱己。及己獨釋，咸翕然稱上仁明。【考異】語見明史李己附傳。諸書多系之八月，據舒化等論救月分也。證之刑部奏稱朝審期，則釋己當在十月朝審時，今據之。

28 十一月，乙丑，太白晝見，凡三日。

29 丁丑，諳達乞封貢。

先是巴噶奈濟内附，諳達方西掠土番，聞之，急引還，約諸部入寇。王崇古檄諸道嚴兵禦之，敵不得利。

伊克哈屯思其孫，日夜哭，諳達患之，使來請命。巡撫方逢時遣譯者鮑崇德往，令縛送板升諸叛人以易巴噶奈濟。崇德入其營，諳達盛氣待之。崇德曰：「朝廷待爾孫甚厚，今稱兵，是速之死也。」諳達疑其孫已死，聞言心動，使使詷之，崇古令巴噶奈濟緋袍金帶見使者，諳達喜過望。崇德因說之曰：「趙全等旦至，巴噶奈濟夕歸。」諳達因屏人語曰：「我不爲亂，亂由全等。天子若封我爲王，長北方諸部，孰敢爲患？即死，吾孫當襲封，彼衣食中國，忍背德乎！」遂遣使致書逢時。而全方慫慂用兵，諳達又惑之。全嘗投書逢時，欲歸中國，逢時以示諳達，始有執全意。

錫林阿奄至大同，逢時以巴噶奈濟箭示之，錫林阿執箭泣曰：「此吾弟替克貝台吉故物也。我來求巴噶奈濟，今既授官，當更計之。」會諳達召錫林阿還，錫林阿遂引去

于是諳達遣使偕崇德來乞封，請互市，且定縛送全等之約。崇古以聞，詔悉許之。

30 己卯，祀天于南郊。

舊制，郊畢行慶成宴，自世宗倦勤，久不舉，上即位三載，亦未及行，至是禮部尚書殷士儋始考定舊儀行之。

31 乙酉，大學士趙貞吉罷。

高拱謀去貞吉，嗾門生給事中韓楫劾其庸橫及考察有私狀。貞吉疏辨，乞休，且言：「臣自掌院務，僅以考察一事與拱相左。其他壞亂選法，縱肆作奸，昭然耳目者，臣噤口不能一言，有負任使，真庸臣也。若拱者，斯可謂橫也已。臣放歸之後，幸仍還拱内閣，毋令久專大權，廣樹衆黨。」疏入，竟允貞吉去，而拱握吏部權如故。

貞吉名輩居拱及張居正先，而進用在後，卒齟齬以去。歸十二年，以萬曆十年卒。贈少保，謚文肅。

32 己丑，以禮部尚書殷士儋兼文淵閣大學士，預機務。

士儋與陳以勤、高拱、張居正，並裕邸舊臣，三人皆柄用，士儋仍尚書，不能無望。拱惡其不親己，不爲援，士儋遂藉太監陳洪力，取中旨入閣。

33 是月，陞禮部侍郎潘晟爲本部尚書，改刑部尚書葛守禮左都御史，以南京户部尚書劉自强代之。

34 十二月，丁酉，諳達執叛人趙全等九人來獻，詔王崇古遣使送巴噶奈濟歸。巴噶奈濟猶戀戀，感泣再拜去。

乙卯，磔趙全等于市。上以罪人既得，行受俘禮，祭告郊廟。加王崇古太子少保、兵部尚書，總督如故，方逢時以下陞賞有差。

五年（辛未、一五七一）

1 春，正月，己丑，京師大風，揚塵四塞。

2 是月，大學士李春芳言：「先朝故事，東宮未出閣時，閣臣以朔望次日行謁見禮，不惟臣等獲遂瞻仰之私，而東宮亦藉以嫻習禮儀，養成儲德。即今春和，乞舉行如例。」上許之，命以二月二日謁見。

3 二月，甲午，廷臣及朝覲官謁皇太子于文華左門。

4 己未，封皇子翊鏐爲潞王。——翊鏐，上第四子也。

5 是月，謫御史汪文輝爲寧夏僉事。

時內閣高拱兼掌吏部，權勢烜赫，其門生韓楫、宋之韓、程文、涂夢桂等並居言路，日夜走其門，專務搏擊。文輝亦拱門生，心獨非之，至是疏陳四事，專責言官。其略曰：「先帝末年所任大臣，本協恭濟務，無少釁嫌。始於一二言官見廟堂議論稍殊，遂潛察低昂，窺所向而攻其所忌，致顛倒是非，熒惑聖聽，傷國家大體。苟踵承前弊，交煽並搆，使正人不安其位，恐宋元祐之禍復見于今，是爲傾陷。祖宗立法，至精密矣，而卒有不行者，非法敝也，不得其人耳。今言官條奏，率銳意更張，部臣重違言官，輕變祖制，遷就一時，苟且允覆，及法立弊起，又議復舊。政非通變之宜，民無畫一之守，是爲紛更。

古大臣坐事退者，必爲微其詞，所以養廉恥，存國體。今或掇其已往，揣彼未形，逐影循聲，争相詬病，若市井喧鬨然。至方面重臣，苟非甚奸慝，亦宜棄短録長，爲人才惜。今或搜抉小疵，指爲大蠹，極言醜詆，使決引去。以（凡）〔此〕求人，國家安得全才而用之！是爲苛刻。

言官能規切人主，糾彈大臣，至言官之短，誰爲指之者？今言事論人或不當，部臣不爲奏覆，即憤然不平，雖同列明知其非，亦莫與辨，以爲體貌當如是。夫臣子且不肯一言受過，何以責難君父哉！是爲求勝。

此四弊者，今日所當深戒，然其要在大臣取鑒前失，勿用希指生事之人。希指生事之人進，則忠直貞諒之士遠，而頌成功譽盛德者日至于前。大臣任己專斷，即有闕失，孰從聞之？蓋宰相之職，不當以救時自足，當以格心爲本。

願陛下明飭中外，消朋比之私，還淳厚之俗，天下幸甚。」

疏奏，下所司。拱惡其刺己，甫三日，遂出之外。【考異】文輝一疏，見明史本傳，特書于五年之二月。諸書不載，惟昭代典則入之二月中，今據之。

6 三月，己卯，賜張元忭等進士及第、出身有差。

7 己丑，詔封諳達爲王。

先是巴噶奈濟既歸，諳達及其妻撫之泣，遣使報謝，誓不犯大同。王崇古上言：「朝廷許諳達封貢，諸邊有數年之安，可乘時修備。設彼背盟，吾以數年蓄養之力從事戰守，愈于終歲奔命，自救不暇者矣。」因條上封貢八事：「一議封號；一定貢額；一議貢期；一議立互市；一議撫賞之費；一議招賞之例；一審經權；一戒狡飾。」經權者，謂「各鎮練兵、設險、積餉之務，仍宜預圖。」狡飾者，謂「防敵人陰懷異志也」。

疏入，下廷議。定國公徐文璧、侍郎張四維以下二十二人，以爲可許；英國公張溶、尚書張守直以下十七人，以爲不可許；尚書朱衡等五人言「封貢便，互市不便」；獨僉都御史李棠極言當許狀。

兵部悉上衆議。會上御經筵，閣臣面請「外示羈縻，内修守備。」上然之，乃詔封諳達爲順義王，名所居曰歸化城。

8 是月，起故尚書楊博爲兵部尚書。

時郭乾罷，高拱薦博堪本兵，乃以吏部尚書掌兵部事。【考異】明史七卿表，楊博以五年三月起爲兵部尚書，證之博傳，蓋以吏部尚書掌兵部事，故王弇州于吏、兵二部表中兼載之。所以然者，高拱時兼署吏部，不欲罷，歸之博，而博前長吏部，恐以示貶，故令以吏尚掌兵尚事也。博傳言「拱以六年罷，乃改博吏部」，然則博之始召實吏部尚書，而高拱格之也。今據書之。

9 夏，四月，甲午，河復決邳州。

時茶城至吕梁黄水，爲兩淮所束不得下，乃自靈璧、雙溝而下，北決三口，南決八口，支流散溢。大勢下睢甯，出小河，而匙頭灣八十里正河悉淤。潘季馴請「役丁夫五萬，盡塞十一口，且濬匙頭灣，築縷堤三萬餘丈，以復故道。」報可。

10 辛丑，録囚。

11 己酉，授諳達弟昆都楞、舊楞作力。子錫林阿並爲都督同知，巴噶奈濟拜昭勇將軍，指揮使如故，又授併圖等併圖，即賓菟，譯見前。六十一人指揮以下官，俱從總督王崇古之請也。三編質實，「昆都楞，即婁巴噶，諳達弟也。」按婁巴噶，舊作老把都，輯覽、三編譯改又作婁巴圖，即婁巴噶也。

12 是月，給事中張國彦請復先朝面對舊制，乃奏上嘉靖時閣臣李時所記召對録凡二十九條，詔留覽。

給事中駱問禮因條上面奏事宜。

一言「陛下躬攬萬幾，宜酌用群言，不執己見，使可否予奪皆合天道，則有獨斷之美，無自用之失。」

二言「陛下宜日居便殿，使侍從官常在左右，非嚮晦不入宮闈，則涵養薰陶，自多裨益。」

三言「內閣政事，根本宜參用諸司，無拘翰林，則講明義理，通達政事，皆得其人。」

四言「詔旨必由六科諸司始得奉行，脱有未當，許封還執奏。如六科不封駁，諸司失檢察者，許御史糾彈。」

五言「頃詔書兩下，皆許諸人直言，然所採納者，除言官與一二大臣外，盡付所司而已。宜益廣言路，凡臣民章奏，不惟其人惟其言，令匹夫皆得自效。」

六言「陛下臨朝決事，凡給事左右，如傳旨接奏章之類，宜用文武侍從，毋使中官參與，則窺竊之漸無自而生。」

七言「士習傾危，稍或異同，輒加排陷。自今凡議國事，惟論是非，不徇好惡，衆人言未必得，一人言未必非。則公論日明，士氣可振。」

八言「政令之出，宜在必行。今所司題覆，已報可者，未見修舉，因循玩愒，習爲故常。陛下當明作于上，敕諸臣奮勵于下，以挽頹惰之風。」

九言「面奏之儀，宜略去繁文，務求實用。俾諸臣入而敷奏，退而治事，無或兩妨，斯上下之交可久。」

十言「修撰、編、檢諸臣，宜令更番入直，密邇乘輿，一切言動，執簡侍書。其耳目所不及者，諸司或以月報，或以季報，令得隨事纂輯，以垂勸戒。」

疏奏，上不悅，宦侍復從中搆之，謫楚雄知事。

明年，吏部舉雜職官當遷者。初，御史楊松以劾中官黄雄詐稱詔旨，鐫三秩，謫山西布政司照磨，至是與問禮同在舉中，上曰：「此兩人安得遷！俟三年後議之。」

13 五月，壬戌，廣西古田獞賊平。

初，殷正茂巡撫廣西，奏請集土、漢兵十萬進剿。時有助逆之八寨，勢張甚，正茂奉敕書，先平八寨，次圖古田。正茂欲以剿撫兼施，乃先給榜曉諭，八寨咸聽命。然後分兵七哨，以總兵官俞大猷統之，連破數十巢，蹙之潮水。賊巢極巔，攻十餘日未下，大猷佯分兵擊馬浪賊，而密令參將王世科乘雨夜登山設伏。黎明，礮發，賊大驚，諸軍攀援上，賊盡死。馬浪諸巢相繼下。斬獲八千四百有奇，禽朝猛、銀豹等，百年積寇盡除。

捷聞，進大猷世廕指揮僉事。尋陞古田縣爲永寧州。

14 戊寅，大學士李春芳罷。

初，春芳代徐階爲首輔，務以安静稱上意。同列陳以勤，故端謹，而張居正恃才淩物，視春芳蔑如也。方階罷，春芳嘆曰：「徐公尚爾，我安能久！容旦夕乞身耳。」居正遽曰：「如此，庶保令名。」春芳愕然，三疏乞休，不允。

既而趙貞吉代以勤，剛而負氣。及高拱再入閣，淩春芳出其上，春芳不能與爭，自飭而已。會拱逐貞吉，勢益張，修階故怨，春芳常從容爲階解，拱益不悅。南京給事中王禎，希拱意，疏詆之，春芳求去益力，遂以乞養請。許之，賜敕馳傳歸。

春芳歸，父母具慶，晨夕置酒食爲樂，鄉里榮之。父母没數年乃卒，贈太師，予謚文定。

15 是月，土默特犯遼東。

時諳達就封貢，約束諸部無入犯，西塞以寧。而東部土默特，數擁衆寇遼塞，至是大入。總兵李成梁遇于卓山，麾副將趙完等夾擊，斷其首尾。乘勝抵巢，馘部長二人，斬首五百八十餘級。捷聞，進成梁都督同知，世蔭千户。【考異】卓山之捷，諸書皆系之十二月，據奏捷之月日也。據明史李成梁本傳，其捷在是年之五月，今從之。

16 六月，辛卯朔，京師地震者三。詔百官修省三日。

三編發明曰：天道變于上，人事應于下。古者君臣側修以禳天災，此理之可信者。若祥桑枯，熒惑退，史傳之所載，亦不過欲後之人遇災而懼，設誠而致行之耳。夫機祲之故，既昭著于上天下地，乃欲責報于刻期，揆之于理，已爲難信。將欲虛詞文飾，則天豈可欺！將謂有感必通，何其效之神速若此！且百官果以三日修省而效，則三日之外，其戲渝懈怠，所以召災而致異者，更不知當何如矣。亦何異一暴而十寒耶？

17 甲辰，授河套部長濟農爲都督同知。

先是諳達許封貢，河西套部聞之，亦乞如約請命。兵部議，以「事在陝西，下三邊總督王之誥議」，之誥欲令濟農一二年不犯，方許封貢。

王崇古復上疏言：「諳達、濟農，相爲叔姪，首尾相應。今收其叔而縱其姪，錮其首而舒其臂，諳達必呼濟農之衆就市河東、宣大，商販不能給，而濟農糾諳達擾陝西，四鎮之憂方大矣。」上然其言，復有是命。【考異】明史分吉囊、吉能爲兩人，似以吉能爲吉囊子，三編則統以濟農書之。蓋濟農之與小王子，前後皆非一人，奏報之文，不過以紀部分而已，今悉據三編譯改。

18 丁未，叛獞韋銀豹伏誅。

初，銀豹勢窮，令其黨陰斬貌類己者以獻，殷正茂遂以捷聞。未幾，僉事金柱捕得銀豹，正茂因自劾，詔磔銀豹，而置正茂不問。

19 甲寅，順義王諳達貢馬，上嘉其誠，賜金幣。時定約，貢使不聽入京，皆自邊受之。

上以邊境休息，擇吉告廟，百官稱賀。

20 丙辰，諳達復執趙全餘黨趙宗山等十三人來獻。

21 是夏，詔江西燒造瓷器十二萬有奇，陝西織造羊羢三萬二千二百匹有奇，凡費一百數十萬。言官乞寢之，不聽。【考異】造瓷器，見明史食貨傳。陝西織造羊絨，見昭代典則。明書系之四月，典則系之六月，今統書于是夏中。

22 秋，七月，内閣高拱言：「國家用人，不得官于本土。此惟有民社之責者則然耳。若夫學、倉、驛遞等官，非有民社之責，其官甚卑，其家甚貧，一授遠方，或棄官而不能赴，或去任而不得歸，零丁萬狀，其情可憫。近例，教官得授本省地方，乞推廣之，凡倉、驛雜職，均視此例。」報可。

23 八月，癸卯，許河套互市。先是王崇古以諳達通市請，詔俟秋行之；至是河西亦請如約。崇古奏三鎮悉開貢市，報可。

24 九月，癸未，開三鎮貢市。崇古廣召商販，聽令貿易，因收其稅以充犒賞。秋市既成，凡得諳達馬五百餘匹。其西部則予市，紅山墩暨清水營諸部，皆利漢財物，無不踴躍趨之。自是邊境休息，不用兵革者二十餘年。【考異】據明史王崇古傳，極鋪敘其封貢之功，謂「邊境休息，東起延、永，西抵嘉峪七鎮，數千里軍民樂業，不用兵革，歲省費什七」云云。證以明人所撰通紀、昭代典則諸書，則云「諳達既入貢，邊防大弛，軍餉皆入帥囊。啗寇之外，間以遺京。近邊之卒，餒瘠無復有生理。而板升生齒日繁，强梗無賴，議者憂之。」據此，則通貢互市，不過苟且目前，實亦利害相半，本傳所記，恐非實録。今據輶軺傳節書數語，並識之。

25 是月，詔以故禮部侍郎薛瑄從祀孔子廟廷。

初，御史魏時亮奏請從祀瑄及陳獻章、王守仁，禮部議覆。尋據御史馬三樂等交章請以瑄從祀，許之。——明儒之從祀文廟，瑄獨居首云。【考異】據明史禮志、續文獻通考、明儒學案，文清從祀在隆慶五年。諸書或系之八月，或系之九月，今據昭代典則書之。

26 是秋，建薊鎮敵臺成。

初，嘉靖以來，薊鎮邊牆雖修，墩臺未建，總督譚綸、總兵戚繼光巡行塞上，議建敵臺，略言：「薊鎮邊垣延袤二千里，一瑕則百堅皆瑕。比來歲修歲圮，徒費無益，請跨牆爲臺，睥睨四達。臺高五丈，虛中爲三層。臺宿百人，鎧仗糗糧具備。令戍卒畫地受工，先建千二百座。然邊卒木强，律以軍法將不堪，請募浙人爲一軍，用倡勇敢。」督撫上其議，許之。

浙兵三千至，陳郊外。天大雨，自朝至日昃，植立不動。邊軍大駭，自是始知軍令。至是臺功成，精堅雄壯，二千里聲勢聯接。詔予世廕，賚銀幣。

繼光乃議立車營，每車一輛，用四人推輓，戰則結方陣，而馬步軍處其中。又製拒馬器，體輕便，利遏寇騎衝突。寇至，火器先發，稍近則步軍持拒馬器排列而前，間以長鎗、筤筅，三編質實：「筤筅，兵器名。筅，帚也。戚繼光武藝篇，『狼筅用大毛竹上截，連旁附枝節。節枒杈粗二尺，長一丈六尺，利刃在頂，長一尺，用爲行伍藩籬。』」寇奔則騎軍逐北。又置輜重營隨其後，而以南兵爲選鋒，入衛兵主策應，本鎮兵專戍守，節制精明，器械犀利。薊門軍容遂爲諸邊冠。

27 冬，十月，己亥，河南、山東大水，詔工部：「飭管河官經理上流河防，以備衝決。」

28 是月，楊博至京師，專理兵部，乃陳薊鎮戰守方略，謂：「議者以守牆爲怯，言可聽，實無少效。牆外邀擊，害七利三；牆內格鬥，利一害九。夫因牆而守，是先處戰地而待敵，名守實戰也。臣爲總督，嘗拒打來孫十萬衆，以爲當守牆無疑。」因陳「明應援、申駐守、處京營、諭屬夷、修內治」諸事，上悉從之。

29 十一月，己巳，殷士儋罷。

初，趙貞吉罷，高拱素善侍郎張四維，欲引共政，士儋以內援得入，遂怨拱及四維。四維父擅鹽利，爲御史郜永春所劾，事已解，他御史復及之。拱、四維疑出士儋指，益相搆，嗾御史趙應龍劾「士儋進由陳洪，不可以參大政。」士儋再疏求去，不允，而拱門生都給事中韓楫復揚言脅之。士儋以入閣會楫，面詬楫，並及拱，曰：「若逐陳公、趙公，復逐李公。今又爲四維逐我。若能常有此座耶？」奮臂欲毆之。張居正從旁解，亦誶而對。

于是御史侯居良復劾「士儋始進不正，求退不勇。」士儋再疏請益力，乃賜乘傳歸。家居十一年卒。

30 十二月，辛亥，詔雲南採辦珠寶。

上自即位以來，歲取太倉銀入承運庫供採辦，視嘉靖之末徵求愈急，而中官復趣之，庫藏爲之一竭。

31 是冬，潘季馴罷。

季馴塞決口工竣，以驅運船入新溜，漂没多，爲勘河給事中雒遵所劾，遂坐罷。【考異】雒遵以是冬勘河，見明史朱衡傳。是時季馴工竣待勘，遂被劾也。爲明年復命朱衡經理河道張本。

六年（壬申、一五七二）

1 春，正月，辛未，命工部尚書朱衡兼左副都御史，經理河道。

時雒遵劾罷潘季馴，因言「廷臣可使，無出衡右者」，乃有是命。又以工部侍郎萬恭總理河道。

時翁大立亦爲給事中宋良佐劾罷，大立前以開泇口、就新衝、復故道三策並進，且言其利害各相參。至是衡與恭至，罷泇河，議「專事徐、邳河，因修築長堤，自徐州至宿遷小河口三百七十里，並繕豐、沛大黄堤以通運道」，從之。

2 是月，加高拱柱國，晋中極殿大學士，張居正晋少師兼太子太師，以遼東之捷故也。

3 二月，甲午，皇太子冠禮畢，百官謁太子于文華左門。

4 丙申，倭犯廣東。

初，曾一本之亂，粤中諸盜蠭起，率借倭爲助。于是倭分道犯化州、石城，陷錦囊所，殺千户黄隆。至是又陷神電衛，大掠吴川、陽江、茂名、海豐、新寧、惠來諸縣。于是惠、潮間山賊藍一清、賴元爵爲首，與其黨黄民太、卓子望、曾仕龍等各據險結寨，連地八百餘里，黨數萬人。

詔殷正茂提督兩廣軍務，會廣西巡撫郭應聘、兩廣總兵官張元勳、李錫等大征之。

5 閏月，丁卯，上御皇極門視事，疾作，遽還宫。【考異】明書、通紀所載，謂上執高拱手，有「國有長君，東宫尚幼，及天下甚事不由内官敗壞」等語，皆據高拱自撰病榻遺言。是時帝疾作，遽還宫，拱安得聞此語？而所云「天下事壞于内官」者，明是洩其後爲馮保所搆之憤，而託爲穆宗（迷）〔彌〕留中語，故明史拱傳及三編皆不載。今並删之，而附識于此。

6 乙亥，倭寇高、雷，官軍擊却之。

7 三月，戊子，皇太子出閣講學。

8 庚子，土默特寇長勝堡，守備范芝敗之。復犯清河堡，守備曹簠等又敗之。【考異】明史本紀不具。此據明史稿，但以寇書。而據明史韃靼傳，即土蠻也，今從之。

9 是月，尚寶卿劉奮庸謫外。

初，奮庸侍上于裕邸，及即位，擢是職。已，藩邸舊臣相繼柄用，獨奮庸久不調。大學士高拱，亦故講官也，再起任事，頗專恣，奮庸疾之。

上疏曰：「陛下踐阼六載，朝綱若振飭而大柄漸移，仕路若肅清而積習仍故。百僚方引領以覩勵精之治，而陛下精神志意，漸不逮初。臣念潛邸舊恩，誼不忍默，謹條五事以俟英斷。

一保聖躬。人主一身，天地人神之主，必志氣清明，精神完固，而後可以御萬幾。望凝神定志，忍性抑情，毋逞旦夕之娛，毋徇無涯之慾，則無疆之福可長保也。

二總大權。今政府所擬議，百司所承行，非不奉詔旨，而其間從違之故，陛下曾獨斷否乎？國事之更張，人才之用舍，未必盡出忠謀，協公論。臣願陛下躬攬大權，凡庶府建白，閣臣擬旨，特留清覽，時出獨斷，則臣下莫能測其機而政柄不致旁落矣。

三慎儉德。陛下嗣位以來，傳旨取銀，不下數十萬。求珍異之寶；作鼇山之燈；服御器用，悉鏤金雕玉。生財甚難，靡敝無紀。願察內帑之空虛，思小民之艱苦，不作無益，不貴異物，則國用充羨而民樂其生矣。

四覽章奏。人臣進言，豈能皆當，陛下一切置不覽，非惟虛忠良獻納之誠，抑恐權奸蔽壅，勢自此成。望陛下留神章奏，曲垂容納，言及君德，則反己自修；言及朝政，則更化善治。聽言者既見之行事，而進言者益樂於效忠矣。

五用忠直。邇歲進諫者，或以勤政，或以節用，或以進賢退不肖，此皆無所利而爲之，非若承望風旨，肆攻擊以雪他人之憤；迎合權要，交薦拔以樹淫朋之黨者比也。願恕狂愚之罪，嘉批鱗之誠，登之有位，以作士氣，則讜規日聞，裨益非尠。」

疏入，上但報聞，不怒也。而附拱者謂「奮庸久不徙官，怏怏風刺」，相與詆訾之。給事中涂夢桂，遂劾「奮庸動摇國是」。會給事中曹大埜亦劾拱十罪，詔斥之。給事中程文因奏：「拱竭忠報國，萬世永賴。奮庸與大埜漸搆姦謀，傾陷元輔，罪不可勝誅。」章並下吏部。拱方掌部事，陽爲二臣祈寬。上不許，竟謫大埜乾州判官，奮庸興國知州。

夢桂、文皆拱門生，夢桂極詆奮庸，文則盛稱頌拱，又盡舉大埜奏中語，代拱剖析，士論非之。大埜劾拱，時以爲張居正實使之云。【考異】奮庸、大埜同時劾拱，明史本傳特書于是年之三月，今從之。

10 初，永樂間，罷海運，惟存遮洋一總于登萊，運薊、遼糧。嘉靖二年，以漂糧二萬石，遂停登州衛造船。二十年，總河王以旂以河道梗塞，請循海運。其後遼東巡撫侯汝諒，請試行于天津入遼之路，復爲朝議所沮，卒從給事中胡應嘉言，革遮洋總。去年，徐、邳河淤，給事中宋良佐請復之，存海運遺意。

于是山東巡撫梁夢龍極論海運之利，言：「海道南自淮安至膠州，北自天津至海倉，島人商賈所出入。臣遣卒自淮、膠各運米至天津，無不利者。淮安至天津三千三百里，風便兩旬可達。舟由近洋島嶼聯絡，可保無虞。」詔量撥近地漕糧十二萬石，俾行之。

會山東布政王宗沐擢右副都御史，總督漕運，復上疏曰：「自會通河開濬以來，海運不講已久。臣近官山東，嘗條斯議。巡撫梁夢龍毅然試之，底績無壅。而慮者輒苦風波；夫東南之海，天下衆水之委也，茫渺無山，趨避靡所，近南水暖，蛟（人）〔龍〕窟宅，故元人海運多驚，以其起自太倉、嘉定而北也。若自淮安而東，引登萊以泊天津，是謂北海，中多島嶼，可以避風。又其地高而多石，蛟龍有往來而無窟宅，故登（舟）〔州〕有海市，以石氣與水氣相搏，映石而成，石氣能達于水，以石去水近故也。北海之淺，是其明驗。可以佐運河之窮，計無便于此者。」因條上便宜七事，允行。

是月，宗沐遂運米十二萬石自淮入海，五月抵天津。敘功，與夢龍俱進秩，賜金幣。而南京給事中張焕劾其「漂没八舟，私自糴補」，宗沐疏辨求勘，勿問。【考異】宋良佐請復遮洋總在五年，時王宗沐爲山東布政使，實倡此議。其年，宗沐總督漕運，遂請行之。六年，宗沐運米十二萬石自淮入海。據明史宗沐傳在三月。今參河渠志書之。

11 夏，四月，戊辰，以禮部尚書高儀兼文淵閣大學士，預機務。

儀歸二年，用高拱薦，命以故官侍東宮講讀，掌詹事府，至是遂入閣。

12 是月，以吏部侍郎呂調陽爲禮部尚書，以潘晟致仕也。

13 浙江杭州府有黑眚，見一物蜿蜒如車輪，目光如電，冰雹隨之。

14 五月，壬辰，免廣東用兵諸郡逋賦。

15 上不豫，己酉，大漸，召大學士高拱、張居正、高儀入，受顧命。

時上倚坐御榻，皇后、貴妃咸侍，皇太子立于左。拱等跪御榻下，命宣顧命曰：「朕嗣祖宗大統六年，偶得此疾，遽不能起，有負先皇付託。東宮幼小，朕今付之卿等。宜協心輔佐，遵守祖訓，保固皇圖。卿等功在社稷，萬世不泯。」拱等痛哭，叩首出。

明日，庚戌，帝崩于乾清宮。【考異】據高拱病榻遺言所載，穆宗顧命拱等之語，皆在是年閏二月疾作時。及五月二十五日大漸，召拱等至，穆宗已不能言，則但循例傳顧命之遺詔而已。至閏二月疾作之時，所謂「獨執拱手，款語備至，居正在旁，帝不顧」云云，亦是拱自記之詞。野史多據之，以爲居正嫉拱之張本。明史稿高拱一傳，敘次不明，月日牽混。況穆宗疾作于閏二月，大漸于五月二十五日，相距三月有餘。而傳中所記「執拱手」及「不顧居正」等語，又似大漸之前數日間事，亦與高拱所自記不合。後修明史悉删之，蓋知病榻遺言之不足據也。今悉據明史拱傳，餘詳考證中。

16 是日，傳遺詔，以馮保爲司禮監。

初，保提督東廠，兼掌御馬監事。屬司禮掌印缺，保以次當得之，而閣臣高拱獨薦陳洪，及洪罷，復薦孟沖。保以是怨拱，乃與次輔張居正深相結。

初，拱與居正相友善，並先後入閣。拱方修故輔徐階隙，嗾言路追論不已，階諸子多坐罪，居正從容爲拱言，拱稍心動。而拱客搆居正納階子三萬金，拱以誚居正。居正色變，指天誓，詞甚苦，拱謝不審，兩人交遂離。

會帝不豫，居正欲引保爲内助。帝疾再作，居正密處分十餘事，遣小吏投保。拱知而跡之，吏已入，拱恚甚，面詰居正曰：「密封謂何？天下事不以屬我曹而謀之内豎，何也？」居正面赤，謝過而已。

帝崩以卯刻，忽巳刻，斥司禮監孟沖，而以保代之。蓋保言于兩宫，遂矯遺詔命之也。

禮科給事中陸樹德言：「先帝甫崩，忽有此詔。果先帝意，何不傳示數日前，乃在彌留後？果陛下意，則哀痛方深，萬幾未御，何暇念中官？」疏入，不報。由是拱謀逐保益急。【考異】明史馮保傳，言「保既掌司禮監，遂矯遺詔，命與閣臣同受顧命。」其實大漸詔中已有此語。其揭證之病榻遺言，「二十五日，拱等同受顧命，馮保以白紙揭帖授皇太子稱遺詔，又以白紙揭帖授拱。」其揭帖中已有「付三臣同司禮監協心輔佐」之語，則是次日所傳，仍承前詔言之。所以然者，遺詔係居正所草，時但渾言司禮監而不著其人，拱不悟其意，而以爲孟沖，故不復深詰。及次日傳遺詔，斥孟沖而以保代，拱始悟居正之奸，因有「宦官安得受顧命」之語。史家言居正之密爲處分者以此，蓋已預爲馮保地矣。今但書矯詔授馮保司禮監事，餘悉略之。

17 六月，乙卯朔，日有食之。

18 甲子，太子翊鈞即皇帝位。以明年爲萬曆元年。頒詔赦天下。

19 詔祀建文朝盡節諸臣于鄉，有苗裔者卹録。又建表忠祠于南京，祀徐輝祖、方孝孺等。

20 庚午，高拱罷。

馮保既掌司禮監，又督東廠，總理内外，勢益張。會上登極，保升立御座旁不下，舉朝大駭。拱以主上幼沖，懲中官專政，條奏「請詘司禮權，還之内閣」，又命給事中雒遵、程文合疏攻保，而己從中擬旨逐之。使人報張居正，居正陽諾之，而私以語保。保訴于太后，謂「拱擅權，蔑視幼君」，太后頷之。

至是召群臣入，宣兩宮及上詔。拱意必逐保也，亟趨入，比宣詔，則數拱罪而逐之。拱伏地不能起，居正掖之出，僦騾車出宣武門。居正乃與高儀請留拱，弗許；請得乘傳，許之。拱既去，于是居正遂爲首輔。

21 丁丑，大學士高儀卒。

儀預顧命，及高拱爲張居正所逐，儀已病，太息而已。

儀性簡靜，寡嗜慾。入閣兩月卒，貧無以斂。贈太子少保，謚文端。

22 壬午，以禮部尚書吕調陽兼文淵閣大學士，預機務。

高儀既卒，張居正以調陽弱，薦代之。居正專決，調陽不敢有所持諍，然内不甚附之。

23 是月，改楊博爲吏部尚書。

博以吏部掌兵部，高拱既罷，始還吏部任。又召朱衡自河工還，管工部事，督陵工。

24 秋，七月，丙戌，上大行皇帝尊謚曰莊皇帝，廟號穆宗。

25 丁亥，初通漕運于密雲，從巡撫順天劉應節議也。

先是應節上疏曰：「密雲環控潮、白二水，天設之以便漕者也。向二水分流，至牛欄山始合；通州運艘至牛欄山以上，陸運至龍慶倉，輸輓甚苦。今白水徙流城西，去潮水不二百武；近且疏渠植壩，合爲一流，水深漕便。舊昌平運額共十八萬石有奇，今止十四萬，密雲僅得十萬，惟賴召商一法，而地瘠民貧，勢難長恃。聞通倉粟多紅朽，若漕五萬石于密雲，而以本鎮折色三萬五千兩留給京軍，則通倉無腐粟，京軍沾實惠，密雲免僉商，一舉而三善備矣。」

疏入，從之，于是大濬昌平河運，給長陵等八衛官軍月糧四百萬石。

26 庚寅，考察京官，從輔臣張居正之請也。居正請大計廷臣，藉以斥諸不職及附麗高拱者。

己亥，復戒諭廷臣，詔曰：「近歲以來，士習澆漓，官方刓缺，詆老成爲無用，矜便佞爲有才，遂使朝廷威福之柄，徒爲人臣報復之資。用是薄示懲戒，餘皆曲貸。諸臣宜祓除前愆，共維新政。若溺于故習，背公徇私，獲罪祖宗，朕不敢赦。」于是百僚皆惕息。

27 庚子，尊皇后曰仁聖皇太后，貴妃曰慈聖皇太后。

故事，皇后與天子生母並稱皇太后者，則生母加徽號以別之。馮保欲媚上生母李貴妃，風居正並尊之，居正不敢違，兩宫遂無別。時慈聖居乾清宫，護上起居，内任馮保，而大權悉委之居正焉。

28 是月，起譚綸爲兵部尚書。

綸總督薊遼，會臺功成，予告歸，至是上踐阼，復起用之，代楊博也。

刑部尚書劉自强致仕，召南京兵部尚書王之誥代之。户部尚書張守直致仕，召總督倉場户部尚書王國光回部管事。又起前引病吏部侍郎陸樹聲爲禮部尚書，以吕調陽入閣，代之也。

時張居正當國，以樹聲屢辭朝命，中外高其風節，乃即家起之。及至，居正以後進禮先謁樹聲，樹聲相對穆然，意若不甚接者，居正失望去。

29 八月，戊午，祀大社、大稷。

輔臣張居正奏，「請以是月中旬，擇日御文華殿講讀。」又請「酌定朝講日期，以三、六、九日視朝，餘則御殿日講。」從之，詔「自三、六、九日御門外，餘日皆免朝參。」

30 九月，壬寅，葬莊皇帝于昭陵。【考異】明史本紀書九月甲午，明書則系之壬寅。是月甲申朔，壬寅爲十九日。按從信録載張居正自山陵還，奏云，「十九日寅時奉遷梓宮，行題主禮畢，未時掩元宮。」據此，則明書系之壬寅者是也，今從之。

明史贊曰：穆宗在位六載，端拱寡營，躬行儉約，尚食歲省巨萬。許諳達封貢，減賦息民，邊陲寧謐。繼體守文，可稱令主矣。第柄臣相軋，門户漸開，而帝未能振肅乾綱，矯除積習，蓋亦寬恕有餘而剛明不足者與！

31 冬，十月，丙辰，彗星見東北方，至二年四月乃滅。【考異】見明史稿本紀，而明史本紀及天文志皆遺之。三編據實録系之十月，今從之，仍據史稿日分。

32 己未，命兵部侍郎王遴、吴百朋、汪道昆分閲邊防。遴閲陝西四鎮，百朋宣大、山西，道昆薊遼。

時張居正柄政，遴其同年生，然雅不相能。會議閲邊，請行，事竣，遽移疾歸。

33 辛酉，停刑。

34 丙子，黔國公沐朝弼有罪。

朝弼鎮滇有年，素驕，事母嫂不如禮，奪其兄朝輔田宅，匿罪人蔣旭等，用調兵火符遣人詗京師。朝議罷之，乃以其子昌祚嗣，給半禄，朝弼益怏怏放縱。葬母至南京，都御史請留之，穆宗詔許還滇，毋預滇事。朝弼恚，欲殺昌祚，撫、按交章言狀，並發其殺人、通番諸不法事。張居正請諭其子，使縛以獻；既至，請貸其死，錮之南京。

35 十一月，乙未，徐、邳河工成。賞工部尚書朱衡及河道侍郎萬恭等銀幣。

時正河安流，運道大通，衡上言：「徐、邳爲糧運正道，既多方以築之，則宜多方以守之。請用夫每里十人以防，三里一鋪，四鋪一老人巡視。伏秋水發時，五月十五日上堤，九月十五日下堤。願攜家居住者聽。」詔如議。

至是衡被召，將還，又上疏言：「治河不過濬淺、築堤二策。濬淺之法，或爬，或撈，或逼水而衝，或引水而避，此可人力勝者。然茶城與淮水會，則在清河。茶城、清河，無水不淺，蓋二水互爲勝負，黄河水勝則壅沙而淤；及其消也，淮河水勝則衝沙而通；水力蓋居七八，非專用人力也。築堤則有截水、縷水之異，截水可施于閘河，不可施于黄河。蓋黄河湍悍，挾川潦之勢，何堅不瑕，安可以一堤當之？縷水則兩岸築堤，不使旁潰，始得遂其入海就下之性，蓋以順爲治，非以人力勝水性，故至今百五六十年，爲永賴焉。清河之淺，應視茶城，遇黄河漲落時，輒挑河潢導淮水衝刷，雖遇漲而塞，必遇落而通，無足慮也。惟清江浦水勢最弱，出口處所，適與黄河相值，宜于黄水盛發時，嚴閉各閘，毋使沙淤，若海口則宜加疏濬，毋使積塞。至築黄河兩岸堤，第當縷水，不得以攔截爲名。」疏上，報聞而已。

36 十二月，辛酉，振榆林、延綏饑。

37 甲戌，以大行未朞，罷明年元夕燈火及宫中宴。

38 是月，張居正進帝鑑圖説。大要言：「前史所載興亡治亂之跡，如出一轍。大抵皆以敬天法祖，聽言納諫，節用愛人，親賢臣，遠小人，憂勤惕厲，無不治者，反之則亂。」因屬講官馬自强稽古堯、舜以來有天下之君，撮其善可爲法者八十一事，惡可爲戒者三十六事。善用九，惡用六，陰陽之數也。每一事前繪爲一圖，因取唐太宗「以古爲鑑」之意名之。

疏入，上嘉納之，圖册留覽，仍命宣付史館，以昭君臣交修之盛事。【考異】居正上帝鑑圖説，諸書或系之隆慶六年十二月，或系之萬曆元年正月。三編亦系之明年正月下，蓋連舉將才類記之。其質實言帝鑑圖説乃隆慶六年十二月居正等所進，蓋據實録也，今從之。

明通鑑卷六十六

江西永寧知縣當塗夏　燮　編輯

紀六十六起昭陽作噩（癸酉），盡彊圉赤奮若（丁丑），凡五年。

神宗範天合道哲肅敦簡光文章武安仁止孝顯皇帝

萬曆元年（癸酉、一五七三）

1 春，正月，壬午朔，以大喪，免朝賀。

2 庚子，起妖人王大臣之獄。

大臣者，浙中傭奴，以浮蕩入都，僞爲内侍服，與宮中小豎交暱，竊其牌帽巾服入乾清宮，爲守者所執。詔下東廠究問。

馮保欲緣此以陷故輔高拱，令家人辛儒飲食之，納刃其袖中，俾言「拱怨望，與太監陳洪謀大逆。」遂發緹騎馳械高氏奴，圍拱里第，張居正亦請詰主使。舉朝洶洶，謂且逮拱。吏部尚書楊博、左都御史葛守禮詣居正力解，居正憤曰：「二公意我甘心高公邪？」奮入内，取廠中揭帖投博曰：「是何與我！」揭帖有居正竄改四字曰「歷歷有據」，守禮識居正手跡，笑納諸袖。居正覺，曰：「彼法理不諳，我爲易數字耳。」守禮曰：「回天非相公不能。」居正奏緩其獄。博陰囑錦衣怵大臣吐實，又以拱僕雜稠人中令大臣識别，茫然莫辨也。

會上命守禮偕錦衣都督朱希孝會決加刑，大臣疾呼曰：「許我富貴，乃搒掠我邪？且我何處識高閣老？馮家僕教我。」希孝不敢鞫而罷。保懼，以生漆酒瘖大臣，移送法司，坐斬，拱獲免。由是舉朝多惡保，而不肖者多因之以進。

時有御史上疏言：「深遠之慮，當謹于微。九重深邃，而王大臣歷門抵宫，寂無檢察，此豈細故？其内宦及守衛員役，應從究治。」報可。【考異】明史本紀不具，三編據實録增入之。明史稿書于正月庚子。按從信録據原奏稱「正月十九日早」，是月壬午朔，庚子正十九日也。又按原修三編入之二月，重修據實録改入正月，與明史稿合。

3 二月，癸丑，御經筵，從張居正等請也。

一日，講畢，上問：「建文果出亡否？」居正曰：「國史不載，但故老相傳，披緇雲遊，題詩于田州，有『流落江湖四十秋』句。」上太息，命録詩進，居正曰：「此亡國事，不足觀也，請録皇陵碑及高祖御製集以上，見創業之艱，聖謨之盛」云。【考異】問建文出亡事，諸書皆系之二年。三編據實録入之是年二月御經筵目中，今從之。

三編發明曰：革除之事，在成祖本屬逆施，後嗣自應更定。神宗聞「流落江湖」之句，爲之太息，命録詩以進，慨然有動于中。居正或即可因此爲之表白幽潛，續封加謚，禮亦宜之，且與卹録建文時死節諸臣之舉正相承接。乃僅以泛常規勉之詞，申保治思艱之大旨，而姑置建文逸事于不答。雖有王祖嫡等請復年號之虚文，而一杯麥飯，莫由下等齊民，致使終明之世，廟謚缺如，豈不大可惜哉！王祖嫡請復建文年號事，在萬曆十六年。

4 甲戌，廣西府江叛猺平。

初，府江兩岸，延袤千餘里，諸猺獞窟穴江上，互爲黨援；舊與府江酋長楊公滿等掠荔浦、平樂，執永安知州楊惟執，殺指揮胡翰、千户周濂、土舍岑文及兵民無算。而遷江、來賓諸獞據右江，東掠三水、清遠諸縣，遂入南寧、平南、武宣、來賓等處，殺來賓土吏黄勝及其子四人，又殺明經、諸生王朝經、周松、李茂、姜集等。

隆慶六年，巡撫郭應聘，總督殷正茂，奏請敕總兵官李錫督軍進剿，調集諸土兵數萬，攻破古西巖口笋山及兩峰、黄洞等寨，斬獲賊渠。餘黨竄入仙回、古帶諸山，搜捕殆盡，于是遷江、來賓獞賊悉詣軍前乞降。至是捷聞，賜敕獎賚。

5 三月，丙申，詔舉將才。

時張居正進講帝鑑圖說，至漢文帝勞軍細柳事，因奏曰：「古人言天下雖安，忘戰必危。今承平日久，武備廢弛，文吏箝制弁員，不啻奴隸。夫平日既不能養其精鋭之氣，臨敵何以責其折衝之勇？嗣後將帥忠勇可任者，宜假以事權，俾得展布，庶幾臨敵號令嚴整，士卒用命。」于是乃詔内外官各舉其人以備任使。

6 夏，四月，乙丑，潮、惠賊平。

初，殷正茂總督廣東，檄守巡官畫地分守，而徙瀕海謫戍之民于雲南、川、湖，絶倭鄉導，乃令總兵官張元勳等先後殺倭千餘，遂以次平山賊之乘亂者。

會元勳方率諸將雕剿立功，平肇慶、恩平十三村之賊，惠、潮諸賊頗懼，先後陽乞降。正茂知其詐，徵兵四萬，令參將李誠立、沈思學、王詔、游擊王瑞等分將之，元勳居中節制，數道並進。賊連敗，追至南嶺，擊破李坑，生得賊首卓子望等。曾仕龍據烏禽嶂，阻山而守，元勳佯飲酒高會，出其不意，襲禽之，先後獲大賊首六十一人，次賊首六百餘人，破大小寨七百餘所，禽斬一萬二千有奇。

至是捷聞，上爲告郊廟。進正茂兵部尚書，元勳都督同知，世廕百户。元勳復討斬餘賊千三百有奇，撫定降者，于是巨寇皆靖。【考異】據明史張元勳傳，連破諸賊，皆在隆慶六年。本年正月間，大破曾仕龍等，遂平之，故諸書皆系之二月。本紀系之四月者，據報捷之月日也，今據傳中平賊之本末書之。

7 庚午，旱。諭百官修省，釋重囚。

8 是月，平柳州懷遠叛猺。

懷遠爲柳州屬邑，在右江上游，旁近靖綏、黎平，諸猺竊據久。隆慶時，大征古田，諸猺懼而聽命。知縣馬希武之官，繕城塹，程役過嚴，諸猺遂殺希武及經歷等五人，復反。總督殷正茂奏請遣總兵官李錫、參將王世科統兵進討。

是年正月，錫平府江叛猺還，次長安鎮。會連雨雪，乃退師，益徵浙東鳥銃手、湖廣永順鈎刀手及狼兵數萬人，令世科及參將錢鳳翔、都指揮楊照、戚繼美、故參將亦孔昭、魯國賢六道並進，擊太平、河裏諸村，大破之。連破數寨，斬馘三千五百有奇。而是時永福、永寧、柳城並以賊告，洛容獞又殺典史叛。錫分遣諸將進兵，己率舟師屯理定江，節制諸軍，甫二旬，四道並捷，斬首四千五百有奇，洛容賊首陶浪金等俱伏誅。

捷聞，錫以功進秩二等。巡按御史唐鍊，言「錫一年内破賊二百一十四巢，獲首功一萬二千餘級，宜久其任」，報可。

9 五月，甲申，詔外内官慎刑獄。

10 六月，壬申，淮安水災，詔發倉米六萬石振之。

11 秋，七月，河決徐州之房村。茶城河復淤。

12 八月，癸丑，罷海運。

時海運至即墨，颶風大作，覆七舟，給事中賈三近、御史鮑希顔及山東巡撫傅希摯俱言不便，遂罷之。

13 九月，癸未，湖廣承天、荆州二府水災異常，山東濟南府旱荒，各蠲折振濟有差。

14 丙戌，四川都掌蠻平。

初，成化間，都掌蠻亂，尚書程信、襄城伯李瑾討平之。正德中復亂，馬昊討平之。至隆慶時，其酋阿大、阿二、方三等據九絲山，僭稱王，剽遠近。其山修廣而四隅峭仄，東北則雞冠嶺、都都寨、淩霄峰，鼎峙相連，峻壁皆數千仞。有阿苟者，居淩霄城，【考異】明史作「淩霄峰」。三編據實録改「峰」爲「城」，蓋是時其酋築城據之也。爲賊耳目，威儀出入如王者。

時總兵官劉顯移鎮其地，方被劾罷，巡撫曾省吾奏留之，屬以軍事，又起故將郭成、安大朝爲之佐，調諸土兵，合官軍凡十四萬人往討。至是官軍集敘州，誘執阿苟，攻拔淩霄，進逼都都寨。三酋遣其黨阿墨固守，官軍頓匝月，鑿灘以通漕餉，擊斬阿墨，拔其寨。

阿大自守鷄冠寨，顯令人誘以官，而分兵爲五哨，盡逼九絲城下，乘無備，夜半，腰絙上，斬關入，遲明，諸將畢至。阿二、方三走保牡豬寨。郭成破鷄冠，獲阿大；諸軍攻牡豬，禽方三；阿二走，追獲于貴州大盤山。凡克寨六十餘，獲賊魁三十六，俘斬四千六百級，拓地四百餘里，得諸葛銅鼓九十三。

録功，進顯都督同知。已而剿餘孽，復俘斬千五百有奇。顯復擊西川番，斬其首惡，撫餘衆而還。西陲以寧。三編質實，「九絲山在敘州府興文縣東南，山箐峻深，周圍三十餘里。上有九岡四水，極廣，可以播種。下惟一徑鳥道可通。自宋、元以來，常爲都掌蠻依阻之地，至是據爲巢穴。賊既平，遂改九絲城爲平蠻城，置官兵戍守。」

15 癸卯，停刑。

16 是月，吏部尚書楊博以疾作，三疏乞休，乃聽致仕歸。

博臨事安閒，有識量，出入中外四十餘年，始終以兵事著。初，高拱柄國，欲中徐階危禍，博造拱，力爲解，事獲已。其後張居正逐拱，將周内其罪，博毅然爭之。及興王大臣獄，博與葛守禮詣居正，力爲解；尋于會訊時，陰畫計使校尉、怵大臣改供，事乃白，人以是稱博長者。歸踰年卒，贈太傅，謚襄毅。

以南京右都御史張瀚爲吏部尚書。

17 召總督宣大王崇古入爲戎政、兵部尚書。兵部侍郎方逢時，前以憂歸，至是張居正薦逢時起故官，總督宣大、山西軍務。始，逢時與崇古共定貢市議，及代崇古，仍申明約信。兩人首尾共濟，邊境遂安。

18 冬，十月，成國公朱希忠卒。希忠入直西苑，歷掌後右府都督，提督團營五軍營，加太師，代郊天者三十九。錦衣都督希孝，其弟也，方貴用事，奏請援前例贈王爵，郎中陳有年、給事中陳吾德執争。而馮保竟傳中旨，追贈定襄王，張居正不敢争也。越十年，始以余懋學言奪王爵。

【考異】功臣表，希忠以九月卒，十月封定襄王。今據其追封月分連記之。

19 十一月，庚辰，立章奏考成法。初，諸司章奏，部、院覆行，撫、按勘者，常稽不報。至是張居正言：「近年來章奏繁多，各衙門題覆無虛日，然敷奏雖勤而實效蓋鮮。請申成憲，先酌量道里遠近，事情緩急，定程限，立文簿，月終註銷。撫、按稽遲者，部舉之；部院容隱欺蔽者，六科舉之；六科容隱欺蔽者，閣臣舉之。月有考，歲有稽，則名必中實，事可責成。」從之。自是政體爲肅。

20 己亥，慈寧宮後室火。

21 給事中陳吾德言事，張居正不悦，出爲饒州知府。以建昌王失印事，爲居正客操江都御史王篆，劾其部下失盜，遂謫馬邑典史。御史又劾其菑饒用庫金市學田，遂除名。

22 十二月，己未，以遼東、廣寧、錦州、義州、海州諸處旱災，米價翔踊，詔發太倉銀二萬兩振濟軍士。

23 是月，朵顔察克圖犯塞。舊作長秃。自諳達通款，西鄙烽火寂然，獨土默特徙居察罕，舊作插漢。控弦十餘萬，常爲薊門憂，泰寧、朵顔諸部皆與交通，時叛時服。

是年春，朵顔部長董呼哩舊作董狐狸。及兄子長安舊作長昂。入犯喜峰口，總兵官戚繼光擊敗之，董呼哩乃款關請貢。至是呼哩之弟察克圖復入寇，繼光禽之，于是呼哩、長安率部長親族三百人叩關請罪，呼哩素服叩頭，乞赦察克圖。繼光遣將受降，皆羅拜，獻還所掠邊人，攢刀設誓，乃釋察克圖，許通貢如故。

繼光在鎮，邊備修飭。薊門守甚固，敵無由入，盡轉而之遼，故李成梁獨擅戰功。

24 禮部尚書陸樹聲致仕。

樹聲掌禮部，歲終輒彙奏天下災異，請上「循舊章，省奏牘，慎賞賚，防壅蔽，納讜言，崇儉德，攬魁柄，別忠邪」，詔皆嘉納。而中官不樂樹聲，屢宣詣會極門受旨，且頻趣之，比趨至，則曹司常事耳。樹聲知其意，連疏乞休。居正語其弟樹德曰：「朝廷行相平泉矣。」——平泉者，樹聲別號也。樹聲聞之曰：「一史官去國二十年，豈復希揆席耶！且虛拘何益？」至是請愈力，乃命乘傳歸。辭朝，陳時政十事，語多切中，報聞而已。居正就邸舍與別，問誰可代者，舉萬士和、林燫。比出國門，士大夫傾城追送，皆謝不見。樹聲端介恬雅，翛然物表，難進易退。通籍六十餘年，居官未及一紀。與徐階同里，高拱則同年生，兩人相繼柄國，皆辭疾不出。爲居正所推，卒不附也。已，給廩隸如制。居正用樹聲言，以南京禮部侍郎萬士和代之。樹聲歸，卒不出，年九十七卒。贈太子太保，謚文定。

25 是冬，兵部侍郎汪道昆閱邊。總兵官李成梁請築寬佃等六堡，道昆與巡撫張學顏勘議上，從之。

初，遼陽鎮東二百餘里，舊有孤山堡，巡按御史張鐸，增置險山五堡，然與邊鎮聲援不接。都御史王之誥，奏設險山參將，轄六堡、一十二城，分守靉陽，又以其地不毛，欲移置寬甸，以時絀不果。至是成梁議移孤山、險山堡于寬甸、長甸等處，以據膏腴，扼要害，而邊人苦遠役，出怨言。工甫興，建州都督王杲以索降人不得犯邊塞，殺游擊裴承祖。巡按御史亟請罷役，學顏不可，曰：「如此則示弱也。」即日巡塞上，撫定王台、兀堂諸部，

【考異】沈氏從信録，言「東夷自撫順、開原而北，屬海西者，王台制之；自清河以南，抵鴨緑江，屬建州者，兀堂制之。」證之明史張學顔傳，言「撫順以北，清河以南」，即指二部也。惟本傳但書「王兀堂」，今據增。

俱聽于所在貿易，而諸部利通市，遂不敢争。【考異】築寬佃事，見明史張學顔傳。諸書或系之十月，或系之十二月，今書于是年之冬。其王杲入寇，據傳在是年秋，正築堡前後事。

二年（甲戌、一五七四）

1 春，正月，甲午，詔吏部都察院引天下朝覲官之廉能者，赴皇極門召見，從輔臣張居正之請也。

居正言：「太祖時，每遇外官來京奏事，常召見賜食，訪民間疾苦。雖佐貳雜職，有廉能愛民者，亦特差行人賫敕奬諭，或封内醪金幣以賫之。迨宣、順、成、弘間，亦間舉宴賞之典。茲當考察之初，宜敕禮部仿舊典，具儀注以上。」于是引見浙江左布政謝鵬舉等二十員，面加奬勵，並賜銀幣酒饌。

2 二月，甲寅，振四川被寇諸縣，從巡撫曾省吾之請也。

省吾言：「高、長、筠、珙諸縣，被都掌蠻荼毒最深，請蠲免税糧，仍動支軍前支剩米四萬石振濟。」從之。

3 癸亥，福建長汀縣夜地震，至三更，地裂成坑，凡陷没民居四十餘間。

4 三月，癸巳，賜孫繼皋等進士及第、出身有差。

5 是月，廣東總兵官張元勳討潮州餘賊，平之。

先是潮賊林道乾之黨諸良寶，既撫復叛，襲殺官軍，掠六百人入海。再犯陽江，敗走，乃據潮故巢，居高山巔不出戰。官軍營淤泥中，副將李誠立挑戰，墜馬傷足，死者二百人。賊出掠而敗，走巢固守，元勳積草土與賊壘平，用火攻之，斬首千一百餘級。捷聞，進世蔭一級。

遺孽魏朝義等四巢亦降。尋與閩將胡宗仁共平良寶黨林鳳，于是惠、潮遂無賊。【考異】事見明史元勳本傳。傳特書云「時萬曆二年三月也」。通紀亦系之三月，但記平林鳳事，今據傳本末書之。

6 夏，四月，丙寅，詔内外官行久任法，從給事中張楚城議也。

楚城言：「知縣必歷俸六年乃陞取知府，知州必歷俸六年乃陞遷。間有才不宜于官，官不宜于地者，聽撫、按官量行更易。其藩、臬二司參政、參議等官陞遷，約以三年；在内科、道、部曹陞司、寺，約以六年。下吏部議，張居正善而行之。由是藩、臬、守、令皆得自展。

7 五月，辛丑，奉穆宗神主祔廟。

時禮臣議當祧廟室，禮科給事中陸樹德言：「宣宗于穆宗僅五世，請仍祔睿宗于世廟而宣宗勿祧。」掌詹事府于慎行言：「仁宗以下，必實歷六世，而後三昭三穆始備。孝宗與睿宗兄弟，武宗與世宗兄弟，昭穆同，不當各爲一世。世宗升祔，距仁宗止六世，不當祧仁宗。穆宗升祔，當祧仁宗，不當祧宣宗。」引晉、唐、宋故事爲據，其言辨而覈。並下禮部，部臣議：「宣宗世次尚近，祧之未安。考古者以一世爲一廟，非以一君爲一世。故晉之廟十一室而六世，唐之廟十一室而九世，宋至光宗升祔，增爲九世十二室，以太祖、太宗同爲一世，徽、哲同一世，高、欽同一世也。今自宣宗至穆宗凡六世，上合二祖僅八世。準之宋制，可以無祧，但于寢殿左右各增一室，則尊祖敬宗並行不悖矣。」詔「如舊敕行」，遂祧宣宗。

8 是月，工部尚書朱衡罷。

衡性强直自遂，不爲張居正所喜。至是給事中林景暘劾其剛愎，衡再疏乞休。詔加太子少保，馳傳歸。

9 六月，以户部侍郎郭朝賓爲工部尚書。

10 秋，七月，霪雨，昭陵地陷。【考異】明史本紀及五行志皆不載。三編據實録增，明史稿同，今從之。

11 八月，己巳，振山西災。

時應州、朔州、山陰、馬邑、大同等縣，及安東、中屯、山陰、陽和、高山等衛各以災報，詔蠲振有差。

12 庚午，振淮、揚、徐水災。

是秋，河海並溢。兩淮所轄呂四等場，三編質實：「呂四場在高郵州東百二十里，俗傳以呂仙四至此，故名。」大旱之後，惡風暴雨，江海驟漲，人畜淹没，廬舍傾圮，廩鹽漂蕩，流離饑饉。徐州、揚州等處積雨，海嘯河溢。各蠲振有差。

13 上年河之決房村也，河臣請築堤自窪子頭至秦溝口。給事中鄭岳言：「運道自茶城至淮安五百餘里，自嘉靖四十四年河水大發，淮口出水之際，海沙漸淤，今且高與山等。自淮而上，河流不迅，泥水愈淤，于是邳州淺，房村決，呂、梁二洪平，茶城倒流，皆坐此也。今不治海口之沙，乃自築徐、沛間堤岸，桃、宿而下，聽其所之，民之爲魚未有已時也。」因獻宋李公義、王令圖濬川爬法。詔河臣勘奏，從其言。未幾，淮、河並溢。【考異】明史河渠志，鄭岳上書在河決房村之明年，即是年也。今類書于是秋振淮、徐下。

14 冬，十月，甲寅，決囚。

初，嘉靖末，崇奉玄修，又好祥瑞，遇事輒停刑。上即位，停者再矣，至是審録重囚至四百餘人。張居正言：「縱釋有罪，無以懲惡，請如祖宗舊制，每歲一決囚。」從之。

15 丁卯，上視朝，閱銓選。

16 是月，建州王杲復大舉入寇，遼東巡撫張學顏，總兵官李成梁，檄副將楊騰、游擊王維屏分屯要害，而令參將曹簠挑戰。諸軍四面起，寇敗，大奔，悉聚杲寨。寨地高，杲深溝堅壘以自固，成梁用火器攻之，破數栅，矢石雨下。把總干志文、秦得倚先登，諸將繼之，杲走高臺，射殺志文。會大風起，縱火焚之，先後斬馘千一百餘級，毁其營壘而還。杲大創，不能軍，走匿阿哈納寨。簠勒精騎往，杲走南關，都督王台執以獻，斬之。捷聞，進成梁左都督，予世蔭。張居正第學顏功在總督楊兆上，晉兵部侍郎。【考異】王杲之誅，事見明史張學顏傳，書是年之冬。李成梁傳書於十月，今從之。

17 十二月，壬子，内閣張居正及吏部尚書張瀚等奏上御屏，繪天下(彊)〔疆〕域，旁列公侯而下、郡守以上文武群臣姓名。詔設于文華殿後，以便省覽。

18 閏月，庚寅，罷明年元夕燈火。

19 是歲，倭犯浙東寧、紹、台、温四郡。其冬，又陷廣東銅鼓衛、雙魚所，總兵官張元勳大破之儒洞，俘斬八百餘級。元勳時以平山盜功進署都督同知，至是進秩爲真。【考異】

是年倭犯浙東、廣東，見明史日本傳。其陷銅鼓、雙魚，據元勳傳在是年之冬，今參書之。

三年（乙亥、一五七五）

1 春，正月，丁未，享太廟。【考異】此帝親享太廟之始，故明史稿書「躬享」云云。時帝年十三歲，以親享之始，史特書之。

2 是月，遼東六堡成。徙孤山堡于章齊哈剌甸，舊作張其哈。險山堡于寬甸，沿江、新安等四堡于長甸、長嶺諸處，仍以孤山、險山二參將戍之，【考異】據明史，築六堡在元年之冬，三編蓋據實録堡成移徙之年月也，今分書之。寬甸、長甸，諸書皆作「奠」，明史作「佃」。三編作「甸」，是也，今從之。凡斥地七八百里。于是撫順以北，清河以南，皆遵約束。

3 二月，戊寅，祀大社、大稷。【考異】此亦躬祀之始。明史本紀書于隆慶六年八月，以踐阼書也。是年二月，則以躬祀特書，皆史例也，今從之。

4 辛已，諭吏部：「南京職務清簡，官不必備。先朝有一人兼掌六部者，自後南京員缺，非緊要者不必一一推補。」

三編發明曰：周書稱「官不必備」者，蓋以三公論道，非其人莫能屬，非謂百司庶職，皆可虚設名位而不必備其官也。明之南京諸職事，固爲簡約。然既有部司之設，即不可一日無官，使果職無所掌，官多冗濫，糜禄致有虚糜，則當量裁原額，缺有其人，俾足經理庶司斯可矣。今概云「不必一一推補」，則既設其官，復虛其缺，是將懸好爵以炫聽聞矣，豈覈實官吏之道耶！神宗初政已苟且如是，宜其末年內外官吏，或懸缺經時，或人兼數職，朝常闕略，政務廢弛，識者謂此詔實有以啓之耳。

丙申，始設起居注。

先是，翰林院編修張位言：「前代皆有起居注，而本朝獨無。臣備員纂修，竊見先朝政事，自非出于詔令，形諸章疏，悉湮没無考，鴻猷茂烈，鬱而未章，徒使野史流傳，以僞亂真。今史官充位，無以自效。宜日派數人入直，凡詔旨、起居、朝端、政務，皆據見聞書之，爲他年實録之助。」

于是閣臣張居正議曰：「國初設起居注官，日侍左右，紀録言動，實古者左史記事、右史記言之制。迨後定官制，乃設翰林院修撰、編修、檢討等官，蓋以記載事重，故設官加詳，原非有所罷廢。但自職名更定之後，遂失朝夕記注之規，以致累朝以來，史文闕略。

邇者纂修實録，臣等衹事總裁，凡所編輯，不過總集諸司章奏，稍加删潤，櫽括成編。至于仗前柱下之語，章疏所不及者，即有見聞，無憑增入；與夫稗官野史之書，海內所流傳者，欲事采録，又恐失真；是以嘉謨嘉猷，實多所未備。凡此皆由史臣之職廢而不講之所致也。

今宜申明史職以復舊制，令日講官日輪一員，專記注起居，兼録聖諭、詔敕、册文等項及内閣題稿。其朝廷政事見于諸司章奏者，俱選年深學優之史官六員，專管纂修。事分六曹，以吏、户、禮、兵、刑、工爲次，每人專纂一曹，俱在朝供職，不得别有差遣。凡遇常朝，御皇極門，即輪記事官侍班，居文武第一班之後，近上便于視聽，即古螭頭載筆之意。」從之。

6 三月，刑部尚書王之誥乞假送母歸。

時張居正專政，之誥與有連，每規切之。既歸，踰時不至，被劾。會之誥亦奏請終養，遂報許。

7 是春，土默特犯長勇堡，總兵官李成梁擊却之。

8 夏，四月，己巳朔，日有食之，既。

壬申，上感日食之變，于宫中製牙牌子，書十二事于其上，曰「謹天戒，任賢能，親賢臣，遠嬖佞，明賞罰，謹出入，慎起居，節飲食，收放心，存敬畏，納忠言，節財用」，所至懸之座右以自警。張居正因言：「此數事者，雖因天變自警，其實修身治天下之道畢具于此，終身行之可也。」因逐句發明其義。且曰：「知之非艱，行之惟艱。自今上所行與所書有未合者，許令左右得執牌以諫。」上嘉納之。

三編發明曰：感日食之變，製牙牌書十二事以自警。神宗是時年甫十三耳，所書皆帝王修身爲政當法當戒之事，其于古人書屏銘座，義豈有殊！即居正因事納牖，且許令左右執牌以諫，未始非將順之道。及考其初年委任居正，中晚以後，庶務日以隳廢，堂廉日以睽隔，黨援門户之習，囂然不靖，明代綱紀之弛，未有過于神宗朝者。則是與牌書條件一一背馳，幾若反其道而用之，將前之手書懸置座右者，徒爲粉飾務名之舉矣。又安知鋟牌一事，非居正當日條列以進，俾博虛譽而美觀聽，固宜其不克終也歟！

9 五月，戊戌朔，襄陽、鄖陽及南陽府屬同日地震。己亥，信陽又震。

10 庚子，淮、揚大水。

先是元年、二年間，徐州、淮、揚等處數被水災，撫、按官俱以蠲振請。户部議「令撫、按官選委賢能官，從公踏勘，分别輕重，以憑酌處。」又言：「淮、揚等處蠲振所費錢糧，總計應徵并發去者，無慮五六十萬。國家經制，各有正項，非專一方，雖緩急之勢當知，而無已之求難繼。且救荒無奇策，求其策之善者，全賴有司先之以廉靜不擾，次之以就地設法，故有富弼則青州不爲災，有蘇軾則杭州不能困。若無先事之備而徒仰給于内帑，不惟緩不及事，以天下之大，盡内帑亦不足給矣。」乃下詔黜有司貪酷及老疾者。

11 是月，張居正請敕吏部：「凡所在督學使者，非方正博聞之士勿遣。督學所至，務興起教化，毋得日坐都城中，虛談沽譽，計日待轉，使人得干以私。宜以時偏歷郡邑，興廉舉孝，察學官、博士、弟子之賢否而進黜之。務在敦本尚實，毋得群聚徒黨，虛論横議。其有譏時好訐，市語道謗，敢行稱亂者，令有司論如法。」報可。

12 張居正又論邊事，略曰：「昨遼東巡撫張學顏等報稱，『北寇二十餘萬謀犯遼東，前哨已到大寧』，請兵請糧，急于星火，至于上廑聖慮，面諭臣等『虜寇猖獗，深以爲憂。』比時臣等已即面奏，暑月非虜騎狂逞之時，料無大事，請寬聖懷。

今據薊鎮總兵官戚繼光揭稱，『諸酋久已解散，時下正議掣兵。』及臣等使人于宣府密探西寇巴圖即把都。動静，則本酋一向在巢住牧，未嘗東行。遼東所報，皆屬夷誑賞之言，絕無影響，數日以來，更不聞消息矣。

臣等因此反切憂慮。夫兵家之要，必知彼己，審虛實，而後可以待敵，可以取勝。今無端聽一訛傳之言，遽爾倉皇失措，至上動九重之憂，下駭四方之聽；則是彼己虛實，茫然不知，徒借聽于傳聞耳，其與風聲鶴唳草木皆兵者何異？似此舉措，豈能應敵！且近日寇情狡詐，萬一彼常以虛聲恐我，使我驚惶疲于奔命，久之懈弛不備，然後猝然而至，措手不及；是在彼反得先聲後實、多方以誤之之策，而在我顧犯不知彼己、百戰百敗之道，他日邊臣失事，必由于此。故臣等不以寇之不來爲喜，而深以邊臣之不知寇情爲慮也。

兵部以居中調度爲職，尤貴審察機宜，沈謀果斷，乃能折衝樽俎，坐而制勝。今一聞奏報，遂爾張皇，事已之後，又寂無一語。徒使君父日焦勞于上以憂四方，而該部以題覆公牘，謂足以了本兵之事耳。臣等謂宜特諭該部，詰以敵情虛實之由，使之知警。且秋防在邇，薊、遼之間，近日既爲虛聲所動，征調疲困，恐因而懈怠，或至疏虞，尤不可不一儆戒之也。」

13 六月，戊辰，浙江杭州、嘉興、寧波、紹興四府，海潮沸溢，涌高數丈，人畜淹没，大小戰船擊壞漂散者無算。是夏，蘇、松、常、鎮亦大水。

14 戊寅，詔撫、按官：「凡有司賢否，一體薦劾，毋得偏重甲科。」

15 己卯，雷擊建極殿鴟吻。壬辰，雷擊端門鴟尾。

16 是夏，黜南京户科給事中余懋學爲民。

初，翰林院有白燕一雙，獻于内閣，閣中時有白蓮早開，張居正因作頌以獻。懋學以「時方憂旱，上詔百官修禳，而居正顧獻頌，非大臣誼」，抗疏論之，居正不悅。至是懋學以居正務爲綜覈，請行寬大之政，上疏陳五事。居正以爲風己，遂論罷。

方居正之獻頌也，上褒納之。已，馮保傳中旨，謂「主上沖年，不可以異物啓玩好」，居正以是尤慚于懋學云。【考異】白燕、白蓮，諸書皆系于二年之五月。明史余懋學傳言「萬曆初」，則非本年事也。至懋學坐忤旨斥爲民，乃在傅應禎因地震言事之前，今彙記于是年之夏，爲下文傅應禎、劉臺二疏張本。

17 謫御史傅應禎戍邊。

初，南京有小奄，醉辱給事中，南御史、給事中交章論奏，未報，户科給事中趙參魯請併治守備中官申信等。時張居正方結馮保，遂謫參魯高安典史；已，又以言事黜余懋學。應禎，居正門生也。因感憤，疏陳「重君德、蘇民困、開言路」三事。略曰：「邇者雷震端門獸吻，京師及四方地震疊告，曾未聞發詔修省，豈真以天變不足畏耶？真定抽分中使，本非舊典，正統間嘗暫行之，先帝納李芳言，已詔罷遣，而陛下顧欲踵行失德之事，豈真以祖宗不足法耶？給事中朱東光奏陳保治，初非折檻解衣者比，乃竟留中不報，豈真以人言不足恤耶？此三不足者，王安石以之誤宋，不可不深戒也。

陛下登極初，自隆慶改元以前逋租，悉賜蠲除，四年以前，免三徵七，恩至渥也。乃上軫恤已至，而下延玩自如，曾未有擔負相屬者，何哉？小民一歲之入，僅足給一歲，無遺力以償負也。近乃定輸不及額者，按、撫聽糾，郡、縣聽調；諸臣畏譴，督趣倍嚴，致流離接踵，怨咨愁歎，上徹於天。是豈太平之象，陛下所樂聞者哉？請下明詔，自非官吏乾没，並曠然除之，民困既蘇，則災沴自弭。

陛下登極初，召用直臣石星、李己，臣工無不慶幸。近則趙參魯糾中涓而謫爲典史，余懋學陳時政而錮之終身；他如胡執禮、裴應章、侯於趙、趙焕等，封事累上，一切置之，如初政何！臣請擢參魯京職，還懋學故官，爲人臣進言者勸。」

疏奏，居正以疏中「王安石」語侵己，大怒，調旨切責。以其詞及懋學，執下詔獄，窮治黨與，應禎瀕死無所承，乃謫戍定海。給事中嚴用和、御史劉天衢等疏救，不聽。方應禎下獄，給事中徐貞明偕御史李禎、喬巖入視之。錦衣帥余廕以聞，三人皆坐謫。

而應禎在戍越八年，用御史孫繼先言，始召復官。【考異】應禎上書，明史本傳系之萬曆三年。以時事考之，當在余懋學坐斥之後，明年正月劉臺劾居正之前，其首言地震及雷震端門獸吻，皆是年五六月間事也。今統系之是年之夏。○明史應禎傳，言「謫戍後十一月召還」，誤也。通紀言「應禎至戍所八年始召還」。證之明名臣言行録，應禎召還在萬曆癸未，正八年也。癸未係萬曆十一年，傳中「月」字蓋「年」字之誤，今刊改。

18 左都御史葛守禮，以老乞致仕，詔加太子少保，馳驛歸。

初，守禮議王金獄與拱合，然不附拱；後張居正欲以王大臣事搆殺拱，守禮力爲解，乃免。自徐階及拱、居正更用事，交相軋，守禮周旋其間，正色獨立，人以爲難。守禮歸，越三年卒。贈太子太保，謚端肅。

19 以户部侍郎陳瓚爲左都御史。【考異】萬曆間有兩陳瓚。明史附魏時亮傳者爲常熟人，此據弇州年表爲直隸獻縣人。

20 秋，八月，丙子，以禮部侍郎張四維爲禮部尚書兼東閣大學士，預機務。張居正當國，四維歲時餽問不絶。至是居正請增置閣臣，遂薦之。故事，入内閣者曰「同某人等辦事」，及四維奉詔，則曰「隨元輔等入閣辦事」，蓋上三字上親改也。于是四維恂恂若屬吏，不敢以同僚自處，隨居正後拜賜受官而已。

21 丁丑，河決高郵、碭山。

時南畿大水，河決碭山而北，淮決高家堰而東，高郵湖亦決清水潭口，淮城幾没。徐、邳、山陽南北，漂蕩千里，河道淤淺，阻漕者數年。

初，弘治間，漕臣白昂以運舟經甓社湖，觸岸輒壞，乃開康濟河于高郵堤東以避其險。至是湖決，漕臣吴桂芳改挑康濟越河，修復老堤。河成，名曰弘濟，遂爲永利。三編質實：「高郵湖在高郵州西北，天長以東之水，俱匯此達于運河。清水潭口在高郵州北三十里。老堤，洪武九年所築湖堤，即西堤也。其康濟河即故東堤，孝宗時，白昂于堤東越民田三里鑿康濟河，通餉避湖，謂之東堤，其捍隔民田者，爲中堤。至是修復老堤，改挑越河，于是廢東堤而築中堤云。」

22 戊子，振淮、揚、鳳、徐水災，並蠲被水田租。

23 九月，戊午，京師地震。

24 是月，禮部尚書萬士和罷。

士和主禮部，張居正欲越例贈朱希忠王爵，馮保爲方士求官，士和俱力持不可。已，給事中余懋學以言事得罪，士和言「直臣不當斥」，由是積忤居正。給事中朱南雍承風劾之，士和遂謝病歸。至居正没，起南京禮部尚書，引年不赴。卒，謚文恭。

士和既去，以吏部侍郎馬自强代之。

25 改戎政尚書王崇古爲刑部尚書，以王之誥乞養也。尋加崇古柱國。

26 冬，十月，丁卯，京師地再震，敕群臣修省。【考異】明史本紀兩震月日及五行志並同。三編統系之十月，目云「京師九月地震，十月再震」，與明史同。惟史稿作「十月戊午京師地震，十一月丁卯再震」，誤也。戊午干支，確在九月，丁卯干支，確在十月。史稿干支不誤而月分誤，今據明史、三編。

27 戊辰，停刑。

28 十一月，乙巳，祀天于南郊。

29 十二月，辛未，罷明年元夕燈火。

30 是冬，泰寧部長綽哈，舊作炒花。大會哈斯坦、舊作黑石炭。鴻台吉、舊「鴻」作「黄」。布延台珠爾、舊作卜言台周。諸木圖、舊作煖兔。恭圖舊作拱兔。等，皆土默特之從父及子弟行也。率二萬餘騎從平虜堡南掠，總兵官李成梁遣副將曹簠馳擊。寇遂轉掠瀋陽，見城外列營，乃據西北高墩。成梁邀戰，發火器擊之，敵大潰，棄輜重走，追至河溝，乘勝渡河，擊斬以千計。捷聞，成梁以功加太子太保。【考異】綽哈之役，明史三衞傳不載，今據李成梁傳在是年之冬。證之三編六年目中，綽哈及明年入寇之博斯呼，皆泰寧部長也。三衞以縶通罕之怨，頻年糾北寇犯邊。其鴻台吉又一人，乃土蠻從子，非諳達子。今據傳參三編書之。

四年（丙子、一五七六）

1 春，正月，丁巳，逮遼東巡按御史劉臺下獄。

張居正當國，惡諸御史巡按在外每淩巡撫，欲痛抑之，事小不合，詰責隨下，又飭院長嚴加考察，以故言路多不平。會臺奏遼東之捷，居正以巡按不得報軍功，切責其違制妄奏，引故事繩督之。臺遂抗章劾「居正專擅威福，如逐故輔高拱，私贈成國公朱希忠王爵，引用張瀚、張四維爲黨，斥逐言官余懋學、傅應禎等」，並及其固寵黷貨諸不法狀。

疏上，居正怒甚，奏：「臺爲臣所取士，二百年來，無門生劾師長者，計惟一去謝之。」因辭政；入見上，言：「言者謂臣擅威福，而臣所行正威福也。將巽順以悦下耶？則誤國；將竭忠以事上耶？則無以逃專擅之譏。」因伏地泣不能起。上爲下御座，以手掖居正曰：「先生起，吾行逮臺竟其事。」遂遣司禮太監孫隆齎手敕慰諭居正，使起視事。尋捕臺至京師，下詔獄，命廷杖百，遠戍。居正陽具疏救，乃除名爲民。

初，臺巡按遼東，與巡撫張學顔不相得。至是學顔爲户部，誣臺私贖鍰，居正屬御史于應昌巡按遼東覈之；而令王宗載巡撫江西，廉臺里中事，——蓋臺，安福人也。于是應昌、宗載等希居正意，實其事以聞，仍坐臺戍廣西。臺父震龍、弟國俱坐罪。

2 二月，督漕侍郎吴桂芳請開草灣河。略言：「淮揚洪潦奔衝，蓋緣海濱汊港久堙，入海止雲梯關一道，致海擁横沙，河流汎溢，而鹽、安、高、寶不可收拾。國家轉運，惟知急漕而不暇急民，故朝廷設官，亦主治河而不知治海。請設水利僉事一員，專疏海道，審度地利。如草灣及老黄河皆可趨海，何必專事雲梯哉！」

桂芳復言：「黄水抵清河與淮合流，經清江浦外河，東至草灣，又折而西南，過淮安新城外，河轉入安東縣前，直下雲梯關入海。近年關口多壅，河流日淺，惟草灣地低下，黄河衝決，駸駸欲奪安東入海，以縣治所關，屢決屢塞。去歲草灣迤東，自決一口，宜于決口之西開挑新口，以迎埽灣之溜，而于金城至五港岸築堤束水。語云：『救一路哭，不當復計一家哭。』今淮、揚、鳳、泗、邳、徐，不啻一路矣。安東自衆流匯圍，祇文廟、縣署僅存椽瓦，其勢垂陷，不如委之以拯全淮。」

上不欲棄安東，而命開草灣如所請。【考異】吳桂芳請開草灣河，明史河渠志書于是年二月，工竣在八月。三編統系之二月中，本紀則但書工成于七月。今分書之。

3 薊鎮總兵官戚繼光重修三屯營成。

營在遷安縣南百二十里，左山海，右居庸，舊城卑薄而隘。會上即位，詔增飾邊城，遣侍郎汪道昆閱邊。繼光因請增拓之，又移忠義中衛于三屯城内，忠義三衛一所，中衛僅三百户，勢輕，故移之屯城内，設官領之。至是成。又分所部十二區爲三協，協置副將一人，分練士馬。

會綽哈入掠古北口，前總兵官湯克寬偕參將苑宗儒追出塞，遇伏戰死，繼光被劾不罪。未幾，綽鑾再犯，遣兵擊却之。

4 户部尚書王國光罷。

國光主户部，精會計，上年京察，爲南給事、御史所劾，再疏乞休，詔慰留之。至是復固以請，乃賜乘傳歸。改南京户部尚書殷正茂代之。

5 是春，哈斯坦大韋徵，舊作委正，即（上）〔土〕蠻之弟。營于大清堡邊外，謀犯錦義。總兵官李成梁率選鋒馳二百里，逼其營，攻破之，殺部長四人，獲級六十有奇。

6 夏，五月，辛丑，録囚。

諭司禮監馮保曰：「茲當五年差官録囚，恐輕重或有冤抑，其會同三法司堂上官審録。」保于是偕刑部尚書王崇古等，以情可矜疑者減釋有差。

7 戊申，祀地于北郊。

8 是月，土默特聯營河東，李成梁掩其巢，得利而還。

9 六月，庚辰，復遣内臣督蘇、杭織造。

10 是月，詔復修大明會典。

是書重修于嘉靖二十八年，進呈未刊，至是禮臣題請，從之。【考異】明書系修會典于四月，從信録系之五月。證之會典，内閣奉敕諭係六月二十一日，其禮部題請則六月十六日，今據之。

11 秋，七月，丁酉，詔蠲天下歷年逋賦有差，明年漕糧折收十之三，從輔臣張居正請也。

先是漕舟以河決不時至，已而漕運通。居正以歲賦逾春發，水横溢，非決即涸，乃采漕臣議，督艘卒以孟春兑運畢發，少罹水患。行之久，太倉粟充盈，可支十年。

12 壬寅，遣御史督修江、浙水利，從巡撫都御史宋儀望之請也。

儀望言：「三吳水勢，東南自嘉、秀沿海而北，皆趨松江，循黄浦入海；西北自常、鎮沿江而東，皆趨江陰、常熟。其中太湖瀦蓄，匯爲巨浸，流注龐山、瀆墅、澱山、三泖、陽城諸湖。乃開浦引湖，北經常熟七浦、白茆諸港入于江；東北經崑山、太倉，穿劉家河，東南通吳淞江、黄浦，各入于海。諸水聯絡，四面環護，中如仰盂。杭、嘉、湖、常、鎮勢繞四隅，蘇州居中，松江爲諸水所受，最居下。乞專設水利僉事以裨國計。」下工部議「請遣御史董之」，報可。【考異】明史宋儀望傳不載，此據河渠志書之。又據傳，是年儀望遷南京大理卿，踰年改北，被劾罷歸，蓋繼之者爲胡執禮及巡按御史林應訓，並見河渠志。

13 甲辰，修泗州祖陵。

14 辛亥，草灣河工成，長萬一千一百餘丈，塞決口二十二，役夫四萬四千。上以海口開濬，水患漸平，賚漕臣吳桂芳等有差。【考異】明史河渠志，草灣工竣在八月，本紀書之七月，三編據本紀及實録書七月辛亥，而改「閱七月」工竣爲「閱六月」，今從之。

15 是月，張居正言：「致治之道，莫先于安民；安民之法，莫重于守令。今之爲守令者，削下奉上以希聲譽，奔走趨承以求薦舉，徵發期會以完簿書，苟且具文以逭罪責，其實心愛民者，未嘗概見。明春外計，考察舉錯，乃向背所係，請先下詔，令撫、按官肅清吏治以俟考成。」從之。

16 八月，壬戌，上幸太學，釋奠于先師。是日，以雨免進講，賜張居正等扇銀葉有差。

17 是月，河決崔鎮。

先是二月以後，江北旱，河水斷流。至是河決韋家樓，又決沛縣縷水堤、豐、曹二縣長堤，于是徐、豐、沛、睢寧、金鄉、魚臺、單、曹八州縣，田廬漂沒無算。河流齧宿遷城，吴桂芳請「遷縣治，築土城以避之」，報可。【考異】明史本紀書是秋，史稿系之九月，三編、輯覽系之八月。證之河渠志，正八月也，今據八月書之。

18 冬，十月，乙亥，振徐州及豐、沛等七縣水災，並蠲租有差。

19 丙子，晉張居正左柱國，俸如伯爵；吕調陽太子太傅、吏部尚書。

20 十一月，甲午，有四星隕費縣，火光燭地，質明，落赤點于城西北，色如硃砂，長二里，闊一二尺。是月，臨漳有星長尺許，白晝北飛。

21 十二月，己丑，命禮部祈雪。

五年（丁丑、一五七七）

1 春，正月，己酉，詔鳳陽、淮安力舉營田，從巡撫都御史邵陛議也。

時淮、鳳二府，土廣人稀，加以水災，民半逃亡，二千里皆成灌莽。陛謀勞來安定之，條上營田九事：一曰「處財用」；二曰「防欺隱」，三曰「廣招徠」；四曰「開溝洫」；五曰「給牛種」；六曰「備接濟」；七曰「緩徵役」；八曰「勵司牧」；九曰「均責成」。

其言防欺隱，謂：「開墾之弊百出。在官預圖卸責，有揑未荒爲久荒，未逃爲久逃者；在民巧爲干澤，有抛熟以爲荒，暫避以爲逃者。甚或以民地爲官，以甲産爲乙。必先逐里逐户，彼此交質，將空閒官地，久荒、近荒民地，見在人户，久逃、近逃人户，分爲六則，俟流民之來歸者，按籍授田，既佃之後，原主不得告訐，則奸弊無所容矣。」

言開溝洫，謂：「鳳陽、淮安之民，慵惰相習，耕犁畝斜，無復畛界，撒種其中，不幸水旱，有束手枵腹而已。須相度其地，孰爲水勢入河之所，而疏之以使其不積；孰爲衆水趨匯之區，而豬之以浸其下流。大都百畝之地，劃爲一區，周遭爲渠，内開小溝，而皆通于澤以入于河，潦則委百畝之水于衆溝，旱則運衆溝之水于百畝，所謂天時不能使之害者此也。」

末「請設營田僉事，駐劄兩郡之中，不時巡行，將招墾事蹟逐日登記，年終繳查；又擇鄉民之有心計者，爲農師以分理其事。」

疏入，詔「撫、按官督營田僉事著實舉行，三年之後，遣官閲覈，以行賞罰。」

2 二月，乙丑，廣西饑，詔留上年事例銀振之。

3 三月，乙巳，賜沈懋學等進士及第、出身有差。

4 夏，四月，兵部尚書譚綸卒。

綸，宜黃人，沈毅知兵。初守台州，禦倭有功，累擢巡撫。朝廷倚以辦賊，遇警輒調，居官無寧歲。後督薊遼，集兵三萬，更徵浙兵三千，專任戚繼光訓練，邊備大飭，敵不敢入犯。上即位，進主兵部。給事中雒遵劾綸不稱職，綸三疏乞罷，優詔留之。至是卒于官。贈太子太保，謚襄敏。

綸終始兵事，垂三十年，先撫福建，次撫四川，進撫兩廣，前後積首功二萬一千有奇。嘗戰酣，刃血漬腕，累沃乃脱。與繼光共事齊名，稱「譚、戚」。

改刑部尚書王崇古于兵部，以戎政尚書劉應節代之。

五月，癸巳，廣東羅旁猺平。

羅旁在德慶州上、下江界，東、西兩山間，延袤七百里。成化中，韓雍經略西山，頗安輯，惟東山猺阻深箐剽掠，有司歲發卒戍守。前總督殷正茂議大征，會遷去，侍郎淩雲翼代之。至是乃大集兵，令總兵官張元勳、李錫將之，四閱月，克巢五百六十，俘斬招降四萬二千八百有奇。鄰境猺獞皆懼，求撫。

雲翼奏改瀧水縣爲羅定州，設監司參將，積患頓平。【考異】平羅旁賊，史稿、三編皆系之二月，據進討之月日也。明史本紀書于五月癸巳。證之本傳言「四閱月」，則以二月進兵，五月平，據奏捷月日也。「上、下江」者，三編質實：「上江謂西江，下江謂南江；西江即鬱水，南江即瀧水也。瀧水在羅定州西。」「東、西兩山」者，「東山在肇慶府封川縣東，西山在羅定州東安縣之西南。」

6 壬寅，重修乾清宮成。

7 戊申，詔修慈慶、慈寧宮。

張居正上言：「兩宮規制甚備，足以娛聖母，不宜時詘舉盈。」上入告聖母，尋罷之。

【考異】明史本紀不載，諸書皆系之五月，今據紀事本末月日。

8 秋，八月，癸亥，河復決崔鎮。

先是御史陳世寶請復考黃河故道，言：「河自桃源三義鎮歷清河縣，北至大河口，會淮入海。運道自淮安天妃廟亂淮而下，十里至大河口，從三義鎮出口，向桃源大河而去，凡七十餘里，是爲老黃河。至嘉靖初，三義鎮口淤，而黃河改趨清河縣，南與淮會。自此運道不由大河口而徑由清河北上矣。近者崔鎮屢決，河勢漸趨故道。若仍開三義鎮口，引河入清河北，或令出大河口與淮流合，或從清河西别開一河，引淮出河上游，則運道無恐，而淮、泗之水不爲黃流所漲。」部覆允行。

漕臣吴桂芳言：「淮水向經清河會黃河趨海，自去秋河決崔鎮，清江正河淤澱，淮口梗塞，于是淮弱、河强，不能奪草灣入海之途，而全淮南徙，横灌山陽、高、寶間。向來湖水不踰五尺，堤僅七尺，今堤加丈二，而水更過之，宜急護湖堤以殺水勢。」部議以爲「必淮有所歸而後堤可保，請令桂芳等熟計。」

至是開河、護堤二説未定，而河復決崔鎮，宿、沛、清、桃兩岸多壞，黄河日淤墊，淮水爲河所迫，徙而南。時總河都御史（傳）〔傅〕希摯議塞決口，束水歸漕，桂芳欲衝刷成河，以爲老黄河入海之路。上令急塞決口，而俟水勢稍定乃從桂芳言。

9 閏月，乙酉朔，日食，陰雲不見。

10 丁亥，上視朝。張居正因言：「近因陰雨，朝講暫輟，恐中外不知，謂皇上勤學漸不如初。願日慎一日，非有他事及風雨不得輟。」上嘉納之。

11 是月，刑部尚書劉應節罷。

時錦衣馮邦寧者，保之從子，與應節道遇不引避，應節叱下之。保不悦，屬給事中周良寅劾之，遂坐罷。召南京右都御史吴百朋代之。

12 九月，己卯，張居正父喪赴至，上手諭宣慰，視粥止哭，絡繹道路，又與三宫賻贈甚厚，然亦無意留之。

而居正自以握權久，恐一旦去，他人且謀己。會所善同年户部侍郎李幼滋，【考異】明史張居正傳，「滋」作「孜」，今據七卿年表。欲媚居正，首倡奪情議；而馮保亦不欲居正去，乃傳中旨諭吏部尚書張瀚留之。

居正乃陽上疏請守制，而陰以牘風瀚覆旨。瀚佯爲不喻，謂：「政府奔喪，宜予殊典，禮部事也，何預吏部？」居正復令客説之，不爲動，乃傳旨責「瀚久不奉詔，無人臣禮」，勒致仕。

瀚以附居正得掌吏部，見非于世，至是忤之去，士論乃協。

13 冬，十月，戊子，有彗星見西南，蒼白色，長數丈，氣成白虹，由尾、箕越斗、牛逼女，經月而滅。

14 張居正之奪情也，時御史曾士楚、吏科都給事中陳三謨倡疏請留，和者相繼。于是居正始請在官守制，不造朝，既，奉詔起復，遂吉服視事。

編修吴中行憤，欲論之，會彗星出，詔百官修省，乃首抗疏曰：「居正父子，異地分暌，音容不接者十有九年。一旦長棄數千里外，陛下不使匍匐星奔，憑棺一慟，必欲其違心仰情，銜哀茹痛于廟堂之上，而責以訏謨遠猷，調元熙載，豈情也哉！即云起復有故事，亦未有一日不出國門而遽出視事者，祖宗之制何如也！事繫萬古綱常，四方視聽，銷變之道，無踰此者。」

疏既上，以副封白居正，居正愕然曰：「疏進耶？」中行曰：「未進，不敢白也。」

明日，檢討趙用賢疏入，已而員外郎艾穆、主事沈思孝亦合疏言「居正貪位忘親」。

居正大怒，謀于馮保，欲廷杖之。尚書馬自强曲爲營解，居正跪而以一手撚鬚曰：「公饒我！公饒我！」學士王錫爵造居正喪次爲之解，居正曰：「聖怒不可測。」錫爵曰：「即聖怒，亦爲公。」語未訖，居正勃窣下拜，索刀作刎頸狀，曰：「爾殺我！爾殺我！」徑入不顧，錫爵大驚趨出。侍讀于慎行、田一儁、張位、趙志皋、修撰習孔教、沈懋學皆疏救，格不入。

乙巳，杖中行、用賢六十，穆、思孝八十。時中行、用賢請令居正奔喪，葬畢還朝，而穆、思孝直請令終制，故居正尤怒之。杖畢，校尉以布曳出長安門，舁以板扉。中行氣息已絶，中書舍人秦柱挾醫至，投藥一匕，乃蘇。刲去腐肉數十臠，大者盈掌，深至寸，一肢遂空。用賢體素胖，肉潰落如掌，其妻腊而藏之。中行、用賢即日驅出國門，人不敢候視，穆、思孝復加梏拲，置之詔獄。越三日，始僉解發戍。

中行，武進人，用賢，常熟人，同中隆慶五年進士，居正其座主也。思孝，嘉興人。穆，平江人，居正鄉人也。居正語人曰：「昔嚴分宜時，未有同鄉攻擊者，我不得比分宜矣。」

丁未，復杖進士鄒元標，戍邊。

元標，吉水人，是年登第，方觀政刑部，聞起復張居正，亦抗疏言：「陛下以學尚未成，志尚未定，欲留居正，賜手敕，此宗社無疆之福也。雖然，弼成聖學，輔翼聖志者，未可謂在廷無人也。且幸而居正丁艱，尚可挽留；脱不幸遂捐館舍，陛下之學將終不成，志將終不定邪？臣觀居正疏言：『世有非常之人，然後辦非常之事』，若以奔喪爲常事而不屑爲者。今有人于此，親生而不顧，死而不奔，猶自號于世曰：『我非常人也。』世不以爲喪心，則以爲禽彘，可謂之非常人哉？」

疏就，懷之入朝，適廷杖吳中行等，元標俟杖畢，取疏授中官，紿曰：「此乞假疏也。」及入，居正大怒，亦杖之，加艾穆、沈思孝之數。尋謫戍都勻衞。

是時長星方亘天，人情洶洶，指目居正，至揭謗書于通衢。上詔諭群臣：「再及者誅無赦」，謗乃已。由是元標與中行等五人直聲震天下。

16 是月，兵部尚書王崇古罷。

初，諳達諸部嘗越甘肅掠西番，既通款，其從孫徹辰台吉，舊作切盡台吉。連歲盜番不得志，求諳達西援，崇古每作書止之。

是年，諳達請赴西海迎佛，崇古言：「西行非諳達意，且以迎佛爲名，不可沮。宜飭邊鎮嚴守備，而陰泄其謀于番族以示恩。」于是給事中劉鉉、尹瑾等交章劾「崇古弛防徇敵」，崇古奏辨，因乞休去。

崇古身歷七鎮，勳著邊陲。封貢之初，廷議紛呶，有爲危言以撼先帝者，閣臣力持之，乃得成功。自順義歸款後二十年，崇古乃没。謚襄毅。

17 崇古之罷也，時方召總督宣大方逢時爲戎政尚書，至則代崇古掌兵部。又以張瀚免，起王國光，未至，命兼署吏部事。

18 都御史陳瓚病免，踰月，以吏部侍郎陳炌代之。【考異】「炌」，弇州年表作「玠」。

19 先是閣臣及禮部請大婚吉期，初議以是年之冬，奉兩宫慈諭以明年三月行之。會録囚期届，太后以大婚伊邇，諭停刑。

張居正言：「春生秋殺，天道所以運行；雨露霜雪，萬物因之發育。明王奉若天道，刑賞予奪，皆奉天意行之；若有德不用，有罪不誅，則刑賞失中，慘舒異用矣。且臣等詳閲所開諸犯，皆逆天悖理，其所戕害，含冤蓄憤已久。若不爲之一雪，則怨恨之氣鬱而不散，將必有妖沴疫癘之變，則其爲害又不止一人一家已也。請俟明年吉典告成，概免一年。」從之。

20 十一月，癸丑，【考異】是年十一月癸丑朔。而明史五行志書宗人府火于十一月癸未，疑所推大小建之差也。若癸未十一月之晦，則十一月之朔當爲甲寅，俟考。以星變考察百官，四品以上京堂官令自陳，庶官聽部院考察。

時張居正以奪情，知天下不附己，思以考察劫之，于是論救吴中行等之侍講張位、趙志皋、修撰習孔教，相繼遷謫；南京御史朱鴻謨馳疏救中行等五人，斥爲民；南京僉都御史張岳請令居正奔喪，坐考察自陳貶秩。

方居正以奪情令吏部諭留，張瀚叩之侍郎何維柏，答曰：「天經地義，何可廢也！」瀚乃止。居正怒，取旨停維柏俸，至是亦以考察自陳罷之。

21 戊午，上召見張居正于平臺，慰勞之。

22 十二月，壬寅，以星變，罷蘇杭織造。

23 是月，工部尚書郭朝賓致仕，陞户部侍郎李幼滋代之。

明通鑑卷六十七

紀六十七起著雍攝提格（戊寅），盡元黓敦牂（壬午），凡五年。

江西永寧知縣當塗**夏　燮**編輯

神宗顯皇帝

萬曆六年（戊寅、一五七八）

1 春，正月，癸酉，慈聖皇太后還慈寧宮，以上將大婚也。太后在乾清宮，教上頗嚴，上或不讀書，即召使長跽。遇朝期，五更至上寢所呼之起，趣左右掖上坐，取水爲盥面，挈之登輦以出。

上事太后維謹，而諸内臣奉太后旨者，往往挾持太過。上嘗在西城曲宴被酒，令内侍歌新聲，辭不能，取劍擊之。左右勸解，乃戲割其髮。翌日，太后聞，傳語張居正具疏切諫，令爲上草罪己御札，又召上長跪，數其過，上涕泣請改，乃已。

至是將返慈寧宮，敕居正曰：「吾不能視皇帝朝夕。先生親受先帝付託，其朝夕納誨，毋忘先帝憑几遺言！」

2 是月，泰寧部長博斯呼舊作速把亥。糾土默特大入，營于劈山。總兵官李成梁馳至丁字泊，寇方分騎繞牆入，成梁夜出塞二百里，擣破劈山營，獲級四百三十，馘其長五人。捷聞，上爲告謝郊廟。【考異】明史本紀不載。韃靼傳但書是年東昌之捷，蓋十二月事也。據李成梁本傳，破劈山營在六年正月，諸書謂「上將大婚，遼東報捷」，正此時也。是年春凡兩次報捷，今據傳分書之。

3 二月，戊子，上行冠禮，加元服。

4 戊戌，免山東兗、青、登、萊四府逋賦。

5 庚子，立皇后王氏。詔英國公張溶充納采問名正使，輔臣張居正副之。于是居正吉服從事，給事中李淶言：「大婚重典，而使居正易服從吉，駭觀聽，不宜，乞別簡用。」不聽。居正怒。未幾，出淶爲僉事。

6 三月，甲寅，禮部尚書馬自强兼文淵閣大學士，吏部右侍郎申時行兼東閣大學士，預機務。

張居正將歸葬父，念閣臣在鄉里者，高拱與己有深隙，殷士儋多內援，或乘間以出。惟徐階老，易與，因薦之自代。已遣使報階，既念階前輩，已還，當位其下，乃請增置閣臣。上復令居正推擇，居正以自强有人望，而時行其所素厚，遂薦用之。自强負伉直名，素迕居正，不意得之，頗以爲德。及居正還入閣，二人皆守位而已。

7 甲子，張居正乞歸葬父，許之。

召見于平臺，居正奏言：「大婚之後，宜撙節愛養，留心萬幾。」因伏地泣，上亦爲之哽咽。乃賜「帝錫忠良」銀章，如楊士奇、張孚敬例，得密封言事。上及兩宮賜賚慰諭有加禮，遣司禮太監張宏供帳餞郊外，百僚班送。

8 庚辰，遼東再奏捷。

時寇入長定堡，李成梁遣游擊陶承嚳襲擊，敗之，獻馘四百七十有奇。

張居正之歸也，上戒次輔呂調陽等：「有大事毋得專決，馳驛之江陵聽張先生處分。」至是遼東之捷，上復歸功居正，將大行賞賚，遣使馳諭居正，俾條列功次以聞。于是調陽益内慚。【考異】遼東再捷，明史成梁傳系之三月，今日分據紀事本末。

9 是月，改南吏部尚書潘晟爲禮部尚書，以馬自强入閣也。

10 夏，四月，乙未，免湖廣、四川逋賦。

11 丙午，詔户部歲增金花銀二十萬兩。

初，金花銀歲進内庫，以百萬爲額，至是又增買辦銀二十萬以爲常。

12 五月，刑部尚書吴百朋卒，陞吏部左侍郎嚴清代之。

13 六月，乙未，張居正還朝。

先是居正上言：「母老不能冒炎暑，請俟清涼上道。」于是内閣、兩都部、院、寺卿、給事、御史俱上章請趣居正亟還朝。上遣錦衣指揮翟汝敬馳傳往迎，計日以俟，而令中官護太夫人以秋日由水道行。

居正所過，守臣率長跪，撫、按大吏越界迎送，身爲前驅。道經襄陽，襄王出候，要居正宴。故事，雖公、侯，謁王執臣禮，居正具賓主而出。過南陽，唐王亦如之。

抵郊外，詔遣司禮太監何進宴勞，兩宫亦各遣大璫李琦、李用宣諭，賜八寶、金釘、川扇、御膳、餅果、醪醴，百僚復班迎。入朝，上慰勞懇篤，予假十日而後入閣，仍賜白金、彩幣、寶鈔、羊酒，因引見兩宫，慰勞如之。

14 居正之歸葬也，湖廣諸司畢集，惟巡按御史趙應元不往，居正嗛之。及應元事竣得代，即以病請。僉都御史王篆者，居正客也，素憾應元，且迎合居正意，屬都御史陳炌劾應元規避，遂除名。

户部員外郎王用汲不勝憤，乃上言：「御史應元，以不會葬得罪輔臣，遂爲都御史炌所論，坐託疾欺罔削籍。臣竊恨之。

夫疾病人所時有，今在廷大小諸臣，曾以病請者何限？御史陸萬鍾、劉光國、陳用賓，皆以巡方事訖引疾，與應元不異也，炌何不並劾之？即炌當世宗朝，亦養病十餘年，後夤緣攀附，驟列要津。以退爲進，宜莫如炌。己則行之，而反以責人，何以服天下！陛下但見炌論劾應元，以爲恣情趨避，罪當罷斥；至其意所從來，陛下何由知之？如昨歲星變考察，將以弭災也，而所挫抑者，半不附宰臣之人。如翰林習孔教，則以鄒元標之故；禮部張程，則以劉臺之故；刑部浮躁獨多于他部，則以艾穆、沈思孝而推戈；考後劣轉趙志皋，又以吳中行、趙用賢而遷怒。蓋能得輔臣之心，則雖屢經論列之潘晟，且得以不次蒙恩；苟失輔臣之心，則雖素負才名之張岳，難免以不及論調。臣不意陛下省災塞咎之舉，僅爲宰臣酬恩報怨之私，且凡附宰臣者，亦各藉以酬其私，可不爲太息矣哉！孟子曰：『逢君之惡其罪大』，臣則謂『逢相之惡其罪更大』也。」

又言：「威福者，陛下所當自出；乾綱者，陛下所當獨攬；寄之于人，不謂之旁落，則謂之倒持。政柄一移，積重難返，此又臣所日夜深慮，不獨爲應元一事已也。」

疏入，居正大怒，欲下獄廷杖。會次輔呂調陽在告，張四維擬削用汲籍，上從之。居正以罪輕，移怒四維，厲色待之者累日。

用汲歸，屏居郭外，布衣講授，足不踐城市。【考異】事見明史王用汲本傳。居正以三月歸葬，六月還朝，則會葬在四月。（據太岳集，四月十六日。）傳不具用汲得罪月日，然言是時呂調陽在告。調陽以七月致仕，則用汲劾居正，正調陽致仕以前。今類書之居正還朝下。

15 是夏，改刑部侍郎潘季馴爲工部侍郎兼右都御史，總理河漕。

自河決崔鎮，黄水北流，清河口淤澱，全淮南徙，高郵湖堤大壞，淮、揚、高郵、寶應間皆爲巨浸，輔臣張居正深以爲憂。時河漕尚書吳桂芳議復老河故道，而總河都御史傅希摯主塞決口，束水歸漕，兩人議不決。會桂芳卒，居正舉季馴代之。

季馴乃上兩河經略疏曰：「水性就下，以海爲壑。向因海壅河高，以致決堤四溢，運道民生，均受其病，故今談河患者，皆以濬海爲上策。第海有潮汐，茫無著足，不得已而議他闢。豈知海口視昔雖壅，然自雲梯關四套以下，闊七八里至十餘里，深皆三四丈不等。縱使欲另開鑿，必須深闊相類，乃便注放，則工力艱鉅，必不能成。矧未至海口乾地，猶可施工，及將入海之處，則潮汐往來，亦與舊口等耳。且舊口積沙，人力雖不可濬，水力自能衝決。乃若新闢之地，則土壤堅實，不特人力難措，而水力亦不能衝。故海無可濬之理，惟當導河以歸之海，則以水治水，即濬海之策也。

然河又非可以人力導也，欲順其性，先懼其溢。惟當繕治堤防，俾無旁決，則水由地中，沙隨水去，即導河之策也。顧頻年以來，無日不以繕堤爲事，亦無日不以決堤爲患，何哉？卑薄而不能支，迫近而不能容，雜以浮沙而不能久，隄之制未備耳。是以黄決崔鎮等口，而水多北潰，爲無堤也；淮決高家堰、黄浦等口，而水多東潰，堤弗固也。乃議者不咎制之未備，而咎築堤爲下策，豈得爲通論哉！

又有所未盡者，上流既潰堤横決，至于下流，復或歧而分之，其趨于雲梯關正海口者，譬猶强弩之末耳。蓋徒知分流以殺其怒，而不知水勢益分，則其力益弱；水力既弱，又安望其能導積沙以注海乎？故今日濬海之急務，必先塞決以導河，尤當固堤以杜決。而欲堤之不決者，必真土而勿雜浮沙，高厚而勿惜鉅費，讓遠而勿與争地，斯堤可固也。

如徐、邳、桃、清沿河各堤固矣，崔鎮等口塞矣，則黄不旁決而衝漕力專；高家堰築矣，朱家口塞矣，則淮不旁決而會黄力專。淮、黄既合，自有控海之勢。又懼其分之則力弱也，則必暫塞清江浦河，而嚴司啓閉以防其内奔；姑置草灣河，而專復雲梯以還其故道；仍接築淮安新城長堤以防其末流，盡合黄、淮全河之力，涓滴悉趨于海，則力强且專，下流之積沙自去。下流既順，上流之淤墊自通，海不濬自闢，河不挑而深，此所謂固堤即所以導河，導河即所以濬海也。

治河者必先求河水自然之性而後可施其疏築之功，必先求古人已試之效而後可倣其平成之業。黄水來自崑崙，入徐濟運，歷邳、宿、桃、清至清口，會河而東入于海，此兩河之故道，即河水自然之性也。

昔元代歲漕江南之粟，由揚州直北出廟灣入海。至永樂年間，平江伯陳瑄始堤管家諸湖，通淮、河爲運道。然慮淮水漲溢，東侵淮郡也，故築高家堰堤以捍之，起武家墩，經小、大澗至阜寧湖，而淮水無東侵之患矣；又慮黄河漲溢，南侵淮郡也，故堤新城之北以捍之，起清江浦，沿鉢池山、柳浦灣迤東，而黄水無南侵之患矣；又慮河水自牐衝入，不免泥淤，故嚴啓閉之禁，止許漕艘由牐出入，匙鑰掌之都漕，五日發籌一放。是以淮郡晏然，漕渠永賴，而陳平江之功，至今未泯也。

後因剥蝕既久，堤岸漸傾，水從高家堰決入，一郡遂爲魚鱉。而當事者未考其故，乃謂海口壅塞，遂穿支渠以洩之，蓋欲急拯淮民之溺，多方爲疏導之計。詎知旁支暫開，水勢陡趨正河，遂至淤阻。而新開支河，闊僅二十餘丈，深僅丈許，較之故道，不及三十分之一耳，豈能容受全河之水？下流既壅，上流自潰，此崔鎮諸口所由決也。今新河尋復淤塞，故河漸已通流，雖深闊未及原河十分之一，而兩河全下沙隨水刷，欲其全復河身不難也。河身既復，面闊者七八里，狹者亦不下三四百丈，滔滔東下，何水不容？若猶以爲不足，而欲另尋他所，别開一渠，恐人力不至于此也。以臣等度之，非惟不必另鑿一口，即草灣亦須置之勿濬矣。

故爲今之計，惟有修復平江伯之故業，高築南、北兩堤，以斷兩河之内灌，而淮、揚昏墊之苦可免；堅塞桃源以下崔鎮口諸決，而全河之水可歸故道。黄、淮二河並驅入海，則沙隨水刷，海口自復，而桃、清淺阻又不足言矣，此以水治水之法也。若夫扒撈挑濬之説，僅可施之于牐河耳。黄河河身廣闊，撈濬何期，悍激湍流，器具難下。前人屢試無功，徒費工料。徐州以南之工，如此而已。」因條上六議：曰「塞決口以挽正河」；曰「築堤防以杜潰決」；曰「置牐壩以防外河」；曰「創滚水壩以固堤岸」；曰「止濬海工程以省糜費」；曰「寢開老黄河之議以仍利涉」。上悉從其請。【考異】據明史河渠志及潘季馴傳，命季馴治河在是年之夏。三編書之二月，蓋命下之月日也。是時季馴方召爲刑部侍郎，未幾遂有治河之命。今據明史。

16 秋，七月，乙卯，大學士呂調陽致仕。調陽在閣，小事則張四維代擬，大事則馳報張居正于江陵，因堅卧稱疾不出，累疏乞休。及居正還，遂致仕去。

17 丙子，詔：「江北諸府民年十五以上無田者，官給牛一頭，田五十畝，開墾三年後起科。」

18 是月，詔「司禮監會同禮部揀選内豎三千五百七十名應用。」于是禮科給事中李天植上言：「陛下纘服初年，允收馬安等三千二百五十人，部覆永不爲例。今六載之中，兩收數千，倖門日啓，覬澤者多。儻得收回成命，散此黨與，上也。不然，乞裁取其半。」疏入，報聞。

三編御批曰：嘉靖時粃政甚多，獨其裁抑中官，頗得制馭近習之道，故涓人奉法，不敢恣肆者幾數十年。神宗承其遺制，正當申嚴禁令，何以復廣加遴選，竟至三千五百人之多！蓋由馮保居中用事，吹噓引進，使黨類復致蔓延。而若輩氣焰既滋，勢即難于鈐束。未幾而蠱惑日甚，礦璫稅監，四出徵求，元氣由茲削盡。馴至茄花委鬼，竊弄威權，貽毒遂傾國祚。履霜堅冰，此其漸矣。

19 以戎政侍郎張學顏爲户部尚書。

學顏巡撫遼東，内召，甫回部，會户部尚書殷正茂致仕，遂陞任代之。

20 九月，庚午，詔「蘇州諸府開墾荒田，六年後起科。」

21 辛未，停刑，以大婚故也。

22 是秋，中官魏朝奉張居正母行，儀從煊赫，觀者如堵。比至，上與兩宮慰諭，幾用家人禮，復賜賚加等。

23 冬，十月，辛卯，馬自强卒。

自强入閣不數月，張居正還，吕調陽致仕，自强雖持正，亦不能有爲，充位而已。至是，得疾卒。贈少保，謚文莊。

24 十一月，辛酉，祀天于南郊。

25 十二月，博斯呼綽哈復糾土默特部諸木圖、恭圖、即煖兔、拱兔，譯見前。大、小韋徵即大、小委正，見前。等三萬餘騎，壁遼河，攻東昌堡，深入至耀州。李成梁遣諸將分屯要害遏之，而親提鋭卒出塞二百餘里，直擣圜山，斬首八百四十及其長九人，獲馬千二百匹。寇皆倉皇走出塞。

捷聞，廷議以爲成梁功多，宜膺封爵，從之。

26 高拱卒。張居正請復其官，祭葬如例。馮保憾未釋，中旨給半葬，祭文仍寓貶詞。久之，保敗，居正没，廷議以諳達封貢，追論拱功，始贈太師，謚文襄。

27 是歲，户部奏天下户口之數，户一千六十二萬一千四百六十六，口六千六十九萬二千八百五十六。三編云：「明食貨志，明代户口之數，增減不一，其可考者，洪武二十六年、弘治四年及是年而已。明初兵燹之後，户口顧極盛。其後承平日久，反不及焉。所以減者，周忱所謂『或投倚于豪門，或冒匠竄兩京，或冒引賈四方，舉家舟居，莫可蹤跡也。』故宣宗嘗與群臣論歷代户口，以爲『其盛也本于休養生息，其衰也由土木兵戎』云。」復用大學士張居正議，「天下田畝通行丈量，限三載竣事。」

七年（己卯、一五七九）

1 春，正月，戊辰，詔毀天下書院。

先是原任常州知府施觀民，以科斂民財，私刱書院，坐罪褫職。而是時士大夫競講學，張居正特惡之，盡改各省書院爲公廨。凡先後毀應天等府書院六十四處。

2 二月，己丑，遣使分閱邊防。又分遣科、道等官，往各省察地方官，有科斂及侈費者劾之。

3 三月，甲子，免淮、揚積年逋賦，從張居正請也。

4 是月，詔徵光禄寺十萬金，張居正上言：「財賦有限，費用無窮。使積貯空虛，不幸有四方水旱之災，（彊）〔疆〕埸意外之虞，可爲寒心。此後望力加撙節，若再徵金，臣等不敢奉詔矣。」

時上漸備六宫，太倉所儲，屢有宣索，居正上户部所進御覽錢糧數目，請置之坐隅，時賜省覽。因言：「萬曆五年所入四百三十五萬有奇，六年所入僅三百五十五萬有奇，則已少八十餘萬矣。五年歲出三百四十九萬四千有奇，六年所出至三百八十八萬八千有奇，則已多四十餘萬矣。王制，『量入爲出，計三年之出，必有一年之餘而後可。』今歲入則損于前，歲出則浮于前，此不可不留心也。」疏上，留中。

尋復令工部鑄錢給用，居正以利不勝費，止之。

5 夏，四月，癸卯，上命張居正書雝肅殿箴，揭之御屏。居正撰進，大要以「敕天命，謹萬幾，凜燕閒，嚴宥密，雖在宮，肅在廟，無逸乃逸而天下治。」又言「沖和者養威；澹泊者養祿，危厲者養安，憂勞者養樂。」上嘉納之。【考異】明史居正傳不具，三編據實録書之四月，證之紀事本末，則四月癸卯也。「雝肅」，諸書皆作「肅雝」。三編據實録更正，今從之。

6 五月，丙辰，以遼東功，封李成梁爲寧遠伯，歲祿八百石。【考異】三編系封成梁于六年之冬，據奏捷月日連記也。證之明史功臣表，在是年五月丙辰，今據書之。

7 癸亥，祀地于北郊。

8 是月，蘇、松大水。

給事中王道成等請停蘇杭織造，不許，張居正爲面請，乃減其半。

一日，上御文華殿，居正以給事中所上災傷疏聞，因請振，復言：「上愛民如子，而在外諸司，營私背公，剥民罔上，宜痛鉗以法。而上亦宜加意撙節，凡宮中一切用度賞賚，裁省禁止。」上首肯之。

9 六月，辛卯，詔「覈兩畿、山東、陝西勳戚田賦。」

初，穆宗時，户部議定勳戚莊田世次遞減之限，事見隆慶二年。因著令，「宗室買田不輸役者没官，勳戚田俱聽有司徵之」，而乞請者仍不絕。至是復加清丈，有踰額及隱占者按治之。

10 秋，七月，壬子，以蘇、松水災，撫、按官請「先行振濟，隨賜蠲免」，從之。

11 戊午，京師地一日凡再震。

12 乙丑，以水災，復罷蘇杭織造。于是給事中顧九思、王道成等請召還中官。上以示張居正，居正奏「民重困，宜召還孫隆」，從之。

時給事中李淶請恤江南水災，並陳四事，上怒其譏訕，居正力爲之解，乃已。

13 八月，辛丑，免泗州、興化、寶應、山陽、清河、桃源、鹽城田租，以頻年河患也。

14 是月，詔減蠲徭征派。

自嘉靖間行一條鞭法，民頗稱簡便。而諸役冗費，名去實存，有司追徵如故，百姓苦之。至是覈減銀凡一百三十萬有奇。

15 冬，十月，土默特等復犯遼東，以四萬騎自前屯、錦川營深入。李成梁命諸將堅壁，自督參將楊粟等遏其衝。會薊鎮總兵戚繼光赴援，寇遂退，與博斯呼合，壁紅土城，聲言入海州，而分兵襲錦義。成梁踰塞二百餘里，直抵紅土城堡，敗之，獲首功四百七十有奇。

是役也，張居正實預授方略云。【考異】明史本紀不載，見韃靼傳，書是年冬。成梁傳書于七年十月，今從之。○居正授方略，見韃靼傳中。紀事本末言「居正諭邊臣勿輕戰，堅壁清野，彼無所掠，將自阻。請令巡撫梁夢龍駐永平，戚繼光駐一片石，伺間邀擊，遂敗之」，所謂「方略」者此也。附識之。

16 十二月，張居正服除，上預問日期，賜白玉帶大紅坐蟒盤蟒。至日，召對平臺，慰諭久之。使中官張弘引見兩宮，皆有恩賚。而慈聖太后加賜御膳九品，使弘侍宴。

17 是冬，河漕都御史潘季馴報兩河工成，賚季馴及督漕侍郎江一麟銀幣，遣給事中尹瑾勘實以聞。【考異】明史本紀系河工成于八年二月。據勘還論功陞賞月日也。河渠志言河工成于是年之冬，季馴傳書于十月，今仍系之是冬下。

八年（庚辰、一五八〇）

1 春，正月，起前南京都御史曾省吾爲工部尚書，以李幼滋予告也。

2 二月：辛未朔，日有食之。【考異】明史本紀及三編皆作「二月辛未朔」。明史稿作「辛卯」，誤也。今據明史。

3 戊子，上親耕藉田。禮成，賜公卿等銀幣有差。

4 戊戌，以兩河工成，加潘季馴太子太保，進工部尚書兼左副都御史。督漕侍郎江一麟等遷擢有差。

是役也，築高家堰堤六十餘里，歸仁集堤四十餘里，柳浦灣堤東、西七十餘里，塞崔鎮等決口百三十，築徐、睢、邳、宿、桃、清兩岸遥堤五萬六千餘丈，碭、豐大壩各一道，徐、沛、豐、碭縷堤百四十餘里，建崔鎮等處減水石壩四座，遷通濟閘于甘羅城南。淮、揚間堤壩，無不修築。凡費帑金五十六萬有奇。自後數年，河道無大患。

明鑑曰：束水攻沙，治河之要法。水不束則不能攻沙，堤不堅則不能束水，其理甚明。吴桂芳始因全河入海止雲梯一逕，疑乎太狹，欲委安東爲黄河入海之路。朝議不許，許其開草灣河。草灣既開，正河轉淤，遂有崔鎮之決。於是多濬海口之議興，而實未得要領也。夫欲穿草灣爲支渠，而不知正流反以水緩而淤。假令多穿海口，不惟施工甚難，且流以散而益緩，緩而益淤，其能使之暢然歸墟乎？潘季馴主以水治水之説，急繕堤堰，卒以成功，蓋能確有定見，不爲異議所惑耳。

5 三月，辛亥，上奉兩宮皇太后率皇后謁天壽山陵。賜所過州縣田租。甲寅，還京師。

6 丁卯，賜張懋修等進士及第、出身有差。

懋修，居正子也。初，居正子敬修、嗣修，先後領鄉薦。上即位之二年甲戌，敬修會試不第，居正怒，因停是科考選五年。丁丑，嗣修遂以第二人及第。是年，復屆會試，懋修、敬修皆中式。會居正方乞休，遂特擢懋修第一人及第。【考異】事見明史選舉志，三編據之。按貢舉考言「張懋修廷對卷，初擬第三，御筆改第一。蓋中官有慫恿之者，實出首揆意也。」三編以爲「特擢第一人及第」者指此，附識之。

7 是月，寇犯遼東。

初，池東都督王兀堂通市于寬甸，參將徐國輔弟國臣强抑市價，兀堂遂與豪酋趙鎖、羅骨數以零騎侵邊。至是率四萬騎犯靉陽及黄岡堡，指揮王宗義戰死。寇復以千餘騎從永甸入，李成梁擊走之，追出塞二百里。敵以騎卒拒，而步卒登山鼓譟，成梁大敗之，斬首七百五十，盡毁其營壘。

捷聞，并録紅土城功，予成梁世襲伯爵。【考異】諸書皆記兀堂寇遼東于七年之冬。此據明史李成梁傳，在是年三月。三編系之四月，據奏至月日也。

8 張居正扈上謁陵還，具疏乞休，中云「拜手稽首歸政」。凡再上，上慰留懇切。最後傳慈聖太后口諭：「張先生輔爾至三十而後商處，令毋復興此念。」居正乃出。

時上顧居正益重，賜札稱「元輔」，或稱「先生」，稱「少師張先生」，待以師禮。而居正奏謝，亦儼然自負爲帝者師云。

9夏，四月，以兩淮災，詔撫、按官振恤竈場並江北連年告饑州縣，命支營田銀及各倉貯粟振之。

戶部言：「有司積穀振荒，先年立法，俱止貯州縣。不知各府爲知縣表率，亦當照例存積，以備災振。」從之。【考異】自「振恤竈場」以下，三編據實録增，今從之。

10閏月，庚申，平廣西八寨。

初，殷正茂既平古田，八寨之賊懼而歸降。已復并龍哈、咘咳爲十寨，立長官司。久之，諸寨復聚黨作亂，據民田産，白晝入都市剽掠，甚至攻城劫庫戕官吏。至是總制劉堯誨、巡撫張任統兵進剿，斬首一萬六千九百有奇。分八寨爲三城，增建二堡。于是右江諸獞始安輯輸賦。

11六月，南畿大水。

先是鳳陽等處雨澇，淮溢，水薄泗城，且至祖陵墀中，御史陳用賓以聞。

給事中王道成因疏言：「黄河未漲，淮、泗之間，霖雨偶集，而清口已不能容洩。宜令河臣設法疏導堵塞。」從之。

12是夏，謫南京兵部主事趙世卿。

時張居正當國，政尚嚴。州縣學取士，不得過十五人；布、按二司以下官，雖公事毋許乘驛馬；大辟之刑，歲有定額；徵賦以九分爲率，有司不及格者罰；又數重譴言事者。

世卿奏匡時五要，「請廣取士之額，寬驛傳之禁，省大辟，緩催科。」而末極論言路當開，言：「近者臺諫習爲脂韋以希世取寵，事關軍國，卷舌無聲，徒摭不急之務，姑塞言責。延及數年，居然高踞卿貳，誇耀士林矣。然此諸人豈盡集詬無節，忍負陛下哉？亦有所懲而不敢耳。如往歲傅應禎、艾穆、沈思孝、鄒元標，皆以建言遠竄，至今與戍卒伍。此中才之士所以内自顧恤，寧自同于寒蟬也。宜特發德音，放還諸人，使天下曉然知聖天子無惡直言之意，則士皆慕義輸誠，效忠于陛下矣。」

居正欲重罪之，吏部尚書王國光曰：「罪之適成其名，請爲公任怨。」遂出爲楚府右長史。明年京察，復坐以不謹落職。【考異】世卿謫外，見明史本傳，在是年。通紀系之四月，今書于是年之夏。

13 秋，七月，後軍都督府僉事俞大猷卒。

大猷以平古田獞功，進世蔭。已，爲巡按御史所劾，回籍聽調。久之，起是職，領軍營訓練。三疏乞歸。卒，贈左都督，賜祭葬，謚武襄。武平、崖州、饒平皆爲立祠。

大猷少好易，嘗以易推衍兵家奇正虛實之權。謂「兵家之數起五，猶一人之身有五體，雖將百萬，可使合爲一人也」。初爲汀漳守備，蒞武平，作讀易軒，與諸生爲文會，而日教武士擊劍。及爲大將，持身廉，馭下有恩。敭歷東南，大小百十餘戰，所向無不剿滅，威名震南服。其用兵先計後戰，不貪近功。忠誠許國，老而彌篤。譚綸嘗與書曰：「節制精明，公不如綸；信賞必罰，公不如戚；精悍馳騁，公不如劉。然此皆小知，而公則堪大受。」——戚，謂戚繼光，劉，謂劉顯也。其爲綸所推重如此。

14 八月，庚申，彗星見東南方，每夜漸長，縱橫河漢間，凡七十日而滅。

15 是秋，王兀堂復犯寬甸，副將姚大節擊敗之，兀堂由是不振。

16 改潘季馴爲南京兵部尚書。季馴又請開新集至小浮橋以復黃河故道，給事中王道成、河南巡撫周鑑等不可而止。至是遂遷。

17 冬，十月，辛丑，汰内外冗官。是時兵部尚書楊兆協理京營，奉詔：「協理一職，歸本部侍郎帶管。」兆遂疏辭協理，因裁之。仍敕吏部：「核兩京大小九卿及各屬，有冗濫者裁之，並覈各省徭賦及諸司冒濫冗費」，皆從張居正請也。

18 乙巳，蘇、松、常、鎮四府災，詔「將倉糧、漕糧、屯糧各酌量改折。」常熟、吳江、長洲、崑山四縣被災尤甚，以餘剩兵餉並發贓罰銀分振之。【考異】自「酌量改折」以下，三編據實録增，今從之。

19 十一月，（南）〔丙〕子，詔度民田。

初，建昌知府許孚遠始爲「歸户册」，以田從人，法簡而密。張居正當國，議天下田畝通行丈量，限三載竣事，用開方法以徑圍乘除，畸零截補。于是豪猾不得欺隱，里甲免陪累，而小民無虚糧。

因下户部，條爲八款：「一明清丈之例，謂額失者丈全則免；一議應委之官，以各右布政使總領之，分守兵備分領之，府州縣官則專管本境；一復坐派之額，謂田有官、民、屯數等，糧有上、中、下數則，宜逐一查勘，使不得詭混；一復本徵之糧，如民種屯地者即納屯糧，軍種民地者即納民糧；一嚴欺隱之律，有自陳詭占及開墾未報者免罪，首報不實者連坐，豪右隱占者發遣重處；一定清丈之則；一行丈量磨算之法；一處紙劄供億之費。」詔如議行之。

至是勘實，總計天下田數七百一萬三千九百七十六頃，視弘治時贏三百萬頃。然居正尚綜覈，頗以溢額爲功，有司争改小弓以求田多，或掊克見田以充虚額，後遂按溢額田增賦，而北直隸、湖廣、大同、宣府多受其累云。【考異】明史本紀，「是年十一月，度民田。」食貨志書度民田于萬曆六年。據志言「期三載竣」，則以六年下令，以八年勘竣報聞也。三編亦系之八年，今據志參三編書之。

20 戊寅，上夜宴乾清宮，爲近侍孫海、客用所惑，杖二内使幾斃。慈聖皇太后聞之，立命馮保捕海、用等，杖而逐之。上悔悟，諭内臣曰：「孫海、客用，凡事引誘朕，無所不爲，今安置南京。以後但有此等小人，即同舉名來奏。」仍命文書房官宣示閣臣，張居正等謂「降黜未盡其辜，宜發充浄軍」，上從之。

次日，居正等回奏曰：「自聖上臨御以來，講學勤政，聖德日新。乃數月之間，仰窺聖意所向，稍不如前。微聞宮中起居，頗失常度；但臣等身隔外庭，未敢輕信，而朝廷庶政未見有缺，故不敢妄有所言。然前者恭侍日講，亦曾舉『益者三樂損者三樂』『益者三友損者三友』兩章書。語云：『樹德務滋，除惡務盡』。其各監等官，俱令自陳，老成廉慎者存之，諂佞放恣者汰之。且近日皇穹垂象，彗芒掃宦者四星，宜大行掃除以應天變。

臣又聞漢臣諸葛亮云：『宮中府中，俱爲一體，陟罰臧否，不宜異同。』臣等待罪輔弼，宮中之事，皆宜與聞。此後不敢以外臣自限，凡皇上起居與宮壼内事，但有所聞，即竭忠敷奏；及左右近習有奸佞不忠者，亦不避嫌怨，必舉祖宗之法，奏請處治。

皇上亦宜戒游宴以重起居，專精神以廣聖嗣，節賞賚以省浮費，却珍玩以端好尚，親萬幾以明庶政，勤講學以資治理。」

時上迫于太后，不得已皆報可，而心頗嗛居正及保矣。【考異】事見明史張居正傳。而馮保傳則云「時上年十八」，又云「時八年十一月也」。明史紀事本末系之是月戊寅，今從之。惟保傳有「太后切責帝，令長跪受教，保又屬居正草帝罪己詔頒示閣臣」云云，與李太后傳詞意略同。而李太后傳中所記，又似在上未婚及太后未返慈寧宮之前。其爲一事二事，蓋不可考。今據傳參三編書之，其月分則據保傳，日分則據紀事本末。蓋紀事所記居正當國，其年月日多據太岳集云。

三編發明曰：懲創内官，其名甚美。第所劾逐之璫寺，不過取馮保不悦者而汰去之，則此舉適所以阿保之好惡而已。而其事皆贊成于居正，尤可駭聽。居正身爲首輔，必與保相固結，事事曲爲迎合，又使蒼頭與保私人結爲兄弟，以聯聲勢。作威竊柄，罔恤人言，一至于此。況自陳之典，本屬具文，大臣或偶循例，避賢引退。乃以行之宦豎，而復濟以私心，爲實爲名，義安所取！觀居正疏諫之語，且謂「不敢以外臣自限」，此正欲統擅内外之權以挾制其上。然神宗亦因是見嗛，而内官之心終無以服，所謂懲創者，亦復何益？徒使積怨流毒，遺患後來。大臣懷私以事其上，其凶于而家，害于而國，可勝道哉！

21 十二月，甲辰，張居正以「聖學方新，經筵日講，遠稽故訓，不若近事之可徵；上溯先王，不如家法之易守」，乃屬儒臣紀太祖、列聖實録、寶訓，分類編輯，以經筵日進講。上嘉納之。

22 是月，刑部尚書潘晟致仕，陞刑部侍郎徐學謨代之。

九年（辛巳、一五八一）

1 春，正月，庚午，以新歲五日狂霾蔽天，敕邊臣加意警備。

直隸巡按御史范鳴謙言：「邊防固宜飭，內治尤當修。如刑罰未當，宜敕有司不許混淆久監贓罰；貪墨未息，宜敕新選官不許借貸豪門，致赴任責收無措，橫肆誅求；荒蕪未墾，宜敕淮安、鳳陽二府官員留心農事；盜賊未殄，宜敕有司不許欺蔽。而大要尤在君心之修省，起居以時，嗜慾以節；講筵毋憚詳問，大臣宜賜咨詢；端好尚，禁奢靡；庶災異潛消，休徵協應。」疏入，報聞。

2 辛未，吏部議，「各部員外郎、主事以下應裁者，歸併兼管，令在任候裁」。戶部議，「鳳陽營田僉事各員應裁者，歸併州縣」，報可。

3 癸酉，土默特犯錦州。

先是寇數侵邊不得志，益徵諸部兵分犯錦、義及右屯、大淩河，以城堡堅，不可克，尋遼、薊兵並集，遂引去。未幾，復以二萬餘騎從大鎮堡入攻錦州，參將熊朝臣固守，而遣部將周之望、王應榮出戰，頗有斬獲，矢盡，皆力戰死。敵乃分掠小淩河、松山、杏山，李成梁馳援，始出境。【考異】據明史李成梁傳，寇犯錦州在八年之冬。本紀系之九年正月，蓋奏至月日也，今據書之。

4 己卯，命翰林官分番入直。

時張居正言：「人主一心，乃萬化從出之原，亦衆欲交攻之會，必使常有所繫，然後縱欲之念不萌，而引誘之奸不入。竊見前代好文之主，皆有文學之臣奉侍清燕，或承詔登答，或應制賡酬，皆寓風勸箴規之益。翰林撰述討論，爲其職務。如日講諸臣，皆文學優贍，其餘翰林，亦皆需次待用。宜令分番入直，每日輪四員，同日講諸臣在館祗候。萬幾之暇，如披閱古文，有所采録，或鑒賞名筆，有所題詠，即屬諸臣具草。或不時面賜質問，以觀其才品高下。」從之。

5 辛巳，吏部復議「裁革北直隸保定等府同知、通判官以下五十五員，南京、福建倉大使等四十六員，浙江布政使司都事等官二十員，江西、陝西、延綏、鄖陽等處司、府、州、縣佐貳雜職等官三十員，南贛、貴州司、府、縣、驛等官十員，南京中、左二府錦衣衛各僉書、大教場等營把總八員」，皆報可。

6 甲申，土默特復與哈斯坦、即黑石炭，譯見前。大、小韋徵、即大、小委正。諸木圖、恭圖即煖兔、拱兔。諸部聚兵塞下，謀入廣寧，李成梁率輕騎從大寧堡出塞四百餘里擊之，敵大敗走。官軍將還，敵來追，成梁逆擊，且戰且行，先後斬首三百四十及其長八人。録功，增歲禄百石，世蔭一等。

7 二月，張居正進儒臣分輯列朝寶訓、實録成書。凡四十類：曰創業艱難，曰勵精圖治，曰勤學，曰敬天，曰法祖，曰保民，曰謹祭祀，曰崇孝敬，曰端好尚，曰慎起居，曰戒游佚，曰正宫闈，曰教儲貳，曰睦宗藩，曰親賢臣，曰去奸邪，曰納諫，曰理財，曰守法，曰敬戒，曰務實，曰正紀綱，曰審官，曰久任，曰重守令，曰馭近習，曰待外戚，曰重農桑，曰興教化，曰明賞罰，曰信詔令，曰謹名分，曰却貢獻，曰慎賞賚，曰敦節儉，曰慎刑獄，曰褒功德，曰屏異端，曰飭武備，曰禦寇盜，名曰訓録類編。以日講之期，如先年進講帝鑑圖説故事，講解一二條以裨政治。

8 旌武義孝子王世名。

初，世名父良，與族子俊同居争屋，爲俊毆死。世名年十七，恐殘父屍，不忍就理，乃佯聽其輸田議和，凡田所入，輒易價封識，俊有所餽，亦佯受之。而潛繪父像懸密室，繪己像于旁，帶刀侍，朝夕泣拜，且購一刃，銘「報讎」二字，母、妻不知也。服闋，爲諸生。及生子數月，謂母、妻曰：「吾已有後，可以死矣。」一日，俊自外醉歸，世名挺刃迎擊之，立斃。出號于衆，入白母，即取前封識者詣吏請死。時去父死六年矣。知縣陳某曰：「此孝子也，不可置獄。」别館之，而上其事于府。府檄金華知縣汪大受來訊，世名請死，大受曰：「檢屍有傷，爾可無死。」曰：「吾惟不忍殘父屍以至今日。不然，何待六年！乞放歸辭母，乃就死。」許之。歸，母迎而泣，世名曰：「身者，父之遺也。以父之遺爲父死，雖離母，得從父矣，何憾！」頃之，大受至，縣人奔走直世名者以千計。大受乃令人舁致父棺，將開視之。世名大慟，以頭觸階石，血流殷地。大受及旁觀者咸爲隕涕，乃令舁柩去，將白上官，免檢屍以全孝子。世名曰：「此非法也。非法無君，何以生爲！」遂不食而死。妻俞氏，撫孤三載，自縊以殉。詔旌其門曰「孝烈」。【考異】旌孝子王世名，明書、從信録皆系之是年二月。證之明史孝義傳，亦特書云「時萬曆九年二月也。」今據增入。

9 三月，丙寅，大閱，準隆慶三年例行也。閱畢，諭「兵、工二部重造盔甲，限每年造千副，五年通完。」

10 夏，四月，丁酉，振山西被災州縣。

11 己酉，山西蔚州地震，聲如雷，屋宇皆裂。同時，大同鎮堡各州縣俱地震有聲。

12 辛亥，上御文華殿，日講畢，張居正以南科給事中傅作舟報災疏進，因言：「淮安、鳳陽、蘇州、松江四府，連被災傷。徐州、宿州間至以樹皮充饑，或聚爲盜。昔元末之亂，亦起于此，當破格振之。」上從其言。乙卯，詔「動支各該州縣庫銀倉穀，不足則南京見貯銀米儘有贏餘，足以協濟，飭有司實力奉行。」【考異】據三編，是月振南畿災，蓋張居正以破格請之也。從信録及紀事本末所記尤詳，一書「四月十八日」，一書「四月辛亥」。辛亥即是月十八日也，下詔在乙卯。今仍據本紀連書之。

13 是月，哈斯坦復犯遼陽，副將曹簠出禦之。追至長安堡，遇伏，失千總陳鵬以下三百十七人，馬死者四百六十四，遂大掠人畜而去。逮簠等下吏，成梁不問。【考異】遼陽之敗，明史本紀系之三月。據成梁傳及三編皆書于四月，今從之。

14 京師旱。

張居正以蠲振頻興，請撙節宮中耗費，因言：「嘉靖間用最浩繁，內庫尚有餘積。今已增額，猶稱缺乏。有限之財，安能供無窮之用！」上納之。

15 兵部尚書方逢時致仕。

逢時自五年召理戎政，時方總督宣大還，議者争言貢市利害。

逢時上疏言：「數年以來，九邊生齒日繁，守備日固，田野日闢，商賈日通，邊民始知有生之樂。北部輸誠效貢，莫敢渝約，歲時請求，隨宜與之，輒稽首歡笑；有掠人要賞者，告諳達討治，即俛首聽命。而異議者或曰『敵使充斥爲害』，或曰『日益耗費，彼欲終不可足』，或曰『與寇益狎，隱憂叵測』，此皆未覩事機之論也。

夫使者之入，多者八九人，少者二三人，朝至夕去，守貢之使，賞至即歸，何有『充斥』！財貨之賄，有市本，有撫賞，計三鎮歲費二十七萬，較之鄉時户部客餉七十餘萬，太僕馬價十餘萬，十纔二三耳，而（比）〔民〕間耕穫之入，市賈之利不與焉。所省甚多，何有『耗費』！乃若所『憂』則有之，然非『隱』也。方庚午以前，三軍暴骨，萬姓流離，城郭邱墟，芻糧耗竭，邊臣首領不保，朝廷爲之旰食，七八年來，幸無此事矣。若使臣等處置乖方，惜小費而虧大信，使一旦肆行侵掠，則前日之『憂』立見，何『隱』之有哉！

所不可知者，諳達老矣，誠恐數年之後，此人既死，諸部無所統一，其中狡黠，互相爭搆，假託異辭，遂行侵擾，此則時變之或然而不可預料者。在我處之，亦惟罷貢絶市，閉關固壘以待，仍禁邊將毋得輕舉，使曲常在彼而直常在我，因機處置，顧後人方略何如耳。夫封疆之事，無定形，亦無定機，惟朝廷任用得人，處置適宜，何必拘拘焉貢市非而戰守是哉！」因復奏上款貢圖。

尋代王崇古爲尚書，凡四年，累疏致仕。至是得請歸，上書「盡忠」字賜之。二十四年卒。

逢時才略明練，措置邊事，悉協機宜，功名與王崇古相亞，世稱「方、王」。

16 召兵部尚書總督薊遼梁夢龍回部管事。

17 五月，詔盡賣民間種馬，以互市餽馬也。

國初，有官牧，有民牧，後定制悉牧于民，視丁田授馬；始曰「户馬」，繼曰「種馬」，按歲徵駒，而孳生常不及數，馬户無以償，輒多逃竄。隆慶間，太僕少卿戴金言：「種馬之設，專以孳生備用。備用馬既別買，則種馬可遂省。今備用馬既足三萬，宜令每馬折銀三十兩解太僕，種馬盡賣輸兵部。一馬十兩，則直隸、山東、河南十二萬匹，可得銀百二十萬，且收草豆銀二十四萬。」穆宗可其奏，下部議，請養、賣各半，從之。

至是互市，馬益多，乃盡賣種馬，上馬八兩，下至五兩。又折徵草場地租銀，以供團營買馬及各邊之請。然其後師役繁興，往往借支太僕銀，久之銀與馬兩竭，而冏政大壞。

18 是夏，户部尚書張學顏上會計録。

學顏精心計，張居正深倚任之，乃撰是録以勾稽出納。又奏列清丈條例，釐兩京、山東、陝西勳戚莊田，清溢額、脱漏、詭借諸弊。又通行天下，得官民屯收湖陂八十餘萬頃，民困賠累者，以其賦抵之。自正、嘉虚耗之後，至萬曆十年間，最稱富庶，學顏有力焉。然是時宫闈用度汰侈，多所徵索。學顏隨事納諫，得停發太倉銀十萬兩，減雲南黄金課一千兩，餘多弗能執爭。而金花銀歲增二十萬兩，遂爲定額。人亦以是少之。【考異】明史本紀系之是年四月，其本末具詳學顏本傳。今參書之，系于是年之夏。○又按明史王國光傳「國光爲户部，以四年告歸。瀕行，以所撰萬曆會計録上之。帝嘉其留心國計，令户部訂正。」然則學顏所上，即國光原本重加訂正者也。是年夏，學顏主户部，故據學顏本傳書之。附識于此。

19 秋，八月，庚子，遼東、定邊等衛雨雹如雞卵，秋禾盡傷，凡百餘里。

20 丁未，揚州、泰興、海門、如皋等處狂風大作，屋瓦如飛，驟雨如注，陂塘圩埂盡決，漂浸官民屋舍凡數千間，男婦死者無算。

21 九月，丁亥，停刑。

22 冬，十月，己亥，土默特復連博斯呼等十餘萬騎攻圍廣寧，不克，轉掠團山堡、盤山驛及十三山驛，攻義州，李成梁禦却之。

23 十一月，丙戌，振真定、順德、廣平三府災，從巡按御史范鳴謙之請也。鳴謙請分別蠲振，乃定夏税全徵者于秋糧抵免之。

24 是月，張居正一品考滿，晋太傅、左柱國。張四維亦加柱國。

25 是歲，張居正請盡覈天下徭賦及諸司之冒濫冗費者。

居正以「江南大豪怙勢，及諸奸猾吏民善逋賦，請遣大吏精悍者嚴行督責，賦以時輸。」于是國藏日充裕，而豪猾者輒以是怨居正。

26 是年京察，兵部員外郎孟秋坐謫。

秋，茌平人，舉隆慶五年進士，爲昌黎知縣，有善政，遷大理評事；去之日，老稚載道泣留。以職方員外郎督視山海關，關政久弛，奸人出入自擅，秋禁之嚴，中流言，遂以是年京察坐貶。

歸塗，與妻孥共駕一牛車，道旁觀者咸歎息。許孚遠嘗過張秋，造其廬，見茆屋數椽，書史狼籍其中，歎曰：「孟我疆風味，大江以南未有也。」——我疆者，秋別號也。

後起官刑部主事，歷尚寶丞少卿卒。秋既歿，廷臣爲請謚者章數十上，天啓初，賜謚清憲。

十年（壬午、一五八二）

1 春，正月，淮、揚海溢，浸豐利等鹽場三十，渰死二千六百餘人。

2 二月，癸巳，順義王諳達卒，詔賜祭七壇，綵緞十二，表裏布百匹，示優恤。其妻伊克哈屯即一克哈屯，譯見前。率子鴻台吉等上表進馬謝，復賜幣布有差。【考異】諳達死，諸書皆系于九年之冬，明史本紀蓋據奏報月日也。韃靼傳亦云「十年春」，今從之。

3 丁酉，免天下積年逋賦。張居正言：「百姓財力有限，即年歲豐收，一年所入，僅足以供當年之數；不幸荒歉，則見年尚不能辦，豈復有餘力完累歲之積逋乎？有司規避罪責，往往將見年所徵那作帶徵，名爲完舊欠，實則減新收也。今歲之所減，即爲明年之拖欠；見在之所欠，又是將來之帶徵；誅求無已，民何以堪！況頭緒繁多，年分混雜，小民竭脂膏，胥吏飽谿壑，甚者不肖有司因而漁獵。與其朘民以實奸貪之橐，孰若盡蠲以施曠蕩之恩。今户部自隆慶元年至萬曆七年各省未完帶徵錢糧一百餘萬，而江南蘇、松兩府至七十餘萬，蓋以彼處稅糧原重，故逋負獨多。昨應天巡按孫光祐具奏請蠲，户部以干係國計，未敢擅議。竊謂德惠當出朝廷，若令地方官請而得之，則恩歸于下，怨歸于上矣。乞諭户部覈萬曆七年以前積負，悉行蠲免。」

上從之，凡免一百餘萬有奇。而是時帑藏充盈，國最完富，故有是舉。

4 三月，庚申，杭州兵變。

初，杭州東南二大營兵，每名月給餉銀九錢，巡撫都御史吴善言奉詔議減三之一，各兵稍有怨言。至是營兵馬文英、劉廷用等，搆其黨擁訴于巡按御史張文熙，且言：「春汛屆期，例應防海，若搭銅錢，不便攜帶」，文熙好慰遣之。善言遽出示曰：「餉減已定，不願者聽其歸農。」

次日，兵遂大譟。三司官往諭，因圍繞不放行，文熙傳諭始釋，而擁入撫廨，縛善言以出，痛毆之。文熙率三司官吳憲及巡鹽御史孫旬等多方戒諭，始解散，歸善言。文熙因劾「善言撫馭乖方，自貽蹙辱。至于營卒，應嚴懲首惡以定人心。」

時巡撫宣大張佳允，方召入爲兵部右侍郎，張居正以其才，薦之代善言。丁卯，以佳允兼右僉都御史，巡撫浙江討之。【考異】二月庚申，杭州兵變，此疑據奏報月日也。越七日丁卯，命張佳允巡撫浙江，據命討月日也。諸書皆系平賊于四月。本紀「三月討定」之語，牽連並記耳。今分書之。

5 丙子，泰寧部長博斯呼，即速把亥，見前。與弟綽哈、即炒花，見前。子布延圖舊作卜言兔。入犯義州，李成梁禦之鎮夷堡，設伏待之。參將李平胡射中博斯呼脅，墜馬，蒼頭李有名前斬之。寇大奔，追馘百餘級，綽哈等慟哭去。

博斯呼爲遼左患二十年，至是死。上大喜，賜成梁甲第京師，世襲錦衣指揮使。

6 己卯，倭寇浙江温州。

7 夏，四月，戊子朔，諭禮部：「令民及時耕桑，毋事游惰。」

8 甲午，寧夏靈州土軍馬景等作亂，殺參將許汝繼，屠其家，巡撫都御史晉應槐討誅之。

9 庚子，以久旱禱雨，敕群臣修省五日。復以疫癘盛行，死者甚衆，敕太醫院官廣施藥餌，並出太倉銀振卹。

10 丙辰，彗星見西北，形如匹練，尾指五車，歷二十餘日始滅。

11 是月，禮科給事中石應岳上言：「浙江既標兵毆辱撫臣，靈州復士卒屠戮參將。四月末旬，彗星出于五車，雨澤愆期，風霾蔽日，人民疫死，農務無依。天異人變疊見，可謂警戒矣。惟陛下抑左右之專恣，斥侍從之諛佞；損燕閒過度之樂，罷營繕不及之工。」疏入，復下詔修省。

12 張佳允巡撫浙江，行至嘉禾，聞杭民亦以行保甲故稱亂，問告者曰：「亂兵與亂民合乎？」曰：「未也。」佳允喜曰：「速驅之，尚可離而二也。」既至，民剽益甚。佳允從數卒佯問民所苦，下令除之。衆益張，夜掠富室，火光燭天。佳允召游擊徐景星，諭二營兵令討亂民自贖，擒百五十人，斬其三之一。乃佯召馬文英、劉廷用，予以冠帶，而密囑景星捕七人，并文英、廷用斬之。二亂悉定，上優詔褒美。

13 五月，庚申，免先聖、先儒後裔丁糧，從福建巡撫勞堪議也。自聖裔外，並及宋儒朱熹、李侗、羅從彥、蔡沈、胡安國、游酢、真德秀、劉子翬有差。又免故大學士楊榮後裔亦如之。

14 庚辰，振畿内饑，從户科給事中顧問請也。問言：「順天等八府，自萬曆八年，雨暘愆期，收成歉薄，至九年、十年恒暘，禾稼枯槁。是以民有菜色，元氣重傷，生者逃移，死者枕藉，真定、大名一帶尤甚。宜特加振卹，並蠲免田租。」從之。

15 六月，丁亥朔，日有食之。

16 壬寅，振太原、平陽、潞安饑，詔發内帑及商税銀并倉穀相兼拯之。

17 乙巳，加張居正太師。

先是三月，居正有疾，求私宅票擬，許之。上頻頒敕諭問疾，出金帛爲醫藥資。至是四閲月不愈，百官並齋醮爲之祈禱，南都、秦、晉、楚、豫諸大吏無不建醮。上命張四維等理閣中細務，大事即家令居正平章。居正始自力，後憊甚，不能徧閲，然尚不令四維等參之。及病革，乞歸，上復優詔慰留。會遼東奏捷，乃有是命。

初，居正以十二載滿，加太傅。舊例，文臣無真拜三公者，有之自居正始也。

18 以前禮部尚書潘晟兼武英殿大學士，吏部侍郎余有丁兼文淵閣大學士。

時居正自度不起，乃薦晟及有丁自代。晟素貪鄙，不協清議，居正以座主故，又晟曾授書于馮保，因薦之。晟未至，御史雷士楨、給事中王繼光相繼劾之，晟中途疏辭。張四維度申時行不肯爲晟下，乃擬旨允之。命下五日而罷。【考異】據明史居正傳，言「晟爲馮保所受書者，强居正薦之。時居正已昏甚，不能自主矣。」若據馮保傳，則「居正以遺疏薦其座主潘晟入閣，保即遣官召之。」按居正與保相結，而晟又座主，乃委之。「昏甚不能自主」，疑出傳狀中掩護之詞，今據保傳，爲得其實。

19 丙午，張居正卒。

上愴悼輟朝，諭祭九壇，視國公兼師傅者。贈上柱國。命四品京卿錦衣堂上官司禮太監護喪歸葬，謚文忠。

居正性深沈機警，多智數。爲史官時，嘗潛求國家典故及時務之切要者剖晰之，遇人多所諮詢。及攬大政，登首輔，務尊主權，課吏職，信賞罰，一號令，上亦悉心聽納。用李成梁、戚繼光，委以邊事，南蠻累世負固者，次第遣將削平之。力籌富國，清郵傳，核地畝。故神宗初政，起衰振隳，綱紀修明，海内殷阜，居正之力也。然其褊衷多忌，剛愎自用。初入政府，即以私憾廢遼王。奸諛成風，六曹之長，咸唯唯聽命，至章疏不敢斥名，第稱「元輔」。士大夫始譽以伊、周，漸進以五臣，繼竟擬之舜、禹，居正亦恬然居之。居正卒，餘威尚在，言官奏事，尚稱「先太師」。方奪情時，威權震主，上雖虛己以聽，而内顧不堪。身死未幾，遂遭削奪，子孫並致禍敗。

初，上在講筵，讀論語「色勃如也」，誤讀爲「背」。居正遽厲聲曰：「當讀作『勃』。」上悚然驚起，同列皆失色，由此上益心憚居正。時比之霍氏驂乘云。

20 是月，前巡按遼東御史劉臺卒。

臺戍潯州，未幾，飲于戍主所，歸而暴卒。時以爲承張居正指害之也。是日，居正亦卒。【考異】此據明史劉臺本傳。其卒與張居正同日，今系之是月下。

21 秋，七月，庚午，振平、慶、延、臨、鞏饑。

22 八月，丙申，皇長子常洛生，——恭妃王氏出也。

妃初爲慈寧宮人，年長矣。上過慈寧宮，私幸之，有娠，戒左右勿言。慈聖太后聞之，一日侍宴，取內官起居注示上，且好語曰：「吾老矣，未有孫。果男也，則宗社之福，奚諱焉！」尋又言：「母以子貴，寧分差等。」上乃以是年四月封恭妃。及是皇子生，御殿受賀。【考異】據明史稿，皇子生于是月丙申，蓋八月十一日也。明史系之九月丙辰，據頒詔之日，今分書之。

23 癸丑，免畿內被災夏稅。

24 九月，丙辰，以皇長子生頒詔天下。大赦。免各省田租三之一。

25 甲子，上仁聖、慈聖兩皇太后徽號。【考異】是月丙辰朔，甲子初九日也。明書綸涣志所載詔文，一書「九月初六日」，一書「九月十一日」，與史小異。今仍據正史。

26 冬，十月，丙申，蘇州、松江諸府大水，衝壞民居以千萬計，漂流田禾十餘萬頃，死者二萬人，詔振之，並蠲免税糧。

27 是月，吏部尚書王國光罷。國光有才智，初掌户部，多所建白，及是受制執政，聲名損于初。會張居正卒，御史楊寅秋劾國光六罪。上怒，遂落職閒住。已，念其勞，命復官致仕。

28 改兵部尚書梁夢龍于吏部。先是張居正將卒，自潘晟、余有丁外，復薦夢龍及侍郎許國、陳經邦，已，復薦尚書徐學謨、曾省吾、張學顏，侍郎王篆等可大用。上爲黏之御屏，將以次用之。夢龍、省吾皆加太子太保。

29 十一月，召總督薊遼軍務吴兑爲兵部尚書。兑以是春偕李成梁擊斬博斯呼，以功進兵部尚書。至是梁夢龍改吏部，命兑還管部事。

30 十二月，壬辰，謫太監馮保爲奉御，安置南京。初，保内倚太后，外倚張居正，專擅威福。其黨徐爵，擢用至錦衣衛指揮同知，署南鎮撫，與居正蒼頭游七比，通賄賂。然上呼爲「大伴」，頗憚之，有所賞罰，非出保口，無敢行者。上積不能堪，以迫于太后、居正，不能去也。及太后歸政，居正又卒，保失所倚，然猶肆橫如故。

潘晟既罷，保方病起，詬曰：「我小恙，遽無我邪！」皇長子生，保欲封伯爵，張四維以無故事難之，擬廕弟姪一人都督僉事，保怒曰：「爾由誰得今日？而負我！」御史郭惟賢請召用吳中行等，保責其黨護，謫之。吏部尚書王國光罷，保輒用其鄉人梁夢龍代之。其私人徐爵及内官張大受等，竊權如故。

然是時上已積怒保。東宮舊閹張鯨，素害保寵，謀去之；其同事張誠，向爲保所惡，斥于外，至是復入。兩人乃伺間陳保過惡，並發其與張居正交結狀，請令保閒住，上猶畏之，曰：「若大伴上殿來，朕奈何？」鯨曰：「既有旨，安敢復入！」會御史江東之首劾保黨徐爵，詔下爵獄，論死。御史李植遂列保十二大罪，上震怒，遂謫保南京安置。籍其家，金銀百餘萬，珠寶瑰異稱是。

保之發南京也，太后問故，上曰：「老奴爲張居正所惑，無他過，行且召還。」時潞王將婚，所需珠寶未備，太后間以爲言，上曰：「年來無恥臣僚，盡貨以獻張、馮二家，其價驟貴也。」于是彈擊居正者紛起。

31 壬寅，復建言諸臣職，從御史孫繼先請也。繼先言：「人君欲建久安長治之功，必重直言敢諫之士。前日編修吴中行，檢討趙用賢，員外艾穆，主事沈思孝，進士鄒元標，各以張居正奪情一事建言得罪，至廷杖遣戍。陛下豈不知諸臣無罪？但以爲不如是不足以安居正之心。頃因御史李植言斥馮保，則諸臣賜環，不可稽遲矣。至于忤觸居正如余懋學、趙應元、傅應禎、朱鴻模、孟一脈、王用汲等，亦當一體復用，以開言路。」從之。

先是御史郭維賢疏薦吴中行等，坐降調，然上意已漸移，至是並復維賢職。

32 是月，御史江東之發馮保、徐爵奸，並糾吏部尚書梁夢龍賂徐爵得官，工部尚書曾省吾，侍郎王篆皆被論。篆斥爲民，夢龍、省吾皆致仕。

33 召南京户部尚書楊巍爲工部尚書。

34 改刑部尚書嚴清于吏部。

初，清主刑部，獨不附麗張居正；及籍馮保家，得廷臣餽遺籍，獨無清名，上深重焉。會梁夢龍罷，乃改清代之。

35 改薊鎮總兵官戚繼光于廣東。

繼光在薊鎮十六年，當國大臣徐階、高拱、張居正，先後倚任之；居正尤事與商榷，動無掣肘，故繼光益發舒。

及是居正歿甫半歲，給事中張鼎思，言「繼光不宜于北」，閣臣擬旨，遽調之廣東。繼光悒悒不得志，赴粤踰年，即謝病歸。居三年，卒。

繼光更歷南北，並著聲。在南方戰功特盛，北則專主守，邊防修舉。繼之者踵其成法，數十年得無事。所著紀效新書、練兵紀實，談兵家遵用焉。

36 是歲，寇犯瀋陽。

初，王杲之死，王台實獻之。杲子阿台，走依王台長子虎兒罕，然嘗欲報之。會王台死，虎兒罕勢遂衰。海西有南、北兩關，王台所轄則南關也，素與北關清佳砮、楊吉砮等爲讎。于是阿泰附之，舊譯「泰」作「台」。合攻虎兒罕，又數犯孤山、汛河。李成梁出塞，遇于曹子谷，斬首一千有奇。阿泰復糾阿亥舊譯「亥」作「海」。連兵入瀋陽城南渾河，大掠而去。成梁從撫順出塞百餘里，火攻古哷塞，舊譯「哷」作「勒」。射死阿泰，連破阿亥寨，擊殺之，獻馘二千三百，杲部遂滅。

明通鑑卷六十八

紀六十八 起昭陽協洽（癸未），盡著雍困敦（戊子），凡六年。

江西永寧知縣當塗夏燮編輯

神宗顯皇帝

萬曆十一年（癸未、一五八三）

1 春，正月，辛酉，京師風霾，欽天監奏主邊兵。壬戌，敕兵部令各邊將慎加防備。

2 是月，緬甸犯雲南。

初，緬甸去雲南遠，自其酋莽瑞體以兵服諸蠻，勢遂强，數擾邊境。江西人岳鳳者，商隴川，驍桀多智，爲隴川宣撫司多士寧記室，士寧妻以妹。鳳誘士寧往見瑞體，潛與子曩烏弄酖殺之，並殺其妻子，奪金牌印符，受瑞體僞命，代士寧爲宣撫。已而瑞體死，子應裏嗣，鳳導之入寇，窺騰越、永昌、大理、蒙化等處。已，陷順寧，指揮吴繼登、千户祁維垣戰死。

巡撫劉世曾以聞，「請以南京坐營中軍劉綎爲騰越游擊，移武靖參將鄧子龍爲永昌參將，各提兵五千，並調諸土軍會剿。」從之。——綎，都督顯子也。【考異】緬甸入寇，據明史本傳在去年十月，此蓋奏至月日也。本紀系寇永昌于閏二月甲子，今據三編彙記之。

3 召南京兵部尚書潘季馴爲刑部尚書。

4 二月，戊子，承天府地震。

5 閏月，甲子，詔封諳達子徹辰汗爲順義王。徹辰汗，舊作乞慶哈。——徹辰汗者，鴻台吉更名也。即黄台吉，三編或作「鴻」，或作「歡」。

6 乙丑，車駕發京師，謁天壽山陵，免所過州縣田租。庚午，如西山謁恭讓章皇后、景皇帝陵。辛未，還宫。

7 三月，甲申，追奪張居正官階。

馮保既得罪，新進者益務攻居正，詔奪上柱國、太師，再奪謚，斥其子錦衣衛指揮張簡修爲民。居正諸所引用者，先後斥削殆盡。

8 乙酉，振臨、鞏、平、延、慶五府旱災，免田租。【考異】明史本紀系乙酉于閏二月，閏月無乙酉也。或係倒誤，或乙酉有誤字。今改入甲申下。

9 庚子，賜朱國祚等進士及第、出身有差。

是科廷對，輔臣張四維子甲徵，申時行子用懋，皆中式，預焉。時御史魏允貞陳時弊四事，因言：「自居正三子連登制科，流弊迄今未已。請自今，輔臣子弟中式，俟致政之後，始許廷對，庶倖門稍杜。」疏上，張四維大愠，因爲其子白誣，且乞骸骨，時行亦疏辨。上並慰留，而責允貞言過當。户部員外郎李三才奏「允貞言是」，並貶秩調外。給事中御史周邦傑、趙卿等論救，不納。

允貞雖謫，然自是輔臣居位，其子無復登第者。

10 是月，兵部尚書吴兑罷。

時魏允貞劾「兑歷附高拱、張居正，且餽馮保金千兩，封識具存。」給事中王繼光，亦言「兑受將吏饋遺」。御史林休徵助之攻，上乃令兑致仕去，後數年卒。

初，拱罷相，兑獨送至潞河，及拱再起，超擢用之。兑釋褐十三年而得節鉞，前此所未有，故允貞並及之。然兑邊功與王崇古、方逢時相亞云。

11 左副都御史邱橓上疏，略曰：「京官考滿，河南道例書稱職，外吏給由，撫、按官概與保留，此考績之積弊也。御史巡方，未離國門，私囑已衆，甫臨所部，竿牘踵來；此請託之積弊也。撫、按考察，監司必託之有司，有司不顧是非，侈加善考，此訪察之積弊也。

撫、按所劾，半在單寒，其有勢力者，雖貪墨仍登薦剡，此舉劾之積弊也。懲貪之法，全在提問，乃或陰縱使去，或朦混倖免，即或終竟其事，亦必博長厚之名而以盡法自嫌，此提問之積弊也。薦則先進士，劾則先舉監，此資格之積弊也。州縣佐貳，役之如輿隸，其有貪黷者，又不屑禁治，禮與法交失。考課教職，則曰此寒官也，概與上考，此待佐貳教職之積弊也。爲巡按所舉者，即自居門生，歲時饋問，終身不絕，此饋遺之積弊也。陛下誠大奮乾綱，痛懲吏弊，天下可治矣。」上嘉納之。

12 夏，四月，丁巳，張四維以憂去。

初，四維曲事張居正，然心不善其所爲。居正卒，四維始當國政，知中外積苦居正，欲大收人心，因上疏言事，「請蕩滌煩苛，弘敷惠澤。」上納其言，朝政爲之稍變。四維復引居正所沈抑者稍稍登用，時望頗屬。至是，以父喪歸。

先是居正餘黨，欲逐四維，擁申時行爲首輔，四維慍，語時行客曰：「夫首相者若天行，有春必有夏，何相迫爲！」時行得疾在告，及起，不敢謝過，默默而已。四維乃與門生在言路者謀攻時行，疏具，將上，會四維父訃至，乃已。四維歸後，服將闋而卒。

13 己未，以吏部侍郎許國爲禮部尚書，兼東閣大學士，預機務。

國與申時行善，會張四維去，時行爲首輔，因薦之。

14 甲戌，承天大雨，江溢，漂没民居人畜無算。

15 是月，廣東羅定兵變。

初，總督兩廣淩雲翼，平羅旁猺，改瀧水縣爲羅定州。事見萬曆五年。州有東、西山，東設東安縣，西設西寧縣，留參將陳璘鎮之。至是璘以東山建寺廟，起營兵三百人充役，左右營卒遂亂，執哨官劉一鸞，抶幾死。璘捕斬其首惡黃玉等百餘人，遂平之。

16 致仕大學士徐階卒。

階里居後，爲高拱所厄，及拱罷，始得安。萬曆十年，階年已八十，詔遣行人存問，賜璽書金幣。至是卒，贈太師，謚文貞。

階以恭勤結主知，立朝有相度，保全善類。嘉、隆之政，多所匡救，間有委蛇，亦不失大節。方嚴嵩初罷，階以三語榜于直廬曰：「以威福還主上，以政務還諸司，以用舍刑賞還公論。」由是票擬公之同列，言路亦益發舒，當時翕然稱階爲名臣。【考異】三編系階卒于是年四月。證之明史本傳，言「萬曆元年，階年八十，詔遣行人存問，賜璽書金幣，明年卒」，似階以萬曆二年卒也。然三編載階卒于萬曆十一年四月，而明史稿又書階卒于四月己巳，皆據實録。又考太岳集所載居正乞優禮耆碩疏，言「階年已八十，與毛紀等年壽相同。存問一節，宜從優厚」云云。據其子懋修謂「此疏及徐公八十壽文，皆先公病急將屬纊之前自爲之。」然則階蓋以萬曆十年年八十，所謂「明年」者，乃十年之明年，正與史稿、三編「十一年階卒」相符。傳言「階嘉靖二年登第，奉旨歸娶」，當在二十歲上下。若萬曆元年八十，則登第已三十矣。今刊正。

17 改户部尚書張學顔于兵部，工部尚書楊巍于户部，以戎政尚書楊兆爲工部尚書。

18 六月，乙丑，振承天、漢陽、鄖陽、襄陽災。

時四府皆罹水患，命巡按御史等動支布政司庫錢糧，並發近府縣所貯銀與倉穀相兼，分道振卹。

19 是月，擢編修吴中行爲右春坊右中允，檢討趙用賢爲右春坊右贊善。

時廷臣交薦中行、用賢，輔臣申時行，言「此二臣遭挫已久，茹痛已深，不宜但敘年資，僅從常調」，乃有是命。【考異】中行、用賢以申時行再薦晋官，據從信録本之綸扉章奏，在是年四月，今據增。

20 秋，七月，辛丑，太白晝見。

21 是月，吏部尚書嚴清以病免。

清長吏部，日討故實，辨官材，自丞佐以下皆親署，無一倖進者。中外知其廉儉，書問幾絶。至是得疾，上猶數問：「尚書病愈否？」

改户部尚書楊巍于吏部，以南京兵部尚書王遴代巍。

22 都御史陳炌罷，起致仕南京吏部尚書趙錦代之。

23 八月，丙辰，免山西被災稅糧。

24 九月，甲申，上率皇后如天壽山謁陵。己丑，還宮。

時上議作壽宮于大峪山。御史傅應禎方召還復官，聞上將幸昌平，而薊鎮告警，應禎止上勿行。上雖不從，優詔答之。

25 冬，十月，癸亥，停刑。

26 辛未，河南、湖廣水災，詔分別蠲振有差。

27 是月，禮部尚書徐學謨罷。

學謨素與張居正厚，累遷右副都御史，撫治鄖陽。居正歸葬父，學謨事之謹，遂召爲刑部侍郎，越二年，擢長禮部。自弘治後，禮部長非翰林不授，惟席書以言大禮故由他曹遷，萬士和不由翰林，然先歷其部侍郎。學謨徑由他部拜禮部尚書，廷臣以居正故，莫敢言。

居正没，學謨急締姻于申時行以自固。及是命擇壽宮，通政參議梁子琦劾其「始結居正，繼附時行」，詔奪子琦俸。未幾，吏科給事中鄒元標復劾之，乃令致仕歸。以禮部侍郎陳經邦陞任代之。

28 十一月，己卯朔，日有食之。

29 辛丑，免蘇、松被災稅糧。

30 十二月，甲子，禮部彙奏四方災異，詔群臣修省。

31 庚午，慈寧宫災，慈聖皇太后移居乾清宫。命百官修省三日。給事中萬象春，言「保身、節用」二事。御史丁此吕，言「慎舉動、弘聽納、正典刑、去倖位、訓近侍」五事，又請撤鰲山燈火，停蘇、松織造、江西燒造。還建言讁謫諸臣，去張居正餘黨，速誅徐爵、游七。」疏入，皆報聞。

32 是月，吏科給事中鄒元標，以慈寧宫災，上言六事。時上方留意聲色游宴，元標因言：「臣曩進無欲之訓，陛下試自省，果無欲耶？寡欲耶？語云：『欲人勿聞，莫如勿爲。』陛下誠宜翻然自省，加意培養。」疏入，上以爲刺己，怒甚。時元標方劾徐學謨，申時行以元標己門生而劾罷其姻，亦銜之，遂謫南京刑部照磨。

33 是歲，大清太祖高皇帝起兵征尼堪外蘭。

初，古呼之役，城主阿泰死之。阿泰妻，景祖長子禮敦巴圖魯之女，聞警，恐女孫被陷，率三子顯祖往援，先後入古呼城。城中守禦其堅，李成梁不能克。而蘇克素護河部圖倫地有尼堪外蘭者，詭往招撫，城中人信其言，殺阿泰以降。成梁盡屠之，遂並害二祖。太祖時年二十五，國人號聰睿貝勒，痛祖父之讎，爰起兵討尼堪外蘭，襲之于圖倫城。尼堪外蘭遁入嘉班城，舊作甲板。得甲三十、卒百人以歸，遂克之。時是年五月也。大清所居之國，在長白山東鄂謨輝之野鄂多理城，號曰滿洲，在建州衛，地處遼、瀋之東。維時諸部分裂，滿洲國之部五，長白山國之部二，東海國之部三，扈倫國之部四。尼堪外蘭所居，爲滿洲五部之一，既敗，懼偪于大清，遂徙邊塞近地，築鄂勒琿城而居，三編，築鄂勒琿城在是年八月。太祖復以兵五百進攻之。【考異】明史本紀書「是年五月，我大清太祖高皇帝起兵征尼堪外蘭，克圖倫城。」三編亦于是年五月書之，並序大清發祥肇基之本末于目中。今考萬曆十年，李成梁襲古勒寨，殺阿台及阿海，具詳明史成梁本傳。通鑑紀後周事，凡交涉宋太祖者，俱另行稱新朝廟號，頂格書之，故明史、三編皆仿其例，今從之。克圖倫在五月，尼堪外蘭遷居鄂勒琿在八月，今並系于是歲之末，以後例仿此。

十二年（甲申、一五八四）

1 春，正月，御史范儁陳時政十事，語皆切至，而中言人欲宜防，力以靡曼麴櫱爲戒。時鄒元標方以言事忤上意，會上遘微疾，大臣方問安，而儁疏適入，上恚曰：「鄒元標罪未已，儁復爾，當重懲之。」申時行等擬鐫秩，上猶怒，將各予杖。

是夜，大雷雨，明日，朝門外水三尺餘，上怒稍解。時行等力救，尋斥爲民。【考異】事見明史盧洪春傳，特書于是年正月，今據增。

2 御史張文耀，劾「原任吏科都給事中陳三謨，原任湖廣道御史曾士楚，污衊臺諫」，以張居正奪情，倡保留議也。

初，居正死，士楚當按蘇松，憮然曰：「吾何面目見吳、趙二公！」遂引疾去。至是與三謨被劾，詔並斥爲民。

3 二月，己酉，無逸殿災。

4 辛酉，免淮安、揚州、鳳陽、徐州被災稅糧。

5 丁卯，京師地震有聲。

6 己巳，釋建文諸臣外親謫戍者後裔，從御史屠叔方請也。

叔方言：「成祖有『練子寧若在，朕猶當用之』之語，今既褒表忠魂，建祠致祭，其墳墓苗裔厚加卹録，而親黨猶蔽覆盆。如江西胡閏，一族赤矣，内親盡矣，猶抄解外甥分戍，若此者不一而足。乞查前項姻戚有在戍者，並宥還鄉。」部議，「願回者放回，不願回者給與免帖」，從之。詔「自齊泰、黃子澄外，其坐方孝孺等連及者，俱免之。」于是浙江、江西、福建、四川、廣東得免者凡三千餘人。

7 三月，己亥，減江西燒造瓷器。自嘉靖中，遣官之江西造内殿醮壇瓷器三萬後，添設饒州通判，專管御器廠燒造，隆慶間遂驟增至十餘萬。至是以御史言，命減之。

8 夏，四月，乙卯，籍張居正家。

初，遼王憲𤇆之廢，事見隆慶二年。居正實搆之。及居正卒，王妃因上疏訟冤，御史羊可立復追論之。而王妃（訢）〔訴〕言：「居正强占欽賜田產，遼邸金寶萬計，悉入居正家。」于是上命司禮監張誠及侍郎邱橓等，往荆州籍居正家。守令先期録人口，錮其門，子女餓死者十餘輩。誠等盡發其諸子兄弟藏，得黄金可一萬，白金十餘萬。長子禮部主事敬修，不勝拷掠，自縊死。事聞，申時行等與六卿大臣合疏請少緩之。刑部尚書潘季馴，復特疏言「居正母年逾八旬，旦暮莫必其命」，語尤激楚。於是詔留空宅一所、田十頃贍其母。憲𤇆既廢，國卒除，諸宗皆隸楚藩，而初搆憲𤇆之施篤臣者，亦見隆慶二年。以先死得免。

9 初，言路爲居正所抑，至是争礪鋒鋭，搏擊當路。羊可立、李植、江東之，並荷上寵，三人更相結，亦頗引吴中行、趙用賢、沈思孝爲重，執政惡之。

未幾，御史丁此吕，劾「侍郎高啓愚主南京試，以『舜亦以命禹』爲題，爲居正勸進。」上手疏示申時行，時行言：「此吕以曖昧陷人大逆，恐讒言踵至，非清明之朝所宜有。」尚書楊巍，因請出此吕于外，植、東之交章劾「時行、巍蔽塞言路」，上爲罪啓愚，留此吕。時行、巍求去，余有丁言：「大臣國體所繫，今以群言留此吕，恐無以安時行、巍心。」上乃聽巍出此吕于外。

許國尤不勝憤，專疏求去，言：「昔之專恣在權貴，今乃在下僚；昔顛倒是非在小人，今乃在君子。意氣感激，偶成一二事，遂自負不世之節，號召浮薄喜事之人，黨同伐異，罔上行私，其風漸不可長。」意蓋指中行、用賢等也。自是，言官與政府日相水火矣。

丁巳，游擊劉綎、參將鄧子龍等討雲南隴川賊，平之。

緬甸之叛也，地西諸部如車里、八百、孟養、木邦、孟艮、孟密、蠻莫皆附于緬，以兵助之，遂于去年十月進攻姚關，勢甚熾，黔國公沐昌祚等大徵漢（上）〔土〕軍，戰屢捷。至是綎及子龍以勁師繼至，遂大破諸蠻部于姚關之攀枝花地。三編質實，姚關在灣甸土州，北接順寧。攀枝花，地名，爲緬甸中五城之一。

初，岳鳳附緬，爲莽瑞體招諸部拒中國，傷官軍，逆勢寖成，緬深倚之。久之，以緬不足恃，而鄧川土知州何鈺，鳳友壻也，初使人招鳳，鳳執其使獻緬。及是鈺復開示百端，與之盟誓，鳳意方中悔。會官軍大至，乘勝追擊，先後斬首萬餘，于是鳳益懼，乃令其妻子及部曲降于綎。綎責令獻金牌符印及蠻莫、孟密地，乃以送鳳妻子還隴川爲名，分兵趨沙木籠山，先據其險，而自領大兵馳入隴川。鳳度無可脱，始詣軍門降。

綎既平隴川，遂進兵攻緬甸。【考異】隴川之平，明史本紀系之四月丁巳。按命劉綎討緬甸，在去年正月，而諸書所載姚關之役，即在十一年之冬。惟明史緬甸傳，言「自十年十月至十一年四月平之」，核與本紀相差一年。按朱氏大事記言「癸未至甲申四月」，癸未乃十一年，甲申十二年。本系紀平隴川于十二年四月者，與諸書合。而姚關之役，即在十一年之十月，今類書之。

11 五月，甲午，京師地復震。

12 六月，辛亥，以雲南用兵，免稅糧及逋賦。

13 秋，七月，癸巳，太白晝見。

14 是月，刑部尚書潘季馴罷。

先是季馴以治居正獄太急，力言之；會御史李植、江東之輩與大臣申時行、楊巍相訐，季馴力右時行、巍，痛詆言者，言官交怒。于是植遂劾季馴黨庇居正，落職爲民。

15 八月，丙辰，盡削張居正官，奪璽書、誥命。

詔以罪狀榜示天下，謂「當剖棺戮屍而姑免之」。其弟都指揮居易，子編修嗣修，俱發戍烟瘴地。自是終萬曆世，無敢白居正者。

16 九月，丙戌，上奉兩宮皇太后如天壽山謁陵。

己丑，復閱視大峪山，用前禮部尚書徐學謨言，將卜壽宮于此。時御史李植巡按畿輔，扈從行視，謂其地未善，欲偕御史江東之疏爭之，不果。

辛卯，還宮。

17 上自山陵還，兵部尚書張學顏上疏曰：「皇上恭奉聖母，扶輦前驅，拜祀陵園，考卜壽域。六軍將士十餘萬，部伍齊肅。惟內操隨駕軍士，進止自恣，前至涼水河，喧爭無紀律，奔逸衝突，上動天顏，今車駕已還，猶未解散。謹稽舊制，營軍隨駕郊祀，始受甲於內庫，事畢即還宮中，惟長隨內侍許佩弓矢。又律：『不係宿衛軍士，持寸刃入宮殿門者絞，入皇城門者戍邊衛。』祖宗防微弭亂之意，甚深且遠。今皇城內被甲乘馬，持鋒刃，科、道不得糾巡，臣部不得檢閱，又招集廝養僕隸，出入禁苑。萬一驟起邪心，朋謀倡亂，譁于內則外臣不敢入，譁于夜則外兵不及知，譁于都城白晝，則曰天子親兵也，驅之不肯散，捕之莫敢攖。正德中西城練兵之事，良可鑒也。」

疏上，宦豎皆切齒，爲蜚語中傷。上察知之，詰責主使者，學顏得免；然亦不能用也。

18 是月，劉綎復攻緬甸，破之。

隴川岳鳳既降，諸部俱殺緬使來歸，惟蠻莫、孟養不下。時鳳子曩烏弄亦降，綎乃擕鳳父子往攻蠻莫。蠻莫馳報應裏，發兵圍隴川。綎乘機掩殺，賊窘，乞降，縛緬人及象馬來獻。遂招撫孟養賊，賊將乘象走，追獲之，復移師圍孟璉，生禽其魁。于是復率兵出隴川、孟密，直抵阿瓦，緬將猛勺詣綎降。——勺，瑞體弟也。于是雲南悉平。綎復數岳鳳父子起釁罪，誅之。

獻俘于朝，上爲告謝郊廟，受百官賀。閣臣申時行以下皆進官蔭子，綎亦進副總兵，予世蔭。【考異】平隴川在是年四月。而是時緬將守隴川，未下，及九月，攻孟養、蠻莫，降之，乃挾以攻緬甸。故明史麓川傳中特書云「時萬曆十二年九月也」。又證之宰輔表，申時行等進官皆在九月，蓋據奏捷受俘之月分書耳。今參劉綎及緬甸、麓川傳分月書之。

19 冬，十月，丁巳，停刑。

20 丙寅，免湖廣、山東被災税糧。

21 是月，禮部尚書陳經邦罷，以吏部侍郎沈鯉代之。鯉起自宫僚，服闋還朝甫二年，由贊善六品洊擢正卿。而鯉素負物望，故時論不以爲驟云。

22 十一月，己丑，余有丁卒。

有丁自七月以疾在告，十月再疏乞休，不允。至是遂卒于官。【考異】明史本紀，有丁卒在十一月己丑。三編書之十月，據其乞休類記耳。今從明史。

23 是月，癸酉朔，大統曆推日食九十二秒，回回曆推不食；已而回回曆驗。禮科給事中侯先春，「請以回回曆纂入大統曆中以備考驗，」報可。

24 十二月，癸卯，無逸殿又災。【考異】據明史五行志，是年無逸殿兩災。一二月己酉，一十二月癸卯朔也。史稿所記，乃據又災月日，今據志分書之。

25 甲辰，起侍郎王錫爵爲禮部尚書兼文淵閣大學士，王家屏以吏部侍郎兼東閣大學士，預機務。

錫爵因救論奪情諸臣，積忤張居正，以禮部侍郎家居五年不出，至是即家起之。家屏前爲日講官，敷奏剴摯，上斂容受之，稱爲端士，及是遂以吏部侍郎入閣，去史官僅二年。

先是，李植、江東之與申時行相搆，以錫爵負時望，且素惡居正，當與時行貳，故力推之。比錫爵至，乃與時行合，弗善植等，植由是大恨。

26 癸亥，罷開銀礦。

自嘉靖間以廣行開採，公私交騖礦利，遂釀浙江、江西盜患。隆慶初，罷薊鎮開採，南中諸山亦勒石禁止。至是奸民屢以礦利請，廷臣力陳其弊，上從之，然意殊怏怏。不及十年後，礦使四出矣。

27 是月，詔以陳獻章、胡居仁、王守仁從祀孔廟。

初，隆慶元年，都御史徐栻等，言「王守仁、陳獻章宜從祀」，給事中趙思誠等，言「二人不宜從祀」。其後御史詹事講上言：「明興二百年來，諸儒聿興，直肩斯道，若薛瑄、王守仁、陳獻章，其最著者也。今瑄已久入祀，而守仁、獻章格于議而不得與。夫守仁之功烈文章，獻章之出處大節，雖其言良知，言主靜，若近于偏枯，顧言知而未始廢行，言靜而未嘗離動，合一之功，與宋大儒之論同歸一致。宜以守仁、獻章並從祀。」

至是大學士申時行等言：「守仁言致知出大學，良知出孟子，陳獻章言主靜，沿宋儒周敦頤、程顥。且孝弟出處如獻章，文章功業如守仁，純心篤行如胡居仁，並宜從祀。」從之，乃以三人並從祀兩廡，列于薛瑄之次。

十三年（乙酉、一五八五）

1 春，正月，己丑，詔停閏年考察。

2 辛卯，四川建武所兵變，擊傷總兵沈思學。

3 是月，召海瑞爲南京僉都御史。瑞峭直，中外交薦，卒不召。張居正没，吏部擬用左通政，上雅重瑞名，乃畀以前職，官南京。至是在道，復改南京吏部侍郎。

瑞時已七十二矣。疏言「衰老垂死，願比古人尸諫之義」，大略謂治化之臻，莫先于重懲貪吏，因舉太祖法剥皮囊草及洪武三十年定律枉法八十貫論絞，謂今當用此以飭墨刑，語極剴切。而時議以爲勸上虐刑，御史梅鵾祚劾之。上察瑞忠誠，爲奪鵾祚俸。

4 二月，丁未，南京地震。時淮安、揚州、廬州及上元、江浦、六合皆震，江濤沸騰。

5 庚午，大雩。

以京師自去年八月不雨至于是月，禮部奏，「舊制，大雩之祭，遣官攝行，如雨澤愆期，則皇上躬行禱祀。」從之。

6 三月，丁丑，罷内操。

初，上集内豎三千人，授以戈甲，操于内廷，尚書張學顔諫，不聽。刑部主事董基抗疏言：「内廷清嚴之地，無故聚三千之衆，以凶器嘗試，竊爲陛下危之。且聞此三千人，竟日演練，中暍瀕死者數人，若輩未有不怨者。聚三千蓄怨之人于肘腋，危無踰此。」疏入，忤旨，貶二秩，調邊。據明史，基諫内操在十一年。

至是兵科給事中王致祥復言：「祖宗法，非宿衛士不得持寸兵。今授群不逞利器，出入禁門，其禍不細。」大學士申時行等，以怵中官，乃乘間言于上，納致祥奏，即日罷之。基亦量移南京禮部主事。【考異】據明史稿，在是月丁丑。今參列傳書之。

7 戊寅，山西山陰縣地震，旬有五日乃止。

8 甲申，復大雩。

9 己丑，總兵李成梁大破泰甯寇于遼塞。

時巴圖爾欲報其父博斯呼之怨，偕從父綽哈、姑壻呼達舊作花大。糾西部伊勒敦等，舊作以兒鄧。以數萬騎入掠瀋陽。既退，駐牧遼河，欲犯開原、鐵嶺。成梁與巡撫李松潛爲浮橋濟師，踰塞百五十里，疾掩其帳。寇已先覺，整衆逆戰，成梁爲疊陣，親督前陣，而松以後陣繼之，斬首八百有奇。

10 壬辰，減杭州織造及尚衣監料銀。

11 以尚寶少卿徐貞明督治京畿水田。

初，貞明爲給事中，嘗請興西北水利，言：「神京雄據上游，兵食宜取之畿内，今皆仰給東南，豈西北古稱富强地而不足以實廩而練卒乎？夫賦稅所出，括民脂膏，而軍船、夫役之費，常以數石致一石，東南之力竭矣。又河流多變，運道多梗，竊有隱憂。

聞陝西、河南，故渠廢堰，在在有之；山東諸泉，引之率可成田；而畿輔諸郡，或支河所經，或澗泉自出，皆足以資灌溉。北人未習水利，惟苦水害，不知水害未除，正由水利未興也。

蓋水聚之則爲害，散之則爲利。今順天、真定、河間諸郡，桑麻之區，半爲沮洳，由上流諸河之水惟泄于貓兒灣，欲其不汎濫而壅塞，勢不能也。今誠于上流疏渠濬溝，引之灌田以殺水勢，下流多開支河以泄横流；其淀之最下者皆以瀦水，稍高者皆如南人築圩之制，則水利興，水患亦除矣。

至于永平、灤州抵滄州、慶雲，地皆萑葦，土實膏腴。元虞集欲于京東濱海地築塘捍水以成稻田，若倣集意，招徠南人，俾之耕藝，北起遼海，南濱青、齊，皆良田也。

宜時簡憲臣，假以事權，毋阻浮議，需以歲月，不取近功。或撫窮民而給其牛種；或任富室而緩其科征；或選擇健卒，分建屯營；或招徠南人，許其占籍。俟有成績，次及河南、山東、陝西，庶東南轉漕可減，西北儲蓄常充，國計永無絀矣。」疏入，時以財匱不能舉。

會御史傅應禎建言，廷杖下獄，貞明入獄視之，坐貶太平府知事。被謫南行，次潞河，著潞水客談一書，論水利當興者十四事。兵部尚書譚綸見之，謂其必可行，于是貞明召還爲尚寶丞。已，工科給事中王敬民薦之。會巡撫張國彦等方開水利于薊州、永平間有效，遂加貞明尚寶司少卿兼監察御史，領墾田使，令遍歷郊關，與撫、按等官講求疏濬、瀦蓄之法。貞明請「先詣永平募南人爲倡」，從之。

12 是月，兵部尚書張學顔罷。

初，學顔以附張居正劾劉臺贓私，臺論戍。居正既敗，御史馮景隆劾「李成梁附居正飾功」，學顔亟稱「成梁十大捷非妄」，景隆亦坐貶斥。一時物論，皆以學顔黨于居正、成梁。于是御史孫繼先、曾乾亨，給事中黄道瞻，交章論學顔，皆坐黜謫。學顔疏辨，求去，又請留道瞻，不聽。據明史本傳，事在十二年。至是順天府通判周弘禴，又論「學顔交通太監張鯨」，亦坐謫降。學顔前後八疏乞休，乃聽致仕去。改王遴于兵部，召南京吏部尚書畢鏘爲户部尚書。【考異】事見明史學顔本傳，證之李沂附傳，弘禴劾學顔在十三年春，與七卿表合。

13 夏，四月，丙午，以旱故，復大雩。

戊申，詔中外理寃抑，釋鳳陽輕犯及禁錮年久罪宗。

戊午，步禱于南郊。面諭閣臣等曰：「天旱雖由朕不德，亦天下有司貪婪，剥害小民，以致上干天和，今後宜慎選有司。」

詔蠲天下被災田租一年。

14 初，上追讎張居正甚，以李植、江東之、羊可立先後發其奸，欲驟貴之，而爲申時行等所持。及植劾尚書潘季馴，論削籍，上遂手詔吏部，擢植太僕少卿，東之光禄少卿，可立尚寶少卿，並添注。于是廷臣益忌植等。

是月，御史蔡系周因旱言事，謂：「古者朝有權臣獄有冤囚則旱，今李植以至尊脅廷臣，專權之漸也。且陛下欲雪枉，而刑部尚書之枉先不得雪。今日之旱，實由于此。」又曰：「植迫欲得吳中行柄國以善其後，中行迫欲得植秉銓而騁其私，倘其計得行，勢必盡荼善類。今日旱災，猶其小者。」其他語絕狂誕，所稱「尚書」，謂季馴也。

疏上，未報。而江東之抗疏，自謂「中行、用賢及張岳、鄒元標之黨植與諸臣交歡，猶未若臣之密，請先罷臣官。」可立亦乞罷，並爲植辯。于是給事御史齊世臣、吳定等交章劾之。上報曰：「朕方憂旱，諸臣何得紛争！」乃已。

15 五月，丙戌，雨。

16 丁亥，寇犯瀋陽，伏精騎塞下誘官軍，游擊韓元功追襲之，敗没。

17 己丑，召見閣臣于平臺，申時行等以陝西巡按御史董子行疏進，一言「巡鎮官須親歷地方，不可諉之將吏」；一言「巡撫宜久任」；一言「邊方兵備官宜加優異」；一言「沿邊同知通判等官宜慎選用，破格遷除」。上是其言。

時行因言：「巡撫久任，寧可加俸加銜，不可輕易更動」，詔下其章于所司。

18 六月，辛丑，慈寧宮成，諭禮部擇中秋吉日，奉聖母還御新宮。

時諸督工內侍俱蔭錦衣，南京御史王學曾疏論其濫，且劾「工部尚書楊兆諂諛中官」，兆皇恐引罪。

19 壬寅，建武所亂卒伏誅。

20 是月，四川松、茂番作亂。

初，松、茂諸番列寨四十八，歲爲吏民患。王廷瞻撫蜀時，嘗遣將擊破丟骨、人荒、没舌三寨，諸酋乃降。故事，諸番歲有賞賚，番恃强要索無已，其來堡也，有下馬、上馬、過堡等錢；戍軍所奉，有新班、架梁、掛綵等錢；廷瞻一切除之，西陲稍靜，僅六七年，勢復猖獗。

是年夏，楊柳番出攻普安堡，犯歸水崖石門城，遂入金瓶堡，殺守將。巡撫雒遵屬副總兵李應祥討之，提卒三千入茂州，克一巖，諸番恃險剽如故。無何，遵罷，徐元泰代，檄諭之。使三反，番不聽，窺蒲江關，斷歸水崖黃土坎道，築牆五哨溝，絕東南聲援。官軍攻之，番見兵少，顧笑曰：「如此磨子兵，奈我何！」——「磨子」者，謂屢旋轉而數不增也。

元泰以聞，詔會應祥合兵進剿。

21 秋，七月，戊子，雷震郊壇廣利門及齋宮門，擊傷榜題、獸吻，詔群臣修省。

22 是月，御史龔仲慶，又劾李植及吴中行、沈思孝爲邪臣，上惡其排擠，出之外。【考異】此據明史植傳在是月。蓋自八月論大峪後始出植等于外，以王錫爵之反戈也。諸書多系之六月，今從正史。

23 八月，己酉，京師地震。

24 是月，上竟用徐學謨言，作壽宫于大峪山。役既興，李植以「壽宫地有石，而首輔申時行以學謨故，主之可用，是罪也」，乃與江東之、羊可立合疏上言：「地果吉則不宜有石，有石則宜改卜。乃學謨以私意主其議，時行以親故贊其成，非大臣謀國之忠。」時行奏辯曰：「車駕初閱時，植、東之不言。今已二年，忽創此議，其借事傾臣明甚。」上爲責植等三人，奪俸半歲。

25 九月，戊子，彗星出羽林旁，長尺許，每夕東行漸小，至十月癸酉滅。

26 光山牛産一犢若麟，有司欲以聞，巡撫臧惟一不可。上命禮部徵之，尚書沈鯉諫，惟一亦疏論，不聽。

南京御史王學曾抗言：「麟生牛腹，次日既斃，則祥者已不祥矣。不祥之物，所司未嘗上聞，陛下何自聞之？毋亦左右小人以奇怪惑聖心也。今四方災旱，老稚流離，啼饑號寒之聲，陛下不聞；北敵鴟張，士卒困苦，呻吟嗟怨之狀，陛下不聞；宗室貧窮，饔（餐）〔飧〕弗給，愁困涕洟之態，陛下不聞；而獨已斃之麟聞。彼爲左右者，豈誠忠於陛下乎！願收還成命。內臣語涉邪妄者，即嚴斥之。」

上責其要名沽直，降興國判官。

27 是月，李植等以大峪有石，薦明習葬法之侍郎張岳、太常何源，疏入未報，而王錫爵復從中尼之。

錫爵本植館師，而東之、可立又嘗薦之于朝，三人方恃以爲奧援。而錫爵恥爲三人所引，因奏言：「張、馮之獄，上志先定，言者適投其會，而輒自附于用賢等攖鱗折檻之黨，且日尋戈矛。大臣如許國、楊巍、舒化等，曩嘗舉爲正人，一言相左，不惜剸刃，此不平之大者。」于是御史韓國楨、給事中陳與郊、王敬民等，交章攻植等。上乃下敬民疏，貶植户部員外郎，東之兵部員外郎，可立大理評事。

張岳復具疏評諸臣賢否，頗爲植等三人地，上以岳疏支蔓，不足定國是，亦坐免。

28 閏月，戊戌，振淮、鳳災。

29 上以李植言壽宮有石，恐寶座將置石上，至是復親詣再閱之。癸卯，如天壽山。

戊申，還宮，以大峪終吉，遂調植及江東之、羊可立于外。御史柯挺，自言習葬法，力稱大峪之美，獲督南畿學政。而植同年生給事中盧達，亦承風請正三人罪，士論哂之。

30 植等既謫，諭德吳中行求去，章四上，詔賜白金文綺馳傳歸。贊善趙用賢、光祿少卿沈思孝亦求去，不許。

用賢以許國等力詆，抗疏言：「朋黨之説，小人以之去君子，空人國」，語甚憤激。——黨論之興遂自此始。

31 庚申，停刑。

32 是月，召戎政尚書總督薊遼張佳允爲兵部尚書，以王遴致仕，代之也。

33 泰寧諸部長復犯蒲河，殺中軍張良棟等，而西部伊勒敦即以兒鄧，史作銀燈。三編以爲即伊勒敦也。亦窺遼、瀋。李成梁遣部將李平胡出塞三百五十里，擣破伊勒敦營，斬首一百八級，諸部長聞之，始引去。【考異】事見明史李成梁傳。傳言「寇犯蒲河，殺裨將數人」，證之明史稿，乃中軍張良棟等也。今據增。

34 冬，十一月，冬至，祀天于南郊，遣官攝行。

先是禮科給事中王三餘言：「郊祀必躬親，載之會典。乃者秋七月，雷震郊壇，宣示臣工，共圖修省。今歲似宜親郊以答天戒。代攝之舉，未可以爲常。」上以其奏請不早，詰責之。

35 十二月，丁卯，汰惜薪司内官冗員，減四川採木三之一。

36 是科順天鄉試，戚畹子弟有求舉不獲者，誣「順天考官張一桂私其客馮詩、章維寧及編修史鈳子記純，又濫取冒籍者五人。」上怒，命詩、維寧荷枷，解一桂、鈳官。中時行等爲之解，上益怒，奪鈳職，下詩、維寧吏。法司廷鞫無驗，忤旨，被讓。卒枷二人一月，而調一桂南京。

會巡鹽御史蔡時鼎還朝，以事初糾發不由外廷，徑從中出，極言「宵人蜚語直達御前，其漸不可長。且盡疑大臣言官有私，則是股肱耳目舉不可信，所信者誰也。」上怒，手札諭閣臣治罪。會時行及王錫爵在告，許國、王家屏僅擬停俸，且「請稍減詩、維寧荷校之期以全其命」，上不從。責時鼎疑君訕上，降極邊雜職。

又使人詗知發遣冒籍者多寬縱，責府尹沈思孝對狀，國、家屏復上言：「人君貴明不貴察，苟任一己見聞，猜防苛察，縱聽斷精審，何補于治？且使姦人乘機得中傷善類，害胡可言！願停察訪以崇大體，宥言官以彰聖度。」上不懌。時鼎竟謫馬邑典史。

37 是歲，順義王徹辰汗卒。即乞慶哈，譯見前。

38 初，官軍定隴川還，莽應裏見前。以其子思斗守阿瓦，復攻孟養、蠻莫。副使李材備兵騰衝，遣兵援之，戰于遮浪，大破其象陣，生禽五千餘人。未幾，復大舉寇孟密，孟密兵戰敗。賊遂圍五章，把總高國春率五百人破賊數萬，連摧六營，爲西南戰功第一。進官，世蔭副千户。【考異】事見明史緬甸、劉綎傳。大事記系之乙酉，蓋平隴川之明年也。今系是年之末。

十四年（丙戌、一五八六）

1 春，正月，朝覲考察。六科以考成本上，奉旨從重處分。

閣臣申時行等言：「考成之法，不過催徵錢糧、捕獲賊犯、提問官員三事而已。今水旱災傷，民力不及。若以錢糧不完重處撫、按，則撫、按別無計策，惟參論有司；有司別無計策，惟敲（朴）〔扑〕百姓；百姓不安，盜賊蠭起，此臣等所大懼也。盜犯逃亡，潛跡異地，撫、按專駐一方，豈能搜之于他省？若以此重責，不過嚴督司道，此較州縣；而持之過急，必至拷逼平民，報充抵數，無辜被冤，致干和氣，此臣等所大慮也。

至官員提問，其間有陞任遠方，黜回原籍者，行文提取，非數月不至；或人證不齊，招承不服，往返駁詰，非旬月不完；若畏避參罰，急促了事，又恐啓鍛鍊文致之風，此亦非治體之所宜也。

皇上肅清吏治，不過欲事治民安而已。臣等以爲事苟治不必苛責，民苟安不必過求。請今次罰治，仍照節年明旨爲當。」

疏入，從之。【考異】據從信録，見綸扉章奏。明書亦系之正月，今據之。

[2]改南京右都御史辛自修爲左都御史，以趙錦憂去，代之也。

[3]二月，癸未，嚴外官餽遺之禁。

[4]是月，册封貴妃鄭氏爲皇貴妃，以皇三子常洵生也。

先是輔臣申時行等請册立東宫，上以皇長子幼弱，稍俟之。時貴妃有殊寵，甫生子即進封；而恭妃王氏生皇長子已五歲，不益封；中外藉藉，疑上將立愛。

户科給事中姜應麟抗疏言：「禮貴别嫌，事當慎始。貴妃所生陛下第三子猶亞位，中宫恭妃誕育元嗣，翻令居下，揆之倫理則不順，質之人心則不安，傳之天下萬世則不正。請收回成命，先封恭妃爲皇貴妃，而後及于鄭妃。則禮既不違，情亦不廢。」又言：「陛下誠欲正名定分，别嫌明微，莫若俯從閣臣之請，册立元嗣爲東宫，以定天下之本，則臣民之望慰，宗社之慶長矣。」疏入，上震怒，抵之地，召大璫諭曰：「册封貴妃，初非爲東宫起見，科臣奈何訕朕！」手擊案者再。諸璫環跪叩首，怒稍解。遂降旨：「貴妃敬奉勤勞，特加殊封。立儲自有長幼。姜應麟疑君賣直，可降極邊雜職。」尋謫廣昌典史。已，吏部員外郎沈璟、刑部主事孫如法繼言之，並得罪；兩京申救者疏數十上，皆不省。自後言者益蠭起。

5 三月，戊戌，以旱霾，諭廷臣陳時政。員外郎李懋檜、郎中劉復初等，争言皇貴妃及恭妃册封事，章一日並上。上怒，欲加重譴，而言者猶不已。

癸卯，以閣臣申時行等之請，詔「諸曹建言，止及所司職掌，仍聽其長擇而進之，不得專達。」于是言者指斥宫闈，攻訐執政，而門户之禍大起。

6 罷治京畿水田。

是時徐貞明已墾田三萬九千餘畝，又通歷諸河，周覽水利分合，將大行疏濬。而閹人勳戚之占田者争言不便，遂罷之。

7 癸丑，賜唐文獻等進士及第、出身有差。

是科顧允成登第，廷對策中直斥鄭貴妃進封事，執政駭且恚，置之末第。

8 戊午，以久旱，敕修省。

9 夏，四月，癸酉，京師地震有聲。

申時行等奏曰：「恒暘不雨，陽亢也；地震弗寧，陰縱也。願陛下祗天戒，恤民艱，慎起居，修政事。」報聞。

10 壬午，土默特率諸子糾泰寧部巴圖爾綽哈等以三萬騎馳遼陽挾賞，李成梁偵得之，率副將楊燮、參將李寧等以輕騎出鎮邊堡，晝伏夜行二百餘里，掩敵不意，襲之于可毋林，獲首功九百，斬其長二十四人。【考異】明史本紀不具，此據史稿月日也。成梁傳系之二月。蓋史稿據奏捷月日書之。

11 五月，户部尚書畢鏘罷。

鏘主户部，言：「錦衣旗校至萬七千四百餘人，内府諸監局匠役數亦稱是，此冗食之尤，宜屏除冒濫。至袍服錦綺，歲有積餘，何煩頻織。天燈費鉅萬，尤不經。以及濫予不可不裁，淫巧不可不革。」諸近倖從中撓之，不盡行。至是乃引年乞休，敕驛歸。

鏘遇事守正，有物望。歸後以年八十，屢賜存問。

以户部侍郎宋纁陞任本部尚書。

12 六月，癸未，松、茂番平。

諸番負固，巡撫徐元泰決計大征，遣游擊周于德、邊之垣，總兵郭成，參將朱文達等將諸路兵進討，總兵李應祥居中節制。應祥令軍中各樹赤、白幟一，「良民陷賊者徒手立赤幟下，熟番不附賊者徒手立白幟下，即免罪。」番雖多，遇急不能相救。官軍連破河東、西諸賊巢，擒賊渠三十餘人，焚碉房千六百有奇，俘馘以千餘計。

是役也，將士三路夾攻，諸軍得所積粿粟。留十日，盡焚其寨。自是群番震驚，不敢爲患，邊人樹碑紀績。

嘉靖初，邊之垣祖輪，以指揮討茹兒賊被殺，漆其頭爲飲器，及是六十年，之垣乃得之以還葬焉。

13 是月，山西盜起。

14 是夏，振直隸、河南、陝西及廣西潯、柳、平樂、廣東瓊山等十二縣饑。

15 秋，七月，癸卯，振江西災。

16 戊申，敕户、兵二部：「令各撫、按官查災重地方蠲振招撫，並申嚴保甲，緝捕盜賊。」

17 是月，河南淇縣賊王安聚衆流劫，尋剿平之。

18 九月，壬辰，大學士王家屏丁繼母憂，詔賜銀幣馳傳歸。

19 乙卯，停刑。

20 己未，復發帑遣使振河南、山東、直隸、陝西、遼東、淮、鳳災。

21 冬，十月，丙寅，杖禮部主事盧洪春于廷。

上久不視朝，自九月望後，連日傳免，又以頭眩暫罷日講。孟冬時享太廟，遣官攝行。洪春乃上疏言：「禮莫重于祭而疾莫甚于虚，陛下春秋鼎盛，豈宜有此。抑臣所聞，更有異者。先二十六日傳旨免朝，即聞人言藉藉，謂陛下試馬傷額，故引疾自諱。果如人言，則以一時馳騁之樂而昧周身之防，其爲患猶淺；若如聖諭，則以目前衽席之娱而忘保身之術，其爲患更深。請明示廷臣：若真疾耶？則當以宗社爲重，毋務爲豫樂以基禍；若非疾也，則當以詔旨爲重，毋務爲矯飾以起疑。」疏入，上大怒，傳諭内閣百餘言，極明謹疾遣官之故，責洪春悖妄，命擬旨治罪。閣臣擬奪官，不從，乃杖六十，斥爲民。御史先後申救，奪俸有差。洪春遂廢于家。久之，卒。

22 十一月，癸卯，祀天于南郊。還御皇極殿受賀。

23 初，尼堪外蘭既徙鄂勒琿城，恃諸部中隔，又近邊吏之援。大清太祖高皇帝乃議先攻近部，連克棟鄂之翁鄂洛城，在萬曆十二年。渾河部之界藩城、棟嘉城、薩爾滸城。十三年。是年，復攻蘇克素護河之瓜爾佳城，渾河部之貝琿城，哲陳部之托摩和城，皆克之。遂越諸部，攻尼堪外蘭于鄂勒琿。邊吏不能援，執以獻，太祖高皇帝遣將齋薩就斬之，遂議歲幣，通和好焉。【考異】三編記克圖倫城于萬曆十一年五月，尼堪外蘭築鄂勒琿城于八月，以下便書丙戌靳尼堪外蘭事。蔣氏東華録誤以克圖倫爲甲申之五月，則相差一年，而以後所克諸部亦不詳。今自十一年以後所克諸部，悉據魏源聖武記類記之。

十五年（丁亥、一五八七）

1 春，正月，壬辰，詔發内帑振山西、陝西、河南、山東諸宗室，從宗室懷仁王府奉國將軍充炊之請也。三編質實：「太祖第十三子代王桂之第八子，分封懷仁，六傳而至充炊。」充炊言各宗室貧窘可憫狀，上爲惻然，趣命振之。户部因請「陝西、河南、山東、山西歲俱大祲，應照懷仁府一體振給」，從之。

2 二月，工部尚書何起鳴罷。

先是尚書楊兆卒，起鳴代之。【考異】明史七卿表，楊兆二月卒，何起鳴正月任，二月免。蓋兆以正月致仕，二月始卒也。明史楊兆無傳，而起鳴以正月任，二月免，具見列傳中，今類書之。起鳴故以督工與中官張誠厚，會考察京官，都御史辛自修掌計事，入起鳴于拾遺中。給事中陳與郊承執政風旨，並論起鳴、自修，實則攻自修而庇起鳴。上先入張誠言，頗疑自修，會御史高維崧、趙卿、張鳴岡、左之宜再劾起鳴，上益不悦，曰：「朝廷每用一人，言官輒紛紛排擊。」遂出維崧等于外。給事中張養蒙申救，亦奪俸。刑部主事王德新復疏争，語侵内侍，上益怒，下詔獄究主者，無所承，乃削其籍。于是自修不自安，亦引疾去。

3 以右副都御史石星爲工部尚書，吏部左侍郎吴時來爲左都御史。

4 三月，乙卯，封徹辰汗子徹哩克舊作撦力克。嗣爲順義王。

其妻三娘子，故諳達所奪之外孫女而爲婦者也，歷配三王，主兵柄，爲朝廷守邊保塞，諸部畏服之。上嘉其功，敕封忠順夫人。

5 是春，謫吏部驗封主事顧憲成爲桂陽判官。

先是御史高維崧等以糾何起鳴被詰責，憲成不平，復上疏，語侵執政，遂有是謫。——憲成，無錫人，允成其弟也。【考異】事見明史本傳。憲成上疏，當在高維崧等之後，今系之是春下。

6 夏，四月，京師旱，大疫，詔百官祈雨。

7 京師地震。【考異】明史本紀及五行志皆不載，惟三編書于是年四月。按明年六月，京師地震。明史五行志書云，「六月庚申，京師地再震」，疑即承上文十五年而言，是志中有脱文。今據三編增入。

8 以兵部侍郎王一鶚爲本部尚書。

先是尚書張佳允致仕，詔用楊博故事，起前吏部尚書嚴清掌兵部事，遣使趣行。而清病甚，不能赴，至是始以一鶚陞任代之。

9 五月，山西代州、振武衛、雁門所、太原、陽曲、徐溝、交城同日俱地震。【考異】明史五行志但云「山西地震」，今據三編增入州、縣、衛、所地名。

10 刑部尚書舒化罷。

是年考察拾遺，南京科、道論劾化，化三疏乞歸，不許。會當慮囚，復起視事。中貴傳上意宥重辟三十餘人，化争不可，詔卒從其議。尋稱病篤，乃聽歸。召南京兵部尚書李世達代之。

11 六月，戊辰，敕「内外文武官，冠婚、喪祭、宫室、輿馬、衣服，毋得踰制奢僭。」

12 是月，京師大雨如注，官民牆屋，所在傾頹，溺壓死者無算，命順天府加意振卹。

13 秋，七月，河決開封。

時河南開封等府，陝州、靈寶等州縣，入秋霪雨，黄河泛漲，衝決堤防，漂没人畜。内閣申時行，謂「河道未大壞，不必設都御史，請遣風力老成給事中一人行河」，乃命工科都給事中常居敬往。

居敬「請敕河南、山東凡有河道地方，各令巡道督理，捲埽築壩，補漏塞決，明立賞罰，晝夜併工。務俾安瀾，毋貽漕患。」從之。

14 江南水，江北蝗，山西、陝西、河南、山東旱，詔蠲振有差。

時所在告災，河北尤甚。户部侍郎孫丕揚上言：「黄河以北，饑民食草木；陝西富平、蒲城、同官等縣，至于食石，石出三縣山中，臣得以目見，謹取二斤以進。今海内困于加派，其窮非止啖石之民也。宜寬賦節用，罷額外徵派及諸不急務，損上益下以培蒼生大命。」上感其言，頗有所減罷云。

15 八月，庚申，上視朝罷，諭内閣申時行等，謂：「今日災沴頻仍，良由有司貪墨，不恤百姓。又刑獄多有冤抑，撫、按不爲伸理，以致傷害和氣。今懲貪墨，理冤獄，是弭災第一要務。」

時行等因言：「今日救荒之政，宜蠲振並行。請以災傷之重輕，定蠲卹之分數。若待撫、按申請，則恩歸臣下。惟祈陛下出自聖裁，徑以詔敕行之，則人心愈加感悦矣。」上是其言，遂下蠲振之詔。【考異】事見明史本紀。據朱國禎大事記，蓋是月初三日視朝後語。懲貪墨、理冤獄二事，出自上裁，蠲振二事，則閣臣所請也。是月戊午朔，三日即庚申也。

16 癸亥，免山東被災屯糧。

17 九月，丁亥朔，日當食，陰雲不見。

18 己丑，停刑。

19 是月，山西蒲州、安邑、解州同日地震，聲如雷。

20 南京右都御史海瑞卒。上數欲召用瑞，執政陰沮之。及掌南臺，有御史偶陳戲樂，瑞欲遵太祖法予之杖，百司惴恐。南畿提學御史房寰慮爲瑞所糾，欲先發，連疏醜詆之，瑞亦屢疏乞休，不允。至是卒于官。南京僉都御史王用汲入視，葛幃敝籯，有寒士所不能堪者，因泣下，醵金爲斂。小民罷市。喪出江上，白衣冠送者夾岸，酹而哭者百里不絕。贈太子太保，謚忠介。

21 寰之詆瑞也，朝野多切齒，而政府庇之，擬旨譙讓而已。進士顧允成不勝其憤，偕同年生彭遵古、諸壽賢，抗疏言「寰妬賢醜正，不復知人間羞恥事」，因劾其欺罔七事。內閣擬旨，謂「寰已切讓，不當出位妄奏」，奪三人冠帶，還家省愆，且令九卿約束觀政進士，毋得妄言時政。

南京太僕卿沈思孝上言：「二三年來，今日以建言防人，明日以越職加人罪，且移牒諸司，加之箝束。夫禁其作奸犯科可也，而反禁其讜言直諫；教其砥行立節可也，而反教以緘默取容；此風一開，流弊何極！諫官避禍希寵不言矣，庶官又不當言；大臣持祿養交不言矣，小臣又不許言；陛下安從聞之？臣歷稽先朝故事，練綱、鄒智之等，並以書生言事，未聞以爲罪，獨奈何錮允成等耶！」疏入，忤旨，被責，三人遂廢。

寰復詆瑞及思孝，其言絶狂誕，由是獲罪清議，出爲江西副使。給事中張鼎思劾其奸貪，寰亦（許）〔訐〕鼎思，遂坐並謫，于是寰亦不復振。

22 是時給事中邵庶請禁建言諸臣，刑部員外郎李懋檜上言：「邇歲馮保、張居正，交通亂政，其連章保留，頌功諛德，若陳三謨、曾士楚者，並出臺垣；而請劍引裾，杖謫以去者，非庶僚則新進書生也。果若庶言，天下幸無事則可；脱有不虞之變，陛下何從而知？

庶復以堂上官禁止司屬爲得計，伏覩大明律：『百工技藝之人，若有可言之事，直至御前奏聞，但有阻遏者斬。』大明會典及皇祖卧碑亦屢言之。百工技藝之人，有言尚不敢阻，況諸司百執事乎？庶言一出，志士解體，善言日壅，主上不得聞其過，群下無所獻其忠，禍天下必自庶始。

陛下必欲重百官越職之禁，不若嚴言官失職之罰，當言不言，坐以負君誤國之罪，輕則記過，重則褫官。科、道當遷，一視其章奏多寡得失爲殿最，則言官無不直言，庶官無事可言，出位之禁無庸，太平之效自致矣。」

上責其沽名，命貶一秩。科、道合救，不允。庶偕同列胡時麟、梅國樓、郭顯忠復交章論劾，乃再降一秩，爲湖廣按察司經歷。

23 冬，十月，庚申，内閣申時行（詣）〔請〕發留中章奏。自貴妃進封，諸臣被譴後，凡言建儲、分封及進封恭妃者，概留中置之。而上年壯倦勤，諸奏章亦多留中不下，乃有是請。

24 十一月，戊子，鄖陽兵亂。時僉都御史撫治鄖陽李材，好講學，遣部卒供生徒役，卒多怨；又徇諸生請，改參將公署爲學宫。參將米萬春諷門卒梅林等大譟，馳入城，縱囚，毁諸生廬舍，直趨軍門，挾賞銀四千，洶洶不解。居二日，萬春脅材更軍中不便十二事，令上疏歸罪副使丁惟寧、知府沈鈇等，材隱忍從之。惟寧責數萬春，萬春欲殺之，惟寧跳而免，材遂復劾惟寧激變。事聞，詔貶惟寧三官，材還籍聽勘。御史楊紹程劾「萬春首亂宜罪」，政府申時行庇之，置不問。

十六年（戊子、一五八八）

1 春，二月，上御經筵，閣臣申時行等請之也。【考異】據明書、通紀，皆書御經筵于是年二月，蓋自此以後，經筵之日講爲僅見矣。

2 三月，壬辰，詔改正景皇帝實録，從國子司業王祖嫡議也。

祖嫡言：「建文之革除未復，景泰之附録未正。今宜復建文位號，修輯四年事蹟，盡廢野史不經之説。其景泰宜自爲一録，削郕戾舊名。」

疏下群臣議，于是申時行奏言：「建文年號，因成祖靖難之日，詔『今年仍以洪武三十五年爲紀』，其建文年號，相傳以爲革除。及考靖難事蹟，亦稱『少主』，稱『元年、二年、三年、四年』，則是未嘗革除也，但不稱『建文』耳。英宗實録修于成化初年，在景皇帝位號未復之先，故仍稱『郕戾王』，而景泰七年事遂附英宗實録之内。今景皇帝位號已復，不過于實録内改正，其理順而事亦易。」詔從之，然卒不果行。

3 山西、陝西、河南及南畿、浙江並大饑疫。

4 是月，起前尚書潘季馴爲右都御史，總督河道。

初，季馴以李植劾，罷爲民，御史李棟上疏訟之曰：「隆慶間河決崔鎮，爲運道梗。數年以來，民居既奠，河水安流，咸曰『此潘尚書功也』。昔先臣宋禮治會通河，至于今是賴；季馴功不在禮下，乃當身存之日，使與編户齒，寧不隳諸臣任事之心，失朝廷報功之典！」其後論薦者不已，遂起季馴右都御史，總督河道。

自吴桂芳後，河漕皆總理，至是復設專官。尋加季馴工部尚書。

5 夏，四月，以北直隸大名、河南開封等府水旱相仍，詔發歸德米價銀暨直隸存留銀振之。又截留漕糧二萬石，發給鳳陽、淮安、揚州、滁州四府州平糶振饑。

6 五月，乙巳，以軍儲倉火，諭禮部，言「軍糧草束，乃國之至要者。今天下災傷重大，民窮時艱，上天示警，宜存敬畏。」乃敕内外官修省。是時南、北諸省並告災，諸司撫輯振救之疏日上，而訖無良策，故有是命。

三編發明曰：神宗之朝，災異疊見，史不勝紀，而修省之詔亦時時屢下。茲十六年，各省災傷之見于志、傳者不一書，非第軍儲倉火已也。其因天警而飭修省，亦未爲非是。第以側身修行之旨，徒託諸空文，幾若尺一既頒而應天之事已畢。至諸司撫輯振救之疏，交章以陳，君若臣漫無良策，惟恃此一詔以共鑒白于中外臣民。則此意已足以致災，尚何修省之有！

7 是月，四川巡撫徐元泰、總兵官李應祥奏討四川建昌叛番，平之。

建昌、越巂諸衛，番、猓雜居。建昌逆酋曰安守，曰五咱，曰王大咱，與越巂邛部黑骨夷並起爲亂。元泰議大舉徵兵萬八千，以副總兵朱文達、參將邊之垣分將，而應祥統之。以十四年十一月，破大咱于桐槽，破五咱于禮州，大咱亡入山（峪）〔谷〕中。未幾，五咱據磨旗山挑戰，官軍夾擊，賊退保毛牛山。山延袤六七百里，連大、小西番界，文達兵大破之。五咱西遁，與安守合，結寨西溪。應祥令諸將連兵圖五咱，而遣裨將田中科設伏襲安守于麥達，禽之。守爲群寇之魁，斬以徇，西南諸夷酋皆震怖。于是商山四堡番乞降于之垣，大、小七板番乞降于文達，呼號頓首，誓世世不敢叛。五咱勢窮，走昌州，亦爲裨將王言所獲，乃移兵討大咱及黑骨夷。裨將王之翰禽黑夷酋阿弓等七人于大孤山，又搜得大咱于普雄酋姑咱所。于是建昌、越嶲諸番，悉以去年七月平之。至是，上首功二千有奇，撫降者三千餘人。【考異】明史本紀記平建昌叛番于是年五月，據奏報月日也。證之李應祥傳，破大咱、五咱在十四年十一月，明年諸番盡平，傳中特書云「時萬曆十五年七月也」。又證之朱氏大事記，亦云「自丙戌冬月至明年七月二十八日」，與明史本傳合。蓋傳中所據皆原奏中平賊月日也，今從本紀奏報書之。

8 時因火災修省，御史潘士藻言：「今天下之患，莫大于君臣之意不通。宜仿祖制及近時平臺、煖閣召對故事，面議所當施。罷撤大工以俟豐歲，蠲織造燒造以昭儉德，免金花額外征以佐軍食；且時召講讀諸臣，問以經史。修省之實，莫過于此。」

初，士藻巡視北城，有近侍私出禁城，邏者執之，爲所毆，訴于士藻，士藻牒司禮監治之。上恚曰：「東廠何事，乃自外廷發！」杖兩閹，斃其一。中官張鯨方掌東廠，銜之，至是激上怒，謫士藻廣東照磨。

9 六月，乙卯，禁見任官立生祠。

10 庚申，京師地震。

11 甲子，以災傷，停減蘇杭織造。

12 是月，蘇、松等府大旱，太湖水涸。

13 巡按山西御史陳登雲還朝，會廷臣方争建儲，登庸謂「議不早決，由貴妃陰沮之」，乃因災異抗疏，劾「妃父鄭承憲，懷禍藏奸，窺覬儲貳，日與貂璫往來，且廣結山人術士。陛下不震奮乾綱，斷以大義，雖日避殿撤樂，素服停刑，恐天心未易格，天變未可弭也。」疏入，貴妃、承憲俱怒，同列皆僞登雲危，竟留中不下。

14 閏月，閣臣請以秋涼御經筵，奉旨俟之。

15 秋，七月，乙卯，免山東被災夏税。

16 庚午，定邊臣考績法。

17 八月，壬午朔，日有食之。【考異】明史本紀，凡日食必書。是年八月，據三編、明史稿，皆書「壬午朔日食」，蓋明史漏脱，今據增。

18 乙未，詔取太倉銀二十萬，充閲陵賞費。上頻年詣大峪視壽宮，至是車駕將出，故有是命。

19 九月，己未，停刑。

20 青海部長寇西寧，殺副總兵李魁。

青海者，諳達迎佛所建寺之地，賜名仰華，留巴爾圖舊作把爾户。及賓土、即丙菟，見前。浩爾齊等守之，遂與套寇布色圖舊作卜失菟。等相結。至是犯西寧，魁方醉，單騎馳之，中矢死。【考異】明史本紀作「青海部長他不囊，無考，今據鄭洛傳書之。

21 庚申，如天壽山閱壽宮。

22 甲子，次石景山，觀渾河，見水勢洶涌，因問：「黃河何如？」輔臣申時行等對以「十倍未止」，上愕然。乃詔修黃河，護陵寢。

乙丑，還宮。

23 丁丑，太白晝見。

24 是月，禮部尚書沈鯉罷。

初，鄭貴妃進封，鯉率僚屬請「册建皇長子，進封其母」，不許；又請「宥建言貶官姜應麟等」，被旨譙讓。建儲一事，上許以少俟二三年，至是屆期，鯉執前旨固争，復不從。京師久旱，鯉備陳「恤民實政，以崇儉戒奢爲本」，且請「減織造」。已，京師地震，又請「謹天戒，恤民窮」，語皆切至，上每嘉納。

初，藩府有所奏請，賄中貴居間，禮臣不敢違，輒如志，至鯉，一切格之。中貴皆大怨，數以事間于上，上漸不能無疑，累加詰責，且奪其俸，自是有去志。

而申時行銜鯉不附己，亦忌之，一日鯉請告，遽擬旨放歸。上曰：「沈尚書好官，奈何使去！」傳旨諭留，時行益忌。其私人給事中陳與郊，爲人求考官不得，怨鯉，屬其同官陳尚象劾之。與郊復危言撼鯉，鯉求去益力。

上有意大用鯉，中官密以上意示鯉，鯉拒之，曰：「禁中語非所敢聞。」卒累疏引疾去。既歸，累推內閣及吏部尚書，皆不用。

25 以禮部侍郎朱賡爲本部尚書。陞曾同亨工部尚書，專督陵工。

26 冬，十一月，庚戌，以甘肅兵變，罷巡撫曹子登、總兵官劉承嗣。【考異】明史作「九月庚午」。史稿據奏至月日也，今從之。

27 辛酉，禁章奏浮冗。

28 十二月，癸未，杖吏科給事中李沂于廷。

初，中官張鯨掌東廠，橫肆無憚。御史何出光，劾「鯨專擅威福」，並及其黨錦衣都督劉守有、序班邢尚智，尚智論死，守有除名，鯨被切讓而任職如故。御史馬象乾，復劾鯨，詆執政甚力，上下象乾詔獄。申時行等力救，且封還御批，不報。許國、王錫爵復各申救，乃寢前命；而鯨竟不罪，外議謂鯨以金寶獻上獲免。

沂拜官甫一月，上疏曰：「陛下往年罪馮保，近日逐宋坤，鯨惡百保而萬坤，奈何獨濡忍不去？若謂其侍奉多年，則壞法亦多年；謂痛加省改猶足供事，則未聞可馴虎狼使守門户也。流傳鯨廣獻金寶，多方請乞，陛下猶豫未忍斷決。中外臣民初未肯信，以爲陛下富有四海，豈愛金寶！威如雷霆，豈徇請乞？及見明旨許鯨策勵供事，外議藉藉，遂謂爲真，虧損聖德，夫豈淺尠！且鯨奸謀既遂，而國家之禍將從此始，臣所大懼也。」

是日，給事中唐堯欽亦具疏諫，上獨手沂疏震怒，謂「沂欲爲馮保、張居正報讎」，立下詔獄嚴鞫，時行乞宥，不從。讞上，詔廷杖六十，斥爲民。

御批至内閣，時行等欲留御批，中使不可，持去。上特遣司禮張誠出監杖。時行等上疏，俱詣會極門候進止，上言：「沂置貪吏不言而獨謂朕貪，謗誣君父，罪不可宥。」太常卿李尚智、給事中薛三才等抗章論救，俱不報。國、錫爵以言不見用，引罪乞歸。錫爵言「廷杖非正刑，祖宗雖間一行之，亦未有詔獄、廷杖並加于一人者。故事，惟盜賊大逆則有打問之旨，今豈可加之言官！」上優詔慰錫爵，僅勒鯨閒住。

初，馮保獲罪，實鯨爲之，故上云然。或謂張誠素德保，因授意言者發之。其時周弘禴、潘士藻皆以忤鯨得罪，而沂禍爲烈。家居十八年，未召而卒。

29 己丑，命禮部祈雪。

明通鑑卷六十九

紀六十九起屠維赤奮若(己丑),盡元默執徐(壬辰),凡四年。

江西永寧知縣當塗夏燮編輯

神宗顯皇帝

萬曆十七年(己丑、一五八九)

1 春,正月,己酉朔,日有食之。免元旦朝賀。自是每元旦皆不視朝矣。

2 丁巳,太湖、宿松賊劉汝國等作亂。

先是蘄黄盜首梅堂作亂,汝國故犯法,繫獄蘄州,乘釁逸出附堂,白晝搶掠。蘄州知州徐希明,募居民潘按集壯丁禽堂,誅之。汝國逃至太湖縣,糾番僧、剽客等嘯聚焚劫,自稱順天安民王,會旱災,招致饑民數百人,勢愈熾,至是焚楓香亭前二驛。事聞,詔安慶、湖廣撫臣會南京操江都御史合勦。

安慶指揮陳越敗没。【考異】據大事記、從信録，載劉汝國附梅堂作亂事在十六年。堂既誅，汝國逃至太湖，遂有是年正月燒驛拒捕之變。惟指揮陳越之死，諸書不見。本紀蓋據實録，今從之。

3 二月，都司周弘謨討劉汝國等，遇賊于麻尖，戰敗，蘄州州判陳策死之，弘謨亦被傷走。巡道陳吾德，分兵屯太湖、宿松，會黄梅知縣來三聘、桐城知縣章守誠俱率兵赴援，分路並進，賊焚營逃。獲策尸，身中三鎗。官兵追賊至金堂寺，太湖鄉兵張惟忠生禽汝國，斬于安慶市，遂平之。【考異】明史本紀，「二月丙申，吴淞指揮陳懋功討平之」，謂平太湖、宿松賊也。證之大事記、從信録、通紀諸書，無陳懋功之名。而據大事記所載，其年江南太湖賊作亂，撫、按檄吴淞兵討之，同在是年，疑本紀誤以爲太湖縣也。陳策之死，具見諸書，今據之，不著日分。

4 是月，下工部主事饒伸于獄。

初，戊子鄉試，庶子黄洪憲主順天，大學士王錫爵子衡舉首，申時行壻李鴻亦預焉。禮部郎中高桂，因摘中式可疑者八人，並及衡，請覆試。

時八人中有舉人屠大壯，文獨劣，禮部侍郎于慎行擬乙置之，都御史吴時來等不可。桂直前力争，乃如慎行擬，列甲乙以上。時行、錫爵調旨悉留之，且奪桂俸。錫爵大憤，復上疏極詆桂。

于是伸不平，抗疏言：「張居正三子連占高科，而輔臣子弟遂成故事。洪憲更謂一舉不足重，居然置之選首；子不與試，則録其壻。其他私弊不乏，聞覆試之日，多有不能文者；時來罔分優劣，蒙面與桂力争，遂朦朧擬請。至錫爵訐桂一疏，劍戟森然，乖對君之體。錫爵柄用三年，放逐賢士，援引憸人，今又巧護己私，欺罔主上，勢將爲居正之續。時來附權蔑紀，不稱憲長，請俱賜罷。」

疏既入，錫爵、時行並杜門求去，而許國以典會試入場，閣中遂無一人。中官送章奏于時行私第，時行仍封還，上驚曰：「閣中竟無人耶？」乃慰留時行等，而下伸詔獄。

給事中胡汝寧、御史林祖述等，復劾伸及桂以媚執政；御史毛在，又侵及祠部主事于孔兼，謂桂疏其所使，孔兼奏辨，求罷。于是詔諸司嚴約所屬，毋出位沽名，而削伸籍，貶桂三秩，調邊方。孔兼得免。

伸既斥，朝士多咎錫爵。錫爵不自安，屢請敘用，起伸南京工部主事，改南京吏部，引疾歸，遂不復出。【考異】饒伸論劾鄉試事，明史本傳系之十六年下，據戊子鄉試牽連並記也。諸書皆系之是年二月，從信録以爲二月十一日下獄。證之本傳，言「許國方典會試入闈，時行、錫爵並杜門求去，閣中遂無一人」云云，是伸之下獄，實是年二月事也，今據書之。

5 三月，丙辰，不視朝，免陞授官面謝。自是臨御遂簡。

6 癸亥，雲南永昌衛兵變。

7 乙丑，賜焦竑等進士及第、出身有差。

8 是月，北寇犯義州，入太平堡，把總朱永壽等一軍盡没。

9 南京吏部侍郎趙志皋疏請保護聖躬。略曰：「臣于邸報中見免朝之旨，又見批答大學士王錫爵疏云：『朕自去年以來，動火頭眩，不耐勞煩。欲以静攝，非安逸怠荒。』臣私心竊有疑焉。皇上春秋鼎盛，稍有不和，一養旋復，何自冬相延至今也？得非九重之内可以自肆，將逸欲而不之儆乎？萬幾之暇欲以自娱，將耽樂而不之節乎？嬿婉在側，而衽席之愛不能自割乎？聲樂在御，而麴糵之好不能自克乎？有一于此，皆足以損真伐和，耗傷元氣，元氣傷，則致疾蓋有由矣。臣惟人心必有所寄，寄于嗜慾則念在嗜慾，寄于存省則念在存省。宋儒真德秀曰：『惟學可以養此心，惟親近君子可以維持此心。』願日臨講幄，御經筵，與儒臣講究義理，退則覆玩詳繹，則此心寄于學問，而他念不足以入之矣。又願如常視朝，數召公卿，商摧庶政，退將所上章奏偏閱深省，則此心寄于治道，而他好不足以奪之矣。臣叨近侍，保護之義，與有責焉。而一念忠愛之心，耿耿不容自已也。」疏入，報聞。【考異】此疏明史志皋本傳不載，今據明鑑增。

10 夏，四月，己亥，王家屏還朝，復入閣，晉禮部尚書。

11 廣東始興妖僧李圓朗作亂，犯南雄，有司討誅之。

12 是月，南畿、浙江、江西、湖廣皆大旱。

13 五月，辛亥，西寧衛天鼓鳴，地震。越七日，復震。【考異】明史天文志書之五月庚申。今據三編五月目中日分。

14 是月，順義王徹哩克西徙，假道甘肅趨青海。是時套部布色圖遣使邀之，遂以赴承華爲名。自是套寇遂出没塞下。

15 六月，甲申，浙江大風，海溢；杭、嘉、寧、紹、台等處，廨宇傾圮，碎官民船，壓溺死者二百餘人。

16 己丑，永昌亂卒平。

17 乙巳，發帑金八十萬，遣給事中楊文舉振南畿、浙江饑。

18 是月，廬州、鎮江地震。【考異】明史五行志佚，此亦據三編補。

19 河決夏鎮。是時黄水暴漲，決獸醫口月堤，漫李景高口新堤，衝入内河。

初，潘季馴之塞崔鎮也，原築堤岸，束水歸漕。嗣後水發，河臣輒加堤，而河身日高。

于是督漕僉都御史楊一魁言：「善治水者，以疏不以障。宜測河身深淺，隨處挑濬，而於黃河分流故道，設減水石門以洩暴漲。」給事中王士性則請復老黃河故道。

季馴再至，言：「黃水濁而强，汶、泗清且弱，交會茶城。伏秋黃水發，則倒灌入漕，沙停而淤，勢所必至。然黃水一落，漕即從之，沙隨水去，不濬自通，縱有淺阻，不過旬日。但宜嚴古洪、內華諸閘之禁，【考異】明史運河志，「黃河，隆慶間濁流倒灌，稽阻運道。郎中陳瑛移黃河口于茶城東八里，建古洪、內華二閘。」使黃漲則閉閘以遏濁流，黃退則啓閘以縱泉水，則河、漕俱有益矣。」上從其言，乃罷黃河故道議。

未幾，河患益甚，季馴請先塞決口，詔趣興工。

20 是夏，輔臣王錫爵，以「自今年三月以來，常朝日期盡行傳免，經筵日講至今未開，留中諸疏動至經時，册建吉期杳無明示。」乃上疏極言之，不報。

而王家屏被召入閣，三月未得見，亦以爲言，「請因聖節御殿受賀，禮畢發留中章奏，舉行册立皇太子禮」，亦不報。

21 秋，七月，己未，浙江杭州、紹興、温州三府地震。

是月，福建福州、興化二府地亦震。【考異】浙江地震，見明史五行志。福建地震，據三編補。

22 禮部尚書朱賡以憂去，以吏部侍郎于愼行陞任代之。

23 八月，壬寅，嚴匿名揭帖之禁。

24 是月，以萬壽節御殿受朝賀，閣臣王家屏固請之也。朝罷，遣中官諭家屏，奬以忠愛。家屏疏謝，復請上勤視朝。居數日，上爲一御門延見。自是益深居不出矣。【考異】據從信録在是年八月十五日，即萬壽節也，今系之八月下。

25 九月，己未，北寇復犯遼東平虜堡，備禦李有年、把總馮文昇皆戰死，李成梁選鋒没者數百人。敵大掠瀋陽、蒲河、榆林，八日始去。【考異】明史本紀不具，此據明史稿月日。證之李成梁傳，皆土默特所糾之東、西二部，所云腦毛、大合、白洪、長昂諸名目，三編皆無譯。今連上文三月犯義州事，俱以北寇書之。

26 冬十月，癸未，停刑。

27 癸卯，黄河決口工成。

28 十二月，己丑，諭「諸臣遇事毋得忿争求勝」。時廷臣以科場事，與王錫爵相攻訐，饒伸既罷，攻者益不已，並侵首輔申時行，而時行、錫爵之黨復反攻之，乃有是諭。

29 是月，大理寺評事雒于仁，疏獻四箴以規上過。略曰：「臣備官歲餘，僅朝見陛下者三。此外惟聞聖體違和，一切傳免，郊祀廟享，遣官代行，政事不親，講筵久輟。臣知陛下之疾所以致之者有由也。

臣聞嗜酒則腐腸，戀色則伐性，貪財則喪志，尚氣則戕生。陛下八珍在御，觴酌是耽，卜晝不足，繼以長夜，此其病在嗜酒也；寵十俊以啓倖門，溺鄭妃，靡言不聽，忠謀擯斥，儲位久虚，此其病在戀色也；傳索帑金，括取幣帛，甚且掠問宦官，有獻則已，無則譴怒，李沂之瘡痍未平而張鯨之賞賄復入，此其病在貪財也；今日搒宫女，明日挟中官，罪狀未明，立斃杖下，又宿怨藏怒于直臣，如范儁、姜應麟、孫如法輩，皆一詘不申，賜環無日，此其病在尚氣也。四者之病，膠繞身心，豈藥石所可治！

今陛下春秋鼎盛，猶經年不朝，過此以往，更當何如？孟軻有取于法家拂士，今鄒元標其人也，陛下棄而置之，臣有以得其故矣。元標入朝，必首言聖躬，次及左右，是以明知其賢，忌而弗用。獨不思直臣不利于陛下，不便于左右，深有利于宗社哉？

陛下之溺此四者，不曰操生殺之權，人畏之而不敢言；則曰居邃密之地，人莫知而不能言。不知鼓鐘于宫，聲聞于外，幽獨之中，指視所集。且保禄全軀之士，可以威權懼之，若懷忠守義者，即鼎鋸何避焉！

臣今敢以四箴獻。若陛下肯用臣言，即立誅臣身，臣雖死猶生也。」因上酒色財氣四箴。

疏入，上震怒。會歲暮，留中十日。——所云「十俊」，蓋十小閹也。【考異】帝以于仁疏示閣臣，在明年正月，故諸書皆系于仁上書于是年十二月，傳中所云「歲暮」者是也。爲明年于仁罷斥張本。

十八年（庚寅、一五九〇）

1 春，正月，甲辰朔，不御殿。

召見閣臣申時行等于毓德宮，以雒于仁四箴疏示之。上自辨甚悉，將置之重典。時行等委曲慰解，見上意不可回，乃曰：「此疏不可發外，恐外人信以爲真。願陛下曲賜優容，臣等即傳諭寺卿，令于仁去位可也。」上乃頷之。居數日，于仁引疾，遂斥爲民。自此，章奏留中，遂成故事。

頃之，上宣皇長子出見，時行請早定大計。上猶豫久之，乃曰：「朕不喜激聒。近聞諸臣所奏，惡其離間父子，故概置之。若諸臣不復奏擾，當以後年册立。否則俟皇長子十五歲舉行。」時行因戒廷臣毋瀆擾。

2 二月，罷日講。

時上每遇講期多傳免，申時行請「免講日仍進講章以備觀覽」。自後講筵遂永罷。

3 吏部尚書楊巍罷。

巍素清操，有時望，然年耄骫骳，多聽柄臣指揮。自居正敗後，言路張甚，于是政府與銓部陰相倚以制言路。先是九年京察，張居正令吏部盡除異己者；十五年復當大計，都御史辛自修欲大有所澄汰；巍衘政府指持之，出身進士者，貶黜僅三十三人，而翰林、吏部、給事、御史無一焉，賢否混淆，群情失望。

去年夏，上久不視朝，中外疑以張鯨不用故託疾，巍率同列請以秋日御殿。至十月，巍等復請，上不悦，責以沽名。至是遂致仕，命乘傳給廩如故事。

4 土默特之族布言台珠爾、即卜言台周，見前。鴻台吉等，糾西部深入遼、瀋，李成梁潛遣兵出塞襲之，遇伏，死者千人。成梁報首功二百八十，得增禄廕。

未幾，復深入海州，成梁不敢擊，縱掠數日而去。

5 直隸順德府地震，星隕如火，隱隱如鼓聲。

6 三月，乙卯夜初更，代州一星墜，聲如雨，光如燭。有頃，天鼓鳴如雷。庚申，有大星自東南帶火流于西北。【考異】是月星隕星流，明史天文志佚，三編據實録增。

7 是月，直隸大名府諸處，狂風晝晦，天色忽黑忽赤。山東兖州諸處，黑風揚沙，壞城樓廨宇廬舍。河南開封、彰德、衛輝、歸德等處，風霾，拔木傷稼，天氣黑赤，刀鎗上俱起火光，壞城郭廬舍，壓溺死者三百數十人。

8 改户部尚書宋纁于吏部；工部尚書石星于户部，命督陵工；工部尚書曾同亨回部管事。

9 楊巍之罷也，都御史吳時來欲代之，以宋纁名出己上，兩疏劾纁，因杜門乞休，上不許，卒以纁代巍。于是吏部員外郎趙南星疏陳天下四大害。

略曰：「竊見楊巍乞休，左都御史吳時來謀代之，忌户部尚書宋纁聲望，連疏排擠。副都御史詹仰庇，力謀吏、兵二部侍郎。大臣如此，何以責小臣？是謂干進之害。

禮部尚書沈鯉，侍郎張位，諭德吳中行，南京太僕卿沈思孝，相繼自免；獨南京禮部侍郎趙用賢在，詞臣黃洪憲輩每陰讒之，言官唐堯欽、孫愈賢、蔡系、周復，顯爲詆誣。衆正不容，宵人得志。是爲傾危之害。

州縣長吏，選授太輕，部寺之官，計日而取。郡守不問才行，而撫、按論人，贓私有據，不曰未甚，則曰任淺，概止降調。其意以爲惜才，不知此乃惜不才也。吏治日污，民生日瘁。是謂州縣之害。

鄉官之權，大于守令，橫行無忌，莫敢誰何。如渭南知縣張棟，治行無雙，裁抑鄉官被讒，不獲行取。是謂鄉官之害。

四害不除，天下不可得治。」

疏入，朝論韙之。然其所抨擊，悉時相所庇，于是南星遂不得久于其職云。

10 夏，四月，癸未，京師旱，録囚。

11 甲申，振湖廣饑。

12 五月，吳時來罷。

時來初以直竄，聲振朝端；再遭挫折，沈淪十餘年，晚節遂不能自堅。自趙南星劾後，言官交論之，乃乞休去。

改刑部尚書李世達爲左都御史，以南京吏部尚書陸光祖爲刑部尚書。

13 六月，己卯，免畿内真、順、保、大四府被災夏税。

14 甲申，青海部長浩爾齊舊作火落赤。犯舊洮州，副總兵李聯芳敗没。

時諳達孫徹哩克西徙遠邊，于是套部章圖哩等舊作莊禿賴。據水塘，布色圖即卜失兔，見前。及浩爾齊等據莽拉、舊作莽剌。聶恭舊作揑工。兩川。而浩爾齊尤桀黠，數爲邊患。

15 乙酉，更定宗藩事例，始聽無爵者得自便。

16 是夏，輔臣王家屏以久旱上言：「邇者天鳴地震，星隕風霾，川竭河涸，加以旱潦蝗螟，疫癘札瘥，調燮之難，莫甚今日。況套賊跳梁于陝右，土蠻猖獗于遼西，貢市屬國復鴟張虎視于宣大。虛内事外，内已竭而外患未休；剥民供軍，民已窮而軍食未裕。且議論紛紜，罕持大體；簿書淩雜，祗飾靡文。綱維縱弛，愒玩之習成；名實混淆，僥倖之風啓。陛下深居靜攝，朝講希臨，統計臣一歲間，僅兩覲天顏而已。間嘗一進瞽言，竟與諸司章奏並寢不行。今驕陽爍石，小民愁苦之聲，殷天震地，而獨未徹九閽，此臣所以中夜旁皇，飲食俱廢，不能自已者也。乞賜罷歸，用避賢路。」不報。

17 秋，七月，庚子朔，日有食之。

18 癸丑，浩爾齊再犯河州，臨洮總兵劉承嗣與戰，敗績，游擊李芳等死之。寇掠內地凡二十餘日。

19 乙丑，召見閣臣議邊事，命廷臣推舉將才，諭曰：「將材不拘文武。昔之杜預、諸葛亮，皆文臣也。」

申時行等以款貢請，上曰：「貢市豈可久恃！徒使敵人驕蹇，輕中國耳。」時行等唯唯而退。

20 己巳，以兵部尚書鄭洛經略陝西四鎮及山西、宣大邊務。

初，洛總督宣大，撫順義王及三娘子有恩。三娘子先佐諳達，主貢市，諸部皆受其約束。及徹辰汗襲封，徹辰汗即乞慶哈，譯見前，三編又作車臣汗。年老且病，欲妻三娘子。三娘子不從，率衆西走，徹辰汗自追之，貢市久不至。洛計三娘子別屬，則徹辰汗雖王無益，乃使人誘之曰：「夫人能歸王，不失恩寵。否則塞上一婦人耳。」三娘子聽命。

未幾，徹辰汗死，在十四年。子徹哩克襲。徹哩克，三編又作齊里克。三娘子以年長，自練兵萬人，築城别居。洛恐貢市無主，復諭徹哩克曰：「夫人三世歸順，汝能與之匹則王。不然，封别有屬也。」徹哩克盡逐諸妾，復妻三娘子，遂嗣封，並封三娘子。封徹哩克及忠順夫人，見十五年。

洛乃上疏，「請定馬數，宣府不得踰三萬，大同萬四千，山西六千。而申飭將吏嚴備，以防盜竊，且無輕遏其部落馳獵。」上皆嘉納之。至是廷臣交薦洛，遂有是命。【考異】鄭洛撫順義及三娘子事，見明史洛傳。傳中以辛愛（即錫林阿）更名乞慶哈，嗣封順義王，而據韃靼傳，則以乞慶哈爲黄台吉之更名。然則辛愛、黄台吉、乞慶哈，實一人而異名也。惟據前後奏報疏中，或以爲一人，或以爲二人，不可考。而三編目中據明史洛傳，又以徹辰汗爲上海之更名，蓋本之實録，則一人而四名矣。今但據徹辰汗（即乞慶哈）書之，餘詳考證中。

21 八月，癸酉，詔停徹哩克市賞。

時鄭洛以洮河之禍由縱敵入青海，乃馳至甘肅，令曰：「北部自青海歸巢者聽假道，自巢入青海者即勒兵拒之。」又以「徹哩克在仰華，即青海見上。諸部皆挾之爲重，請停貢市以趣其東歸」，上皆從之。

22 九月，庚子，減蘇杭織造之半。

23 鄭洛既行邊，而廷臣實主款議。御史萬國欽乃抗疏劾申時行曰：「陛下以西事孔棘，特召輔臣議戰守，而輔臣于召對時，乃飾詞欺罔陛下。怒賊侵軼，則以爲『攻抄熟番』，臨、鞏果番地乎？陛下責督撫失機，則以爲『咎在武臣』，封疆僨事，督撫果無與乎？陛下言款貢難恃，則云『通貢二十年，活生靈百萬』，西寧之敗，肅州之掠，獨非生靈乎？是陛下意在戰，時行必不欲戰；陛下意在絕和，時行必欲與和。

蓋由九邊將帥，歲魄金錢，漫無成畫，寇已殘城堡，殺吏民，猶謂計得。三邊總督梅友松，意專媚敵，前奏順義謝恩西去矣，何又圍我臨、鞏？後疏盛誇戰績矣，何景古城全軍皆覆？甘肅巡撫李廷儀，延賊入關，不聞奏報，反代請贖罪，計馬牛布帛不及三十金，而殺掠何止萬計，欲仍通市。臣不知于國法何如也！此三人皆時行私黨，故敢朋奸誤國乃爾。」因列上時行納賄數事。

上謂其「淆亂國事，誣汚大臣」，謫劍州判官。

24 冬，十月，戊寅，振臨洮被寇軍民。

25 是月，廷臣以儲位未定，交章請册立，閣臣至合疏以去就爭。上不悦，傳諭數百言，切責廷臣沽名激擾，指爲悖逆。

申時行等相顧錯愕，各具疏再爭，杜門乞去。獨王家屏在閣，仍請速決大計。上乃遣内侍傳語：「期以明年春夏。廷臣無所奏擾，即于冬間議行。否則待踰十五歲。」家屏以口敕難據，欲上特頒詔諭，立具草進。上不用，復諭「二十年春舉行」。家屏喜，即宣示外廷，外廷歡然。而上意實猶豫，聞家屏宣示，弗善也，傳諭詰責。時行等合詞謝，乃已。

26 十二月，甲申，遣廷臣九人分閱邊防。

時兵部題奏，「邊防廢弛，閱視宜嚴，」乃于九邊各遣御史一人往，並嚴覈邊臣之失事者，參劾重處。

27 是月，套部布色圖西犯永昌，欲入青海，總兵官張臣禦之于三道溝，相持月餘。總督鄭洛設伏掩擊之，布色圖僅以身免。章圖哩後至，聞之，亦退去。

28 是歲，播州宣慰司楊應龍叛。

應龍者，故宣慰司楊耀之裔相之孫也。相寵庶子煦，欲奪嫡，嫡妻張，與子烈擁兵逐相。相走水西客死，烈遂嗣。生應龍，隆慶六年襲父職，數從征伐，恃功驕蹇，貴州巡撫葉夢熊，巡按陳效，並疏應龍凶惡諸罪，請勘問；而是時四川巡撫李化龍，方調播州兵防禦，請免勘；由是川、貴撫、按議不合。

應龍性猜狠，阻兵嗜殺，所轄五司七姓悉畔離。夢熊議改土爲流，悉屬重慶，應龍遂萌叛志。

明年，其妻叔張時照與所部何恩等上變，告應龍反，夢熊疏請發兵剿之。而蜀中士大夫，率謂「蜀三面鄰播，屬裔以十百數，皆其彈壓；且兵驍勇，數赴征調有功，翦除未爲長策。」以故蜀撫、按並主撫。

朝議行兩省會勘。應龍願赴蜀，不赴黔，詔蜀撫、按勘聞。【考異】據明史土司傳，請勘在是年，告變在明年，今彙書于是年之末。

十九年（辛卯、一五九一）

1 春，正月，乙巳，緬甸寇雲南之永昌、騰越。

初，隴川既平，孟養、蠻莫皆來附，乃增設安撫長官司。連年緬人攻之，或降或叛，至是莽應裏復率緬兵圍蠻莫，蠻莫酋思化告急。官兵備騰衝，裨將萬國春，夜設火炬爲疑兵，緬人懼而退，追敗其衆。

2 二月，乙酉，總兵官尤繼先擊莽拉川之餘黨，逐走之。

時鄭洛方入西寧，控扼青海。徹哩克聞之，西徙二百里，還洮河所掠人口，與忠順夫人輸罪請歸，于是浩爾齊及賓土即賓菟。子之據兩川者即莽拉、聶恭兩川，見前。皆夜遁。洛乃遣繼先逐其餘黨，趣徹哩克北歸。洛焚青海，置戍西寧、歸德而還。

3 三月，丙辰，有星如彗，長尺餘，歷胃、室、壁，長二尺。

4 閏月，丙寅朔，彗星入婁。

5 丁丑，以星變，敕群臣修省。

己卯，以星變，責言官欺蔽，給事中御史俱停俸一年。

禮部主事湯顯祖上疏，略曰：「言官豈盡不肖？ 蓋陛下威福之柄，潛爲輔臣所竊，故言官向背之情亦爲默移。 御史丁此吕首發科場欺蔽，申時行屬楊巍劾去之；御史萬國欽極論封疆欺蔽，時行諷同官許國遠謫之。 一言相侵，無不出之于外，于是無恥之徒但知自結于執政，所得爵禄，直以爲執政與之，縱他日不保身名，而今日固已富貴矣。

給事中楊文舉，奉詔理荒政，徵賄鉅萬，抵杭日宴西湖，鬻獄市薦以漁厚利，輔臣乃及其報命，擢首諫垣； 給事中胡汝寧，攻擊饒伸，不過權門鷹犬，以其私人，猥見任用。

夫陛下方責言官欺蔽，而輔臣欺蔽自如。 失今不治，臣謂陛下可惜者四：朝廷以爵禄植善類，今直爲私門蔓桃李，是爵禄可惜也；群臣風靡，罔識廉恥，是人才可惜也；輔臣不越例予人富貴，不見爲恩，是成憲可惜也；陛下御天下二十年，前十年之政，張居正剛而多欲，以群私人囂然壞之；後十年之政，時行柔而多欲，以群私人靡然壞之；此聖政可惜也。

乞立斥文舉、汝寧，誠諭輔臣，省愆悔過。」

上怒，謫顯祖徐聞典史。稍遷遂昌知縣，二十六年，上計京師，投劾歸。又明年大計，主者議黜之，李維禎爲監司，力争不得，竟奪官。家居二十年卒。——顯祖，臨川人。

6 是月，昌平州地震。

7 是春，起致仕南京户部尚書魏學曾，以兵部尚書總督陝西、延寧、甘肅軍務，閣臣王錫爵薦之也。【考異】據明史本傳，起魏學曾在是春，爲下文主討張本。

8 夏，四月，丙申朔，享太廟，遣官攝行。自後以爲常。

9 是月，改刑部尚書陸光祖于吏部，以宋纁致仕，代之也。

上嘗書光祖名于御屏，擢刑部未及一年，遂長六卿。

時上方起趙錦代光祖，御史王之棟言二人不當用，上怒，貶之棟雜職。

10 五月，壬午，四川四哨番作亂，巡撫都御史李尚思討平之。

11 是月，吏部尚書宋纁卒。

纁前爲户部五年，值四方多災，酌盈虚，籌緩急，上下賴之。及移吏部，絶請託，獎廉抑貪，痛懲黠吏，于政府一無所關白。屢乞休，不允，卒于官。謚忠敬。

初，石星代纁爲户部，語纁曰：「某郡有羨餘，可濟國用。」纁曰：「朝廷錢穀，寧積久不用，勿使搜括無餘。主上知物力充羨，則侈心生矣。」星憮然。或有言漕糧宜改折者，纁曰：「太倉之儲，寧紅腐，不可匱絀。一旦不繼，何所措手！」

時中外陳奏，上多不省。或直言指斥：輒曰：「此沽名耳。」亦不加罪。于慎行稱上寬大，纁愀然曰：「言官極論得失，要使人主動心。縱罪及言官，上意猶有所儆省。概置勿問，則如痿痹，不可療矣。」時以爲至論。

12 六月，壬子，大學士王錫爵請歸省。

初，錫爵請豫教元子，録用言官姜應麟等，且求宥故鄖陽巡撫李材，皆不報。嘗因旱災自陳乞罷，上優詔留之。未幾，偕同列爭册立不得，杜門乞歸。尋以母老爲言，許之，賜道里費，遣官護行。

13 秋，七月，癸未，申諭廷臣：「有肆行誣衊大臣者重治之，」輔臣許國請之也。

國性木强，遇事輒發，無大臣度，尤忿疾言者數與爲難。會福建守臣報日本結琉球入寇，國因言：「今四裔交犯，而中外小臣争務攻擊，致大臣紛紛求去，誰復爲國家任事者！請申諭諸臣，各修職業，毋恣胸臆。」遂有是詔。

14 是月，寧、紹、蘇、松、常五府海溢，大水，詔蠲振有差。

15 西寧星隕，天鼓鳴。甘肅、廣西地震。【考異】西寧星隕及天鼓鳴，俱據三編增。（儲）

16 八月，丁酉，振河南饑，並蠲被災田賦。

17 初，廷臣争請建儲，上諭閣臣，許以二十年春舉行。是月，工部主事張有德預以册立儀注請，上怒，命展期一年，奪有德俸。

而內閣中亦有疏入，申時行方在告，次輔許國首列時行名。時行密上封事，言：「臣方在告，實不預知册立之事。聖意已定，有德不諳大計，惟宸斷親裁，勿因小臣妨大典。」

于是給事中羅大紘，劾「時行陽附廷臣請立之議，陰爲自交宫掖之謀。」歙人有黄正賓者，以貲爲中書舍人，思立奇節，自附清流，見大紘疏，亦抗章詆時行。上大怒，杖正賓，與大紘並斥爲民。時行遂不能安于其位云。【考異】張有德請儀注，羅大紘劾時行，證之明史大紘及時行本傳，皆特書「是年八月」。蓋時行以九月致仕。八月正在告時也。此事本紀不載，而紀事本末系之十月，尤誤。今據明史本傳改入八月。

18 兵部尚書王一鶚卒，改石星于兵部代之。命倉場户部尚書楊俊民回部管事。

19 九月，壬申，許國致仕。

甲戌，申時行致仕。

方張有德之請儀注也，時行在告，而國與王家屏慮事中變，欲因而就之，乃引前旨争，首列時行名上。及時行密疏辯，上遂專責國，謂「大臣不當與小臣比」。國不自安，累疏求去。時行亦以屢被劾，相繼去。

國初與時行無嫌，會浩爾齊犯邊，時行主款，國獨謂「寇渝盟犯順，宜一大創之。」上心然國言，以時行方柄政，不能奪。會時行門生給事中任讓劾國庸鄙，而國門生萬國欽先劾時行，疑爲報復，至是二人並罷。論者謂國之去以争執，差勝于時行之以被論去也。時行在閣九年，政令務承上指，不能有所匡正。又懲居正綜覈之弊，一切務爲簡易。由是上下恬熙，法紀漸至不振云。

20 丁丑，以吏部侍郎趙志皋爲禮部尚書，前禮部侍郎張位爲吏部侍郎，皆兼東閣大學士，預機務。

申時行既致政，密薦二人自代，遂用之。吏部尚書陸光祖言：「舊制，閣臣必由廷推，若令一人密薦，恐開植黨之門。」志皋、位因疏辭，不允。

三編發明曰：申時行以被劾乞歸，或恐有媒蘖其後者，因薦所知趙志皋、張位自代。考志皋與位既入閣後，亦無卓然表見之勳業，時行之密爲引進，固不無植黨樹援之意。然謂必出廷推，亦非確論。明代用人，特重此典，部臣邊將，率皆由此擢選。繼乃輔贊機務，亦皆付之公舉，以附于枚卜合同之義。而伐異黨同，從此樹立門户，甚至各挾私人，忿争朝宁，弼諧亮功之謂何！曷思進退人才，當一秉諸乾斷，庶太阿之柄不至下移。密薦、廷推，二者皆不能無流弊耳。

21 戊寅，振嘉、湖饑。

22 是月，禮部尚書于慎行罷。慎行以去年兩請建東宮及出閣講學，嚴旨切責，不爲懾。越日又言：「臣部職掌，不言罪有所歸。幸速決大計，放歸田里。」上益不悦，責以要君疑上，並僚屬皆奪俸。已，以山東鄉試預傳典試者名，已而果驗，言官遂劾禮官，坐停俸。慎行引罪乞休，累疏上，乃報許。家居十餘年，中外屢薦，卒報寢。

以禮部侍郎李長春爲本部尚書。

23 是秋，湖、淮並溢。泗州大水，州治渰三尺，居民沉溺十九，浸及祖陵。而山陽復河決，江都、邵伯又因湖水下注，田廬浸傷。工部尚書曾同亨上其事，議者紛起，乃命工科給事中張貞觀往泗州勘視水勢。

24 冬，十月，癸巳，京營武弁譁于長安門。

時工部尚書曾同亨督工，請「清釐内府工匠」；會同亨弟監察御史乾亨，請「裁冗員以裕經費」。京營諸武臣謂減己月俸也，大譟，伺同亨出朝，圍而辱之。閣臣王家屏遣諭之曰：「天下有叛軍，寧有叛臣？若曹于禁地辱大臣，罪且死！」乃散去。尚書石星，言「貴臣被辱，大傷國體；」給事中鍾羽正亦言之，不報。家屏力争，乃奪掌後府定國公徐文璧禄半歲。同亨屢疏乞休，不允。

25 十一月，遼東總兵官李成梁罷。

是年閏三月，給事侯先春閱邊。成梁謀邀擣巢功，使副將李寧等出鎮夷堡，潛襲板升，殺二百八十人。師還遇敵，死者數千人，成梁及總督蹇達不以聞。巡按御史胡克儉盡發其先後欺罔狀，語多侵政府。疏雖不行，成梁由是不安于位。及先春還朝，詆尤力，上意頗動。成梁再疏辭疾，言者亦踵至。至是上竟從御史張鶴鳴言，解成梁任，以寧遠伯奉朝請。【考異】成梁之罷，明史本傳特書于是年十一月，三編亦據之，今從之。

26 十二月，甲午，詔定戚臣莊田。

27 癸丑，延綏總兵官杜桐擊河套寇，敗之。

時河套部長土昧明安三編無譯，今仍舊。入市畢，要請增賞。總督魏學曾遣桐及神木參將張剛、孤山游擊李紹祖，出不意擊斬明安，俘馘四百八十餘級。學曾以功加太子少保。

學曾至鎮，時鄭洛方主款，與學曾議不合，陝西巡撫葉夢熊助之。初，順義工之封，夢熊以諫沮坐得罪，事見隆慶四年。學曾亦爲高拱言不便。至是徹哩克助叛，學曾、夢熊欲遂討之，詆洛玩寇。

會徹哩克東歸，浩爾齊等部亦徙去。學曾奏：「徹哩克雖歸，陰留精兵二萬于嘉峪，欲助套寇。」其說本得之傳聞，而朝士爭附和之。王錫爵悔薦學曾，具疏言狀，又遺書責夢熊。而兵部尚書石星，以順義既東，宣大事急，召洛還，定撫議，置學曾疏不問。學曾始終主勦，是役也，雖非殺降，實以誘敵。明安既死，其子揚言復仇，未幾而邊衅復起。【考異】事見明史學曾本傳中，爲明年哱拜煽諸部作亂張（木）〔本〕。

28 是月，起引疾南京右都御史孫丕揚爲刑部尚書。

時召趙錦，未赴而卒；張國彥未任，亦致仕；乃起丕揚代之。

二十年（壬辰、一五九二）

1 春，正月，禮科都給事中李獻可偕六科諸臣疏請豫教，言：「元子年十有一矣，豫教之典，當及首春舉行。倘謂內廷足可誦讀，近侍亦堪輔導，則禁闥幽閒，豈若外朝之清肅；內臣忠敬，何如師保之尊嚴！」

疏入，上大怒，摘疏中誤書弘治年號，責以違旨侮君，貶一秩，調外，餘奪俸半歲。大學士王家屏封還御批，上益不悅。

吏科都給事中鍾羽正，言「獻可之疏，臣實贊之，請與同謫。」吏科給事中舒（洪）〔弘〕

緒，亦言「言官可罪，豫教必不可不行。」上益怒，出弘緒南京，而羽正及獻可並以雜職徙邊方。

大學士趙志皋論救，被旨譙讓。吏科右給事中陳尚象復争之，坐斥爲民。于是户科左給事中孟養浩，御史鄒德泳，户、兵、刑、工四科都給事中丁懋遜、張棟、吴之佳、楊其休，禮科左給事中葉初春，各上疏論救。

而養浩極言有五不可，略曰：「元子天下本，豫教之請，實爲宗社計。陛下不惟不聽，且從而罰之，是坐忍元子失學而敝帚宗社也。不可者一。

長幼定序，明旨森嚴，天下臣民既曉然諒陛下之無他矣。然豫教册立，本非兩事；今日既遲回于豫教，安知來歲不游移于册立！是重啓天下之疑。不可者二。

父子之恩，根于天性。豫教之請，有益元子明甚，而陛下罪之，非所以示慈愛。不可者三。

古者引裾折檻之事，中主能容之，陛下量侔天地，奈何言及宗社大計，反震怒而摧折之？天下萬世，謂陛下何如主。不可者四。

獻可等所論，非二三言官之私言，實天下臣民之公言也。今加罪獻可，是所罪者一人而實失天下人之心。不可者五。

祈陛下收還成命，亟行豫教。」

疏入，上尤怒養浩疑君惑衆，丙戌，命錦衣衛杖之百，除其名。德泳、懋遜等六人，並貶一秩，出之外。獻可、羽正、弘緒亦除名。

當是時，上一怒而斥諫官十一人，朝士莫不駭歎。然諫者卒不已，禮部員外郎董嗣成，御史賈名儒，特疏爭之。御史陳禹謨，吏科左給事中李周策，亦偕其寮論救。上怒加甚，奪嗣成職，名儒謫邊方；又追怒德泳，懋遜等，並削籍，禹謨等停俸有差。

禮部尚書李長春等亦疏諫，上復詰讓，獻可、養浩，永不敘用，自後中外交薦悉報寢。

2 初，張有德之請册立儀注也，奉旨，「再展一年。」時巡按廣西御史錢一本，以申時行柄國，不能匡救，乃上論相、建儲二疏。

其論建儲略曰：「陛下所以遲遲册立者，謂欲效皇祖世宗之爲耳。然皇祖中年，嘗立莊敬爲太子，封皇考爲裕王，非終不立太子也。矧今日事體，又迥然不同。皇貴妃寵過皇后，其處心積慮，無一日而不萌奪嫡之心，無一日而不思爲援立其子之計，此世宗時所無也。

凡子必依于母，皇元子之母，壓于皇貴妃之下，陛下曰『長幼有序』，皇貴妃曰『貴賤有等』。倘一日遂其奪嫡之心，不審陛下何以處此？此世宗時所無也。

景王就封，止皇考一人在京。今則章服不別，名分不正，弟既憑母之寵而朝夕近倖，母又覬子之立而日夜樹功，此世宗時所無也。

傳聞陛下先曾失言于皇貴妃，皇貴妃執此爲信，及今不斷，蠱惑日深，剛斷日餒，事體日難，此世宗時所無也。

前者有旨，不許諸司激擾，愈致遲延，非陛下預設機穽以禦天下言者乎？使届期無一人言及，則佯爲不知以冀其遲延；有一人言及，則禦之曰『此來激擾我也，改遲一年』；明年又一人言及，則又曰『此又來激擾我也，又改二三年。』必使天下無一人敢言而後已，庶幾依違遷就，以全其衽席昵愛之私，而曾不顧國本從此動摇，天下從此危亂。臣以爲陛下之禦人至巧而爲謀則甚拙也。此等機智，不可以罔匹夫匹婦，顧欲以欺天下萬世耶！」疏入，留中。

時廷臣相繼争國本，惟一本言最戇直，上銜之。無何，杖給事中孟養浩。中旨以「養浩所逞之詞，根託一本，造言誣君，摇亂大典」，遂追斥一本爲民。

3 是月，御史馮從吾抗疏言：「陛下郊廟不親，朝講不御，章奏留中不發。試觀戊子以前，四裔效順，海不揚波；己丑以後，南倭告警，北寇渝盟，天變人妖，疊出累告；勵精之效如彼，怠斁之患如此。

近頒敕諭，謂聖體違和，欲借此自掩。不知鼓鐘于宮，聲聞于外，陛下每夕必飲，每飲必醉，每醉必怒，左右一言稍違，輒斃杖下，外庭無不知者。天下後世，其可欺乎！願陛下勿以天變爲不足畏，勿以人言爲不足恤，勿以目前宴安爲可恃，勿以將來危亂爲可忽。宗社幸甚！」

上大怒，欲廷杖之。會仁聖太后壽辰，閣臣力解，得免。尋告歸。

4 寇犯遼東，游擊柏朝翠敗没。

5 二月，己酉，寧夏博拜反。舊作哱拜。博拜，西部人，嘉靖中，得罪其酋長，父兄皆見殺，博拜伏小草中得免，來降，屢立戰功，歷陞都指揮。至上即位之十七年，博拜老，加副總兵致仕，子承恩襲。

十九年，洮、河告警，上遣科臣巡九邊。尚寶丞周弘禴，以御史往寧夏，舉承恩及指揮土文秀併博拜義子布延等。博拜雖告老，居恒多蓄蒼頭軍，聲稱報國。會經略鄭洛檄夏鎮調發，巡撫黨馨奉檄遣文秀率千騎西援。博拜驚曰：「文秀雖經戰陣，恐不能獨將。」乃詣洛轅門，願以所部三千人與子承恩從征，洛壯而許之。馨惡其自薦，馬羸（者）〔老〕不與易，有餘馬亦不給，博拜怏怏去。至金城，見諸鎮兵皆出其下，賊平馳還，取徑塞外，寇騎遇之皆辟易，遂有輕中外心，恣睢驕横。黨馨每裁抑之，且欲覈博拜冒糧罪，而以承恩强娶民女爲妾，箠之二十。布延、文秀又以陞授事怨馨。

會鎮戍請冬衣布花月糧，久勿給，坐營江廷輔，請給銀以安衆心，馨曰：「此有挾而求，漸不可長。彼不畏族乎！」軍鋒劉東暘，拔撫署前鹿角作忿狀，博拜嗾之曰：「若輩任爲之！」遂群哄不可制。

東暘者，靖虜衛人，素梟桀有異志。于是糾黨晨入帥府白事。總兵張維忠，素鮮威望，爲衆所輕，見衆驚慴，不能彈壓。衆露刃執副使石繼芳，擁入軍門，馨急匿水洞，索得，劫至書院，同繼芳戮之。遂縱火焚公署，收符印，釋囚，掠城中，劫張維忠以侵糧激變報。殺游擊梁琦、守備馬承光。維忠自縊死。

東暘遂自稱總兵，聽博拜主謀，據城刑牲而盟。授承恩、許朝左、右副總兵，土文秀、布延左、右參將，挾慶王代請貰罪。承恩乃勒兵分遣王虎、何安等據城堡。

會總督尚書魏學曾行部花馬池，聞變，遣標下張雲、郜寵諭降，東暘曰：「必欲我降，依我所自署授官，世守寧夏。不者，與套騎馳潼關也。」

承恩徇玉泉營，游擊傅垣拒守，千户陳繼武執垣降。徇中衛及廣武，參將熊國臣棄城匿，河西望風靡。惟土文秀徇平虜，參將蕭如薰堅守不下。賊率兵渡河，欲取靈州，又齎金帛誘套部珠爾圖等，許以花馬池一帶聽其駐牧，勢甚猖獗。全陝震動。【考異】明史本紀書哱拜反于三月戊辰，蓋據實録奏至之月日也。哱拜之反，諸書具有月日，皆在二月，明史魏學曾傳亦書之二月。其起事以二月十八日，大事記以爲己酉。是月壬辰朔，己酉正十八日也。殺巡撫副使，即十八日事，今據之。

6 三月，戊辰，總督魏學曾以博拜反狀聞。

時學曾聞變，檄副總兵李昫率游擊吴顯趨靈州，別遣游擊趙武趨鳴沙洲，沿河扼賊南渡，而自駐花馬池以當賊衝。

7 辛未，輔臣王家屏致仕。

家屏以封還御批忤旨，遂引疾乞罷。上責家屏「希名託疾」，家屏復奏言：「名非臣所敢棄，臣所希者，陛下爲堯、舜之君，臣爲堯、舜之臣，則名垂千載，没有餘榮。若使臣不希名，將身處高官，家享厚禄，主愆莫正，政亂莫匡，國家奚賴焉！更使臣棄名不顧，逢迎爲悦，阿諛取容，許敬宗、李林甫之姦佞，無不可爲矣。」上益不悦，遣内侍至其邸責之。于是求去益力。詔馳傳歸。

家屏柄政止半載，以戇直去國，朝野惜焉。

8 壬申，詔魏學曾討寧夏賊。

9 戊寅，賜翁正春等進士及第、出身有差。

10 是月，李呴分兵渡河，先後收復河西四十七堡，惟寧夏鎮城尚爲賊據。會套部珠爾圖等控弦三千騎至，賊益掠城中子女媚之，奉以河東、西地圖，套人聲言已與博拜爲一家。博拜及土文秀俱易服合兵，攻玉泉急，布延引珠爾圖攻平虜堡。參將蕭如薰設伏南關，佯敗，誘之入，伏兵射殺布延。玉泉圍解，套寇遁出塞。【考異】據大事記、紀事本末，呴以三月四日趨靈州，初十日後進兵渡河，收復各堡，二十日進攻套寇，二十九日射死布延，皆三月以內事。今並系之是月下。

11 吏部尚書陸光祖罷。

初，吏部權爲内閣所奪，至宋纁始力矯之。纁遭挫，光祖不爲懾，嘗以事忤申時行，時行不悦。及趙志皋、張位以時行薦入閣，光祖又力持之。是年春，大計外吏，給事中李春開、王遵訓、何偉、丁應泰，御史劉汝康，皆先爲外吏，有物議，悉論黜之；又舉許孚遠、顧憲成等二十二人。時論翕然稱焉。

頃之，以推用饒伸、萬國欽忤旨，文選郎王教以下盡逐。光祖謂事由己，引罪乞休，爲郎官祈宥，不許。

及會推閣臣，廷臣循故事首光祖名，詔報曰：「卿前請廷推，推固宜首卿。」光祖知不能容，日懷去志。無何，以王時槐、蔡悉、王樵、沈節甫老成魁艾，特推薦之。

給事中喬允遂劾光祖及文選郎鄒觀光，光祖遂力求去，許馳驛。在籍五年卒，贈太子太保，謚莊簡。

12 以南京兵部尚書孫鑨爲吏部尚書。

鑨故都御史燧季子陞之子也，自南京吏部改兵部，參贊機務。命甫下，會光祖去，廷推鑨代者再，乃召用之。

13 夏，四月，甲辰，以總兵官李如松提督陝西軍務，討博拜。

如松，成梁子也，初隨成梁立功，累陞至副將。十一年，出爲山西總兵官，給事中黄道贍，言「如松父子不宜並居重鎮」，乃召爲僉書右府，尋提督京城。累爲言官所論劾，入之軍政拾遺中，上終眷之，不爲動，召僉書中府。

至是寧夏賊起，御史梅國楨，薦「如松大將才，其弟如梅、如樟，並年少英傑，宜令討賊」，乃有是命。——武臣有提督自如松始。已，又命盡統遼東、宣大、山西諸道援軍。

14 甲寅，徹哩克禽叛酋以獻。

初，鄭洛以撫徹哩克爲魏學曾、葉夢熊所劾，尚書石星請召洛還，議款、戰計。洛既至，與總督蕭大亨、巡撫王世揚、邢玠等上疏言：「徹哩克已委罪浩爾齊等，具見輸誠。況其部落皆已歸巢，不宜以一人之罪概絶諸部，消往日之恩，開將來之隙，臣未見其可。

今史二外叛，屢犯邊疆，若令順義王縛獻以著信，然後酌議市賞，在我固未爲失策也。」議遂定。至是果獻之，詔復還二年市賞。

15 是月，李呴引兵與故總兵牛秉忠抵寧夏鎮城下。

時上已擢董一奎爲總兵，李賁副之。已，復擢蕭如薰代一奎，而以麻貴代賁。未至，呴等攻城，賊于東、西二門各出驍騎三千搏戰，步卒列火車爲營。官軍擊之，奪其車百輛，追奔入湖，賊溺死無算。副總兵王通戰尤力，家丁高益等乘勝入北門，後兵不繼被殺，通亦負傷，榆林游擊俞尚德戰死。

翌日，許朝、土文秀脅慶王上東城，乞暫罷兵，詭言願獻首惡。會官軍糧盡，乃引退，休近堡。總督魏學曾日夜趣芻餉，調延綏、莊浪、蘭靖，榆林兵，道回遠，所治舟亦未具，乃駐花馬池，俟諸軍至移靈州。頃之，延綏游擊姜顯謨、都司蕭如蕙、甘州故總兵張傑及麻貴軍皆至，復抵鎮城攻之。

賊以延綏、榆林兵出，內虛，勾黃台吉之妻，令其從子浩爾齊等，分掠諸堡以牽我兵，而博拜子承恩，復以間合寇兵伏延漢渠，掠我糧車二百。學曾自花馬池還靈州，被圍，救至始解。

貴等數攻城，不能克。賊日恣淫虐，搜括城中婦女寶貨，慶王妃方氏懼辱，匿土窖中，死之。牛秉忠戰傷右股，乃復退師。

時上用石星言，賜學曾尚方劍督戰。然賊勢方熾，攻之兩月，卒無成功。【考異】以上所載，皆四月間事。紀事本末、大事記諸書，自四月五日至二十九日，攻城兩次，皆不克。今據學曾傳彙書之。

16 李如松之督軍也，時言者謂「李氏握重兵，不宜假以事權。」上以如松出自梅國楨所薦，乃命國楨監其軍。會寧夏巡撫朱正色、甘肅巡撫葉夢熊上書願討賊，詔協力赴之。未幾，與如松皆先後至軍。

17 總督河道尚書潘季馴罷。

季馴四任治河，前後二十七年，習知地形水勢，以借水攻沙，築堤束水爲河、漕兼利之策，下至木石樁埽，綜理纖悉。以勞疾屢疏乞休，不允。

去年泗州大水，患及陵寢，議者或欲開傅寧湖至六合入江，或欲濬施家溝、周家橋入高寶諸湖，或欲開壽州瓦埠河以分淮水上流，或欲弛張福堤以廣洩淮之口。季馴謂「祖陵王氣不宜輕洩」，而巡撫周寀、陳于陛，巡按高舉，謂「周家橋在祖陵後百里，可疏濬。」與季馴議不合。

都給事中楊其休，請允季馴去，得請歸，歸後三年卒。

18 五月，倭入朝鮮，逼王京。

初，倭酋有平秀吉者，薩摩州人，起自人奴。初隨倭關白信長，會信長爲其下所弒，秀吉遂統信長兵，自號關白，劫降六十餘州。

朝鮮與日本對馬島相望，時有倭夷往來互市。秀吉以去冬揚言犯朝鮮，朝鮮國王李昖以聞，詔兵部申飭海防。

至是秀吉分遣渠帥行長、清正等，以舟師進逼釜山鎮，潛渡臨津。時朝鮮承平久，兵不習戰，昖又湎酒弛備，猝聞難，望風皆潰。昖棄王城，奔平壤，令次子琿攝國事。已，復走義州，求内屬。

19 巡撫朱正色渡河，方議戰，而賊詭詞乞降。正色以前總寧夏兵張傑故與博拜善，遣傑入城招之。

先是魏學曾以戰不克，意欲招劉東暘、許朝，令殺拜父子，遣卒葉得新往。而四人方約同死，不可間，遂折得新脛，置之獄。至是傑入城，賊乃舁得新見傑，告以用間謀殺事。得新大罵賊，被殺，傑亦被縶不遣。而學曾以賊求撫爲之請，奉旨切責。

20 六月，巡撫葉夢熊自甘州攜神礮火器四百車至，更益徵苗兵。會浙江巡撫常居敬募浙兵千人，自備糗糧。詔嘉其忠，調赴寧夏。

于是分爲五軍：董一奎攻其南，牛秉忠攻其東，李呴攻其西，劉承嗣攻其北，而麻貴率遊兵策應。丁未，並逼城下。

博拜自北門出戰，意欲自往勾套部。貴率參將馬孔英先登赴敵，擊套寇，却之，逐拜入城，禽斬百十七人。

先是拜日就珠爾圖帳中商計調度，至是入城不得出，套部不得拜，亦不敢渡河深入。會梅國楨、李如松統遼東、宣大、山西兵麕集，軍勢大振。賊嬰城自守，國楨樹受降旗于城南，而賊實無降意。

21 癸丑，官軍用布袋三萬，盛土填集登城，爲礮石擊却。都司李如樟，夜半以雲梯上南城，翌日，游擊龔子敬提苗兵攻南關，如松乘勢欲擁入城，皆爲礮箭擊却。

是夜，指揮趙承光、葛臣、戚欽，武生張遐齡，百户姚欽，約爲內間，夜半，四面烽火並舉，城下兵趨上。而譙樓火早發，南火弗起，城中果鼓譟，大呼殺賊。欽使遐齡縋城召外兵不至，欽復亟跳城下呼救。而賊早覺，已盡縛趙承光、戚欽等，殲之。然自是城中糧且盡，賊氣益喪矣。【考異】丁未官兵集城下，見明史本紀。大事記系之是月二十日，其雲梯攻城在二十五日，皆六月事也。三编系雲梯攻城于癸丑，即二十五日事，今據之。

22 秋，七月，癸酉，免陝西逋賦。

23 甲戌，倭陷朝鮮，入王京，劫王子、陪臣，掠府庫，八道幾盡没，旦暮渡鴨緑江，請援之使絡繹于道。

廷議以朝鮮爲國藩蔽，在所必争，遣行人諭李昖以興復大義，揚言大兵且至。而倭業抵平壤，游擊史儒等率師至，戰死。副總兵祖承訓渡鴨緑江援之，敗績，承訓僅以身免。中朝震動。【考異】明史稿系倭侵朝鮮于四月壬寅，入王京于五月，明史但書其五月陷王京之事。證之朝鮮傳，倭犯在五月，陷王京在七月，今據本傳分書之。

24 甲申，給事中許子偉，劾「魏學曾惑于招撫，師久無功」，詔罷學曾三邊總督，以葉夢熊代之，賜劍如故。

時夢熊在軍，與學曾定議水攻。寧夏城西北卑下，且與金波、三塔湖之水相近，東南逼觀音湖、新渠、紅花渠，三編質實：「金波湖在寧夏府北，三塔湖在寧夏府東北三十里，觀音湖在寧夏府西北九十三里，紅花渠在寧夏府南五里。」形如釜底。遂遶城築堤，長千七百丈，决水以灌城中。

先是博拜遣養子克垿該舊作克力蓋。出，求援于珠爾圖。即著力兔，見前。李如松詗知狀，遣兵追斬之，並其從騎二十九級，獲符令箭。已而套部章圖哩，即莊禿賴，三編一作仗圖賴。與布色圖即卜失兔，三編一作巴什圖。合部落三萬，先犯定邊小鹽池，别遣宰桑舊作宰僧。

以萬騎從花馬池西沙湃口入，三編質實：「沙湃口在寧夏西北。」爲博拜聲援，麻貴等分擊之。游擊龔子敬圍賊十重，卒力戰死，然套部竟解散去。賊援絶，官軍乃決大壩水。

詔尋逮學曾下獄。

25 八月，乙巳，以兵部右侍郎宋應昌經略備倭軍務。

時倭入豐德等郡，兵部尚書石星計無所出，議遣人偵之，于是嘉興人沈惟敬應募。——惟敬者，市中無賴也。

是時平秀吉次對馬島，分其將行長等守要害。惟敬至平壤，執禮甚卑，行長紿曰：「天朝幸按兵不動，我亦不久當還。當以大同江爲界，平壤以西盡歸朝鮮耳。」

惟敬以聞，廷議以倭詐難信，趣應昌進兵。而星頗惑其言，假惟敬游擊，赴軍前，並資以金，爲行間計。

26 己酉，詔天下督撫舉將才以備邊用。

27 是月朔，寧夏城外水深八九尺，城東西崩百餘丈，賊數遣小艇挖堤洩水。李如松等斬首十六級，生得一人，言「城中乏穀，士盡食馬，民食樹皮、敗鞾，死相屬，城中民擁賊求招安。」未幾，套寇復以萬餘騎至張亮堡，如松力戰，手斬士卒縮朒者，寇竟敗去。追斬百二十餘級，移以示城中賊，賊始震懼。

28 九月，己未，參將楊文提浙兵至，苗兵、莊浪兵俱至。後五日，水浸北關，城崩。南關薛永壽等約内應，官軍陽調舟筏擊北關，溥拜子承恩及許朝果趨北關鏖戰。李如松、蕭如薰潛以鋭卒掩南關，總兵牛秉忠，年七十，賈勇先登，遂畢登；總督葉夢熊入城勞苦百姓。承恩等見南關下，氣盡奪，乃亟縋張傑下城，懇貸死，夢熊陽許諾，益治攻具。

29 壬申，寧夏賊平。

先是南關既下，葉夢熊欲使溥拜之黨自相殺，乃遣部下王機密以蠟書行間。時承恩雖求撫，猶據其大城，墐門斷塹，守益固。

有賣油李登者，跛而眇，負罌歌于市曰：「癰之不決而狃于痏，危巢不覆而令梟止。」監軍梅國楨聞之，曰：「是可使也。」召登，授三劄，縛木渡東門見承恩曰：「監軍以溥拜有安塞功，今與鼠輩駢首并誅，深用惜之。軍中非乏所使，以登殘民，不駭視。有密記授將軍，將軍幸有意聽登，則殺劉、許自贖；即不聽，願死麾下。」承恩猶豫，許之。登趨而出，間道詣東暘、朝，亦各致劄曰：「將軍奈何與人嬰禍？且鎮卒幾何，能當都督軍？此無異驅乳雀而鬥群鶻。所恃不過套援，不記演武臺上，彼目中豈有將軍哉！所爲貴智者，以能審時度勢，轉禍爲福也。」東暘、朝亦心動。自此互相猜疑。

官軍圍愈迫，東暘、朝遂誘殺承恩黨土文秀，承恩亦用其黨周國柱誘東暘、朝，殺之，開門降。于是李如松、楊文先登，蕭如薰、麻貴、劉承嗣繼之，一城遂定。

北樓火起，李如樟馳往，搜獲寧夏巡撫關防并征西將軍印。承恩方馳南門，謁監軍梅國楨出，參將楊文執之。李如松急提兵圍博拜家。博拜方與牛秉忠飯，聞承恩擒，秉忠趨出衆，欲拒敵，如松給箭令卸甲。博拜倉皇縊，闔室自焚。李如樟部卒何世恩，從火中斬博拜首，生得博拜中子承寵等。總督葉夢熊，巡撫朱正色，御史梅國楨，隨入城問慰宗室士庶。寧夏平。【考異】寧夏賊平于九月壬申，大事記、紀事本末以爲「十六日」者是也。其浙兵之至，諸書系之是月初三日，三編目中特書「己未」，蓋是月丁巳朔也。是役諸書所記，皆有月日可據。三編統系之平寧夏賊目中。然自三月以後，中間月分，亦分書之，皆本三大征記。

30 冬，十月，丁亥，畿南五府災，詔蠲振有差。

31 壬寅，命李如松提督薊遼、保定、山東軍務，充防海禦倭總兵官，並其弟如柏、如梅皆充禦倭副總兵官，援朝鮮也。

時寧夏平，而朝鮮倭患方棘，乃趣如松統諸道兵尅期東征。

初，如松提督陝西軍務，自以權任重，不欲受總督制，事輒專行。尚書石星言非制，上乃下詔申飭。至是新立功，氣益驕，與經略宋應昌不相下。故事，大帥初見督師，甲冑庭謁，出易冠帶，始加禮貌。如松用監司謁督撫儀，素服側坐而已。

32 是月，振浙江、河南被災諸府，並蠲田租。

33 十一月，戊辰，上御午門，受寧夏俘禮畢，磔博拜子承恩于市，誅其黨。録功，進李如松都督，蕭如薰署都督同知，予世廕，葉夢熊、朱正色、梅國楨俱予世廕。惟魏學曾僅復其官，令致仕。

初，國楨奉命監李如松軍，學曾上疏，「請令監軍，無預兵事」，上飭國楨如其言，國楨頗銜之。及國楨至軍，劾諸將觀望，而以玩寇爲學曾罪。又言：「北寇數萬，斷我糧道，殺戮無算，而學曾匿不以聞。」上怒，遂逮學曾至京。學曾逮而水決城壞，諸將並登。捷上，如松功第一，夢熊、正色、國楨皆受上賞。

學曾任事勞勩，灌城招降之策，本其所謀，夢熊因之成功。于是大學士趙志臯、張位力爲學曾解。國楨亦上疏言：「學曾應變稍緩，臣請責諸將以振士氣。而逮學曾之命，發自臣疏，竊自悔恨。學曾不早雪，臣將受萬世譏。」如松亦言：「學曾被逮時，三軍雨泣。」夢熊亦推功學曾，上不聽。既而復官，居家數年卒。

蕭如薰時以功授世廕，妻楊氏亦被旌。如薰爲將持重，後更歷七鎮，所在見稱。

自隆慶後，款市既成，烽燧少警，輦下視鎮帥爲外府，山人雜流乞朝士尺牘往者，無不饜所欲。薊鎮戚繼光，有能詩名，尤好延文士，傾貲結納，取足軍府。如薰亦能詩，士趨之若騖，賓座常滿。妻楊氏，繼妻南氏，皆貴家女，至脱簪珥供客猶不給，軍中悉苦之，如薰莫能却也。一時風會所尚，諸邊物力爲耗，識者歎焉。

34 是月，禮部尚書李長春罷，召掌詹事府禮部尚書羅萬化回部掌事。

35 十二月，甲午，以寧夏賊平，詔告天下。

36 是月，李如松至軍，會沈惟敬自倭歸，復伸封貢之請。如松叱惟敬憸邪，欲斬之，參謀李應試曰：「藉惟敬紿倭，封而陰襲之，奇計也。」如松以爲然，乃置惟敬于營，誓師渡江。

論曰：石星以文臣而受惟敬之紿，李如松以武臣而燭惟敬之奸，人之度量相越，豈不遠哉！然惜也如松以李應試一言而宥惟敬，若使斬之，則關白行長之輩，固已喪膽褫魄矣。紿而襲之，孰與夫聲罪而討之。然則碧蹄一敗，如松輕敵而已先爲敵所輕也，即于其不斬惟敬見之矣。

37 是月，播州楊應龍詣重慶對簿，繫獄論斬，請以二萬金贖。會倭大入，寇朝鮮，羽檄徵天下兵，應龍願自將五千人從征倭立功自贖，詔釋而許之。

明通鑑卷七十

紀七十起昭陽大荒落（癸巳），盡旃蒙協洽（乙未），凡三年。

江西永寧知縣當塗夏　燮編輯

神宗顯皇帝

萬曆二十一年（癸巳、一五九三）

1 春，正月，癸亥，總兵官李如松攻倭于平壤，克之。

先是如松師次肅寧館，倭渠行長以爲封使將至，遣牙將來迎。進次平壤，行長猶未覺，䆠風月樓以待。如松分布諸軍，抵平壤城，諸將逡巡未入，形大露，倭悉登陴拒守。

如松令諸軍圍之，以倭素易朝鮮軍，令副將祖承訓詭爲其裝，潛伏西南，令游擊吳惟忠攻迤北牡丹峰，而如松親提大軍直抵城下，攻其東南。倭礮矢如雨，官軍稍却，如松斬先退者以徇，募死士援鈎梯直上。

倭方輕南面朝鮮軍，承訓等乃卸裝露甲，倭大驚，急分兵捍拒。如松已督副將楊元等軍自小西門先登，如柏等亦從大西門入，火器並發，烟焰蔽空。惟忠中礮傷胸，猶奮呼督戰。如松馬斃于礮，易馬躍塹而上，麾兵益進，遂克其城，獲首功千二百有奇。倭退保風月樓，行長渡大同江遁。【考異】明史稿，克平壤在正月癸亥，明史書之甲戌。證之明史李如松傳，言「正月四日，行次肅寧館，六日，次平壤，明旦，直抵城下，是夜克之。」故大事記、紀事本末諸書，皆云「正月四日次肅寧，六日抵平壤，八日克之。」蓋明史三大征月日最詳，故諸書及明史皆據原奏月日。推曆，是月丙辰朔，史稿書之癸亥者，是也。若甲戌乃復開城日分，傳中以爲十九日者，本紀不具，故牽連並記耳。且本紀倒書甲戌于辛未之前，恐仍是「癸亥」二字之誤，今據史稿，仍分書之。

2 辛未，王錫爵還朝。申時行、許國、王家屏相繼去位，乃趣召錫爵，至是復入閣，遂爲首輔。

3 甲戌，李如松復開城，得倭級百六十五；朝鮮所失之黄海、平安、京畿、江源四道，並復之。

4 辛巳，詔封皇長子及皇三子、皇五子爲王。

錫爵至京師，召見，即密請建儲以踐大信。上遣内侍以手詔示錫爵，「欲待適子，令元子與二弟且並封爲王。」錫爵懼失上指，立奉詔擬旨進。又外慮公論，因言：「漢明帝馬后，唐明皇王后，宋真宗劉后，皆養諸妃子爲子。請令皇后撫育元子，而生母不必崇位號以上壓皇貴妃」，亦擬旨進。上竟下前諭，令有司具儀，于是舉朝大譁。

光禄丞朱維京首上疏，謂：「陛下預計將來，坐格成命，是欲愚天下而實以天下爲戲也。然陛下雖有並封之意，猶不遽行，必以手詔咨之錫爵。錫爵縱不能如李沆引燭之焚，亦當爲李泌造膝之請；如其不然，王家屏之高蹤自在，陛下優禮輔臣，必無韓瑗、來濟之辱。奈何噤無一語，若胥吏之奉行，惟恐或後！彼楊素、李勣，千古罪人，其初心豈不知有公論？惟是患得患失之心勝，遂至不能自持耳。」

給事中王如堅疏言：「陛下雖怒群臣激聒，更定册立之期，然未嘗遽寢其事。今已届期，忽傳並封爲王以待適嗣，臣謂陛下非真待也。古王者後宮無偏愛，故適后多後嗣；後世愛有所專，則天地之交不常泰。祖宗以來，中宮誕生者有幾？國本早定，惟元子是屬，或二三齡而立，或五六齡而立。即陛下春宮受册時，止六齡耳，寧有待嫡之議與潞王並封之詔耶？況宮闈之内，衽席之間，左右近習之輩，見形生疑，未必不以他意窺陛下耳。」

疏入，上怒甚，命與維京皆戍極邊，錫爵論救，始斥爲民。

未幾，維京同官涂杰、王學曾繼之，亦斥爲民。于是吏部員外郎顧憲成，禮部主事顧允成、張納陛，郎中于孔兼，員外陳泰來，工部主事岳元聲，吏科都給事中史孟麟，禮科給事中張貞觀，國子助教薛敷教等，先後疏諫。憲成復貽書錫爵，反復辨論；孟麟作或問，别白尤力。一日，孟麟、孔兼又偕禮部尚書羅萬化等詣錫爵邸力争，元聲、允成等又偕六部同官李啓美、曾鳳儀、鍾化民、項德楨等遮錫爵于朝，面折之。錫爵懼，乃偕趙志皋、張位，請追還前詔，上不從。錫爵請下廷議，不許；請面對，亦不報；因自劾求罷。上亦迫于公議，悔之。【考異】據明史王錫爵傳，但載與錫爵力争之史孟麟、岳元聲等，其他但言廷臣諫者章日數上而已。稽之列傳，並封詔下，首論者爲朱維京、王如堅。而自顧憲成以下，皆據明史諸傳，增入官階姓名。

5 壬午，李如松進攻王京，敗績。

時如松謀攻咸鏡道，而據咸鏡之倭酋清正，聞開城失，遁還王京。王京爲朝鮮都會，頗據天險，而官軍連勝，有輕敵心。是日，再進師，朝鮮人以「賊棄王京遁」告，如松信之，將輕騎趨碧蹄館。距王京三十里，猝遇倭，圍之數重，如松幾不免，官軍喪失甚多。會天久雨，騎入稻畦中，不得逞。而倭背岳山，面漢水，聯營城中，廣樹飛樓，箭礮不絶。官軍乃退駐開城。

6 是月，召辛自修爲工部尚書，以曾同亨致仕去也。

同亨以京營之譟，乞歸不得。去年七月，九門工成，加太子少保，力求去，乃以十二月得請歸。自修聞召，未任而卒。【考異】據明史七卿表，自修正月任工部尚書，未幾卒，温純以四月代。據此，則自修以正月任，四月卒，而證之本傳，則未任而卒。蓋起自修于家，及四月以卒告，始起温純代之。今據本傳。

7 二月，辛卯，詔寢並封之命。

時王錫爵頗干朝議，户部主事王就學，其門人也，偕同年生錢允元往視之，爲流涕。會庶吉士李騰芳投錫爵書，與就學語相類。錫爵復力言之，乃得寢。

8 甲寅，發帑金二十萬，犒勞東征將士。

9 是月既望，諜報倭以二十萬入寇，李如松令諸軍分布要害，而身自東西調度。聞倭將平秀嘉據龍山，積倉粟數十萬，如松遣參將查大受募死士焚之，倭遂乏食。

10 夏，四月，壬寅，倭棄王京遁。

李如松既敗衂，氣大索，宋應昌亦欲暫休師。會倭以糧盡去王京，如松與應昌入城，將遣兵尾擊之，而倭步步爲營，官軍不敢擊。于是沈惟敬封貢之議復行。【考異】明史〔稿〕李如松傳「倭以四月十八日棄王京遁」。是月乙酉朔，壬寅即四月十八日也。明史作「癸卯」，今從史稿日分。

11 是月，召南京吏部尚書温純爲工部尚書。

12 五月，倭退據（滏）〔釜〕山。

時四川參將劉綎，率兵五千赴援朝鮮，詔以副總兵從征。至則倭已棄王京遁，綎趨尚州烏嶺。嶺亘七十里，峭壁通一線。倭拒險，諸將查大受、祖承訓等，間道踰槐山，出烏嶺後。倭大驚，遂移駐（滏）〔釜〕山浦。綎及承訓等進屯大邱、忠州，以全羅水兵布（滏）〔釜〕山海口。朝鮮略定。

13是月，大雨，河決單縣黄堌口，一由徐州出小浮橋，一由舊河達鎮口閘，于是邳城陷水中，高寶諸湖堤決口無算。

先是給事中張貞觀往勘河，議「開歸徐達小河口，以救徐、邳之溢；導濁河入小浮橋故道，以紓鎮口之患。」下總河會官集議，未定而水作。

14六月，丁酉，詔天下每歲夏月録囚，減釋輕繫，如兩京例。

刑部奏：「犯法愚民，何處不有，而冤民亦何處不有，請于巡按每歲審録外，再立澄清囹圄之法，師兩京會審之規，爲撫、按會疏之例。方春時和，每歲聽兩直隸、十三省各撫、按官，會行所屬問刑衙門，各審部内輕重囚犯。按察司居省會，即審省會之囚，守巡道有分土，即審各道之囚，皆親身巡行，不得調審州縣，爲諸囚累，不得委審守令。除情真罪當，照舊監候，其中有死罪矜疑，軍徒杖笞，情可原宥者，許各詳撫、按，撫、按會疏以請，疏期勿過夏月。罪輕徑自發落，重罪聽部覆。務使歲歲力行，處處清審，庶天下郡縣無一不結之囚。」從之。

15 癸卯，沈惟敬歸自（湰）〔釜〕山，同倭使小西飛來請款。尋復犯咸安、晉州，逼全羅，李如松急遣李平胡、查大受屯南原，祖承訓、李寧屯咸陽，劉綎屯陝川扼之。倭果分犯，諸將並有斬獲。

16 秋，七月，倭自（湰）〔釜〕山移西生浦，送王子歸朝鮮。

癸丑，詔撤李如松大軍還，止留劉綎及游擊吳惟忠兵，合七千六百人，分扼要口。而尚書石星一意主款，謂「留兵轉餉非策」，乃命沈惟敬復入倭趣具謝表。于是並撤惟忠兵，止留綎兵防守。

17 乙卯，彗星見東井。敕群臣修省。

18 乙亥，彗逆行入紫微垣，犯華蓋星。

大學士王錫爵密奏：「臣連夜仰觀乾象，見彗星已入紫微垣。臣聞古帝王禳彗之法，或改張新政，或更用新人，一切以除穢布新爲義。若彗入紫微垣，王者之宮，則其咎乃在君身，必非區區用人行政之間所能消弭。竊謂天子之象曰帝星，太子之象曰前星，臣以爲方今禳彗之第一義，無過早行册立之典。」【考異】是月癸丑朔，乙卯初三日，乙亥二十三日，皆見三編目中，據書之。

19 是月，吏部尚書孫鑨罷。

初，張居正當國，吏部權漸輕，及宋纁、陸光祖相繼爲尚書，稍自振飭，至鑨，守益堅。閣臣張位等欲奪其權，建議「大僚缺，九卿各舉一人類奏，以聽上裁。」鑨争之不能得，自是吏部權又漸散之九卿矣。

會大計京朝官，鑨與考功郎中趙南星力杜請謁。員外郎呂允昌，鑨甥也，首斥之；南星亦斥其姻給事中王三餘。一時公論所不予者，貶斥殆盡，而大學士趙志皋弟預焉。王錫爵以首輔還朝，欲有所庇，比至而察疏已上，庇者皆在黜中，由是閣臣皆憾。

會言官論劾員外郎虞淳熙、郎中楊于廷、主事袁黃，鑨議留淳熙、于廷。給事中劉道隆遂劾「南星專權植黨」，貶南星三秩，鑨亦奪俸，遂連疏乞休去。左都御史李世達以己同掌察，上疏爲南星訟，不聽。

于是僉都御史王汝訓，右通政魏允貞，大理少卿曾乾亨，郎中于孔兼，員外郎陳泰來，主事顧允成、張納陛、賈巖，助教薛敷教等交章論救，而陳泰來言尤切。

其略曰：「臣嘗四更京察：其在丁丑，張居正以奪情故，用御史朱璉謀，借星變計吏，箝制衆口；署部事方逢時，考功郎中劉世亨，依違其間，如蔡文範、習孔教輩，並掛察籍，不爲衆所服。辛巳，居正威福已成，王國光唯諾惟謹，考功郎中孫惟清與吏科秦燿，謀盡錮建言諸臣吴中行等，今輔臣趙志皋、張位，撫臣趙世卿，亦掛名南、北京察，公論冤之。丁亥，御史王國力折給事中楊廷相、同官馬允登之邪議，而尚書楊巍，素性模棱，考功郎徐一檟，立調停之畫，涇渭失辨，亦爲時議所譏。

獨今春之役，旁咨博採，覈實稱情，邪諂盡屏，貪墨必汰。乃至鏟割渭陽之情，南星忍秦、晋之好，公正無踰此者。元輔錫爵，兼程赴召，人或疑其欲干計典；今其親故皆不能庇，欲甘心南星久矣，故道隆章上，而專權結黨之旨旋下。夫以吏部議留一二庶僚爲結黨，則兩都大僚被拾遺者二十有二人，而閣臣議留者六，詹事劉虞夔以錫爵門生而留，獨可謂之非黨耶？

且部權歸閣，自高拱兼攝以來，已非一日。尚書自張瀚、嚴清而外，選郎自孫鑛、陳有年而外，莫不奔走承命，其流及於楊巍，至劉希孟、謝廷寀而掃地盡矣。尚書宋纁稍欲振之，卒爲故輔申時行齮齕以死。尚書陸光祖，文選郎王教，考功郎鄒觀光，矢志澄清，輔臣王家屏，虚懷以聽，銓敘漸清。乃時行身雖還里，機伏垣牆，授意内璫張誠、田義及言路私人，教、觀光遂不久斥逐。今祖其故智，借拾遺以激聖怒，是内璫與閣臣表裏箝勒部臣，而陛下未之察也。」

疏入，上怒，謫孔兼、泰來等。世達又抗疏論救，上怒，盡斥南星、淳熙、于廷、黄爲民。

鑨乃上疏請賜骸骨，不允，遂杜門稱疾。疏累上，猶温旨慰留，且敕侍郎蔡國珍暫署選事以需鑨。鑨堅卧三月，疏至十上，乃許乘傳歸。歸後三年卒。贈太子太保，謚清簡。

20 鑨之掌考察也，文選郎中孟化鯉佐之。時内閣權重，每銓除必先白，化鯉獨否，中官請託復不應，以故多不悦。都給事中張棟，先以建言削籍，化鯉奏起之，忤旨，奪堂官俸，謫化鯉及員外郎項復弘、主事姜仲軾雜職。閣臣疏救，命以原品調外。頃之，言官復交章救，上益怒，奪言官俸，斥化鯉等爲民。

既歸，築書院川上，與學者講習不輟，四方從游者恒數百人。久之卒。

21 八月，丙戌，以災異，敕戒内外諸臣修舉實政。

22 甲午，太白晝見。

23 甲辰，以江北水災，截漕振之。

24 是月，以南京吏部尚書陳有年爲吏部尚書。

初，有年爲南右都御史，與南吏部尚書温純共典京察。未幾，召純入爲工部尚書，以有年代之，至是以孫鑨謝事，遂改北部。有年既任，日止宿公署中，見賓則于待漏所。引用僚屬，極一時選。

25 九月，工部尚書温純以父老乞養歸，以工部侍郎衷貞吉陞任代之。

26 朝鮮王李昖以三都既復，疆域再造，上表謝恩。然是時倭猶據釜山，而石星一意主款。兵部主事曾偉芳言：「關白大衆已還，行長留待，知我兵未撤，不敢以一矢加遺。欲歸報關白，捲土重來，則風不利，正苦冬寒。故款亦去，不款亦去。沈惟敬前於倭營講購，咸安、晉州隨陷，而欲恃款冀來年不攻，則速之款者正速之來耳。故款亦來，不款亦來。宜令朝鮮自爲守，弔死問孤，練兵積粟，以圖自强。」上以爲然，因敕諭昖如偉芳言。【考異】李昖謝恩，蓋沈惟敬趣之也。明史朝鮮傳書于是年之九月，今從之。

27 是秋，吏部左侍郎趙用賢罷。

先是用賢以争三王並封，語侵王錫爵，爲所銜。會改吏部，與顧憲成辨論人才，群情附之，錫爵不便也。

初，用賢有女，許御史吴之彦子鎮，及用賢以劾張居正奪情得罪，之彦懼及己，乃深結居正，得巡撫福建。過里門，不爲用賢禮，且坐鎮于其弟下，曰「婢子也」，以激用賢。用賢遂反其幣，絶之。

至是用賢女已嫁，之彦時以僉事論罷，使其子鎮訐「用賢論財逐壻，蔑法棄倫」，用賢疏辨，乞休。詔禮官平議，尚書羅萬化以之彦其門生，引嫌力辭。錫爵乃上議曰：「用賢輕絶，之彥緩發，均失也。今趙女已嫁，難問初盟，吳男未婚，無容反坐。欲折其衷，宜聽用賢引疾而曲貸之彥。」詔從之。用賢遂免歸。

戶部郎中楊應宿、鄭材，復力詆用賢，請「據律行法」。都御史李世達，侍郎李禎，疏直用賢，斥兩人讒諂，遂爲所攻。御史吳弘濟，郎中譚一召，主事孫繼有、安希范輩，皆坐論救褫職，而世達亦尋罷。

28 冬，十月，丙申，停刑。

29 庚子，振湖廣水災，並免稅糧。

30 是月，左都御史李世達致仕。

先是，世達以訟趙南星忤旨，及是又以趙用賢絶婚，力白其無罪，爲楊應宿、鄭材所詆，遂連章乞休去。時以考察一獄，諸賢貶斥，朝署一空。

行人無錫高攀龍上疏曰：「近見朝宁之上，善類擯斥一空。大臣則孫鑨、李世達、趙用賢去矣，小臣則趙南星、陳泰來、顧允成、薛敷教、張納陛、于孔兼、賈巖斥矣。邇者李禎、曾乾亨復不安其位而乞去矣，選郎孟化鯉又以推用言官張棟空署而逐矣。夫天地生才甚難，國家需才甚亟，廢斥如此，後將焉繼？致使正人扼腕，曲士彈冠，世道人心，何可勝慨！

且今陛下朝講久輟，廷臣不獲望見顏色，天言傳布，雖曰聖裁，隱伏之中，莫測所以。故中外群言，不曰『輔臣欲除不附己』，則曰『近侍不利用正人』。陛下深居九重，亦曾有以諸臣賢否陳於左右，而陛下於諸臣亦嘗一思其得罪之故乎？果以爲皆由聖怒，則諸臣自孟化鯉而外，未聞忤旨，何以皆罷斥？即使批鱗逆耳如董基等，陛下已嘗收録，何獨於諸臣不然？臣恐陛下有袪邪之果斷而左右反借以行媢嫉之私，陛下有容言之盛心而臣工反遺以拒諫諍之誚，傳之四海，垂諸史册，爲聖德累不小。

輔臣王錫爵等，跡其自待，若愈於張居正、申時行；察其用心，何以異於五十步笑百步！即如諸臣罷斥，果以爲當然，則是非邪正，恒人能辨，何忍坐視至尊之過舉！得毋内洩其私憤，而利於斥逐之盡乎？」

末力詆「鄭材、楊應宿讒諂宜黜」。應宿亦疏訐攀龍，語極妄誕。疏並下部、院議，「請薄罰兩臣，稍示懲創」，上不許，鐫應宿二秩，謫攀龍揭陽添注典史。御史吴弘濟等論救，并獲譴。

31 十一月，己巳，召見王錫爵于煖閣。

是日，皇太后生辰，上御門受賀畢，乃召錫爵勞之曰：「卿扶母來京，誠忠孝兩全。」錫爵叩頭對曰：「臣今日正恐忠孝兩虧。」因力請早定國本。上曰：「中宫有出，奈何？」

對曰：「此說在十年前猶可，今元子已十三，尚何待？況自古至今，豈有子弟十三歲猶不讀書者！」上頗感悟。錫爵因復言：「外廷以固寵陰謀歸之皇貴妃，恐鄭氏舉族不得安。惟陛下深省。」上心益動。未幾，遂有出閣之命。

而上令廣市珠玉珍寶，供出閣儀物，計直三十餘萬，户部尚書楊俊民以故事争，給事中王德完等又力諫，上遂手詔諭錫爵，欲易期。錫爵婉請，議始定。

32 是月，河南、浙江水、旱災，蠲振有差。

33 改刑部尚書孫丕揚爲左都御史，以吏部侍郎趙煥爲刑部尚書。

34 十二月，是年十一月有閏。丙辰，命薊遼總督顧養謙兼理朝鮮事，召宋應昌、李如松還。

先是養謙力主撤兵，因復申封貢之請。下九卿科道會議。

時御史楊紹程奏：「臣考之太祖時，屢却倭貢，慮至深遠。永樂間或一朝貢，漸不如約，自是稔窺内地，頻入寇掠。至嘉靖晚年，而東土受禍更烈，豈非封貢爲厲階耶！今關白謬爲恭謹，奉表請封之後，我能閉關拒絶乎？中國之釁必自此始矣。且關白弑主篡國，正天討之所必加；彼國之人，方欲食其肉而寢處其皮，特劫於威而未敢動耳。我中國以禮義統禦百蠻，而顧令此篡逆之輩褻天朝之名號耶？宜急止封議，敕朝鮮練兵以守之，我兵撤還境上以待之，可計日而敗也。」

是時廷臣禮部郎中何喬遠，科道趙完璧、王德完、逯中立、徐觀瀾、顧龍、陳維芝、唐一鵬等，交章止封，而薊遼都御史韓取善，亦疏「倭情未定，請罷封貢」，不從。

35 庚午，振山東饑。

36 高攀龍之被謫也，南京刑部郎中譚一召、主事孫繼有復上疏論救，並劾王錫爵。一召疏曰：「輔臣錫爵，再輔政以來，斥逐言者無虛月。攀龍、弘濟之黜，一何甚也！自趙南星秉公考察，錫爵含怒積憤，故南星一掛彈章而斥，于孔兼、薛敷教、張納陛等以申救而斥，孟化鯉等以推張棟而斥，李世達、孫鑨又相繼罷去矣。怒心橫生，觸事輒發，又安知是非公論耶！」繼有疏曰：「吳弘濟救攀龍，則黜黃紀賢；吳文梓救弘濟，則罰鄭材；傾陷善類而黜罰不加，何其舛也！今所指爲攀龍罪者，以攀龍謂『陛下不親一事，批荅盡出輔臣』，然疏内初無此語，何以服攀龍心？然此猶小者耳。本兵經略，安危所係，乃以閧人石星、宋應昌任之，豈不誤國家大計哉！」與一召疏並上，上怒曰：「近罪攀龍，出朕獨斷，小臣無狀，詆誣閣臣。朋奸黨惡，不可不罪。其除一召名，謫繼有極邊雜職。」未幾，南京吏部主事安希范復上疏曰：「近年以來，正直之臣，不安於位。趙南星、孟化鯉爲選郎，秉公持正，乃次第屏黜；趙用賢節概震天下，止以吴鎮豎子一疏而歸，使應宿、材得窺意指，交章攻擊。至如孫鑨之清修公正，李世達之練達剛明，李禎之孤介廉方，並朝廷儀表；鑨、世達先後去國，禎亦堅懷去志。天下共惜諸臣不用，而疑閣臣媢嫉，不使竟其用也。高攀龍一疏，正直和平，此陛下忠臣，亦輔臣諍友。至如應宿辨疏，塗面喪心，無復人理。明旨下部科勘議，未嘗不是攀龍，非應宿；及奉處分之詔，則應宿僅從薄謫，攀龍反竄炎荒。輔臣誤國不忠，無甚於此，乃動輒自文，諉之宸斷，坐視君父過舉，弼違補衮之謂何！苟俟降斥之後，陽爲申救以愚天下耳目，而天下早已知其肺腑矣。吴弘濟辨别君子小人，較若蒼素，乃與攀龍相繼得罪。臣之所惜，不爲二臣，正恐君子皆退，小人皆進，誰爲受其禍者！乞陛下立斥應宿、材，爲小人媚竈之戒；復攀龍、弘濟官，以獎忠良。并嚴諭閣臣王錫爵，無挾私植黨，仇視正人，則相業光而聖德亦光矣。」

疏入，上怒，斥爲民。給事中葉繼美，疏救一召、繼有及希范，上益怒，並除繼有名，遣官逮希范、一召，奪繼美俸一年。錫爵力救，得免逮。諸人遂廢于家。【考異】一召等論救，在吴弘濟之後。而證之錫爵論救疏，謂「當歲除燕喜之時，發此異常迅急之怒。」是此三人疏入並在十二月，今系之是月之末。

37 是歲，河南葉縣礦徒二千餘人，掠文、馬二峒。

時上以寧夏、朝鮮用兵，謂「開礦則賊亦可化爲兵，且在外可救饑，在内可備用。」然持之未發也。【考異】此據大事記，爲二十四年礦使四出張本。

二十二年（甲午、一五九四）

1 春，正月，己亥，詔曰：「昨歲各省災傷，山東、河南及徐、淮爲尤甚。朕雖居深宫之中，念切痌瘝，不遑寢處。曾經屢旨蠲振，不知有司曾否奉行，小民有無沾惠？值此公私交絀之時，不知各該地方，除内帑、漕糧或留或發之外，别有急救便宜措置方略否？其各處礦徒劫盜，嘯聚成群，又不知果已安插歸農，防禦有備否？目今四方吏治，全不講求荒政，牧養小民，惟以搏擊風力爲名聲，交際趨承爲職業。費用侈于公庭，追呼徧于閭里；嚚訟者不能禁止，流亡者不能招徠。遇有盜賊，則互相隱匿，或故意徇縱，以求免地方失事之咎。而各撫、按官亦止知請振請蠲，不能汰一苛吏，革一弊法。如此上下相蒙，釀成盜賊之患，朕甚憂之。自今當以安民弭盜爲有司之黜陟，如有仍前欺隱及玩視詔令者，其重治不宥。」

2 二月，癸丑，皇長子出閣講學。時已十三歲矣。

上手諭輔臣，令議出閣講學禮儀。免御門慶賀。用輔臣侍班，詞臣六人侍講讀，俱如東宮儀。大學士王錫爵言：「皇長子出閣，輔臣每日一人侍班，此隆慶年新例，但今天顏尚不得時親，而于皇長子進見頻數，似涉嫌疑，請自初講二日以後，間十日輪侍。」從之。

錫爵又請上「時御講筵，俾皇長子日隨嚴父之後，聖範益親，啓沃自效矣。」不報。

3 甲子，遣使振河南饑。

先是河南大雨，五穀不升，給事中楊東明繪飢民圖以進，巡按御史陳登雲進飢民所食雁糞，上見之惻然，傳諭閣臣。

至是從部議，「蠲本年田租。并發銀八萬兩，令光禄寺丞鍾化民兼河南道御史，前往振濟。其山東、江北災傷重處，分振停徵有差。」【考異】進雁糞事，見明史五行志，又詳陳登雲傳，今據增。

4 是月，吏部郎中顧憲成削籍。

初，並封命下，憲成以與王錫爵辨論，議遂寢。孫鑨、趙南星主考察，憲成實左右之；既，自員外遷郎中，所推舉率與執政牴牾。至是王錫爵將謝政，會推閣臣，憲成舉王家屏，而家屏以爭國本去，上意雅不欲用。又推及吏部尚書孫鑨，左都御史孫丕揚，皆非故事，嚴旨譙讓，遂削籍。

憲成既廢，家居，里故有東林書院，爲宋楊時講道處，憲成與弟允成倡修之，偕同志高攀龍、錢一本、薛敷教、史孟麟、于孔兼諸人，講學其中，海內聞風景附。憲成嘗言：「官輦轂志不在君父，官封疆志不在民生，居水邊林下志不在世道，君子無取。」故其講習之餘，往往諷議時政，裁量人物，朝士慕之，亦遥相應和。由是東林名大著。其後孫丕揚、鄒元標、趙南星等相繼講學，自負氣節，與政府相抗。是爲東林黨議之始。

5 給事中盧明諏，疏救憲成，貶秩。

兵科給事中逯中立上言：「憲成往以直言獲譴，陛下起而用之，司銓未久，復遭擯斥。士紳咨嗟，咸謂憲成以直被黜，陛下有不容直之名，何以勸任事之心乎？夫銓臣邇來相繼屏去，司官之空署削籍者，至再至三。恐今而後，非如王國光、楊巍也者，不能一日爲塚宰；非如徐一櫝、謝廷寀、劉希孟也者，不能一日爲選郎。臧否混淆，舉錯倒置，人才消長之機，理道廢興之漸，正在於此。臣冒昧塵瀆，非爲銓司惜一郎官；爲國家惜人才，惜政體也。」

疏入，奉嚴旨切責，貶陝西按察司知事。

6 三月，癸卯，詔修國史。

禮部尚書掌詹事府陳于陛，故大學士以勤子也，少從父習國家故實，及爲史官，益究經世學。以前代皆修國史，疏言：「宋真宗祥符間，王旦等撰進太祖、太宗兩朝正史，仁宗天聖間，吕夷簡等增入真宗朝，名三朝國史，此則本朝君臣自修正史之明證也。我朝史籍，止有列聖實録，正史闕焉未講。伏覩朝野所撰次可備采擇者，無慮數百種，若不及時網羅，歲月既久，卷帙散軼，欲成信史，將不可得。惟陛下立下明詔，設局編纂，以成萬世不朽盛事。」從之，乃敕大學士王錫爵、張位及于陛等爲總裁官，尚書羅萬化、侍郎盛訥等副之。

7 夏，四月，己酉朔，日有食之。

8 五月，辛卯，以禮部尚書掌詹事府陳于陛、南京吏部尚書沈一貫並兼東閣大學士，預機務，以首輔王錫爵將謝政也。

9 庚子，王錫爵致仕。

錫爵以阿並封被物議，既而趙南星斥，趙用賢放歸，論救者咸遭譴謫，衆指錫爵爲之，雖連章自明，且申救，人卒莫能諒也。錫爵累疏引疾乞休，上不欲其去，爲出内帑錢，建醮祈愈，錫爵力辭，疏入，乃允之。命改吏部尚書，進建極殿大學士，賜道里費，乘傳，遣行人護歸。

10 六月，己酉，大雷雨，西華門樓火災。敕群臣修省。

11 秋，七月，壬辰，雷擊祈穀壇東天門左吻。

12 丙申，河套部長布色圖即卜失兔，見前。寇延綏。

先是延綏巡撫李春光言：「套部納款已久，自明安被戮事見十九年。而寇恨深，西夏黨逆而貢市絶，事見二十年。延鎮連年多事。今東西各部皆乞款，而布色圖挾私叵測。邊長兵寡，宜察敵情，審時勢，彼入犯則血戰，偶有小失，應寬吏議。」上命傳飭各邊謹備之。

至是寇入延綏，不克。分兵犯固原，游擊史見戰死，總兵麻貴禦之。留內地閲月。

13 是月，吏部尚書陳有年罷。

初，上以王錫爵將去，命廷推閣臣，有年適在告。侍郎趙參魯及文選郎顧憲成，因奉詔「無拘資格」，遂列故吏部尚書孫鑨等六人及故輔臣王家屏上。而上以「舊制，吏部尚書左都御史不入廷推，自昔年陸光祖欲自爲內閣地，乃倡爲不拘資格之議」，于是憲成被謫，有年與參魯等論救，皆不納。趙志皋、張位亦佯爲言，而二人者故不由廷推，因謂「輔臣當出特簡，廷推由陸光祖交通言路爲之，不可爲法。」上喜，降旨再譙責，而論救憲成之員外郎黃縉等坐貶謫。

有年乃抗疏言：「閣臣廷推，其來舊矣。曩楊巍秉銓，臣署文選，廷推閣臣六人，今元輔錫爵，即是年所推也。臣邑前有兩閣臣，弘治時謝遷，嘉靖時吕本，並由廷推，官止四品，而耿裕、聞淵，則以吏部尚書居首。是廷推與推及吏部，皆非自今創也。至『不拘資格』，自出聖諭，臣等敢不仰承！」因固乞骸骨。

上得疏，以其詞直，温旨慰答。有年自是累疏稱疾乞罷，上猶慰留，賚食物羊酒。有年遂杜門不出，數月中疏十四上，乃予告乘傳歸。歸裝書一篋、衣一笥而已。家居越四年卒，贈太子太傅，謚恭介。

14 八月，癸亥，布色圖深入固原，轉掠至下馬關，總兵麻貴督副將蕭如蘭等連戰，敗之，斬首二百三十有奇，獲畜産萬五千。上爲告廟宣捷，進貴都督同知，予世蔭。【考異】明史系下馬關之捷于七月犯延綏之下，史稿則但書「犯固原」，系之八月癸亥。證之韃靼及麻貴傳，犯延綏在前，犯固原在後，所謂「留内地閲月」者，蓋以七月入寇，八月始退。今仍據史稿月日書之。

15 是月，改左都御史孫丕揚爲吏部尚書，改工部尚書衷貞吉爲左都御史，以工部侍郎沈節甫署本部尚書。

丕揚長吏部，挺勁不撓，百僚無敢干以私者。獨患中貴請謁，乃創爲掣籤法，大選急選，悉聽其人自掣，請寄無所容。一時選人盛稱無私，然銓政自此一大變矣。三編質實：「大選急選之法，凡聽選及考定陞降者，歸于雙月，謂之『大選』；凡改授、改降、丁憂、候補，歸于單月，謂之『急選』。籤以竹爲之，傳爲常熟顧大韶作。」

16 九月，己丑，朝鮮國王李昖請許倭封貢。

初，昖進方物謝恩，禮部郎中何喬遠奏：「昖使金晬等涕泣言：『倭寇猖獗，朝鮮束手受刃者六萬餘人，乞特敕亟止封貢。』」時廷臣交章皆以罷封貢、議戰守爲言，而顧養謙已定講貢議，「請封關白爲日本王」，上猶未決。

至是昖亦以許貢保國爲請，上乃切責群臣，追怒前主議撓封貢者，以御史郭實倡首，斥爲民。並敕石星盡録異議者名，將大譴責，内閣趙志皋等力解，乃已。

17 是月，禮部尚書羅萬化罷。

初，吏部缺尚書，王錫爵欲用萬化，顧憲成不可，乃用陳有年。後廷推閣臣，萬化復不預，錫爵等皆恚，萬化乃獲推，尋亦報罷。至是萬化以錫爵去，遂致仕。

18 冬，十月，己未，以南京兵部右侍郎邢玠總督川貴軍務，討楊應龍。

初，應龍從征倭，已啓行，而封貢議定，遂報罷。會巡撫都御史王繼光至，嚴提應龍勘結，應龍抗不復出。繼光馳至重慶，與總兵劉承嗣、參將郭成等分道進剿。軍至婁山關，屯白石口，應龍陽令其黨穆炤等約降，而統苗兵據關衝殺。都司王之翰軍覆，殺傷大半。未幾，繼光論罷，御史薛繼茂旋主撫，而應龍遣其黨攜金入京行間。至是執告變之把目何恩詣綦江縣，遂反。

事聞，乃以玠總兩省軍務，兵部郎中張國璽、主事劉一相充軍前贊畫，討之。

19 丁卯，詔倭使小西飛入朝。集多官面議（二）〔三〕事：一勒倭盡歸巢；一既封不與貢；一誓無犯朝鮮。倭俱聽命，以聞。上復諭之于左闕，語加周複，封議遂定。

20 庚午，泰寧部綽哈即炒花，見前。犯遼東。

初，綽哈以其兄博斯呼之怨，與博斯呼子巴圖魯，即把兔兒，見前。數結土默特，東、西相倚擾邊。至是總兵官董一元，遣部將孫守廉馳右屯禦西部，而自將大軍匿鎮武外，爲空營以待。敵騎深入，官軍奮擊破之，逐北七十餘里。巴圖魯中矢走，西部亦解去。一元復以歲晏，敵不設備，率健卒踏冰渡河，疾馳四百里抵寇巢，斬二百餘級，獲牛馬甲仗無算。巴圖魯旋死。諸部悉遠遁。

21 十一月，癸巳，皇太后生辰，受賀畢，復召見閣臣于煖閣。

二十三年（乙未、一五九五）

1 春，正月，癸卯，遣都督僉事李宗城、指揮楊方亨充正、副使，封倭酋平秀吉爲日本王，令偕沈惟敬往。

2 是月，鄭世子載堉，奏請「宗室子弟，皆得儒服就試。中式者毋論中外職，視才器使」，從之。禮臣議，「奉國中尉以下入試，輔國中尉以上爵尊，不得與。」其後尚書李廷機言：「封爵、科目，原自兩途。彼既願從科目入仕，應照士子出身資格銓除，何拘原爵。」詔亦從之，惟不得除京朝官。【考異】事見明史諸王傳，特書「二十三年正月」，三編亦據增，今從之。

3 總督邢玠至蜀，察永寧、酉陽等土司，皆楊應龍姻媾，而黄平、白泥諸司，久爲仇讎，計先翦其枝黨。以檄曉譬應龍，謂：「來者當待以不死，不則國家懸萬金購爾頭。若早爲計，吾不爾欺也。」

當是時，七姓惟恐應龍出得貰罪；而四方亡命竄匿其間，又幸應龍反，因以爲利；院道文移，輒從中阻。【考異】見明史土司傳。大事記、紀事本末俱書于是年正月，三編統書于二十五年目中，亦分年月書之，最爲詳析，今月日皆據之。

4 三月，乙未，賜朱之蕃等進士及第、出身有差。

5 夏，四月，楊應龍得檄不至，請遣使就勘。邢玠乃調成都知府王士琦代史記勳守重慶，令奉檄詣綦江趣應龍聽勘。

士琦屬綦江令前往宣諭，應龍使弟兆龍治郵傳儲糧郊迎，叩頭致脯資餼牽如禮，曰：「應龍久縛渠魁待罪，然不敢自來。使君幸枉車騎臨貺，敬布腹心。」綦江令具白于士琦。時應龍在松坎，士琦乃率單騎往。

6 五月，丁酉，京師地震。敕群臣修省。

7 是月，王士琦至松坎，應龍果面縛道旁，泣請死罪，膝行而前，叩頭流血請治公館，執罪人及罰金。士琦因爲之請，邢玠乃遣贊畫張國璽、劉一相及道府詣之。應龍囚服郊迎，縛獻黄元、阿羔、阿苗等十二人，案驗，遂抵應龍斬，論贖，輸四萬金助採木，仍革職。子朝棟，以土舍受事，次子可棟，羈府追贖，黄元等梟斬重慶市。

是時倭氛未靖，兵部欲緩應龍，專事東方，上亦以應龍有積勞，許之。加玠右都御史，還朝，以士琦爲川東兵備使彈治之。然應龍益怙終不悛。

8 以蕭大亨爲刑部尚書，代趙焕也。

焕以四月致仕去，以南京户部尚書李戴爲工部尚書，戴未幾以憂去。

9 秋，九月，戊寅，青海部長永什卜舊作永邵卜。寇甘肅。

永什卜者，順義王諳達從子也，部衆强盛，先嘗授都督同知，再進龍虎將軍。自以貢市在宣化，守臣遇己厚，不可逞，乃隨諳達西迎活佛，留據青海，歲爲邊患。嘗誘殺副將李魁，邊將不能報，遂有輕中國心。至是以重九日，度將士必宴飲，擁勁騎直入南州。屬番偵告，總督三邊李汶，檄西寧參將達雲、游擊白澤設兵要害，令番人遶出口外，潛扼其背，而雲自提精卒二千夾擊，大敗之。雲手馘其帥一人，即前殺李魁之巴圖爾哈者也。斬首六百八十餘級，其走峽外者又爲番人所殲，獲駝馬戎器無算，爲西陲戰功第一。

雲既勝，度寇必復至，厚集以待。踰月，寇果結浩爾齊諸部，先圍番寨以誘官軍。番不能支，合于寇，寇遂入犯西寧，西寧軍堅，不可破，寇始遁，追奔數十里而還。雲乃招集番人初與寇合者七十餘户，皆復其業。尋進雲總兵官，鎮甘肅。【考異】李汶，明史韃靼傳，「汶」作「旼」。三編前後皆作「李汶」，並見二十六年是冬下。

10 乙酉，詔以建文朝事附國史太祖本紀末，復其年號。

先是禮科給事中楊天民、四川道御史牛應元言：「建文年號，不宜革除。見值纂修國史，當更正洪武三十二年至三十五年年號，以復建文元、二、三、四四年之舊。」禮部議從之，故有是命。

11 是月，淮水溢，浸泗州祖陵。

總河楊一魁請「分殺黃流以縱淮，別疏海口以導黃。蓋以淮壅由于河身日高，河高由于海口不深。若上流既分，則下流日減，清河之口，淮無黃遏，則泗之積水自消，而祖陵永保無虞。」議者以「江北比歲災祲，民力不堪大役，欲先洩淮而徐議分黃。」工部謂「導淮分黃，勢實相須，不容偏廢。宜將導淮分黃、疏濬海口等處工程，命河臣逐一舉行。其一應工費，酌議動支，事完分別勸懲。」報可。

12 是秋，御史趙文炳，劾考功郎蔣時馨考察受賄狀。

先是吏部尚書孫丕揚掌外察，時馨佐之，黜浙江參政丁此吕。而此吕故與右都御史沈思孝善，時馨疑文炳之劾，思孝嗾之，遂訐思孝先庇此吕，後求吏部不得，以此二事憾己，遂結江東之、劉應秋等，令李三才屬文炳。上惡時馨，坐罷官。于是丕揚與思孝各疏辨，求去。思孝謂「此吕建言有功，不宜被察」；丕揚謂「此吕受贓有狀，豈得以建言輕恕！」因上此吕訪單。——訪單者，吏部當察時，咨公論以定賢否者也。上慰留丕揚，逮此吕，詰讓思孝，自是丕揚、思孝遂有隙。然時馨、此吕皆非端人，二人蓋亦各有所左右云。【考異】是年考察，當在春間，而文柄之劾時馨在後。明史諸人傳中，但書二十三年事。惟通紀系文柄劾時馨于八月，今據之，統系之于是年之秋。

13 冬，十一月，辛未，湖廣災。

巡按御史徐兆魁以救災四事上請：「一議改折；一議緩徵；一議蠲免；一議振濟。」户部議，「緩徵徒貽小民他日之累，不若勘被災之輕重，分別蠲振」，詔如部議。【考異】三編系之十月，據實録告饑之月日也。本紀據下詔月日，今從之。

14 十二月，辛丑，大學士趙志臯等極論章奏留中之弊，請盡付諸曹議行，不報。

15 是冬，兵部考選軍政，上謂「中有副千户者，不宜擅署四品職」，責部臣徇私，兵科不糾發，降武選郎韓范、都給事中吴文梓雜職，鐫員外郎曾偉芳、主事江中信、程僖、陳楚產、給事中劉仕瞻三秩，調極邊。以御史區大倫、俞介、强思、給事中張同德言事常忤旨，亦鐫三秩。而五城御史夏之臣、朱鳳翔、涂喬遷、時偕行、楊述中籍中官客用家，不稱旨，並謫邊遠典史。又以客用貲財匿崇信伯費甲金家，刑部拷訊無實，謫郎中徐維濂於外。一時嚴旨頻下，且不得千户主名，舉朝震駭。時東廠太監張誠失上意，誠家奴錦衣副千户霍文炳，當遷指揮僉事，部臣先已奏請，而上欲尋端罪言官，遂用是爲罪。旋移怒兩京科、道，以爲緘默，命掌印者盡鐫三秩。於是給事中耿隨龍、鄒廷彦、黎道昭、孫羽侯、黄運泰、毛一公，御史李宗延、顧際明、袁可立、綦才、吴禮嘉、王有功、李固本，南京給事中伍文煥、費必興、盧大中，御史柳佐、聶應科、李文熙等十九人俱調外，留者並停俸一年。又令吏部列上職名，再罷御史馮從吾、薛繼茂、王慎德、姚三讓四人。大學士趙志皋、陳于陛、沈一貫及九卿各疏争，尚書石星請罷職以寬諸臣，皆不納。【考異】據明史馬經綸、孫丕揚傳，特書于是年之冬。而盡削三十餘人籍，明史稿系之明年正月丁丑，蓋諸人或鐫秩，或調外，輕者奪俸而已。自陳于陛抗疏申救，乃盡降諸人雜職，悉調邊方，又自孫丕揚再疏乞宥，乃盡削籍爲民。今悉據馬經綸傳而分書之。

明通鑑卷七十一

江西永寧知縣當塗夏燮編輯

紀七十一 起柔兆涒灘（丙申），盡著雍掩茂（戊戌），凡三年。

神宗顯皇帝

萬曆二十四年（丙申、一五九六）

1 春，正月，丁丑，削兩京科、道官耿隨龍等三十四人籍。

先是上怒兵部，遂及兩京科、道，或鐫秩，或調外，重者謫邊，輕者停俸而已。及大學士陳于陛復特疏申救，上怒，命降諸人雜職，悉調邊方。尚書孫丕揚等以詔旨轉嚴，再疏乞宥，上益怒，乃盡奪職爲民。

御史馬經綸憤極，抗疏曰：「陛下以兵部考察之故而罪兵科，是已。乃蔓及他給事，又波及他御史，去者不明應得之罪，留者不明姑恕之由。夫以不言罪言官，言官何辭！

臣竊觀陛下所爲罪言官者猶淺也。言官今日箝口不言，有五大罪焉：陛下不郊天，有年不能援故典排闥以争，陷陛下於不敬天，罪一；陛下不享祖，有年不能開至誠牽裾以争，陷陛下於不敬祖，罪二；陛下輟朝不御，停講不舉，言官言之而不能卒復之，陷陛下不能如祖宗之勤政，罪三；陛下去邪不決，任賢不篤，言官言之而不能强得之，陷陛下不能如祖宗之用人，罪四；陛下好貨成癖，御下少恩，肘腋之間，叢怒蓄變，言官俱慮之而不能批鱗諫止，陷陛下甘棄初政而弗獲克終，罪五。負此大罪，陛下肯奮然勵精，而以五罪罪之，豈不當哉！奈何責之箝口不言者，不於此而於彼也？」疏入，上大怒，貶三秩。

經綸既獲譴，工部都給事中海陽林熙春等上疏曰：「陛下怒言官緘默，斥逐三十餘人，臣等不勝悚懼！今御史經綸慷慨陳言，竊意必温旨褒嘉，顧亦從貶斥。是以建言罪邪？抑以不言罪邪？臣等不能解也。前所罪者既以不言之故，今所罪者又以敢言之故，令臣等安所適從哉！」上益怒，謫熙春茶鹽判官，加貶經綸爲典史。熙春遂引疾去。

是日，御史鹿久徵等亦上疏，請與諸臣同罪，貶澤州判官。二疏列名凡數十人，悉奪俸。

頃之，南京御史林培疏陳時政，上追怒經綸，竟斥爲民。既歸，杜門却掃，凡十年卒。【考異】軍政之獄，發于去年之冬，據明史馬經綸傳，其時僅貶謫停俸而已。是年正月丁丑削籍，見明史稿本紀，據實録也。惟史稿言「科、道官三十三人」，證之經綸傳，尚少一人。傳中臚列耿隨龍等十九人外，其在前貶謫者，兵科給事中吴文梓、劉仕瞻，御史區大倫、俞价、强思，給事中張同德，五城御史夏之臣、朱鳳翔、涂喬遷、時偕行、楊述中共十一人，又後罷馮從吾、薛繼茂、王慎德、姚三讓四人，合之十九人，共三十四人，皆兩京科、道。而部曹不預焉。至馬經綸之始貶謫，繼除名，則因三十四人之削籍而諫，又不在以前除名之列。惟陳氏通紀作三十四人，與明史馬經綸傳合，今從之。

2 二月，戊申，河套部布色圖復謀犯邊，總督李汶，延綏總兵麻貴，勒兵萬五千人，分三道：游擊閻逢時等出紅山，爲中軍；參將師以律等出高家堡、神木孤山，爲左軍；參將孫朝梁等出定邊、安邊平山，爲右軍；而自以大軍當一面，銜枚疾趨，踰塞六十里。寇莫知所防，大潰，俘斬四百有奇，獲馬駝牛羊千五百。

時順義王勸布色圖納款，不從，遂及于敗。

3 三月，丙子，戌刻，坤寧宮災，延及乾清宮，一時俱燼。敕群臣修省。壬辰，下詔自責。【考異】明史本紀、五行志皆作「乙亥」。三編目云「三月八日也」，是月戊辰朔。而明書綸涣志火災兩詔，一云「三月初九日夜」，一云「三月初九日戌時」，則火災應在丙子，故通紀書云「三月丙子」，與詔書初九日合，今從之。壬辰，據綸涣志云「三月二十五日」，推之正與本紀合。

4 是月，浩爾齊復犯洮、河。

時特設臨洮總兵官，劉綎任之，遣參將周國柱等擊之莽拉川，斬首百三十有奇，獲馬牛雜畜二萬。上爲告郊廟，宣捷，進綎等秩。

5 夏，四月，己亥，朝鮮正使李宗城自倭奔還王京。

是時沈惟敬至釜山，私奉平秀吉蟒玉、翼善冠、地圖、武經、良馬。而宗城以貪淫爲倭守臣所逐，棄璽書夜遁。事聞，詔逮宗城下獄。

6 五月，戊辰，河套部復西犯甘肅，總兵官楊濬等大破之。

7 庚午，復議封倭。

時石星力主款，上惑之，欲遣給事中一人充使，因察視情實。御史曹學程抗疏言：「邇者封事大壞，而楊方亨之揭謂封事有緒，星與方亨表裏應和，不足倚信。爲今日計，遣科臣往勘則可，往封則不可。星很愎自用，趙志皋碌碌依違，東事之潰裂，元輔樞臣俱不得辭其責。」

是時上因遣使不得要領，罷之，即以方亨爲正使，惟敬副之，而學程方督畿輔屯田，不知也。疏入，上大怒，疑前之被譴諸臣事見二十二年。暗囑關節，詔逮學程下錦衣衛嚴訊，搒掠無所得，移刑部定罪。尚書蕭大亨請宥，不許，命坐逆臣失節罪斬。

刑科給事中侯廷佩等訟其冤，志皋及陳于陛、沈一貫言尤切，皆不省。自是救者不絶，且言「其母年九十餘，哭子待斃」，上卒不聽；數遇赦，亦不原。其子正儒，朝夕不離犴狴，見父憔悴骨立，嘔血仆地，久之乃甦。因刺血書，奏乞代父死，終不省。自是長繫者十年。

8 六月，庚戌，福建福、興、漳、泉四府饑，蠲振有差。

9 是月，以工部侍郎徐作署本部尚書，代李戴也。

10 秋，七月，丁卯，吏部尚書孫丕揚言：「數月以來，廷推擱矣，行取停矣，年例廢矣。諸臣中或以功高優敘，或以資深量遷，或服闋而除補，或覆題而註授。其生平素履原不在擯棄之列者，乞體因政設官之意，念國步多事之時，將近日推補官員章疏簡發。間有注擬未當，亦乞明示，別推酌補。」疏入，不報。

是時地方官亦多缺不補，御史王以時，奏言地方缺官之害。「藩司、臬司等官職掌，各有攸司。每遇員缺，則撫、按必擇近便者一人使之攝理，職錢穀而攝軍屯，職兵戎而攝鹽馬；夙昔未能嫻習，旦夕豈能旁通！顛末未暇究心，晷刻難于判發。聰明少有未遍，寧免乖違！才力稍有不同，輒形愆謬。舞文者乘此弄其機械，玩法者藉以恣其侵漁。文移之往來，獄訟之聽斷，近者數十里，遠者數百里，又遠者千有餘里。道路奔走，歲月牽纏，費用不支，勞苦勿恤，或鬻賣其妻子而事尚未完，或轉死于溝洫而冤莫可訴。司道缺官，廢事病民，其爲害既如此。至于郡縣守令，最爲親民。民之倚命于守令，不啻赤子于其乳母。使郡縣而可缺官，則是赤子而可斷乳也；使守令而可使常署攝，則使赤子而可終歲寄養也。蓋專官如柙匵之典守，故任怨勞而不辭；攝職若傳舍之經過，誰肯竭心力以從事！乞行推補。」亦不報。

11 丁丑，有彗星見東北方，芒西南指。【考異】明史天文志，「彗見西北，如彈丸，入翼長尺餘，西北行。」所記方向，疑有誤字。三編據實録，今從之。惟三編書于是年六月，蓋據始見也，今仍從志中月日。

12 戊寅，仁聖皇太后陳氏崩。

13 乙酉，始開礦于畿内，遣户部郎中戴紹科、錦衣指揮張懋忠往，以中官王虎領之。

初，畿輔奸民慫恿中官，多言礦利，以申時行、王錫爵力持之而止。至是承寧夏、朝鮮用兵之後，國用大匱，營建宫室，計臣束手。于是府軍前衛副千户仲春請開礦助大工，允之，自是獻礦洞者踵至。

丙戌，遣錦衣指揮楊宗吾開礦汝南，領以中官魯坤。于是山東陳增，永平王忠，昌黎田進，山西張忠，浙江曹金，陝西趙鑒相繼遣領，中使四出，皆給以關防，並偕原奏官往。

礦脈微細無所得，勒民償之。奸人假開採之名，横索民財；有司稍忤意，輒劾其阻撓；富家巨族，則誣以盜礦；良田美宅，則指下有礦脈，卒役圍捕，辱及婦女；海內騷然。群臣屢諫，不省。

戶部尚書楊俊民，言「真、保、薊、易、永平開礦，恐妨天壽山龍脈。」上謂「距陵遠，且皇祖常開之。」

給事中楊應文等，言「嘉靖二十五年七月命採礦，自十月至三十六年，委官四十餘，防兵千一百八十人，約費三萬餘金，得礦銀二萬八千五百兩，得不償失。」皆不聽。

14 楊應龍之輸贖也，會其次子可棟死于重慶，應龍趣取屍棺，以勘報未完不肯發，趣其完贖。應龍大言曰：「吾子活，銀即至矣。」擁兵驅千餘僧招魂而去。分遣土目置關據險，搜戮軍民，劫掠屯堡，殆無虛日。

是月，應龍掠劫餘慶、草塘二司，徧及興隆、都勻各衛，又遣其弟兆龍引兵圍黃平，戮重安司長官張熹一家，又撫用苗兵，皆願爲之出死力。

15 八月，開礦夏邑並青、沂等處，仍編富民爲礦頭。費縣、文登、沂水、蒙陰、臨朐諸礦，同時開採。

16 閏月，乙丑朔，日有食之。

初，萬曆二十年五月甲戌夜月食，監官推算差一日。越三年，曆志，鄭世子上書在二十三年。鄭世子載堉論歲差曰:「高皇帝革命時,元曆未久,氣朔未差,故不改作,但討論潤色而已。積年既久,氣朔漸差。後漢志言『三百年斗曆改憲』,今以萬曆爲元,而九年辛巳歲,適當斗曆改憲之期,又協乾元用九之義,曆元正在是矣。臣嘗取大統與授時二曆校之,考古則氣差三日,推今則時差九刻。夫差雖九刻,處夜半之際則所差便隔一日;節氣差天一日,則置閏差一月;閏差一月,則時差一季;時差一季,則歲差一年;其失豈小小哉!蓋因授時減分太峻,失之先天;大統不減,失之後天。」因和會兩家,酌取中數,立爲新率,乃進聖壽萬年曆及律曆融通二書。下禮臣議,「如世子言,時差九刻,在亥子之間則移一日,在晦朔之交則移一月,此可驗之于近也。設移而前,則生明在二日之昏;設移而後,則生明在四日之夕;今似未至是也。其書應發欽天監參訂測驗。世子留心曆學,宜賜敕獎諭。」從之。

是年之閏,河南僉事邢雲路上書言:「今年閏八月朔日食,大統曆推初虧巳正,二刻食幾。既而臣候初虧巳正一刻,食止七分餘,大統實後天幾二刻,則閏應及轉應、交應各宜增損之矣。」因言:「治曆之要,無踰觀象、測景、候時、籌策四事。今丙申年日至,臣測得乙未日未正一刻,而大統推在申正二刻,相差九刻。且今年立春、夏至、立冬,皆適值子午之交。臣推立春乙亥而大統推丙子,夏至壬辰而大統推癸巳,立冬己酉而大統推庚戌，相隔皆一日。若或直元日于子半，則當退履端于月前，而朝賀大禮在月正二日矣，豈細故哉！」其說與鄭世子合。

而欽天監見其疏，甚惡之，監正張應候奏詆，謂其「僭妄惑世」。禮部尚書范謙言：「曆爲國家大事，士夫所當講求，本非曆士之所得私；律例所禁，乃妄言妖祥者耳。監官拘守成法，不能修改合天，幸有其人，所當和衷共事，不宜妬忌。乞以雲路提督欽天監事，督率官屬精心測候，以成鉅典。」議上，不報。【考異】鄭世子上書于二十三年，邢雲路上書于二十四年，語詳明史曆志，爲西法入中國張本，今據增。

17 丁卯，內閣趙志皋，請「視朝，發章奏，罷採礦」，不報。

18 是月，吏部尚書孫丕揚罷。

初，上雖以夙望用丕揚，然不甚委信，有所推舉，率用其次，數請起廢，輒報罷。丕揚以志不行，懷去志。及與沈思孝爭考察，遂引疾在告，乞休疏十三上，皆不報。是年四月，溫諭勉留，乃復起視事。

主事趙學仕者，大學士志皋族弟也，坐事議調，文選郎唐伯元輒注饒州通判。俄，學仕復以前事被訐，給事中劉道亨，因劾吏部附勢，語侵丕揚；博士周獻臣有所陳論，亦頗侵之。丕揚疑道亨受同官周孔教指，獻臣又孔教宗人，益疑之，復三疏乞休。最後貽書大學士張位，褫其擬旨允放，位如其言；丕揚聞，則大恚，謂位逐己，上疏詆位及道亨、孔教、獻臣、思孝甚力。上得疏，不直丕揚；位亦疏辯求退，上復詔慰留。而位同官陳于陛、沈一貫亦爲位解，丕揚再被責讓，許馳傳去。

19 九月，乙未，楊方亨至日本，關白即平秀吉。怒朝鮮王子不來謝，語沈惟敬曰：「若不思二子、三大臣、三都、八道悉遵天朝約付還，今以卑官微物來賀，辱小邦耶，辱天朝耶？且留石曼子兵于彼，候天朝處分，然後撤還。」于是復侵朝鮮，所進表文，謾無人臣禮。

20 乙卯，葬孝安莊皇后。

梓宮發引，上託疾不送，遣官代行。吏部侍郎孫繼皋言之，上怒，抵其疏于地。員外郎王就學復抗疏言：「送死乃人子一大事，于此而不用其情，烏乎用其情！于此而可忍，烏乎不可忍！恐難以宣諸詔諭，書之簡册，傳示天下也。」不省。踰二年，詔甄別吏部諸郎，斥就學爲民。繼皋尋亦以三殿災，自陳致仕去。

21 是月，河套部犯寧夏，總兵官李如柏邀之于平虜横城，敗之，斬首二百七十有奇。

22 是秋，河決單縣之黄堌口。

時徐、泗、淮、揚間，無歲不苦水患。總河楊一魁，既議分疏黄、淮，于是役夫二十萬，開桃源黄河壩。新河起黄家嘴至安東五港灌口，長三百餘里，分洩黄水入海。闢清口沙七里，建武家墩、高良磵、周家橋石閘，洩淮水三道入海，且引其支流入江。于是泗陵水患平，而淮、揚得無患。然一魁專力桃源、淮、泗間，而上流單縣、黃堌口之決如故。

23 杭、嘉、湖大水，蠲振有差。

24 冬，十月，丙子，停刑。

25 乙酉，始命中官張曅徵稅通州張家灣，尋命中官王朝督徵天津店租。自是二三年間，稅使四出，多兼礦務，群臣屢諫，不省。

26 是月，以徐作爲右都御史，仍署工部事。

27 十二月，乙亥，大學士陳于陛卒。

于陛在閣，與趙志皋、張位、沈一貫皆同年生，見諸人遇事依違，而上拒諫益甚，上下否隔。于陛憂形于色，以不能補救，在直廬，太息視日景。至是以兩宮災，請面對，不報；乞罷，亦不許。以積憂成疾卒。贈少保，謚文懿。

28 是歲，朝鮮國王李昖請立其次子琿。

初，昖庶長珒陷倭寇中，驚憂成疾。琿亦庶出，而收集流散頗著功，昖奏請立之，禮部尚書范謙執不可。是年之夏，復疏請，謙仍執不可，詔如謙議。

是時國儲未建，中外恫疑，故謙于朝鮮易封事，三疏皆力持云。

二十五年（丁酉、一五九七）

1 春，正月，丙辰，朝鮮遣使求援，以倭留釜山不去也。

初，楊方亨詭報「去年從釜山渡海，倭于大版受封，即回和泉州」，然倭方責備朝鮮，留兵釜山如故，謝表後時不發，方亨徒手歸。至是沈惟敬始投表文，案驗潦草，前折用豐臣圖書，不奉正朔，無人臣禮。而寬甸副總兵馬棟，報「清正擁二百艘屯機張營」，方亨始直吐本末，委罪惟敬，並呈石星前後手書。上大怒，命逮惟敬等，石星革職待勘。

2 是月，吏科給事中戴士衡，疏陳天下大計，言：「方今事勢，不可知者三：天意也；人心也；氣運也。大可慮者五：紀綱廢弛也；戎狄侵陵也；根本動摇也；武備疎略也；府藏殫竭也。其切要而當亟正者一，則君心也。陛下高拱九重，目不睹師保之容，耳不聞丞弼之議；美麗當前，燕惰自佚；即欲殫聰明以計安社稷，其道無由。誠宜時御便殿，召執政大臣講求化理，則心清欲寡，政事自修。」不報。

3 二月，丙寅，復議征倭。丙子，以前都督同知麻貴爲備倭總兵官，統南北諸軍。

4 三月，乙巳，以山東右參政楊鎬爲僉都御史，經略朝鮮軍務。己未，以兵部侍郎邢玠爲尚書，總督薊遼、保定軍務，經略禦倭。

鎬未至，先陳十事，請令朝鮮官民輸粟，得增秩、授官、贖罪及鄉吏丁夫等免役，大抵皆苟且之事；又以朝鮮君臣隱藏儲蓄不餉軍，劾奏其罪；由是朝鮮多怨。

三編發明曰：命將出師，必先量敵慮勝，成竹在胸，而後可以刻期奏捷。前此李如松等師出無功，已有明驗。乃當撤兵之後，復命征倭，而所任者一庸懦無能之楊鎬，不量其事之能濟與否，輕率前驅，知彼知己之謂何！觀鎬所陳奏，事皆苟且，竟若助兵供餉全有恃于朝鮮者。以中國而征一倭，必借助于外藩之衆，即使克捷，已傷國體。況朝鮮兵不習戰，素爲倭所輕，島山一敗，徒旅盡喪。而玆役也，以救朝鮮爲名，而實則驅朝鮮之衆盡化爲沙蟲猿鶴耳。失機辱國，莫此爲甚。至于加募江南水軍，爲分路擣寇之計，而卒以無成，亦同歸于謀國之不臧。廟堂既無長策，擇帥又非其人，而欲懾威海嶠，何可得耶！

5 夏，四月，黄堌口復大決，溢夏邑、永城。

先是總河楊一魁，分黄洩淮，泗陵水患漸平。惟一魁專力桃源、淮、泗間，而上流單縣之黄堌口以爲不必塞，督漕尚書褚鈇、直隸巡按御史李春芳力争之。議者又言：「黄堌不塞，恐下齧歸仁，爲祖陵患。」——歸仁者，潘季馴所築堤，以護陵寢者也。一魁復奏辨。已而果決。

6 五月，邢玠至遼。

倭酋行長建樓，清正布種，島倭窖水，索朝鮮地圖，玠遂決意用兵。麻貴望鴨綠江東發，所轄兵僅萬七千人，請濟師。玠以朝鮮兵惟嫻水戰，乃疏「請募兵川、浙，並調薊遼、宣大、山陝兵及福建、吳淞水師，劉綎督川、漢兵聽勦。」貴密報，「俟宣大兵至，乘倭未備掩釜山，則行長禽，清正走。」玠以爲奇計，乃檄楊元屯南京，吳惟忠屯忠州。【考異】邢玠至遼謀用兵，明史朝鮮傳系之是年五月，經事本末同，今據之。

7 以南京吏部尚書蔡國珍爲吏部尚書。

自孫丕揚去國，上久不除代，部事盡弛；去年十二月，竟廢大選。閣臣及言官數請之，乃以是年二月召國珍于南京，至是始任。

會三殿災，有詔起廢，國珍列三等：人品正大、心術光明者，文選郎（主）〔王〕教等二十四人；才有足錄，過無可棄者，給事中喬允等三十三人；因人註誤、非由己作者，給事中耿隨龍等三十六人；並請錄用。悉報寢。

8 六月，戊寅，皇極、中極、建極三殿災。

時火起歸極門，延至三殿及文昭、武成二閣，周圍廊房，一時俱燼。

時上銳意聚財，多假殿工爲名。言者謂「天以民困之故，災三殿以示警。奈何復因天災以困民！」不納。

9 癸未，以皇極門左右兩廊被災，閣臣張位等「請停止國史纂修事務」，從之。

10 是月，泰山崩。

11 倭數千艘泊釜山，戮朝鮮郡守安弘國，漸逼梁山、熊川。沈惟敬率營兵二百，出入釜山，邢玠陽爲慰藉，檄楊元襲執之，縛至麻貴營。惟敬執而嚮導始絶。【考異】明史稿書逮惟敬于七月丙辰，據奏報執解月日也。惟敬之逮在春間，時在釜山，至此始執之。今據明史朝鮮傳，系之六月。

12 秋，七月，癸巳，誡諭群臣。丁酉，詔赦天下。

三殿之災也，閣臣趙志皋在告，張位等率同列請面慰，不許；乃請上引咎肆赦，故有是命。

13 是月，楊應龍劫掠江津縣及南川，尋入合江，索其讎袁子叶，縋城下臠割之。益統苗兵侵及貴州、湖廣，詷原奏讎民宋世臣父子，慘戮以徇，勢遂大熾。

14 庶吉士劉綱，因殿災上疏曰：「五行志曰：『君不思道，厥災燒宮。』夫道者，敬天法祖，親賢遠奸，寡欲保身，賤貨慎德而已。去歲兩宮災，詔示天下，略無禹、湯罪己之誠，文、景蠲租之惠，臣已知天心之未厭矣。比大工肇興，伐木榷税，採石運甓，遠者萬里，近者亦數百里。小民竭膏血不足供費，絶筋骨不足任勞，鬻妻子不能償貸。加以旱魃爲災，野無青草，人情胥怨，所在如讎。而天不悔禍，三殿復災，五行志言『君不思道』，陛下試自省，晝之爲，夜之息，思在道乎，不在道乎？凡敬天法祖，親賢遠奸，寡欲保身，賤貨慎德，俱謂之道，反是非道矣。

陛下比年以來，簡禋祀，罷朝講；棄股肱，閡耳目；斷地脈，忽天象；君臣有數載之隔，堂陛若萬里而遥。陛下深居静攝，所爲祈天永命者何狀？即外廷有不知，上天寧不見邪！今日之災，其應以類。天若曰：『皇之不極，於誰會歸，何以門爲！朝儀久曠，於誰稟仰，何以殿爲！元宰素餐，有污政地，何以閣爲！』其所以示警戒，勸更新者，至深切矣，尚可因循玩愒，重怒上帝哉！

臣聞五行之性，忌積喜暢。積者，災之伏也，請冒死而言積之狀：皇長子冠婚册立，久未舉行，是曰積典；大小臣僚，以職事請，强半不報，是曰積牘；外之司府，有官無人，是曰積缺；罪斥諸臣，概不録敘，是曰積才；閫外有揚帆之醜，中原起揭竿之徒，是曰積寇；守邊治河諸臣，虚詞罔上，恬不爲怪，是曰積玩。諸所爲積，陛下不能以明斷決，元輔趙志皐不能以去就争，天應隨之，毫髮不爽。陛下何不召九卿臺諫，面議得失！見兔顧犬，未爲晚也。若必專任志皐，處堂相安，小之隳政事而羞士類，大之叢民怨而益天怒，天下大計，奈何以此匪人當之！此不可令闕白諸酋聞也。」

上得疏，恚甚，將罪之，以方遘殿災，留中不報。已而授編修。居二年京察，坐浮躁調外任，遂歸，明年卒。故事，翰林與政府，聲氣相屬，綱直攻志皋短，故嗛之不置，假察典中之。

自來以庶吉士專疏建言者，前惟鄒智，後則劉之綸與綱，並四川人。【考異】據明史本傳，特書二十五年七月，正在殿災之後，今據增。

15 八月，丁丑，倭破朝鮮閑山。

閑山島在朝鮮西海口，右障南原，爲全羅外藩，一失守則沿海無備，天津、登萊皆可揚帆而至。

是時我水兵三千甫抵旅順經略，檄守王京西之漢江、大同江，扼倭西下。未幾，清正圍南原，乘夜猝攻，守將楊元遁。倭破南原，遂犯全慶，逼王京。

16 甲申，京師地震。

17 是月，遼陽、開原、廣寧等衛俱震，地裂涌水，三日乃止。宣府、薊鎮等處俱震。次日復震。蒲州池塘無風生波，涌溢三四尺。山東濰縣、昌邑、樂安、即墨皆震。臨淄縣不雨，濠水忽漲，南北相向而鬥。又夏莊、大灣忽見潮起，隨聚隨開，聚則丈餘，開則見底。樂安小清河水逆涌流，臨清磚板二閘無風起大浪。【考異】俱見明史五行志。惟山東濰縣、昌邑、樂安、即墨之震五行志軼，三編據實録彙系之是月下，今從之。

18 邢玠聞閑山失，退守王京。

王京爲朝鮮八道之中，東阻鳥嶺、忠州，西則南原、全州，道相通。自二城失，東西皆倭，我兵單弱，因退守王京，依險漢江。麻貴請於玠，欲棄王京，退守鴨緑江，海防使蕭應宮以爲不可，自平壤兼程趨王京止之。麻貴發兵守稷山，朝鮮亦調都體察使李元翼由鳥嶺出忠清道遮賊鋒。玠既身赴王京，人心始定。

玠召參軍李應試問計，應試請問：「廟廷主畫云何？」玠曰：「『陽戰陰和，陽剿陰撫。』政府八字密畫，無泄也。」應試曰：「然則易耳。倭叛以處分絶望，其不敢殺楊元，猶望處分也。直使人諭之曰『沈惟敬不死』，則退矣。」因請「使李大諫於行長，馮仲纓於清正」，玠從之。

19 九月，壬辰，逮故兵部尚書石星下獄，與沈惟敬俱論死。

20 是月，倭至漢江，楊鎬遣張貞明持惟敬手書往，責其動兵，有乖静候處分之實。行長、正成亦尤清正輕舉，乃退屯井邑。貞明反，至中途，爲人刺死。

麻貴遂報青山、稷山大捷。蕭應宮揭言：「倭以惟敬手書而退，青山、稷山并未接戰，何得言功！」玠、鎬怒，遂劾「應宮恇怯，不親解惟敬」，並逮之。

21 冬，十月，甲戌，詔授黎惟潭爲安南都統使。

安南自莫登庸篡立請封，再傳至弘瀷。明史外國傳，「莫登庸請封，制下而死，其孫福海襲。弘瀷，福海子也，以嘉靖二十五年襲。」弘瀷不能攝衆，爲黎寧臣鄭檢所逐。黎寧即黎惠之子居清華者，見嘉靖十六年。寧死，再傳至惟潭，漸强盛，舉兵攻殺弘瀷子茂洽，復據安南，款關求貢。總督陳大科言：「莫之竄黎，其事逆；黎之復仇，其名正；宜許其來歸。」遂有是命。

踰年，惟潭復進代身金人如黎氏故事，自是安南復爲黎氏有。而莫氏惟據高平一郡，宗黨多竄處海隅，時出侵軼爲邊患。

22 十一月，甲午，泰寧部綽哈糾土默特寇遼東，入瀋陽，殺掠無算，凡八日去。

23 是月，邢玠徵兵大集，上發帑金犒軍，賜玠尚方劍，而以御史陳效監其軍。

玠大會諸將，分三協，楊鎬、麻貴率左、右協，自忠州、鳥嶺向東安趨慶州，專攻清正；使李大諫通行長，約勿往援；復遣中協屯宜城，東援慶州，西扼全羅；以餘兵會朝鮮，合營詐攻順天等處，以牽制行長東援。

24 十二月，乙酉，京師地復震。

25 是月，邢玠、楊鎬等會師于慶州。麻貴遣黃應賜賄清正約和，而率大兵攻倭于蔚山。

時倭依山爲險，中一江通釜山寨，其陸路由彦陽通釜山。貴欲專攻蔚山，恐釜倭由彦陽來援，乃多張疑兵，又遣將遏其水路，遂進逼倭壘。游擊擺寨以輕騎誘倭入伏，斬級四百餘，獲其勇將，乘勝拔兩栅。倭焚死者無算，遂奔島山，連築三寨。翌日，游擊茅國器統浙兵先登，連破之，斬獲甚多，倭堅壁不出。

方諸軍之攻山寨也，鎬等議進兵方略，分四萬人爲三協，副將高策將中軍，李如梅將左，李芳春解生將右，合攻蔚山。先以少兵嘗賊，賊出戰，大敗，悉奔據島山，結三栅城外以自固。

鎬官遼東時，與如梅深相得；及是游擊陳寅連破賊二栅，第三栅垂拔矣，鎬以如梅未至，不欲寅功出其上，遽鳴金收軍。賊乃閉城不出，堅守以待援。官兵四面圍之，地泥淖，且時際窮冬，風雪裂膚，士無固志。賊日夜發礮，用藥煮彈，遇者輒死，官兵攻圍十日不能下。賊知官兵懈，詭乞降以緩之。未幾而行長援兵大至，遂不克。【考異】明史本紀系攻蔚山不克于明年正月，諸書及楊鎬、朝鮮本傳皆在十二月。而據鎬傳，行長援兵之至在二十六年正月二日，蓋圍攻在十二月，而楊鎬之奔實正月事。今仍系之十二月，爲明年鎬敗張本。

二十六年（戊戌、一五九八）

1 春，正月，己丑，行長兵驟至，諸軍聞之，大懼。楊鎬不及下令，策馬先奔，麻貴繼之，一時九將皆潰。賊前襲擊，死者無算。副將吴惟忠、游擊茅國器斷後，賊乃還，輜重多喪失。

是役也，謀之經年，傾海内全力，合朝鮮通國之衆，委棄一旦，中外嗟恨。

鎬等奔趨慶州，懼賊乘襲，盡撤兵還王京，與邢玠詭以捷聞。時諸營上軍籍，士卒死亡殆二萬，鎬大怒，屏不奏，止稱百餘人。贊畫主事丁應泰聞敗，詣鎬咨後計，鎬出張位、沈一貫手書，揚揚自得。應泰憤，抗疏列敗狀，言「鎬當罪者二十八，可羞者十」，並劾「位、一貫扶同作奸。」疏入，上震怒，欲行法，首輔趙志皋力爲營救，乃免逮，因遣給事中徐觀瀾查勘以聞。【考異】明史本紀書「攻蔚山不克，楊鎬、麻貴奔王京。」蓋攻倭在十二月，敗奔在正月。史稿書之己丑，是年正月丁亥朔，己丑三日也。紀事本末，攻倭在去年十二月二十三日。而明史鎬傳，言「攻圍十日，行長援兵至，鎬等遂以正月二日潰，奔王京。」則史稿以爲「己丑」者是也。三大征所記月日，皆交綏勝負之確期，見之原奏疏中，非奏報至京師之月日，尤可考而知也。

2 二月，邢玠益募江西水兵，議海運爲持久計，于是都督陳璘以廣兵，劉綎以川兵，鄧子龍以浙、直兵先後至。玠分兵三協爲水陸四路，路置大將，中路如梅，東路貴，西路綎，水路璘，各守汛地，相機行剿。

時倭亦分三窟，東路則清正據蔚山；西路則行長據粟林曳橋，建寨數重；中路則石曼子據泗州；而行長水師，番休濟餉，往來如駛。

我師約日並進，尋報遼陽警，李如松敗没，詔如梅還赴之。中路以董一元代。

3 三月，癸卯，賜趙秉忠等進士及第、出身有差。

4 壬子，文武群臣具疏詣文華門請皇長子冠婚，不許。

去年三殿災，詔陳時政，閣臣趙志皋等上十一事，首定國本，次罷礦税，優詔報聞而已。

其時皇長子已十六歲，志皋請舉冠婚禮，上命禮官具儀；及儀上，不果行。至是乃率廷臣復以爲言，終不得請。

5 夏，四月，癸亥，吏科給事中戴士衡，劾文選郎中白所知贓私，上怒，所知除名，遂貶黜吏部司官二十二人，因責吏科朋比。都給事中劉爲楫、楊廷蘭、張正學、林應元及士衡俱引罪，詔貶爲楫一秩，與廷蘭等並調外。士衡得蘄州判官，無何，詔改遠方，授陝西鹽課司提舉，未赴而憂危竑議之獄起。

6 丁卯，土默特寇遼東，總兵官李如松率輕騎遠出塞擣其巢，遇伏力戰死。

初，如松棄倭班師，言路交章詆其「和親辱國」，上置不問。會遼東總兵董一元罷，廷推如松代之；如松感知遇，氣益奮，至是遂及于難。詔以其弟如梅代之。

7 壬申，京師旱，敕群臣修省。

時禱雨于黑龍潭，加封黑龍潭龍王廟號，勒碑紀之。【考異】加黑龍潭龍王廟號，三編據實録增入目中，今從之。

8 是月，吏部尚書蔡國珍罷。

國珍爲御史況上進所劾，上察其誣，不問。國珍遂稱疾，累疏乞休。先是孫丕揚坐忤張位去官，位欲援同己者爲助，以國珍鄉人，汲引甚力。及秉銓，一守成憲，不爲位用，位銜之，國珍乃懷去志。至是以諸郎貶黜，引咎求去益力，許乘傳歸。

初，楊巍爲吏部，與内閣相比，得居位八年。自宋纁、陸光祖力與閣抗，權雖歸部，身不見容。故自纁至國珍，卒未浹歲去，惟丕揚閲二年。時咸議閣臣忮，而惜纁等用未竟也。國珍風力不及孫鑨、陳有年，而清操似之，均爲時望所屬。家居十三年卒，贈太子太保，謚恭靖。

9 全椒知縣樊玉衡，以册立久稽，上言：「陛下愛貴妃，當圖所以善處之。今天下無不以册立之稽歸過貴妃，而陛下又故依違以成其過，陛下將何以託貴妃于天下哉？由元子而觀則不慈，由貴妃而觀則不智，無一可者。願早定大計，册立冠婚諸典，次第舉行，使天下以元子之安爲貴妃功，豈不並受其福，享令名無窮哉！」

疏入，上及貴妃怒甚，旨一日三四擬，禍且不測。閣臣趙志皋等力救，言「自上即位，未嘗殺諫臣」，上乃焚其疏，忍而不發。未幾，以戴士衡故，復得罪。【考異】諸書所記戴士衡、樊玉衡上書，皆以憂危竑議一事牽連並書。而考其前後，玉衡上疏在四月，見明史本傳。憂危竑議起于五月，則正呂坤進憂危疏之後。士衡劾坤，有疑爲張位主使者，故坤及位之罷皆在六月。今分書之。

10 五月，刑部侍郎呂坤，疏陳天下安危。

略曰：「自古幸亂之民有四：一無聊之民，身家俱困，因懷逞亂之心；二無行之民，玩法輕生，淫掠是圖；三邪説之民，白蓮結社，所在成聚；四不軌之民，乘釁蹈機，惟冀有變。陛下約己愛人，則四民皆赤子，否則悉爲寇讎。

今天下蒼生貧困矣，臣久爲外吏，見凍骨無兼衣，饑腸不再食，君門萬里，孰能仰訴！今國家財用耗竭矣，壽宮費幾百萬，織造費幾百萬，寧夏變，黃河潰，大工采木，費又各幾百萬，非雨菽湧金，安能爲計！今國家防禦疏略矣，三大營馬半羸敝，人半老弱；九邊兵勇於挾上，怯於臨戎；外衛兵皮骨僅存，折衝奚賴！設有千騎橫行，必選民兵，以怨民鬥怨民，誰與合戰！人心者，國家命脈也，今日之人心，惟望陛下收之而已。

陛下以患貧爲事，不知天下止有此數，君欲富則天下貧，天下貧而君豈獨富！惟陛下密行臣言，則人心悅，天心回矣。」

疏入，不報。

初，坤按察山西時，嘗撰閨範圖說。內侍購入禁中，鄭貴妃因加十二人，且爲製序，屬其伯父鄭承恩重刊之。會坤上憂危疏，給事中戴士衡遂劾「坤因承恩進書，結納宮掖，包藏禍心」，坤奏辨，皆不報。

而是時有妄人爲閨範圖說跋，名曰憂危竑議，略言：「坤撰閨範，獨取漢明德馬后者，后由貴人進中宮，坤以媚鄭貴妃也。」又言：「坤疏陳天下憂危，無事不言，獨不及建儲，意自可見。」又誣「坤與承恩及户部侍郎張養蒙、山西巡撫魏允貞、吏科給事中程紹、吏部員外郎鄧光祚、給事中劉道亨、文選郎白所知等，同盟結納，羽翼貴妃子」，承恩大懼。

會樊玉衡方上疏言國本，指斥貴妃，而士衡之劾坤繼之，承恩遂疑其書出二衡手，奏聞。上震怒，貴妃復泣訴不已。夜半，傳旨逮士衡並玉衡俱下詔獄拷訊。比明，謫士衡戍廉州，玉衡雷州。時坤已稱疾乞休，上以妖書所言絶狂誕，將以害坤，故歸罪丁士衡等而置坤不問。

11 六月，丁巳，楊鎬罷職聽勘。

12 戊午，命中官李敬採珠廣東。

13 丙寅，張位罷。

初，日本封事壞，位力薦楊鎬才，請付以朝鮮經略；鎬遭父喪，又請奪情視事；上皆從之。及蔚山之敗，丁應泰劾其拔擢由賄位得之，位皇恐奏辯。給事中趙完璧、徐觀瀾復交章論之，位窘，亟奏：「群言交攻，孤忠可憫。臣心無纖毫愧，惟上矜察。」上怒曰：「鎬由卿密揭屢薦，故奪哀授任。今乃朋欺隱慝，辱國損威，猶云無愧！」遂落職閒住。

會妖書獄起，給事中劉道亨，劾「士衡之疏，張位實使之。」上以呂坤既罷，置不問。未幾，御史趙之翰，言「是書非出一人，主謀者張位，奉行者士衡，同謀者右都御史徐作、禮部侍郎劉楚先、國子祭酒劉應秋、故給事中楊廷蘭、禮部主事萬建崑諸臣，皆位心腹爪牙，宜並斥。」乃奪楚先、作官，出應秋于外，廷蘭、建崑謫邊方。侍郎裴應章等再論救，上不悅，斥位爲民，士衡等再更赦皆不原。

14 丙子，命巡撫天津右僉都御史萬世德經略朝鮮，代楊鎬也。

15 是月，以田樂爲兵部尚書，代石星也。星以去年二月革任，至是始以樂代之。

禮部尚書范謙以去年十月卒，至是始以侍郎余繼登署代。

16 起前工部尚書李戴爲吏部尚書。

時蔡國珍罷，廷推代者七人，戴居末，上特擢用之。當是時，趙志皋、沈一貫輔政，雖不敢撓部權，然大僚缺人，九卿及科、道掌印者，咸得自舉聽上裁。而吏部諸曹郎亦由九卿推舉，尚書不得自擇。在外府佐及州縣正、佐官，則盡用掣籤法，部權日輕。戴視事，僅守新令，幸無罪而已。

17 秋，七月，丙戌，遣中官魯保鬻兩淮没官餘鹽，鴻臚寺主簿田應壁請之也。給事中包見捷極陳利害，不聽。

保既視事，遂議開存積鹽，户部尚書楊俊民言：「明旨鬻没官鹽，而存積非没官也。額外加增，必虧正課，保奏不可從。」御史馬從聘亦争之，俱不聽。

保乃開存積八萬引，引重五百七十斤，越次超掣，壓正鹽不行，商民大擾。而姦人蠭起，董璉、吴應麒等争言鹽利，山西、福建諸税監皆領鹽課矣。百户高時夏，奏「浙、閩餘鹽歲可變價三十萬兩」，巡撫金學曾勘奏皆罔，疏入不省。于是福建解銀萬三千兩有奇，浙江解三萬七千兩有奇，借名苛斂，商困引壅。户部尚書趙世卿指其害由保，因言：「額外多取一分，則正課少一分，而國計愈絀，請悉罷無名浮課。」不報。

同時千户朱仁，奏湖口船税可萬餘金，復遣中官李道督湖口、長江税，均許節制有司。科臣趙完璧、郝敬等交章諫，不省。【考異】魯保鬻兩淮餘鹽事，見明史食貨志。三編開礦目中，據實録增李道督湖口税于七月，並云「俱得節制有司」，明史、紀事本末同，今從之。

18 庚寅，平秀吉死。

福建都御史金學曾偵得之，奏報「秀吉死于七月九日，各倭俱有歸志。」是時朝鮮王李昖，「請回乾斷，崇勵鎮撫，以畢征討」，上許之，趣諸將進兵。

19 八月，丁丑夜，京師地震有聲。【考異】明史本紀五行志同。三編據實録增「夜四更」三字。

20 九月，壬辰，免浙江被災田租。

21 是月，東征將士分道進兵。

劉綎進逼行長營，約行長爲好會。翌日，行長至，司旗鼓者遽傳礮，行長覺有異，騰躍上馬，奪路而去。我兵進攻城，斬首九十二。

陳璘以舟師協堵，擊毀倭船百餘。行長潛出千餘騎扼之，綎不利，退，璘亦棄舟走。

麻貴至蔚山，頗有斬獲，倭僞退誘之，貴入空壘，伏兵起，遂敗。

董一元進取晉州，乘勝渡江，連燬二寨。倭退保泗州老營，鏖戰，下之，游擊盧得功没于陣。前逼新寨，寨三面臨江，一面通陸，引海爲濠，海艘泊寨下千計，築金海、固城爲左右翼。官兵四面攻之，不拔。【考異】劉綎、麻貴分道擊倭，明史本紀系之十月董一元敗績之上。證之諸書及明史朝鮮傳，皆九月事，蓋先攻後敗也。今仍據傳分書之。

22 中官陳增奉使徵山東礦税，甫至，即二十五年事。即劾福山知縣韋國賢，逮問，削職。守令多屈節如屬吏，而益都知縣吴宗堯獨與之抗。增黨程守訓，宗堯邑子也，宗堯惡其奸，不與通。驛丞金子登說增開孟圪山礦，宗堯叱其欺罔，子登懼，搆于增，日徵千人鑿山，多捶死。又誣富民盜礦，三日捕繫五百人。

于是宗堯乃盡發增不法事，上得疏意動，持不下。會給事中包見捷極論增罪，請撤還，上責增令檢下。而見捷同官郝敬復請治增罪，上不悅，責宗堯狂逞要名。已而山東巡撫尹應元劾增虐民二十罪，上遂發怒，切責應元，削宗堯籍。

增遂劾宗堯阻撓礦務，且令守訓誣訐之，詔逮問。使至，民大譁，欲殺增。宗堯力解，乃行。既至，下詔獄拷訊。繫經年，沈一貫揭救，乃釋爲民。【考異】事見明史宗堯本傳，特書于二十六年九月，三編同，今據增。

23 冬，十月，乙卯，董一元攻倭于新寨，敗績。

時一元遣將環攻，用火器擊碎寨門，兵競前拔柵。忽營中火藥崩，烟焰漲天，倭乘勢衝擊。會固城倭亦至，我兵大潰，奔還晉州。

徐觀瀾以敗聞，詔「斬游擊馬呈文、郝三聘以徇，一元等各戴罪立功。」會平秀吉死問至，諸軍乃稍稍復振。

24 是月，閣臣趙志皋以養病請，許之。

志皋自爲首輔，數爲言官論劾，而給事中劉道亨詆之尤力。志皋言：「昔日之閣臣，勢重而權有所歸，則相率附之以媒進；今日之閣臣，勢輕而權有所分，則相率擊之以博名。」因求退益力，詔慰諭之。

初，日本封貢議起，石星力主之，志皋亦冀無事，相與應和。及封事敗，議者蜂起，凡劾星者必及志皋，志皋求罷，上多譴言者以謝之；後言者益衆，則多寢不下。至是星論死，張位亦以楊鎬故罷官，上雖不譴及志皋，而志皋已病不能視事。自是在告者四年。

25 詔下雲南大理採石。

26 十一月，戊戌，倭棄蔚山遁。

時行長、清正以關白死，皆懷去志，清正發舟先走。陳璘提督水軍，副將鄧子龍、游擊馬文煥等皆屬焉。戰艦數百，分布忠清、全羅、慶尚諸海口。

會賊將遁，璘亟遣子龍偕朝鮮將李舜臣邀之。子龍素慷慨，所在立戰功，至是年踰七十，意氣彌厲，駕三巨艦爲前鋒，邀之釜山南海，攜壯士三百人，躍入朝鮮舟，直前奮擊，賊死傷無算。他舟誤擲火器入子龍舟，舟中火起，賊乘之，遂與舜臣俱戰没。會副將陳蠶、季金等軍至，夾擊，而倭無鬥意，官軍焚其舟，賊大敗。其得脱登岸者，又爲陸兵所殲，焚溺者萬計。

時劉綎方攻行長，奪曳橋寨，璘以舟師會擊，復焚其舟百餘。行長黨石曼子引舟師來援，璘邀之半洋，擊殺之，于是諸倭揚帆盡去。其餘賊退保錦山，官軍挑之不出。【考異】「李舜臣」，諸書皆作「李舜」。今據明史本傳。

27 十二月，倭復渡匿乙山。崖深道險，將士不敢進。陳璘夜潛入，圍其崖洞，比明礮發，倭大驚，奔後山，憑高以拒。將士殊死攻之，賊遁走，璘分道追擊，賊無脱者。

自倭亂朝鮮七載，喪師數十萬，糜餉數百萬，中國與朝鮮迄無勝算，直至關白死，禍始息。

萬世德代楊鎬經略軍務，畏倭不敢前，比聞倭退，始會同邢玠以捷聞，時論薄之。

28 是月，以河道都御史楊一魁爲刑部尚書，起前尚書温純爲左都御史。

二人皆以五月召，至是始任事。

29 是冬，總督三邊李汶襲河套寇于松山，大破之，寇遠遁。

時珠圖爾即著力菟，見前。已東歸。而套寇浩爾齊、巴什圖等頻年抄掠如故，據三大巢，曰河套，曰海西，曰松山，聲息交倚。是年寇西寧，參將趙希雲等陣没。

松山在河西，爲羌番襟要地，垂二千里。至是汶内聯四鎮，外招番人，襲破寇衆于松山，復其地，築邊垣四百里，以蔽莊涼、蘭靖爲内地，而盡撤舊戍。

汶督陝凡四考，進秩至少師。其松山奏捷疏，言：「兵動萬餘，師勞旬日，收幅員千餘里之封疆，翦腹心數百年之巨害。」葉向高誌「汶大小百餘戰，斬馘萬九千有奇，降萬二千有奇，遂空松幕」云。【考異】三編系之是年十一月下，據明史傳中在是冬，今從之。並據三編記其奏捷疏及葉向高所誌汶戰功。惟明史韃靼傳「汶」亦作「旼」，三編據實録，當不誤也。

30 以劉東星爲工部侍郎，總理河道。

初，潘季馴議開黄河上流，循商邱、虞城而下，歷丁家道口，出徐州、小浮橋，即元賈魯所浚故道也。朝廷以費鉅，不果。

東星即其地開濬，起曲里鋪至三仙臺，抵小浮橋；又濬漕渠，自徐、邳至宿遷，凡五閱月工竣。明年，濬邵伯、界首二湖；又明年，開泇河，南通淮海，引漕甚便。

31 税使之四出也，有奸民張禮等，僞爲官吏，群小百十人，分據近京要地，税民間雜物，弗予，捶至死。太常少卿傅好禮極論其害，因言：「自朝鮮用兵，饑民富者貧，貧者死，思亂已久，奈何又虐征！國家縱貧，亦不當頭會箕斂，括細民續命之脂膏。況奸徒所得千萬，輸朝廷者什一耳，陛下何利爲之！」奏入四日，未報，復具疏請。上大怒，傳旨鐫三級，出之外。大理卿吴定疏救，上益怒，謫好禮大同廣昌典史，定鐫三級，調邊方。言官復交章論救，斥定爲民。

既而上思好禮言，下其疏，命廠衛嚴緝，逮禮等二十八人詔獄，其害稍除。

好禮之官未幾，請急歸。家居十五年卒。天啓中，贈太常卿。【考異】此據明史好禮本傳。傳特書于二十六年冬，今據增。

明通鑑卷七十二

紀七十二起屠維大淵獻（己亥），盡玄黓攝提格（壬寅），凡四年。

江西永寧知縣當塗夏燮編輯

神宗顯皇帝

萬曆二十七年（己亥、一五九九）

1 春，正月，遣中官高寀榷京口，暨祿榷儀真，仍令寀兼礦務。

2 二月，壬子，分遣中官劉成榷稅浙江，李鳳採珠廣州。時百户張宗仁、千户陳保等，請復浙江、廣東並福建市舶司，詔成、鳳兼領浙江、廣東市舶司稅課。尋又命内監楊榮開採雲南，陳奉徵荆州店稅，陳增徵山東店稅，孫隆徵蘇、杭等處稅課，魯坤徵河南，孫朝徵山西。又命内監邱乘雲徵稅四川兼礦務，梁永徵稅陝西，各以原奏千户翟應泰、樂綱等往；御馬監潘相督理江西瓷廠。

輔臣沈一貫言：「中使衙門皆創設，並無舊緒可因。大抵中使一員，其從可百人，分遣官不下十人，此十人又各須百人，則千人矣，此千人每家十口爲率，則萬人矣。萬人日給千金，歲須四十餘萬，及所得纔數萬，徒斂怨耳。今分遣二十處，歲糜八百萬，聖思偶未之及也，乞盡撤之。」不報。尋諸省皆併稅于礦使。

3 是月，貴州巡撫江東之討播州楊應龍，敗績。

先是東之令都司楊國柱、指揮李廷棟率部兵三千剿應龍，應龍遣子朝棟、弟兆龍、何漢良等迎敵于飛練堡。賊佯走天邦囤誘官軍，盡殲之，國柱罵賊不屈，與經歷潘汝資等皆死。

東之坐罷，以郭子章代之。

4 三月，己亥，起前都御史李化龍兼兵部侍郎，總督川、湖、貴三省軍務。

是時東征事竣，亟調總兵官劉綎、麻貴、陳璘、董一元南征。

5 是月，遣中官王忠徵稅密雲，馬堂徵臨清，陳增徵東昌。

6 夏，四月，丙辰，户部奏：「畿内自去冬至是，亢旱爲災，河井乾竭，二麥枯槁。」【考異】明史本紀書「閏四月久旱，敕修省。」此據史稿月日，蓋奏報在前，下詔在後也。三編統系之是夏。其「河井乾竭、二麥枯槁」之文，明史五行志不具，據實録增入，今從之。惟是年兩振畿輔，皆在十月、十一月，故三編但書旱。今參本紀分書之。

7 甲戌，御午門受倭俘。磔平秀政、平正成于市。

初，丁應泰復劾「諸臣賄倭賣國」，上以將士久勞苦，仍發金十萬兩犒師。至是敘東征功，首陳璘，次劉綎，又次麻貴，皆加都督同知及右都督職。邢玠、萬世德各予世蔭，董一元、楊鎬俱復原職。

先是東征奏捷，督學御史李堯民馳疏言諸臣欺罔狀，上不悦，抵其疏于（凡）〔几〕而罷。未幾，勘臣徐觀瀾疏參「沈一貫、蕭大亨、邢玠、萬世德四凶，黨和賣國」，疏至京師，户部侍郎張養蒙尼之，不得上。時觀瀾方駐遼造册，身歷釜山、蔚州、忠州、星州、南原、稷山，查覈各路敗狀，據實册報，大亨危之。沈一貫簡觀瀾前疏有「抱病」語，票准回籍調理，改遣給事中楊應文代之。乃盛稱東征功伐，一如邢玠指。而丁應泰以劾楊鎬故，尋爲玠所劾，亦落職。

谷應泰曰：丁應泰之疏能直伸于關白未死之前，通紀、從信録所記，謂「上見丁應泰疏，謂『御極二十六年，未見忠直如此人者。』書其名于御屏」云云。史言「上覽疏震怒，欲置楊鎬于法」，是其説之伸也。而李堯民之章反見抵于關白已死之後者，蓋用兵之初，神宗氣自甚鋭，鋭則期其速濟，故必欲核其真；用兵之久，神宗憂自甚深，深則幸其成功，故不欲明其僞。卒之忠言者落職，欺君者冒功，而所遭逢異矣。

8 是月，臨清民變。

時中官馬堂奉使至臨清，召募參隨人等，凡零星米豆，無不抽分。臨清民怒，聚衆三四千，譟而逐堂，縱火焚堂署，斃其黨三十七人，皆黥臂諸偷也。詔逮首惡，株連甚衆。有王朝佐者，素仗義，慨然曰：「首難者我也，勿累無辜！」臨刑，神色不變。臨清民立祠祀之。

方焚譟時，守備王煬率家丁二十餘人衝入，抱敕印負堂而出。其黨鄭惟明，反訐煬始禍，亦被逮繫獄，久之，瘐死獄中。【考異】臨清民變，明史本紀系之是月，三編統記于二十七年武漢民變目中，亦云「二十七年事」，大事記所載，則四月二十四日事也。其「王朝佐自首」云云，見明史宦官傳，今據增。又本傳、三編皆作「三十七人」，本紀「三十四人」。

9 閏月，丙戌，以倭平，詔天下蠲東征加派田賦。

10 己丑，以京師久旱，敕群臣修省。

11 丙申，詔取太倉銀二千四百萬兩，爲册立、分封諸費。

時皇長子年十八，諸請册立冠婚者日益迫，上乃責户部以困之。而户部果告匱，乃遣中官嚴覈天下積儲。由是外帑日耗。

12 五月，户部尚書楊俊民致仕，以侍郎陳蕖陞任代之。

13 貴州巡撫郭子章馳至蜀，討楊應龍，請設中軍標兵，益調浙、閩、滇、奥將士。先檄總兵萬鏊自松潘移重慶，並調集鎮雄、永寧各漢、土兵，分守南川、合江等處。

14 六月，己丑，遣中官沈永壽開礦廣東，兼領税務。

15 己亥，楊應龍陷綦江。

時應龍乘大兵未集，亟攻城。城中新募兵不滿三千，賊兵八萬奄至，圍綦江城數匝。參將房嘉寵誤爇火礮，反傷城上兵。賊乘勢登城，嘉寵率師巷戰，蜀兵争譟走水上，嘉寵乃殺其妻，與游擊張良賢俱死之。

應龍因劫縣令，縱囚焚掠，出綦江庫犒師，依倉就食，盡取貲財子女去。老弱者殺之，投其尸，蔽江而下，水爲之赤。尋退屯三溪，以綦江之三溪、母渡、南川之東鄉壩，立石爲播界，號宣慰官莊，聲言「江津、合江皆播故土」，益結九股生苗及紅黑脚等苗，負險弄兵爲助。

時郭子章調土、漢兵漸集，軍聲始振，賊未敢鼓行深入，但以争界給葬爲詞，仍具文求撫。會總督李化龍至，以援師未集，蜀人畏賊如虎，亦欲以計緩之，時時移文詰責，示無遽絶意。而應龍僞軍師孫時泰，説應龍直取重慶，擣成都，劫蜀王爲質，然應龍尚冀曲宥，遷延不進。化龍至成都，亦謬爲好語縻之。

已而上聞綦江破，追褫兩省巡撫譚希恩、江東之各爲民；賜化龍劍，假便宜討賊，調各路兵至，以圖大舉。

16 秋，七月，辛未，承天、沔陽、岳州地震。

17 八月，甲午，陝西狄道山崩。

山在狄道縣城東，長二百餘丈。忽聲如雷者十數夜，遂衝陷爲池。山南平地湧山五，高者二十餘丈。

18 丁酉，命中官張忠兼徵河東鹽税。

19 是月，荆州推官華鈺，黄州經歷車重任，並以忤税使中官陳奉被逮。

先是奉税湖廣，其僕直馳府署中，鈺笞之；奉佯謝，銜之次骨。奉所受敕止江税，乃故移之市，又倍蓰徵之，稍與辨輒毆擊破面。商賈怖匿，負擔者不敢出其途。鈺白御史嚴戢，奉益恨。奉欲榷沙市税，沙市人群起（遂）〔逐〕之，奉疑鈺所使；已，欲榷黄州團風鎮鋭，復爲鎮民所（遂）〔逐〕，奉又疑經歷車重任教之；遂上疏極論鈺、重任阻撓罪，并及巡按御史曹楷、襄陽知府李商耕、黄州知府趙文焕、荆門知州高則巽等數十人。詔切責楷，貶商耕等三人官。鈺、重任被逮至，下鎮撫獄鞫治，俾引御史楷，鈺堅不承，遂長繫獄中。

時以忤稅監先後被逮者，不久尋釋，至是上欲痛加折辱以懼之，于是鈺與後逮之馮應京、王正志等十餘人悉長繫。論救章數上，皆不報。

獄中有鳥，形類鶴而小，怪鳴則逮者至。一夕，鳥鳴甚哀，鈺起坐俟之，則應京至。居久之，語鈺以主靜窮理之學，日相與研究。三十二年六月，長陵災，肆赦，鈺與重任並釋爲民，家居四年卒。【考異】華鈺忤陳奉事，據明史本傳，特書云「時二十七年八月也」。三編開礦目中，亦分系之二十七年，今據之。

九月，辛亥，太白經天。

吏部侍郎馮琦，疏請修省弭災，略曰：「竊惟欲承天意，當順民心。比來賦額視二十年前十增四，民户殷足者十減五。東征西討，蕭然苦兵；自礦稅使出，民苦更甚。加以水旱蝗災，流離載道，畿輔近地，盜賊公行，此非細故也。中使銜命，所隨奸徒千百。陛下欲通商，彼專困商；陛下欲愛民，彼專害民。蓋近日神奸有二：其一工伺上意，具有成奏，假武弁上之；其一務剥小民，晝有成謀，假中官行之；利歸群奸，怨萃朝宁。天心仁愛，明示咎徵，誠欲陛下翻然改悟，坐弭禍亂。乃禮部修省之章未嘗批答，奸民搜括之奏又見允行。片紙朝入，嚴命夕傳，遂令狡猾之徒，操生死之柄。此風一倡，誰不效尤！

臣等方欲陳訴，而奸人之奏又得旨矣。五日之內，搜括公私銀已二百萬。奸內生奸，例外創例，不至民困財殫，激成大亂不止。伏望急圖修弭，無令赤子結怨，青史貽譏，則幸甚！」疏入，上不納。【考異】此疏三編不載，明鑑系之是年之末。證之明史馮琦傳，即是年九月太白經天，傳中所謂「太白、太陰同見于午」者是也。明史作「九月辛卯」。九月無辛卯，檢明史稿，蓋「辛亥」也，今從之。

21 乙卯，石星瘐死獄中。

辛未，沈惟敬棄市。

22 是月，土默特犯錦、義二州，縱掠七日。總兵官李如梅坐擁兵畏敵，被劾罷。【考異】明史本紀，「九月，土默特寇錦州」，史稿則云「錦、義二州，縱掠七日」。至「李如梅擁兵畏敵被劾罷」，語見明史本傳，今參書之。

23 冬，十月，壬午，振京城饑民。

24 丙戌，以播州用兵，加四川、湖廣田賦。

25 戊子，貴州宣慰使安疆臣有罪，請討播州賊自贖。

疆臣，故宣慰使安國亨子也。國亨以有罪革任，潛至京師納賄，爲起復地，尋請貢大木，竟不至。去年，國亨死，疆臣襲職。會應龍反，疆臣亦以戕殺安定事爲有司所按。科臣有言其逆節漸萌者，上不問，許殺賊自贖。至是疆臣奏稱「播訾方般，臣心未白」，上復優詔報之。巡撫郭子章，許疆臣以應龍平後，還播所侵水西、烏江地六百里以酬功，疆臣遂率兵從沙溪入，聽調遣。

26 壬辰，命中官李鳳徵收廣東土物。時廣洋衛鎮撫戴君恩奏廣東遺鹽及絨錦珠寶等土産，故有是命。

27 是月，李化龍移駐重慶，調度川、貴、湖廣兵，總兵官劉綎兵亦至。會四川總兵萬鏊罷，以綎代之。

綎素有威名，其家丁良馬，皆可決勝，然夙與應龍昵，人皆疑之。于是化龍延綎入卧内，輸心腹，且以危言激之，引其父顯九絲功爲比，事見萬曆元年。綎大慟，願誓死報效。化龍乃臒書于朝，遂委綎專制，軍事益有次第矣。

應龍聞之懼，益廣結生苗，大治隘塞，屯兵官壩，聲言窺蜀。化龍乃檄前駐水西兵三萬守黔省，斷苗道，復分兵萬餘據守楚、黔要害。

28 十一月，己酉，振河南災，並蠲免改折有差。

29 壬申，内府火。

30 癸酉，發天津、德州、臨清倉粟共三十萬石，振畿輔饑，詔以十萬備振，二十萬平糶。又以鳳陽災，免徵、改折有差。

31 十二月，丁丑，武昌、漢陽民變。

先是，中官陳奉徵税湖廣，恣行威虐，慘毒備至。興國州奸人漆有光、許居民、徐鼐等，掘唐相李林甫妻楊氏墓，得黄金巨萬，奉奏之，上命奉括進内庫。奉因毒拷責償，且悉發境内諸墓。巡按御史王立賢言：「所掘墓乃元吕文德妻，非林甫妻。奸人許奏，語多不實，請釋不治，而停他處開掘。」不報。

時巡撫支可大以下，事奉唯諾惟謹，獨分巡僉事馮應京以法裁之。至是有武昌、漢陽諸生妻被辱，訴上官，市民從者萬餘，哭聲動地，蠭擁入奉廨，争投瓦石擊奉，奉被傷，諸司馳救之，乃免。應京捕治其爪牙，奉怒，陽餉食而置金其中，應京復暴之，益慚恨。尋置酒邀諸司，以甲士千人自衛，遂舉火箭焚民居。民群擁奉門，奉遣人擊之，多死，碎其屍，擲諸途，可大噤不敢出聲，應京獨抗疏列其九大罪。奉亦誣「應京撓命，凌敕使」，上怒，命貶應京邊方雜職。給事中田大益、御史李以唐等交章劾奉，乞宥應京，上益怒，除應京名。

是時襄陽通判邸宅，推官何棟如，棗陽知縣王之翰，亦忤奉被劾，詔宅、之翰爲民，棟如遣逮。【考異】明史本紀系武、漢民變于是年十二月丁丑，三編亦系之是年十二月，而據明史馮應京傳，乃二十八年十二月事。奉置酒邀諸司在明年正月，則二十九年正月事也。此事本末，經歷兩年，而據三編目中所載，乃二十七、八兩年事。若二十九年，則武昌再變，正應京就逮入京之時，本紀亦分書之，疑傳中類記參錯耳。

32 戊子，振京師就食流民。

33 是歲，南康知府吴寶秀及星子知縣吴一元、青山巡檢程資，亦以忤中官税使李道被逮。

道徵税湖口，横甚，寶秀方出守南康，不與通。會漕舟南還，乘風揚帆入湖口，道欲榷其貨，遣卒急追之，舟覆，有死者。道遣吏捕漕卒，寶秀拒不發；道怒，劾「寶秀及一元、資阻撓税務」，詔俱逮治。給事中楊應文等，「請下撫、按公勘」，大學士沈一貫、吏部尚書李戴、國子祭酒方從哲等交章爲言，俱不報。

寶秀妻陳氏，慟哭請偕行，寶秀不可，乃括餘貲及簪珥付其妾曰：「夫子行，以爲路費。」夜，自經死。

寶秀至京，下詔獄。大學士趙志皋上言：「頃臣卧病，聞中外人情洶洶，皆爲礦税一事。南康守吴寶秀逮繫時，其妻至投繯自盡，闔郡號呼，幾成變亂。事關民生向背，宗社安危，臣不敢以將去之身，隱默而不言。」

星子民陳英者，方廬墓，約儒士熊應鳳等，走京師伏闕訟冤，乞以身代。于是撫、按及南、北諸臣論救者疏十餘上，上皆不省。

一日，司禮田義彙諸疏進御前，上怒，擲地，義從容拾起，復進之，叩首曰：「閹臣跪候朝門外，不奉處分不敢退。」上怒稍平，取閱閹臣疏，命移獄刑部。皇太后亦聞陳氏之死，從容爲上言。至九月，與一元等並釋爲民。歸家踰年卒。

初，南康士民建祠特祀陳氏，後合寶秀祀之。天啓中，贈太僕少卿，賜祭。

是時中外争礦税者無慮百十疏，而給事中包見捷，一歲疏累上，凡以忤税監得罪者，輒危言論救不已，上尤銜之，謫貴州布政司都事。見捷尋引疾去。

二十八年（庚子、一六〇〇）

1 春，正月，楊應龍勒兵數萬，五道並出，攻破龍泉司。土官安民志率步卒五百拒守，死之，吏目劉玉鸞偕妻子並死于賊。【考異】應龍攻破龍泉司，諸書俱系之正月，據大事記，則正月二日也。記及通紀皆云「安民被虜」。三編據實録書「死」，今從之。並增入劉玉鸞妻子三人。

2 二月，戊寅，午時，京師地震，自東北往西南，連動二次。

3 己卯，遣内監暨禄徵鳳陽、安慶、徽、廬、常、鎮税，又命邢隆税沿江洲田。辛巳，遣魯坤開彰德、衛輝、懷慶等礦洞。【考異】明史本紀不具，此據史稿月日。又三編開礦目中亦在二十八年二月，今據書之。

4 丙戌，總督李化龍率兵分道討播州。

時諸軍大集，化龍大會文武于重慶，登壇誓師，分八路進兵。川師分四路：總兵官劉綎由綦江入；總兵官馬孔英由南川入；總兵官吳廣由合江入；副將曹希彬受廣節制，由永寧入。黔師分三路：總兵官童元鎮由烏江入；參將朱鶴齡受元鎮節制，統宣慰使安疆臣由沙溪入；總兵官李應祥由興龍入。楚師一路分兩翼：總兵官陳璘由偏橋入；總兵官陳良玭受璘節制，由龍泉入。每路兵三萬，官兵三之，土兵七之。巡撫郭子章駐貴陽，湖廣巡撫支可大移沅州，化龍自將中軍策應。

部署既定，化龍戒諸將，以抵婁山等關爲期，且曰：「關外且戰且招降，多不可勝誅也；關内疾戰，勿受降，師不可久老，賊詐不可信也。」先是，蜀玉壘山忽裂，僉謂昔年平九絲，地數動，殆播平先兆云。

劉綎進兵綦江，連戰，破三峒。綦江自東溪入播，並峻嶺密箐，楠木、山羊、簡臺三峒，素號奇險，賊首穆炤等盤據，綎力戰，克之。

5 三月，戊午，總兵官童元鎮敗績于烏江。

先是楊朝棟統苗兵數萬，分道迎敵，鋒甚銳，官軍夾擊。劉綎身自陷陣，苗大驚曰：

「劉大刀至矣！」朝棟潰圍走，幾被獲，賊膽落，益爲守禦計。

諸軍分道並捷，南川則酉陽、石砫二司兵先登，遂連克桑木、烏江、河渡三關；陳璘及副將陳寅擊四牌賊，各披靡，遂奪天都三百落諸囤。賊連敗，乃乘隙出奇兵突犯烏江，詐稱水西隴澄會哨，【考異】諸書及三編皆作「龍澄」。證之明史童元鎮傳，乃安疆臣之弟隴澄也，時爲鎮雄土官，與疆臣會大軍剿賊，故賊詐稱之，今刊改。誘永順兵，斷橋，溺死官軍無算。參將楊顯、守備陳雲龍、阮士奇白明逵、指揮楊續芝等並顯之二子皆死之。事聞，逮總兵童元鎮下于理。

時有蜚語水西佐賊者，化龍檄詰之，水西不自安。會賊殺其頭目澄大眼，復修好賄隴澄，澄戮其使，擊斬僞將楊惟棟等；安疆臣亦執賊二十餘人，以示不背。【考異】自楊朝棟迎敵以下，皆三月事，大事記書于三月之朔。若烏江之敗，明史童元鎮傳（附李應祥）在三月之望，史稿系之戊午者是也。惟戊午在三月，而史稿誤入二月月分，蓋「戊午」上脱去「三月」二字耳，今據諸書改正。

6 夏，四月，劉綎戰九盤，入婁山關。關爲賊前門，萬峰插天，中通一綫，官軍從間道攀藤，魚貫毁柵而入。

是月，癸酉朔，屯白石。應龍率諸苗決死戰，陰令楊珠等抄後山奪關，四面合圍。都司王芬中流矢死，守備陳大剛、天全招討楊愈亦死。

劉綎親勒騎衝堅，以游擊周敦吉、守備周以德分兩翼夾擊，敗之，與南川永寧路合，連破其龍爪、海雲諸險囤，壓海龍囤而壘。——海龍囤者，賊所倚天險，飛鳥騰猿不能踰者。時偏沅巡撫都御史江鐸已抵任視師，陳璘率師急攻破其青蛇囤，安疆臣亦奪其落蒙關，至大水田，焚桃溪莊。

賊見勢急，父子相抱哭，上囤死守，每路投降文以緩官軍，化龍以賊詭降，檄令「斬使焚書，毋爲所紿。」又虞綎與應龍有舊，檄令無通賊，綎械其人自明。而吳廣入崖門關，營水牛塘，與賊力戰三日，却之。

賊詭令婦人于囤上拜表痛哭，云「田氏且降」，田氏，即七姓之一，播州所轄五司。七姓見前。復詐爲應龍仰藥死以報廣。已而覘知田氏詐降以緩攻，而所云應龍死，乃川兵攻囤，以火礮擊死所謂楊珠也。珠驍勇善戰，既死，賊痛如失左右手。廣覺詐，益厲兵協攻，絶賊樵汲。八路兵大集海龍囤下，遂築長圍，更番迭攻，賊大困。

會化龍聞父喪，詔以墨縗視師。化龍跣而草檄，益治軍，念賊前險不能越，令馬孔英勒兵攻其後。會天久雨，將士日馳泥淖中苦戰，凡相持四十餘日。【考異】自屯白石以下，皆四月事。據大事記，是月十三日破青蛇關，十六日奪落（濛）〔蒙〕關，十八日合圍。今悉據三編，參明史綎傳，補出陣亡之陳天剛、楊愈二人。

7 甲午，除京師牙稅。

8 六月，壬申朔，越三日，天忽開霽，官軍攻海龍囤益急。明日，劉綎身先士卒，進克土城。楊應龍益迫，散數千金募死士拒戰，諸苗皆駭散，無應者。其夜四更，總兵官陳璘、吳廣率兵銜枚上，斬其守關者。應龍方提刀自巡壘，見四面火光燭天，旁皇長嘆，泣謂其妻子曰：「吾不能復顧若矣。」詰朝丁丑，官軍遂登囤，破其大城入。應龍倉皇同愛妾二，闔室縊，且自焚，廣獲其子朝棟及兆龍等百餘人。

己亥，遂以播州平奏捷京師。【考異】克海龍囤，據明史本紀，在是月丁丑，證之劉綎、陳璘傳，即六月六日也。史稿系之己亥者，蓋奏捷之日分，今分書之。

9 秋，七月，辛亥，旱。敕修省祈禱。

工科給事中王德完奏言：「致旱有由，縱其所以毒民者是也；弭災有法，衛其所以保民者是也。今出柙中之虎兕以吞饜群黎，逸圈內之豺狼以搏噬百姓，怨憤無處得伸，鬱結無時可解。霖雨以天怒而屯，肥遺緣人妖而出，如之何不旱！亟改前弦，將各省黷貨之使一旦撤回，則修省以實不以文，何旱災之不禳哉！」疏入，不報。

10 甲寅，詔停征播加派田賦。

11 八月，辛未，慈慶宮成。

12 丙子，罷朝鮮戍兵。

初，倭既平，命邢玠振旅還京，留萬世德等分布戍守。玠因〔修〕〔條〕上馬步兵戍守餉需事宜。廷議以「數年疲耗，今始息肩，宜內固根本，不當更爲繁費。況彼國兵荒之後，不獨苦倭之擾，兼苦我兵。今日善後事宜，仍當商之彼國，先量彼餉之贏絀，始可酌我兵之去留。」因詔督撫會同國王酌奏。至是朝鮮亦請撤兵，酌留水兵八千以資戍守，從之。

13 九月，甲寅，停刑。

14 是秋，綽哈犯遼東，副總兵解生等敗没。

15 冬，十月，辛未，貴州皮林苗叛。

皮林在湖、貴交，與九股苗相接。有吳國佐者，洪州司特峒寨苗也，桀黠無賴。其從父大榮以叛誅，國佐收其妾。黎平府持之急，遂反，自稱天皇上將，其黨石纂太稱太保，合攻上黄堡，誘敗參將黄沖霄，追至永從縣，殺守備張世忠，炙而噉之。掠屯、堡七十餘，焚五開南城，陷永從，圍中潮所。時以方征播州，未暇討。至是播平，偏沅巡撫江鐸請命總兵官陳璘移師討之。

16 丙子，雲南税監楊榮請開採雲南阿瓦、孟密寶井，從之。

17 庚子，下給事中王德完于獄。

時鄭貴妃日有寵，而王皇后多疾。左右咸竊意后崩，貴妃即正中宮位，其子爲太子。中允黄輝，皇長子講官也，從内侍微窺得其狀，謂德完曰：「此國家大事，旦夕不測，書之史册，謂朝廷無人。」德完乃屬輝具草，及是上之。疏入，震怒，立下詔獄拷訊。尚書李戴、御史周盤等連疏論救，忤旨，切責，御史奪俸有差。閣臣沈一貫方在告，力疾草奏，爲德完解，上亦不懌，命杖德完百，除其名。復傳諭廷臣：「諸臣爲皇長子耶？爲德完耶？如爲皇長子，慎無瀆擾；必欲爲德完，則再遲册立一歲。」廷臣乃不復言。

18 十二月，乙未，御午門，受播州俘，磔楊應龍屍，戮朝棟、兆龍于市。

19 是歲，兩畿、各省災傷，又苦礦税，兵民多起爲盜。浙人趙一平，以妖術倡亂，竄徐州，與其黨孟化鯨等招集亡命，自稱宋後，署僞官，期明年二月諸方並起，事覺伏誅。

時鳳陽巡撫李三才再疏陳礦税之害，言：「陛下愛珠玉，民亦慕温飽；陛下愛子孫，民亦戀妻孥。奈何崇聚財賄，而使小民無朝夕之安！」又言：「近日奏章，凡及礦税，悉置不省。此宗社存亡所關，一旦衆叛土崩，小民皆爲敵國，陛下即黄金盈箱，明珠填屋，誰爲守之！」皆不報。

其年十月，給事中田大益亦極陳礦税六害，言：「内臣務爲劫奪以應上求，礦不必穴而税不必商，民間邱隴阡陌皆礦也，官吏農工皆入税之人也。公私騷然，脂膏殫竭，向所謂軍國正供，反致缺損。即令有司威以刀鋸，祇足驅民而速之亂耳，此所謂『斂巧必蹶』也。

陛下嘗以礦税之役爲裕國愛民，然内庫日進不已，未嘗少佐軍國之需。四海之人方反脣切齒，而冀以計智甘言掩天下耳目，其可得乎！此所謂『名僞必敗』也。

財積而不用，祟將隨之。脱巾不已，至於揭竿，適爲奸雄睥睨之資。此時雖家給人予，亦且蹴之覆之而不可及矣。此所謂『賄聚必散』也。

夫衆心不可傷也。今天下上自簪纓，下至耕夫販婦，茹苦含辛，搤掔側目而無所控訴者，蓋已久矣。一旦土崩勢成，家爲讎，人爲敵，衆心齊倡，而海内因以大潰。此所謂『怨極必亂』也。

國家全盛二百三十餘年，已屬陽九，而東征西討以求快意。上之蕩主心，下之耗國脈，二豎固而良醫走，死氣索而大命傾。此所謂『禍遲必大』也。

陛下矜奮自賢，沈迷不返，以豪璫奸弁爲腹心，以金錢珠玉爲命脈。藥石之言，褎如充耳，即令逢、干剖心，皋、夔進諫，亦安能解其惑哉！此所謂『意迷難救』也。

此六者，今之大患。臣畏死不言，則負陛下；陛下拒諫不納，則危宗社；願深察而力反之！」皆不報。

而一時有司以忤稅使先後得罪者，廣東則新會在籍通判吳應鴻、舉人勞養魁、鍾聲朝、梁斗輝，雲南則尋甸知府蔡如川、趙州知府甘學書，陝西則富平知縣王正志，皆被逮。給事中陳惟春言：「近日所逮諸人，宜敕下撫、按嚴勘虛實，不得以一人單詞枉害善良。」不報。

未幾，陝西稅監梁永亦訐正志，上命諸抗違欺隱者，悉指名劾奏，重治之。自是宦官益張，長吏皆喪氣。

正志繫詔獄凡四年。三十一年夏瘐死，應鴻亦死獄中。天啓時，始贈祭，録其子。

【考異】以上皆二十八年事。三編據明史傳中分年類記，今悉據之。

二十九年（辛丑、一六〇一）

1 春，正月，壬子，以播州平，詔天下蠲四川、貴州、湖廣、雲南加派田租逋賦，除官民詿誤罪。

2 是月，總兵官陳璘討皮林苗，平之。

時巡撫江鐸移駐靖州，璘率副將李遇文等七道並進。璘禽苗酋銀貢等，游擊宋大斌攻破特峒，焚之。吳國佐逃入古州毛峒，追獲之。石纂太逃廣西土巖山，指揮徐時達誘縛之。賊黨楊永禄率衆萬餘屯白沖，游擊沈弘猷等夾攻，生禽永禄。諸苗悉平。

3 二月，甲戌，振大同、宣府饑，並蠲免本年田租。

4 己丑，逮僉事馮應京等。

時應京已除名，尋以都給事中楊應文論救，上怒，遂與襄陽通判邸宅、棗陽知縣王之翰俱被逮。二人見二十七年。時湖廣官三人，惟何棟如遣逮，宅與之翰同黜爲民，至是以論救，加逮之。維時陳奉又誣劾「武昌同知卞孔時抗阻稅務」，乃併逮之。【考異】武昌再變在是年三月，即逮馮應京等激民變也。紀事本末系逮應京月日，今從之，爲下文再變張本。

5 是月，大西洋利瑪竇至京師，進方物。

大西洋者，歐羅巴（州）〔洲〕之統名。洲中凡七十餘國，而意大里亞居其一。利瑪竇，即意大里亞人也，以萬曆九年，汎海數萬里抵廣州之香山澳，居二十年。至是入京師，由天津稅監馬堂奏聞。下禮部議，言：「大西洋不載會典，真僞不可知。且所貢天主及天主母圖，既屬不經，而所攜有神仙骨諸物，則唐韓愈所謂『凶穢之餘，不宜令入宮禁』者也。乞給賜冠帶還國，勿令潛居兩京，與中人交往，別生事端。」不報。

天主者，歐羅巴諸國所奉事之耶穌教。——耶穌者，華言救世主也，實生于如德亞，在亞細亞洲中，西行教于歐羅巴。其始生在漢哀帝元壽二年庚申，諸國皆用以紀年，至是閱一千六百年有奇云。【考異】利瑪竇入貢，明史本紀書于二十八年之末，蓋據馬堂奏聞年月也。利入京師，明史意大里亞傳系之二十九年，紀事本末書于是年二月。證之傳中，言「候命五月，未賜綸音，禮部遂于八月復請遣還」，則以爲三月者近之。西人書中言利至京師，亦云二十九年，今仍據傳書之。

6 三月，乙卯，賜張以誠等進士及第、出身有差。

7 是月，武昌民再變。

時逮馮應京等緹騎抵武昌，民知應京獲重譴，相率痛哭。陳奉大書應京名，列其罪，榜之通衢，士民益憤，聚數萬人圍奉廨，誓必殺奉。奉逃匿楚王府，衆乃投奉黨十六人于江，并傷緹騎。以巡撫支可大助虐，焚其轅門，可大不敢出。日已晡，猶紛亂，應京囚服坐檻車，曉以大義，乃稍稍解散，奉匿楚府踰月不敢出。

應京被逮至京師，下詔獄拷訊，長繫獄中。三十二年九月，上以星變修省，廷臣請釋繫囚，于是應京及宅、棟如獲釋，而王之翰先瘐死獄中。【考異】是年三月民變，以逮應京復激之。明史傳中以事起于二十八年之十二月，其實二十八年應京被劾除名，處分已定，因諸臣相繼論救，遂復逮應京，並加逮邸宅、王之翰、卞孔時等，因有二十九年三月再變之事。傳中連敘，未經分析。而本紀則于二十七年十二月記武昌、漢陽民變，二十九年三月記武昌民變，與傳中所云「武昌再變」者合，今據本紀年月分書之。殺參隨六人，紀、傳皆同，三編易以「十六人」。疑據實録改也，今從之。

8 武昌之再變也，給事中田大益上言：「陛下驅率狼虎，飛而食人，使天下之人剥膚而吸髓，重足而累息，以致天災地坼，山崩川竭。釁自上開，憤由怨積，奈何欲塗民耳目以自解釋，謾曰權宜哉！

今楚人以奉故，沈使者不返矣，且欲甘心巡撫大臣矣；中朝使臣不敢入境偵緩急，踰兩月矣；四方觀聽，惟在楚人。臣意陛下必且曠然易慮，立罷礦稅以靖四方，奈何猶戀戀不能自割也！

夫天下至貴而金玉珠寶至賤也；積金玉珠寶若泰山，不可市天下尺寸地，而失天下，又何用金玉珠寶爲哉！

今四方萬姓，見陛下遇楚事而無變志，知禍必不解，必且群起爲變，此時即盡戮諸璫以謝天下，寧有濟耶！」上怒，留中。

9 夏，四月，乙酉，徵陳奉還。

奉見武昌民情洶洶，亟請還京以避之。内閣沈一貫因極言奉罪，請立代還，言官亦争以爲請，上不許。會江西湖口税使李道，奏「奉水阻商舟，陸絶販運，剥民病國」，上乃召奉還，以承天守備中官杜茂代之。

頃之，東廠奏緹騎有死者，上怒甚，手詔内閣，欲究主謀。一貫言「民心宜静，請亟遣重臣代支可大拊循」，因薦侍郎趙可懷。上乃褫可大官，令可懷馳往。未至，可大已遣兵護奉行，舟車相銜，數里不絕。可懷入境，亦遣使護之，奉得迆邐去。

10 丙申，分播州地爲二，置遵義、平越二府。

楊氏據有播州，自唐以來，傳二十九世，八百餘年，至應龍而亡。

11 五月，山西巡撫魏允貞罷。

時中官張忠、孫朝，先後領山西礦稅，誅求百方，允貞每事裁抑，疏暴其罪；朝怒，劾「允貞抗命阻撓」。上留允貞疏不下，而下朝疏于部院，將加譴責。吏尚李戴、都御史溫純力爭，「請下允貞疏平議，」上並留中。山西軍民數千人，詣闕爲允貞訟冤，言官亦連章論救，上置不問。

允貞父年九十餘，乃乞歸侍養，廷議以稅使害民，非允貞不能制，固留之。允貞請益力，聽歸。

12 六月，壬申，蘇州民變，殺織造中官孫隆參隨六人。詔有司捕亂者，民葛誠獨承，下獄論死，後遇赦得釋。【考異】明史本紀書于五月，此據史稿月日也。「六人」，明史作「數人」，三編目中亦據史稿書「六人」，今從之。

13 京師自去年六月不雨，至是月乙亥始雨。時畿輔、山東、河南赤地數千里，山西亦旱。

吏部尚書李戴言：「今三輔嗷嗷，民不聊生；草木既盡，剥及樹皮；夜竊成群，兼以晝劫；道殣相望，村空無烟。據巡撫汪應蛟揭稱，『坐而待振者十八萬人。』過此以往，夏麥已枯，秋種未布，使百姓坐而待死，更何忍言！使百姓不肯坐而待死，又何忍言！

加以頻值外警，連興傾國之師，車殆馬煩，行齎居送，按丁增調，踐畝加租。此時賦稅之役，比二十年以前不啻倍矣。而礦稅之議煩興，貂璫之使四出。不論地有與無，有包礦、包稅之苦；不論民願與否，有派礦、派稅之苦。指其屋而挾之曰彼有礦，則家立破矣；彼漏稅，則橐立傾矣。以無可查稽之數，用無所顧畏之人，行無天理王法之事。

大略以十分爲率，入于內帑者一，尅于中使者二，瓜分于參隨者三，指騙于土棍者四；而地方之供應，歲時之餽遺，驛遞之騷擾，與夫不才官吏指以爲市者不與焉。

陛下但知利源易開，中貴易信，豈知彼剝害小民至于如此！亦豈知今日苦礦苦稅之民，即是前日被災被兵之民，重累疊困，咨嗟愁怨，至于如此！」不報。

14 丁亥，法司請熱審，不報。自後數年皆停熱審，獄囚久繫多死。

15 是夏，振順天、保定、真定、廣平、順德諸府饑。

16 秋，八月，復命李成梁鎮遼東。

成梁去遼，十年之間，更易八帥，邊備益弛。會總兵馬林獲罪，沈一貫言「成梁雖老，尚堪將兵」，乃命再鎮遼東，年已七十六矣。

17 九月，壬寅，河決開封、歸德。

時商邱等處黃河水漲，衝決蕭家口一百餘丈。全河盡南注，河身變爲平沙，商賈舟膠沙上；南岸蒙牆寺，忽徙置北岸，虞城、夏邑多被淹没，河勢盡趨東南，而黃堌斷流。河南巡撫曾如春以聞，曰：「此河徙，非決也。」

初，給事中楊廷蘭，因黃堌之決，請開泇河。是時楊一魁召掌部事，以工部侍郎劉東星代之，總理河、漕。東星以河東決，黃堌由韓家道口至趙家圈百餘里，衝刷成河，即潘季馴議復之故道也。因暫開趙家圈至兩河口四十里，閱六月工成。東星復欲採衆說鑿泇河，以地多沙石，工未就而東星病。自是河既南徙，北流遂絶，而趙家圈亦日就淤塞，徐、邳間三百餘里，河水尺餘，糧艘阻塞。

工科給事中張問達言：「蕭家口在黃堌上流，未有商舟不能行于蕭家口而能行于黃堌以東者，運艘大爲可慮。」上從其言，方令東星勘議，而東星卒矣。

問達復言：「運道之壞，一因黃堌口之決不早杜塞，更因并力泇河，以致趙家圈淤塞斷流，河身日高，河水日淺，而蕭家口遂決。全河奔潰入淮，勢及陵寢。東星已逝，宜急補河臣，早定長策。」大學士沈一貫，給事中桂有根，皆趣簡河臣。

御史高舉獻三策，「請濬黃堌口以下舊河，引黃水注之東，遂塞黃堌口而遏其南，俟舊河衝刷深，則并塞新決之口。」其二則請開泇河及膠萊河，而言「河、漕不宜并於一人，當選擇分任其事。」

江北巡按御史吴崇禮，則「請自蒙牆寺西北黄河灣曲之所，開濬直河，引水東流，且濬李吉口至堅城集淤道三十餘里，而盡塞黄堌以南決口，使河流盡歸正漕。」

工部尚書楊一魁，酌舉、崇禮之議，「以開直河、塞黄堌口、濬淤道爲正策，而以泇河爲旁策，膠、萊爲備策。」上命急挑舊河，塞決口，且兼挑泇河以備用，下山東撫、按勘視膠萊河。

18 丁未，趙志臯卒。

志臯以封貢議起石星，及星敗，物議紛騰。又兼七十餘，老耄爲朝士所輕，而醇謹特蒙上眷。在告四年，乞休疏凡八十餘上，俱不報。至是卒于邸舍。

19 癸丑，貴州饑。

巡撫郭子章言：「六月十八日，貴陽府定番地震，自酉至戌，有聲如雷；黔東諸府、衛及黄平五司，自正月不雨至于六月；思南府大雨；婺川縣大雨，冰雹交作，城内水深數尺。去年苦兵，今年苦饑；黔東憂旱，黔南憂水；軍民重困。議將湖廣、四川二省協濟拖欠錢糧如數徵解，以振全黔。」户部議如其請，報可。

20 戊午，起前禮部尚書沈鯉、朱賡並兼東閣大學士，預機務。沈一貫請增置閣臣，上素慮大臣植黨，欲用林居及久廢者，遂詔鯉、賡以原官入閣。

21 冬，十月，己卯，立皇長子常洛爲皇太子。

時太子年二十，廷議有欲先冠婚後册立者，沈一貫不可，曰：「不正名而苟成事，是降儲君於諸王也。」上意亦悟，命即日舉行，漏二鼓，詔下。既而上復悔，令改期，一貫封還詔書，言「萬死不敢奉詔」，上乃止。

初，鄭貴妃要上至大高元殿謁神設誓，立其子爲太子，上因書一紙緘玉合中，賜妃爲符契。後廷臣爭之力，慈聖太后復堅持立長，而妃又忽失歡，于是皇長子遂得立。上遣人取玉合，封識宛然，發合，蟲蝕書盡矣，上悚然異之。

同日，封諸子常洵爲福王，常浩瑞王，常潤惠王，常瀛桂王。

明鑑曰：設誓要立，與漢書所紀戚夫人事略相類；蟲蝕書盡，與漢書所紀公孫病已立事略相類。戚夫人事，綱目削之，以其近瑣；蟲食葉事，綱目載之，以葉爲蟲食，尚屬事理所有。至書緘合内，乃爲蟲食，不經之甚矣。蓋是時群臣惟恐皇長子之不得立，幸如所請，遂從而緣飾其辭，若以爲天之默相者。不知慈聖意稍不定，鄭妃竟不失歡，蟲雖蝕書，于事奚濟乎！史家不察，備載以神其説。御批斥爲「傅會可笑」，洵足發當時之覆而破千古之疑矣。

22 壬辰，加上慈聖皇太后尊號。

23 是月，以侍郎馮琦爲禮部尚書。余繼登去年七月卒，至是始以琦代之。

24 十二月，辛未，復朵顏馬市。朵顏部長長安即長昂，譯見前。屢入寇，敗之。至是與董呼哩即董狐狸，譯見前。等皆納款，並請復寧前木市，許之。

25 己丑，命禮部祈雪。

26 是歲，江西饒州通判陳奇可以忤稅使被逮。

三十年（壬寅、一六〇二）

1 春，正月，己未，以四方災異，敕群臣修省。

2 是月，湖廣潛江、沔陽、石首、巴陵、華容、廣濟、景陵、平江、荆門、安鄉、大冶、興國等州縣災荒，巡按（御）御史王立賢請將改折緩徵錢糧蠲免振貸，從之。

3 二月，己卯，上不豫。時皇太子姻禮甫畢，上忽有疾，急召諸大臣至仁德門。俄，獨命首輔沈一貫入啓祥宫後殿西煖閣。皇太后南面立，稍北；上稍東，具冠服，亦南面；太子諸王跪于前。一貫叩頭起居畢，上命之前，諭曰：「朕病篤矣。礦税事，朕因三殿、二宫工未竣，權宜採取。今可與江南織造、江西陶器俱止勿行。所遣内監，俱令還京。法司釋久繫罪囚。建言得罪諸臣，咸復其官。」言已，就卧。一貫尋叩頭出，擬旨以進。

是夕，閣臣、九卿俱直宿朝房。漏三鼓，中使捧諭至，具如上語。一貫者惟中加「南京供應機房係舊制，并蘇、杭織造内有御用及婚禮袍服，俱著仍舊。已採徵在官金銀等件，并織完絨疋，燒完磁器，還著原差内官押解進用。如有姦惡截阻，及驛遞應付遲慢者，指名參處」數語。諸大臣期即奉行。

翼日，上疾瘳，悔之，遣中使二十輩至閣，追取前諭，一貫不能持，惶遽繳入。時司禮太監王義方在上前，力争曰：「王言何可反汗！」上怒，欲手刃之。義言益力，而中使已持前諭至。後義見一貫，唾曰：「相公稍持之，礦税撤矣。何怯也！」自是大臣、言官疏請者日相繼，皆不聽。

4 甲申，重建乾清、坤寧宫。

5 是月，福建晋江、南安、惠安、同安、莆田、仙遊諸縣並告災，詔分别蠲振。【考異】振湖廣、福建災，明史本紀皆不具。三編據實録增綱目，今從之。

6 閏月，丙申，復河套諸部貢市。

先是套部市罷者十有餘年，二十四年，乞款進馬，詔許增其價。後因各部侵軼不常，仍罷款議，遂復松山，築邊城，諸部長恐。至是濟農、巴爾章等輸誠乞款，兩鎮新、舊撫臣皆言款便。會巡撫王見賓將去，諸部恐款事不成，請益切；在寧夏者，珠蘇爾亦請之巡撫楊時寧；兩鎮交奏。會孫維城代見賓，時寧亦遷去，以黄嘉善代之，二人並申約束。

維城議上善後六事：「一市貨務精，委官協辦，并程以殿最；一撫賞宣撫必諗識情形，如波羅參將馬應時，口習番語，應令兼管；一選廉幹文武官各一員，專驗馬匹膔壯，堪備騎操，方聽解道驗烙；一市賞須有定額，軍民不許私易，將官不許貪功，經管官不許扣尅及以濫物搪塞；一延鎮應改創邊牆，築圍垣如城，匝以深池，庶緩急無虞；一定市期并赴賞之例，其進貢之馬，務擇膔壯，不得概收。」

嘉善議上善後七事：「一市銀請自二十年以後，每年照數聽鎮咨部題發；一每歲之市，一年無犯，方准一次款市；一市分衝、緩，守備、通判等官按地分管，便于責成；一定撫賞之例，如生事則議革；一定易馬之額，如驗堪騎操，方許分給營堡；一松山近始收復，不可不加計防之，如陽順陰違，即當出兵剿伐；一每歲彙查將領有無失事，報部處分。」

兵部皆議覆從之。自是款市之議復堅。【考異】貢市月日，見明史本紀。其二鎮所上善後條目，韃靼傳不具，三編據實録增入目中，今據之。

7 戊午，河州黄河水涸見底，凡三日。

8 以姚繼可爲工部尚書。時楊一魁以河決衝入祖陵，被劾罷也。

9 三月，甲申，雲南騰越民變。

税監楊榮，肆虐激民，民不勝憤，火其廠房，殺委官張安民。撫、按以聞，上怒，持其章不下數月，沈鯉至，亟請「列榮罪狀以定民心」，于是得無株及。

是時廣東李鳳，廣西梁永，並以礦税激民變，左都御史温純言：「税使竊弄陛下威福以十計，參隨憑藉税使聲勢以百計，地方奸民竄身爲參隨爪牙以萬計。宇内生靈，困於水旱，困於採辦、營運、轉輸，既囂然喪其樂生之心，安能復勝此千萬虎狼耶！願即日罷礦税，逮鳳等置于理。」亦不報。

10 是月，河州黄河突漲，壞橋道，毁墩房。總督李汶、巡撫賈待問言：「黄河上流，水盡乾竭。今歲火星失度，日光如赭，火星見在九月，此奏報當在是年九月之後，三編據實録類書之。風霾黄霧，種種變異，然未有若此河之爲變者。河瀆之行地，猶元氣之周身而貨財之流布于天下也。今天下財力，可謂匱絀，閭閻貧，府庫貧，獨礦税監使及參隨土棍之家富耳。神河天險，源涸流徙，此脈竭財匱之象也。夫民匱則愁苦，愁苦則思亂，直須時耳。伏望罷礦税，撤中使，人心既悦，天意自回。」不報。

11 户部尚書陳蕖病免，召趙世卿自倉場回部管事。兵部尚書田樂罷，越三月，以刑部尚書蕭大亨兼署。

12 夏，四月，辛丑，振順天、永平二府饑，並蠲田租。

13 乙巳，京師旱，敕修省。

14 五月，乙亥，法司請熱審，不報。

15 是月，四川地震，鳴如雷。至六月，復有聲，房屋俱動。【考異】明史五行志佚，三編據實録增。

16 江西税監潘相，素爲衆所忿，一日輿而出，會歲試諸生童指目之。相怒，禽四人入，其一則謀託輔國將軍之庶宗也，捶之傷甚，各宗大鬨，毁門入，相走免。誣劾上饒知縣李鴻報怨，鴻坐除名。

17 六月，戊申，福建興化、泉州二府同日地震。辛亥，福州、興化、泉州三府復同日地震。【考異】明史五行志佚，三編據實録增，並著日分，今從之。

18 是月，京師大水。

19 秋，七月，辛巳，以邊餉缺乏，敕有司嚴催積逋。

20 是月，緬甸犯騰越。

初，楊榮請開阿瓦、孟密寶井，云歲可得數十萬，既而所進不得什一，乃誣知府熊鐸侵匿，逮下法司。榮又奏請敕麗江土知府木增獻地聽開採，遂有番、漢居民焚廠殺委官之獄。至是緬人以稅使貪暴爲詞，攻陷蠻莫。宣撫司思正奔騰越，緬追及之，有司殺思正以謝，始解去。

21 沈鯉至京師，入閣，時年七十一矣。沈一貫以上心夙嚮鯉，深忌之，貽書李三才曰：「歸德公來，必奪吾位，將何以備之？」——歸德，鯉邑名，欲風鯉辭召命也。三才答書，言「鯉忠實無他腸」，勸一貫同心，一貫由此并憾三才。

22 九月，己未朔夜，有大星起東南，色血紅，大如椀，忽化爲五，中一星最明。久之，會爲一星，大如箠。辛巳夜，流星大如雞卵，青白色，尾有光。又流星大如椀，起自參，入天苑。又有大小星數百，四面交錯而行。禮科給事中張問達以星變請罷礦税，不報。【考異】見明史天文志。三編據實録，詳具目中，今從之。

23 冬，十月，壬辰，五更，復有流星起中天，光散七道，有聲如雷。

24 丙申，孝陵災。

25 戊戌，振南直隸災。

時江北宿松、望江二縣災重，准改折，並休寧、祁門、婺源等縣以次振卹。其泗州、虹縣等十二州縣，分別蠲振有差。【考異】明史本紀但書振江北，三編統以南直隸，又各書州縣，增入目中，今從之。

26 丙辰，停刑。

27 十二月，大學士沈一貫等奏：「天下御史巡行差務凡十有三處，今缺其九。請遣各御史分往受事，庶監察有所責成而綱紀可振。」疏入，不報。

28 鳳陽臨淮知縣林錡，以忤税監被逮下獄。

29 是歲，兩京缺尚書三，侍郎十，科、道九十四，天下缺巡撫三，布、按、監司六十六，知府二十五。兵科都給事中田大益力請簡補，不報。